新编人力资源与社会保障通用教材

社会福利史

蒲新微　著

中国劳动社会保障出版社

图书在版编目(CIP)数据

社会福利史/蒲新微著. -- 北京：中国劳动社会保障出版社，2022
新编人力资源与社会保障通用教材
ISBN 978-7-5167-5537-2

Ⅰ.①社… Ⅱ.①蒲… Ⅲ.①社会福利-历史-中国-教材 Ⅳ.①D632.1

中国版本图书馆 CIP 数据核字(2022)第 180654 号

吉林大学“哲学一流学科建设系列教材”
吉林大学“十三五”规划教材
吉林大学公民道德与社会风尚协同中心支持

中国劳动社会保障出版社出版发行
(北京市惠新东街 1 号 邮政编码：100029)

*

北京市白帆印务有限公司印刷装订 新华书店经销

787 毫米×1092 毫米 16 开本 19.25 印张 344 千字
2022 年 10 月第 1 版 2022 年 10 月第 1 次印刷
定价：58.00 元

营销中心电话：400-606-6496
出版社网址：http://www.class.com.cn

内容提要

人类社会的发展就是不断探索何为幸福以及如何获得幸福的过程。人类从求索个体幸福上升为追寻整体幸福的进程中衍生出对社会性福利发展的需求，由此，社会福利与人们生活相伴相随，并呈现出发展性、丰富性、进步性特点。本教材基于历史唯物主义立场，从学科发展史视角沿着人类社会发展进程，按照“大福利”原则对中西方社会福利思想和社会福利实践进行了历史性梳理和对照式研究。通过五个发展阶段、共计十章内容，对每一时期代表性福利思想进行系统分析，对该时期社会福利发展实践进行客观呈现，旨在从宏观和系统角度把握人类社会追寻幸福的实际历程。

本书的特色体现在两个方面。一是内容和结构方面，本书从文明探源开始，以远古时期几近空白的社会福利发展到普惠共享的家族福利为研究起点，综合分析了奴隶社会断层的社会福利，对比研究了封建社会中世纪封建主权和宗教神权主导下的福利状况，深入探讨了近现代社会制度性、体系化的福利模式，进而客观研判了当代社会福利发展的改革与转型，研究内容基本涵盖古今中外各个时期代表性思想家的福利观与典型国家的具体福利实践，全书系统性强，研究跨度大，涉及范围广。二是方法和学科方面，本书不仅运用阶段法、归纳法、比较法进行分析，而且涉及哲学、政治学、经济学、社会学角度，属多学科交叉性教材。教材严格按照人类历史发展阶段对古今中外进行纵向梳理和横向比较，历史从哪里开始，思想和实践就在哪里发端；时代在哪里出现节点，总结或归纳就在哪里呈现。就学科视域而言，社会福利思想与实践的发展在不同历史阶段体现出不同的学科主导特征，奴隶社会主要是哲学伦理学视域的福利思想，代表性人物及其观点都离不开哲学家、政治学家，而封建中世纪时期，虽有宗教神学的影响，但伴随重商主义的兴起以及工业革命的发展，对经济福利的探讨开始进入研究视野，自此漫长的人类社会福利探索都是在经济学视域中进行的。随着社会经济的发展和人类文明程度的提高，更全面、更高层次的幸福追求以及更多元、更充分的福利供给成为研究的焦点，自此，制度化、体系化、社会化的帮扶机制成为研究热点，本书正是沿着这样的思维逻辑和思想脉络展开研究的。

本书不仅全面、系统地对古今中外社会福利思想与实践进行了历时性，对比性和整体性梳理，而且开拓性地将中国秦汉以来至清朝（鸦片战争前）、中国近现代时期、中国当代社会时期的社会福利史进行阶段性总结，特别是对作为一种制度体系的社会福利如何在近现代中国得以呈现，作为社会福利体系中核心内容的社会保险如何被引入中国，以及当代中国政府与学界在社会福利理念与实践中的发展特色，都进行了深入挖掘。本书可作为国内社会保障、社会工作、社会学、公共事业管理等专业的教师和本科生、研究生教学教材使用，也可以为各学者和研究机构把握社会福利发展脉络提供参考和借鉴。

目录

第一章　绪　　论

个体幸福和整体福利是人类社会自古以来矢志不渝的追求。人类社会的发展就是不断探索何为幸福以及如何获得幸福的过程。任何时期人们对幸福的认知和求索都离不开其所处的时代背景和生产生活环境。幸福所能包含的内容及其得以实现的手段也随着社会发展变迁而不断变化、丰富和提升。如何准确把握新时代人们的幸福需求，客观认识当前社会主要矛盾，充分实现均衡高效的福利供给，是亟须深入思考和着力解决的重大问题。

第一节　福利思想与实践出现的原因

一、人具有幸福需求

幸福是什么，众说纷纭，不可定论，也无法得到共识。就像康德所说，“不幸的是，幸福的概念是如此模糊，以至于虽然人人都想得到它，但是却谁也不能对自己所决定追求或选择的东西，说得清楚明白、条理一贯”①。这里暗含一个前提，对幸福的追求是一致的、得到共识的，即所有人，不论他的出身如何、思想如何、行为如何，不论他是平民布衣还是达官贵人，抑或出道之人，都有从自身需求方面对幸福的渴望，这一点是一致的、共识的。幸福的类型表现为多个方面，“既可以分为物质幸福、社会幸福、精神幸福的从低级到高级的层级划分，也有主体与客体之间的自我实现的幸福与非自我实现的幸福、利己的幸福与利他的幸福，更有人在追求幸福的过程中体现出来的过程幸福与结果幸福”②。每个个体在追求小我的幸福满足过程中，自觉不自觉地生成大我的幸福层次，人们的一切行为，自始至终都在追求幸福需要的满足，不管这种满足是一脉相承的还是多元冲突的。就像弗洛伊德指出的，“他们向生活要求什么，希望从中得到什么？答案无可置疑，就是追求幸福。他们想变得快乐并保持快乐”③。

① 王海明．新伦理学［M］．北京：商务印书馆，2002：483.
② 王海明．新伦理学［M］．北京：商务印书馆，2002：489-496.
③ ［美］尼古拉斯·怀特．幸福简史［M］．杨百朋，郭之恩，译．北京：中央编译出版社，2011：4.

二、人具有社会属性

人是社会化的存在，同时也是社会性的存在，社会属性是人的本质属性。按照马克思的需求理论，人的存在不仅有生理需求和心理需求，更具有社会性需求，即社会交往、社会交换等需求，这些需求的前提在于人的本质是社会关系的总和，而社会本身也是“处于社会关系中的人本身”①。所以，每个人都不是独立存在的抽象个体，而是在与他人的各种关系中存在的具象整体，个人在被他人影响和影响他人的过程中形成并体现自己的思想与行为，因此，人会注重个体与整体的关系，能够从共生的视域看待自身的存在。也就是说，人的社会属性强调人要更多地关注社会生活、参与公共事务，因为公共事务也是个人事务，所以，作为超越个人福利之上的社会福利才有了可能，即以社会性、制度性、政策性为手段的互帮互助有了存在的社会基础。

三、人具有善之本性

本性是人之为人的一种特性。就个体而言，现实中的人具有属人的特性，属人的特性也是人性，人性在本质上是善的。善性观要追溯到孟子那里，他认为人性具有先天性、内在性、本然性，是良知的体现，所以是“所不虑而知者”的存在，这种存在本质上体现了人本身的善性。作为人的本然性存在，人性之善表现在两个方面。一方面，人具有善念。善念作为人的本心，是一种“内在善”，它既是道德层面的良知，也是主观意志的表达。尤其是人作为一种伦理性的存在，在现实生活中会本能地追求利己的幸福，但是当遇到他人需要帮助时，人的内心深处又会萌生利他念想，这就是人性的善念。人会兼顾利他的幸福，这就是人们在追求个体福利的过程中，能够推动社会福利实现的深层次基础。另一方面，人具有善行。善行作为人的行为，是一种“手段善”。人的主观意志影响人的行为选择，如果没有各种外界干扰，人们会下意识地帮助他人，这是直接的善行之表现，而作为通过二次分配和三次分配而实现的社会福利，则是间接的善行之表现。善念与善行的结合达到一种“目的善”，在社会福利领域中属于善治。所以，人先天具有善之本性，这一本性驱使人在谋求自身正当权益的过程中，有形无形地惠及他人，由此，个体幸福和社会福利都得以达成。如果说自利或者自惠是人追求自身幸福的合理选择，那么人在追求自身利益最大化过程中促成的公共利益的最大化也是善的外在表现。

---

① ［德］卡尔·马克思．政治经济学批判［M］//马克思恩格斯全集（第四十六卷下册）．中共中央马克思恩格斯列宁斯大林著作编译局，编译．北京：人民出版社，1980：226.

第二节　人类社会福利思想的发展逻辑

踏寻人类社会发展历程的福利轨迹可以看出，随着生产力水平的提高，物质资料从匮乏走向丰富，福利也从个体的自我满足走向了社会化、制度化、丰富化的道路。这一过程，凝结着人对客观世界的认知和思维智慧，形成了不同视域的福利价值取向。

一、从功用走向正义

人类社会早期存在的孕幼优先的食物供给原则以及杀死或赡养老人同样具有合理性的社会事实，反映了当时奉行的是功用主义价值理念。虽然远古的历史无法被完整记载在浩瀚的史书里，文明的起源也没有被保存在人类的记忆中，但是根据考古学、民族人类学和古代神话传说推论出的有关人们生存状况的世界图景却足以表明，生产力水平的极端低下、优胜劣汰的自然法则和由此衍生的功用主义人群关系是伴随着原始人艰难进化过程的，早期原始人一切决定的出发点都是基于生存。原始人的生存方式是迁徙、搏斗、繁衍。在迁徙中，为了减轻群体负担，不得不用残忍野蛮的方式抛弃“无用”的老人和病人。在族群生存中，搏斗与繁衍同样重要，男性通过搏斗确保群体生存安全和获取基本食物供应，女性的价值则在于通过繁衍后代来保证族群存在；对男性的要求是确保人口数量和男性力量，对女性的要求是个体生育年龄和生殖能力；男性在搏斗中存在生命威胁且数量减损较大，女性的生育繁殖能力受外界影响较小，所以，男性比女性更稀缺，男孩比女孩更有优越性。因此，在一些人群中，健康状态不佳的女婴被抛弃是因为她们被认定为“无用之人”或“累赘”，这种功用主义实则是功利主义的低端形式，有用即为好的、可取的，无用则不被认可。功用主义观念几乎主导了整个原始社会，只是到了原始社会晚期，随着生产力水平的提高和社会结构的变化，人类社会才褪去了功用主义观念而进入了短暂的普惠共享的大同世界中。

真正将幸福和福利主题纳入思想脉络则是在奴隶社会时期。无论追溯西方明辨慎思的文化根基还是透视中国博大精深的思想传统，均可看出人们最早对幸福与福利的探讨都是从正义观开始的。自普惠共享模式被打破之后，人类社会开始了阶级分化和利益分割，不平等、不公平现象越发突出，西方思想开始走向对正义的追求，在贤人政体、共有制度等主张中表达着何为理想国度，在正义理念、道德规范、真善美境界等方面彰显着民之幸福的内容，在管理者、战士、生产者和供应者等阶层各安其事、共享幸福中形成国家正义之美德。“非欲一部分人得最大之幸福，实欲全国人有同等之幸福。吾侪顷间所建者，乃幸福普遍之国家，非少数人安乐之国家也。”① 崇尚美德、推行正义才能保持国家稳定和人们生活幸福。进一步讲，“幸福实为人生的止境（终极），对于与幸福相谐和的快乐的本质，个人的认识各不相同，只有善德最大的人，感应最高尚的本源，才能有最高尚的快乐”②。虽然古代西方思想和政策在福利方面具有极强的隐蔽性特征，但是融合在辉煌的古希腊文明中的治国理政思想已经充分体现出通过国家正义达到人们幸福的目的。

在倡导理想国家模式和国民普遍幸福的初始阶段，中国与西方并辔齐驱。综观中国的思想源头，无论孔子“修己—安人”的和谐人际观、“仁学—礼治”的有序社会秩序观、“有道—大同”的理想社会观，还是孟子以性善说确立的爱人助人观、以民本说确立的重民富民观、以仁政说确立的达权安天观；无论老子的小国寡民、贵德平等观，还是墨子的兼爱尚贤、扶困保民观，抑或管子的“九惠之政”，都直接表达出国泰民安的思想主张。这些思想家着重强调君臣、君民关系中的国君要剥去阶层藩篱，行仁政以通大道、重民本以达天下，在“安老怀少”“恤民养民”中体现一种“仁”和“义”的社会关系，“仁”之关系突出平等性，“义”之关系重在正义性。所以说，中国古代的福利思想不仅体现出系统性、全面性、预防性、救助性的特点，更突出地彰显了伦理性和政治性，福利观早就打上了正义的烙印，尤其是对正义社会的追寻，而且影响极其深远。所以说，中西方早期的福利思想都具有与哲学伦理思想和社会政治体系紧密结合的特点，都希望通过善治建成人人幸福的理想（大同）社会，而且中国古代思想比西方思想影响程度更深。“中国的社会福利思想从动态轨迹上看，都是植根于元典时代，具有明显的早熟性。在此后的岁月里，其思想主张虽然有所损益因革，但基本上是循着大致相同的思想脉络发展和演化的。”③

二、从正义走向功利

人的现实需要是推动社会进步和思想发展的重要动因。当现实条件无法满足正义理念所倡导的善德平等思想时，人们开始寻找能为人类现实需要提供服务的工具，由此，以满足人们快乐幸福的功利主义登上了观念的历史舞台。功利主义是文明时期的功用主义，它为一项政策或者一种行为是否可取提供了参照标准。这个标准就是只要能够为大多数人谋幸福的政策和行为就是正当的、善的、可取的政策和行为。而且“人类有为别

① ［古希腊］柏拉图．理想国［M］．吴献书，译．南京：译林出版社，2014：103-104.

② ［古希腊］亚里士多德．政治学［M］．吴寿彭，译．北京：商务印书馆，1965：410.

③ 田毅鹏．中国社会福利思想史［M］．北京：中国人民大学出版社，2017：3.

人福利而牺牲自己的最大福利的能力，凡是能够为别人的幸福而作出自我牺牲的行为，都是功利主义道德所赞美的"①。功利主义观念对社会福利的发展产生了重大影响。在社会福利领域中，19 世纪的保险法迅速进入各国实践，将以往单纯政府责任的简单社会救助发展到政府主导、全民互助互利的社会保险，就是这一时期功利主义思想的驱动和体现。由于功利主义倡导的共同需求和共同目标形成了共同利益感，人们在互利的理念下能够增长利他互助精神，容易接纳具有风险共担机制的保险法。"解决社会问题的最佳政策——也就是能带来最大幸福的方法——可以用一种所有人都信得过的方式制定出来。"②由此可见，在功利主义视角下，人们的判断标准仍以"有用性"为前提，只不过这种有用性进入整体的国民福利中。当某项举措具备了对于整体社会的有用性，便很快被纳入应然的社会政策中。因为这项政策体现的"并不是行为者本人的最大幸福，而是全体相关人员的最大幸福……幸福是一种利益，各人的幸福是他自己的利益，因而公共幸福是一切人的集团的利益"③。

在中国，深受元典时期仁义礼之道的思想影响，并没有形成一套完整的功利主义思想体系，只是在个别思想家的主张中体现了利益导向的功利主义价值观。典型的是北宋时期李觏面对严重的政治危机和社会危机，提出仁义礼是顺应人的物质生活欲望而产生的，也是为了调整国家、家庭中各种社会关系而产生的，所以，仁义礼的根本要义是满足人的物质生活欲望，根本作用是保障百姓生活，终极目标是达到富国富民的社会状态，这种利益优先性和物质生活基础性原则在一定程度上体现了现实功利主义的倾向。

二、从功利走向制度

虽然"功利论至少有一个优点，即表明了社会的一切现存关系和经济基础之间的联系"④，但是，"功利主义把利益或享乐抽象成一种人性，走到最后只能以普遍人性的享乐主义（根源是个体的利益）为价值基础，并把之当作普遍适用的和权威性的基础，以此解释人类活动。功利主义一旦完成了抽象的思辨，就会走向逻辑推演之路，逐渐偏离经验事实，甚至成为现实的对立面"⑤。因为"它只是抽象的最大利益原则，而缺失分配正义，它不关心满足的总量怎样在个人之间进行分配"⑥。所以，功利主义遭到很多质疑。

---

① ［英］约翰·穆勒. 功用主义［M］. 唐钺，译. 北京：商务印书馆，1957：18.

② ［美］尼古拉斯·怀特. 幸福简史［M］. 杨百朋，译. 北京：中央编译出版社，2011：82.

③ ［英］约翰·穆勒. 功用主义［M］. 唐钺，译. 北京：商务印书馆，1957：37-38.

④ ［德］卡尔·马克思，弗里德里希·恩格斯. 马克思恩格斯全集（第三卷）［M］. 中共中央马克思恩格斯列宁斯大林著作编译局，编译. 北京：人民出版社，2002：484.

⑤ 魏传光. 利益、正当与分配正义［J］. 武汉大学学报（哲学社会科学版），2019（1）：179.

⑥ ［美］约翰·罗尔斯. 正义论［M］. 何怀宏，等译. 北京：中国社会科学出版社，1988：23.

在对抽象的多数原则进行批判和反思的过程中，能够实现分配正义的制度主义又成为20世纪社会福利领域所关注的焦点。制度作为以规则或运作模式规范个体行动的一种社会结构，是人们有目的性建构的存在物，也是内部成员必须遵守的规章和准则，尤其是正式制度，作为政府、国家或统治者按照一定的目的和程序有意识创造的一系列法律法规，既具有指导性和约束性，也具有激励性和可靠性，容易形成共识并被接受，因此被各个国家奉为福利发展的圭臬，并纷纷开始了各种制度模式建设的进程，形成了在国家、市场和家庭之间的各种不同性质的制度安排和框架，包括保守主义理念下形成的制度框架、自由主义理念下形成的制度框架和社会主义理念下形成的制度框架。[①] 就连追求正义的罗尔斯也不可避免地将制度与正义衔接起来。他的假想实验证明，每个人在无知之幕的原初状态下都追求正义，即人生而追求平等，社会正义的原则“提供了一种在社会的基本制度中分配权利和义务的办法，确定了社会合作的利益和负担的适当分配”[②]。这种平等体现为能普适性和持久性提升人们生活质量的制度性平等，制度平等意味着制度体系规范下的公民具有同等权利，因此要通过合理的制度设计创造出科学的社会结构，才能达到真正意义上的公平正义。所以，当对幸福的追求从个体走向社会，而社会条件尚未达到物产极大丰富、人们觉悟极大提高时，政府便通过制度构建肩负起了全民福利共享的责任。因此，20世纪初各个发达国家无一例外地走向了政府承担设计、运行、监督为一体的福利制度建设之路，由此构建了世界上相对完备的社会福利制度体系，为越来越多国民提供了越来越多的制度性保障。

第三节　人类社会福利实践的发展历程

随着人们认识世界和改造世界能力的提升，人类创造了不同历史发展阶段各具特色的社会福利图景。梳理社会发展进步过程中的总体性福利图景变迁，是客观认识社会福利实践当下境况和准确把握社会福利发展方向的必然要求。

一、从几近空白的社会福利到普惠共享的家族福利

原始人类在努力适应世界以谋求生存的过程中，靠着石头和骨头艰难前行，“人们用

---

① ［丹麦］考斯塔·艾斯平-安德森. 福利资本主义的三个世界［M］. 郑秉文，译. 北京：法律出版社，2003：29-30.

② ［美］约翰·罗尔斯. 正义论［M］. 何怀宏，等译. 北京：中国社会科学出版社，1988：4-5.

石头作武器，猎取各种动物为食，维持自己的生存，而骨头则是人类的庖厨垃圾"①。这种低下的生产力水平、拙朴的食物获取方式以及不停迁徙的生活导致食物供给严重匮乏，在整体茹毛饮血、朝不保夕的恶劣生存环境下，有限的食物就要遵循孕妇—儿童、青少年、妇女—长老—成年男子—老人、病人、女婴的差序格局进行分配。这种实用主义分配方式决定了孕妇的福利水平相对较高，而老人、病人、女婴的价值和地位都较低，杀死患病老人和羸弱女婴与照顾他们同样具有合理性。这也意味着原始社会早期，人们对个体幸福的追求停留在"活着"这一生存层面，所谓的整体福利也仅是一小撮迁徙人群中的部分"有用之人"，实际谈不上真正意义上的集体福利或社会福利。

漫长的原始社会经历了200万年的艰难探索历程，到原始社会晚期，生产方式取得进步，从山林渔猎到农耕养殖，与之相伴随的生活方式也不断丰富、生活水平不断提高，人类的婚姻形式从群婚走向对偶婚，社会的组织方式也从族群发展到氏族公社，以氏族公社为依托出现了原始的公有制度。"在新的、社会的动力发生作用下，家畜的驯养和畜群的繁殖，创造了前所未有的财富的来源，并产生了全新的社会关系。"② 虽然这时期的生产力水平仍然低下，"固定的财富差不多只限于住房、衣服、粗糙的装饰品以及获得食物和制作食物的工具：小船、武器、最简单的家用工具"③。但人们因血缘关系而群居，共劳共用，不存在不平等意义上的社会救济，对疾病缠身的老人以及其他丧失劳动能力者提供生活保障是氏族成员的共同责任，由此可见，此时期呈现的是基本生活必需品共享普惠的世界图景。但是，这一时期出现的个体幸福和集体福利的一统状态，仅限于族群内部，且以一种简单的物质共享和互帮互助模式而呈现，尽管这种简单的共享与互助层次低端、形式简易，但却已经把福利实践发展到了社会性和关系性层面。

二、阶级分化的断层福利

原始社会晚期，人类认识世界和改造社会的能力有了较大提升，生产能力的提高和劳动方式的改变导致剩余产品出现，剩余产品的增加带来分配方式的改变，分配方式的改变带来贫富差距的拉大，原来氏族成员之间平等互助的关系被人与人之间的不平等和阶级对立所代替。"由于社会生产发展的需要，分为若干家族去进行生产和安排生活，于是，于氏族共产制之外，又出现家族共产制。最后，又因以家庭为单位生产优胜于以家

---

① 知原．人之初［M］．成都：四川教育出版社，1998：45.

② ［德］卡尔·马克思，弗里德里希·恩格斯．马克思恩格斯选集（第四卷）［M］．中共中央马克思恩格斯列宁斯大林著作编译局，编译．北京：人民出版社，1973：48.

③ ［德］卡尔·马克思，弗里德里希·恩格斯．马克思恩格斯选集（第四卷）［M］．中共中央马克思恩格斯列宁斯大林著作编译局，编译．北京：人民出版社，1973：49.

族为单位生产，家庭就成为生产和生活的单位了，私有制代替了公有制。"① 人类社会进入奴隶社会时期。中西方奴隶社会几乎都是与战乱频繁、阶级矛盾激化和百姓生活困苦相伴随。《礼记·礼运（大同章）》记载，"大道既隐，天下为家。各亲其亲，各子其子，货力为己。大人世及以为礼，城郭沟池以为固……故谋用是作，而兵由此起"。

这一时期社会关系是对立性的阶级关系，两大阶级之间由于特殊的所属关系而导致对幸福的追求成为奴隶主阶级的"专属"，就社会性福利而言，无论是对老人、对孩子抑或对妇女而言，严格的身份界限使得奴隶主阶级与奴隶阶级之间的社会性关爱无从谈起，仅有的一点帮助也是目的性很强的零星救济，奴隶阶级内部的社会帮扶基本上无能为力。

三、权力主导性社会福利

西方漫长的中世纪是在封建王权和宗教神权双重统治之下，人们处于思想被禁锢和行为被束缚的环境中，个体不能在现实生活中追求幸福，真正的幸福是在个体不断被禁欲的前提下死后到彼岸世界去获取，个体的幸福要在神授的前提下服从于公共幸福。为了确保人能像人一样生活，出现了以唤起人的生存权和发展权为目标的人文主义运动。同时，为了维护社会稳定和彰显人的生存权利，封建社会晚期，在西方出现了最早的《济贫法》，在政府层面以社会救助的形式确保贫困群体的生存，同时以就业保障和财政补贴开启了制度性福利实践的先河。但是，无论人文思想还是济贫实践，都没有摆脱权力的影响，没有脱离权力的框架。

中国封建社会与西方不同，其跨度较大，朝代更迭频繁，没有普遍的神学思想束缚，但却受家国同构思想影响，整体上都是处于中央集权状态下，国家是社会福利的责任主体，宗族是百姓重要的保障力量。历朝历代出台的惠民利民政策主张多是出于政治性的维稳目的，社会救济和帮扶体系的发展也具有官民结合协同促进的色彩，高度的国家（政府）责任和家国同构理念，一方面使政府在社会福利制度建立、发展及实践过程中扮演着强势主导者的角色，另一方面政府在提供相应的社会保障的同时，规制着家庭保障，牵引着互助或单位保障。"中国的封建社会，官方将救灾济贫作为仁政来实施，但只是充当维护封建帝王'家天下'统治秩序的一种应急手段。"② 这也勾画出封建时期中国是一种"父爱主义"和官民协同的福利图景。

---

① 张维罴. 原始社会史［M］. 兰州：兰州大学出版社，1994：595.

② 郑功成. 社会保障学—理念、制度、实践与思辨［M］. 北京：商务印书馆，2003：295.

四、制度性、体系化的福利模式

近现代是中西方明显成为两个世界的时期。从时间节点来看，西方近代社会时期始自17世纪中叶终结于20世纪初，现代社会时期则是从20世纪初到第二次世界大战结束，而中国的近代社会时期则晚了两个世纪，从鸦片战争一直到新中国成立，所以以年代同步性视角进行划分和比较，只能谱绘近现代西方和近代中国的福利图景。

西方近现代社会时期，生产方式发生变化，人类面临的风险也从自然性、个体性进入社会性、群体性层面，风险类型增多、风险系数增加，对个体影响深远、对社会影响加大，满足人类需求的能力在增强，化解群体性风险的思想也不断涌现，因此，在稳定社会政权、解决社会问题的现实驱动下，以德国为首，瑞典、丹麦、英国、法国、美国等国家先后建立了社会保险制度和公共福利制度，以制度和政策的形式全面开启了福利的法制化、社会化、体系化之路。德国从三大保险法发展到包括公共福利事业在内的各种福利措施，美国提出国家干预和扩大公共福利支出在内的充分就业和全面保障模式，英国以社会救济、社会保险、自愿保险为体系形成从摇篮到坟墓的全方位福利措施，甚至整个北欧都践行了令人向往的福利国家模式。

如果说西方近现代时期走过的是福利思想丰富和福利实践扩张的道路，那么，同一时期的中国人民却经历着幸福无从谈起和社会福利严重缺失的漫长历史时期。西方自工业革命以来，自身要创造条件大力发展工业，用殖民地理论武装其向外扩张的头脑，开始了世界范围内的殖民掠夺，在西方资本主义列强的坚船利炮下，中国千年的家国福利模式被打破，中国人民走上了反抗外强掠夺——反对内权迂腐——抗击日寇侵略——解放全国人民的漫长、艰难、曲折的道路。近代早期，外侵内压导致百姓生活极端困苦，人们将对福利的追求寄托于推翻旧制度和建设新社会方面，洪秀全设计了“有田同耕、有饭同食、有衣同穿、有钱同使”的理想社会模式，康有为提出了“公养、公教、公恤”的公共福利保障制度，孙中山倡导了“平均地权、节制资本”的民生主义。但是，深受历史环境和自身能力的局限，早期的福利追求都仅停留在理想式思想主张层面，未能落实到现实生活中来，人们没有现实意义上的福利可享。近代中期，西学东渐盛行，养老保险、教育福利、女性解放、中西医结合等思想被引入中国，西方的社会福利也进入国人视野。但日本的侵略迅速切断了福利模式中国化的进程，近代后期的中国进入长期的抗日战争和解放战争阶段，人民的幸福和社会福利只能是人们心中的理想和奋战的目标。可见，近现代西方处于社会福利迅速膨胀、极大繁荣的时期，而中国则几乎是回到空白、从头再来的时期。

五、实效性、公平性、可持续性福利模式

面对全球化、欧洲一体化、移民、社会老龄化等诸多挑战，北欧一些福利国家开始负重前行。公共福利部门庞杂、社会福利支出庞大，普遍主义思想盛行，高福利模式的难以持续性问题凸显。由此，高福利国家模式引起反思，“社会平等、经济增长和民主扩大之间需要良性循环”① 的主张被形成共识，以改革福利制度为核心的第三条道路主张成为新的政策导向，各国开始依据国情探索新的福利模式，形成了一种兼顾公平与效率、强调国家责任与个人责任、重视实效性与可持续性的改革路径，开始从福利国家走向福利社会。“我们要填平我们社会中的社会鸿沟，我们要所有的人都有工作并过上富裕的生活，我们把自己看成是弱者和强者团结互助的共同体。……自由在新的世界中意味着个人承担更多的责任，自由建立在互助的基础上，因为只有建立在个人自由决定和负责基础上的互助才是自由的实质，否则就只是施舍者的同情，个人也不能过分依赖国家的支持。”② 可见在价值观上，西方国家越来越强调国家、社会与个人责任的一体化。

中国进入现代社会以后，才开启了西方践行近一个世纪的制度化福利模式。新中国成立后，中国人民的幸福突出表现为政治上摆脱压迫、当家做主，经济上自力更生、自我奋斗，社会关系上差异较小、福利共享。尤其是中国单位福利体制的建立，更意味着中国人民对幸福的追求和对福利的探索进入全面化、现实化、制度化阶段。进入当代社会以来，中国迈入了城市化、现代化发展时期，经济高速发展和民生不断改善相并行，中国政府不断总结人类社会发展经验，奉行以人民为中心的理念，“从被动选择单一性制度目标向主动选择多种目标的协调发展转变”③，努力增进全体人民的各项权利，全面探索满足人民幸福生活的路径举措。如果说西方正处于社会福利模式朝着现实性和可持续性转型的话，那么中国的社会福利则正经历着从制度全面科学构建到体系快速建设完善阶段。“21 世纪以来，我国社会福利在福利制度、福利政策、福利类型、福利主体、福利机制、福利管理、福利监管等方面进入了系统化整合时期。”④ 新时期的中国社会福利，将以全面、系统、公平、可持续为目标去绘制人民生活幸福美好的图景。

可见，当超越于个体福利层面而进入人与人之间的社会性互助共享层面，社会福利便彰显出人类社会整体的幸福追求，尤其是制度性福利登上历史舞台以来，人类社会对

---

① ［芬兰］保利·杜基伦. 重塑中国和北欧国家的福利制度［M］. 上海：复旦大学出版社，2014：56.

② 裘援平. 当代社会民主主义与“第三条道路”［M］. 北京：当代世界出版社，2004：200.

③ 丁建定. 西方国家社会保障制度史［M］. 北京：高等教育出版社，2010：377.

④ 毕天云. 论大福利视阈下我国社会福利体系的整合［J］. 学习与实践，2012（2）：1，87-96.

幸福的追求和对福利的认识更达到了新的高度，通过梳理人类社会发展进程中社会福利发展的世界图景变迁，客观把握了社会福利实践的历史走向。然而，每一种福利图景的形成都伴随着时代的话语体系转变，这些话语体系不仅起到凝聚、融合和引领性作用，更对福利实践具有重要的理念导向性意义。①

第四节 学习社会福利史的方法

一、关照时代背景和社会环境

社会福利发展史不等同于社会发展史，但又离不开社会环境的影响。思想都是源于产生思想的人所处的时代，是他们在社会生产和生活实践中形成的认识和总结。社会福利思想就是这些思想家对自己所处时代中关于贫困、疾病、养老、就业等福利问题的认知和分析，所关注的问题都是该时代发生且有一定影响力的公共性问题，他们所提出的理想社会福利模式，也都是基于他们所处时代面临的问题和困惑。“历史从哪里开始，思想进程也应当从哪里开始，而思想进程的进一步发展不过是历史过程在抽象的理论上前后一贯的形式上的反映。”② 所以，这些基于实践而产生的思想和由思想指导而产生的实践都深深地刻着时代的烙印，因此，在理解每一个思想家和流派以及具体政策制度的过程中，都要把该时代的背景和社会环境作为前提去把握。

二、回到文本本身和思想家本身

借用《资本论》总序中的一段话，“回望历史深处，每一代学人都会深切地感到有一些书籍具有决定性的影响力，这些著作成为塑造历史的关键力量，改变了历史进程，也改变了人类社会。可以说，正是这些决定性的经典著作决定了我们今日的世界是这个样子，而不是另一个样子。人类之所以能够进步到如今这个全球一体化的文明时代，正是靠了一代代思想伟人奉献的各种类型的经典著作才实现的，正是靠了这些经典著作的荣光，才照亮了人类走出野蛮、步入文明的道路”③。所以，为了有利于读者品味和理解思想本身，本书对涉及关键领域的代表性思想给予了原文呈现，并对古代文献进行了单独

---

① 此部分发表于《社会科学辑刊》2020 年 3 期，被《中国社会科学文摘》2020 年 12 期全文转载.

② ［德］卡尔·马克思，弗里德里希·恩格斯. 马克思恩格斯选集（第二卷）［M］. 中共中央马克思恩格斯列宁斯大林著作编译局，编译. 北京：人民出版社，1995：43.

③ ［德］卡尔·马克思. 资本论［M］. 曾令先，等译. 南京：江苏人民出版社，2011：总序.

列出以提高阅读质量，所以，回到文本本身更有助于读者体会其蕴含的丰富内涵。社会福利发展史包括社会福利思想和社会福利实践，福利思想都是由思想家提出的，只有回到思想家本身，把握思想家所生活的环境、所处的社会阶层、所坚持的基本立场，才能对思想家的思想进行系统全面的理解，才能审定这些思想对前人有什么重大发展进步，对后人有什么启发借鉴，对实践有什么指导价值和历史贡献。

三、具有阶段性思维和同步性视域

本书以一定的历史发展阶段为一个研究的整体对象，按照原始社会时期、奴隶社会时期、封建中世纪社会时期、近现代社会时期、当代社会时期这样的社会历史发展阶段进行划分，表达了历史时序性，所研究的思想和实践内容也是沿着从古至今的发展脉络展开的，利用阶段法进行社会福利发展史的研究，便于把握福利思想与社会历史发展阶段的关系。英国著名历史学家汤因比说："一个人如果能身处在历史感悟之中，他就一定是获得真知的人，因为历史的经验是一座丰富的智慧智库。"所以，在按照时间和时代特点划分阶段的基础上，为了全面呈现人类社会福利变迁的整体状况，本书依照同步原则对国内外社会福利发展阶段进行统一研究，即按照时间节点同步对比该时期中西方社会福利思想与实践发展状况，便于给读者提供整体映像。

四、运用比较研究方法和多学科视野

古人思维具有整体性特征，他们的思想中往往既包含哲学的成分，也包含政治学、管理学的成分。回顾人类社会发展实践可以看出，"每个人，无论他的行为如何不同，无论他是书呆子还是乞丐小偷，抑或苦行僧，有一点是完全相同的，就是必然渴望幸福、追求幸福"。然而康德也指出，"不幸的是，幸福的概念是如此模糊，以至于虽然人人都想得到它，但是却谁也不能对自己所决定追求或选择的东西，说得清楚明白、条理一贯"①。因为幸福所包含的内容极其丰富，既有满足生理需求的物质层面，也有满足心理需求的精神层面，更有满足伦理需求的社会层面，因此，对幸福的研究和实践也必然涉及多学科领域，既有满足物质需求的政治经济学领域，也有研究精神需求的哲学伦理学领域，更有探索社会需求的社会管理学领域。

总之，中国的社会福利已经从简单移植西方思想和粗犷借鉴西方制度，进入扎根实际、深植细察，建构有特色、合国情的社会福利体系阶段。下一步中国社会福利该如何

---

① 王海明．新伦理学［M］．北京：商务印书馆，2001：483.

建设？学者们在思考，政府在探索，社会各界在实践。系统梳理人类社会福利发展脉络，深入挖掘福利发展进程中的理念导向，有助于客观面对动态的社会发展事实，切实找到高质量福利供给出路，进而从容地向全体人民生活幸福美好的理想状态迈进。希望本书对中西方社会福利思想与实践的系统梳理，为致力于研究社会福利发展问题的相关学者、学生提供借鉴，为中国制定更加公平、更可持续的社会福利制度提供参考。

第二章　原始社会时期福利思想与实践

有了人，我们就开始了历史。

——恩格斯

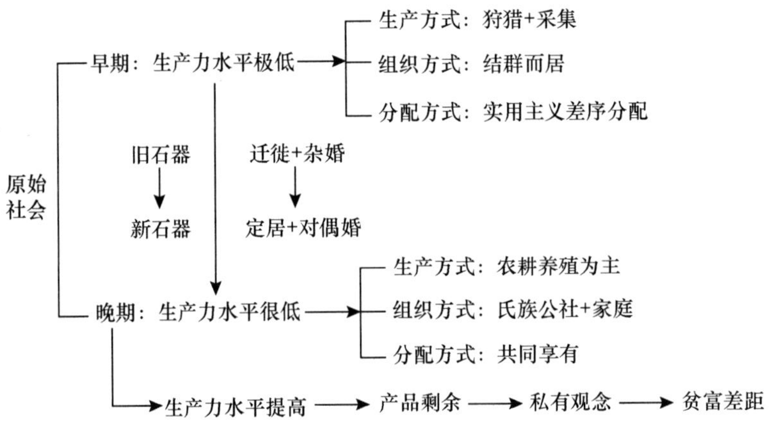

学习要点

从生产力与生产关系的角度理解原始社会早期对不同弱势群体尤其是老人和女婴的态度；了解原始社会晚期人类社会生产生活方式发生的变化；理解孔子描述的原始社会晚期大同社会中的救济观。

远古的历史，无法完整记载在浩瀚的史书里，文明的起源，也没有保存在人类的记忆中。但悠悠岁月，沉淀着人类源远流长的文化，在文明探源中，可以发掘出原始社会是人类所经历的最漫长的社会发展阶段。也可能就是从那时起，有关为人类造福的想法和尝试就已经产生了，但由于有记载的人类历史尚不到 3 000 年，因此对史前社会的生产生活方式以及人们有关福利的思想，并没有确切的史料来佐证，根据考古学、民族人类学和古代神话传说只能进行一些推论。所以，我们要讲述的最早的社会福利思想是有文字以来的世界各地的福利思想和人类为此做出的艰难探索。

第一节　原始社会早期：几近空白的社会福利

对于史前时代的先民来说，文明尚处在发微阶段，人们主要的努力，是如何适应周围的环境以及如何在不断变化的环境中生存下来。

一、原始拙朴的食物获取方式

以中国为例，从迄今发现的年代最为久远的“巫山人”（距今约200万年）算起，到元谋人（170万年前）、蓝田人（115万~70万年前）、北京人（70万~20万年前）、山顶洞人（1.8万年前），以及公元前4000年开始萌发阶级分化的龙山时代，中国原始社会走过了200多万年的漫长历程。

漫长的原始社会早期，人类经常性的生产活动和谋生的手段主要是狩猎和采集等体力劳动，最早的原始人在树根、树籽、野果中寻找一切可以找到的食物，树棒就是他们获取食物的武器，后来才渐渐发展为运用打制石器进行狩猎。“石器以石片石器为主，加工以单面为主，类型以刮削器为主，全用直接打击法制作”①，狩猎工具非常简单。狩猎方式虽然从追赶、围捕、陷阱、击打发展到投枪、石球和弓箭，但这些仍是一些简单拙朴的手段，这导致人们必须以体质和血肉来换取食物。在饮食方面，《礼记·礼运》记载，是“食草木之食、鸟兽之肉，饮其血，茹其毛”，直到约160万年前，一些原始人才开始掌握了如何使用“火”这门全新的技术，由此极大地改变了他们的生活。所以，为了在生活水平极其低下、生活环境极其恶劣的条件下抵御自然风险、抵抗动物侵袭以及保证人类繁衍，人们不得不结群而居、共同劳动。因为“获取肉食的生存活动，要求有意义重大的社会结构和合作。有效的出猎，要有恰当的组织方式，有时甚至在不同的组群之间产生协作关系”②。因此，有人类学家说：“原始人类生活在整个更新世，不断沿着一条石头和骨头的踪迹前进。人们用石头作武器，猎取各种动物为食，维持自己的生存，而骨头则是人类的庖厨垃圾。”③

二、简单艰苦的生活条件

早期人类处于不断迁移中，过着朝不保夕的生活，他们的生活时时处处充满不确定

① 张维罴. 原始社会史［M］. 兰州：兰州大学出版社，1994：64.
② 知原. 人之初［M］. 成都：四川教育出版社，1998：50.
③ 知原. 人之初［M］. 成都：四川教育出版社，1998：45.

性的风险。按照达尔文《人类的由来及性选择》一书中提到的，人类可能起源于湿润的非洲东部和南部，所以这一区域的人类发展较早，这里既有狩猎与采集，也出现了最早农耕的萌芽，人们能够有固定的场所，过上比较安定的生活。同样，也有人认为人类的发祥地可能是在亚洲，当早期原始人迁徙到印度东部与西北部的高地以及中国黄河流域地区时，发现了那里适宜的气候和有利的自然条件，渐渐定居下来，在适合放牧的草原、适合农耕的土壤上，人类开始探讨饲养牛羊等牲畜，开始尝试种植大麦等农作物，开始研究由芦苇草甚至泥砖建造房屋，人类不再迁移流浪，而过上相对确定和安稳的生活。相比之下，生活在欧洲的早期人类生活是格外艰苦的，气候寒冷、食物难觅，为了躲避危险的野兽，他们会生活在洞穴中，当适宜长期生存的自然洞穴难以找到的情况下，他们学会了利用树枝或者猛犸的骨架搭建简单的框架，盖上草皮或动物皮以避风雨，但是在食物获取方面，依然长期处于食不果腹的境地。①

三、实用主义的食物分配规则

在所得的分配上，由于物质资料极其匮乏，只有实行平均分配，才能勉强维持生活。所以，有人认为，旧石器时代基本没有福利可言，当时获取猎物的手段低下，只能靠体力和简单的工具，所以，有限的猎物分配起来要排序，基本是沿着孕妇—儿童、青少年、妇女—长老—成年男子—老人、病人、女婴这样的顺序。孕妇要肩负人类繁衍的重任，尤其孕妇可能会增加将来狩猎力量之男孩，自然就享受优先待遇；儿童（大部分是男童）、青少年和部分妇女也能发挥围捕和采集的作用；长老是人们推举出来的，在维护秩序和教化后代方面起到一定作用，自然也具有一定的优先享用权；成年男子虽是食物供给的主要力量，但却是健壮成年人，自然要排在后面；老人“最无用”，因此只能最后等待剩余食物。

所以说，在原始社会早期，由于这种实用主义观念盛行，尤其被视为“累赘”的老人和女婴的经济生活基本上不能得到保障，甚至受到虐待和杀害。英国历史学家沃辛顿·史密斯的《原始野蛮人》一书提供的信息，提到了关于旧石器时代尼安德特老人的情况，其中写道：长老是这群人的父亲和主人，他有时在篝火旁锤击碎石，孩子们模仿他，学习使用那些锐利的碎片……在这一小群里长老是唯一的成年男子，其余就是一些妇女、孩子。男孩子们长大到引起长老的嫉妒时，如果顺从长老的意愿，则按照长老的安排出去打猎，如果和长老顶撞，则不是被撵走，就是被杀掉……到了有一天，这个长老年已

① 知行. 全球通史［M］. 北京：中国华侨出版社，2013：28.

四十或者更老一些，他的牙齿脱落了，体力衰落了，一个忍受了很长时间的年轻男子就会站出来反抗他，把他杀掉，取代他的统治地位。在蹲所（原始人群居的地方）里的老人是会很快被解决掉的，他们只要衰老而脾气变坏了，烦恼和死亡也就降临到他们的头上。

早期的原始社会，从经济上来说，社会生产力水平决定了当时产品基本上没有剩余，个人与种族的延续只有通过人与人之间的生死搏斗来争夺有限的消费品才能实现，按照人们为社会所作的贡献大小来区分，决定了孕妇的福利水平相对就较高，而老人的价值和地位都较低，杀死老人和赡养老人同样具有其合理性。

在人类史前时代，人们对待老人的方法是有区别的，其标准就是老人是否在体力上仍然对部落有用，是否有存在的价值。原始人对待失去劳动价值的老人的做法对现代人来说实在是骇人听闻的。（1）渔猎民族为了狩猎，从一个地方向另一个地方迁移时，往往抛弃他们上了年纪的亲属。他们给老人留下一块肉和一满鸵鸟蛋壳的水。一旦这微量的贮备用光了，可怜的老人必然饿死或者成为野兽的食物。（2）在中央爱斯基摩人中，一个人可以把上了年纪的双亲杀死，年老的爱斯基摩人在饥荒和疾病使部落不胜负担之时，离家出走走向冰天雪地之中是常有之事。（3）在格陵兰东海岸的古代部落中，濒临死亡的老人有时被溺死或者老人自行溺死，很多印第安人部落中有杀死和抛弃老人的习俗。（4）在少数原始部落，衰老者常被立即处死或鼓励他们自杀，其埋葬之处则变为某种圣地。在许多社会里，杀死老人的行为往往在老人的指挥下由一位近亲（通常是儿子）来执行。（5）法国人口学家阿尔弗雷·索维写道：原始社会，可能一贯使用这种直接消灭老人的办法。虽然，把老人从棕榈树上摇落下去这种出名的风俗好像是神话，但是其他一些严酷的淘汰办法肯定是用过的。

对于婴儿尤其是女婴而言，受到抛弃和杀害更是史前时期艰难环境中一种比较普遍的现象。达尔文在《人类的由来及性选择》中说："谋杀婴儿之事，全世界以极大规模通行之，不受非难，其中尤以杀女婴竟认为于部族有益，或至少亦无害……杀婴之所由起，似因野蛮人有识所育一切小儿之给养甚困难，或不可能。"达尔文指出，是艰难环境中食物供给的不足这种经济原因导致杀婴动机的出现。除此之外，也有早期迁徙式生存方式的原因，频繁的迁徙和流动导致一些游牧民族的妇女不得不抛弃自己的孩子。例如，南美巴拉圭的伦瓜族印第安人就是因为母亲不能同时背着两个及以上的孩子迁徙，只能保留一个的无奈导致弃女留男、弃弱留强；在安哥拉的一个部落中，必要情况下，他们会毫无例外地杀掉他们所有的婴儿，为了使妇女在行军中暂时不受牵挂。当然，除了这些实用主义的客观因素之外，还有一些比较奇怪的动机。英国学者弗雷泽（J. G. Frazer）

在他的名著《金枝》中揭示了东非的某个部族，只有经过某些仪式受胎而出生的婴儿才允许活着，所以孩子出生时被杀的比例也很大。①

这些对待老人和婴儿等弱势群体的做法意味着，原始社会早期的生产力和生产关系决定了社会福利水平的低下，所以，原始社会早期，能够生存、能够吃饱恐怕就是人们最大的福利和愿景。所以，为了人类生生不息，在猎物严重不足的情况下，只能按照实用主义原则来差序安排食物，根本谈不上社会福利。

第二节　原始社会晚期：普惠共享的家庭福利

一、生产生活方式发生变化

（一）生产方式取得进步：从山林渔猎到农耕养殖

狩猎在增强人类体质的同时也促进了人类大脑思维的发展，经过在自然界漫长的适应过程，人类生产方式发生了改变，从打制石器进入磨制石器时代，射杀器具不断出现，相对锐利的工具带来猎物的增多；同时，在不断迁移和探索过程中，人们从山林山洞走出来进入平原地带，气候的温和促使一些年复一年从事采集活动的妇女对植物的生长规律有了一些认识，由此，渔猎、农业渐渐出现，农耕成为各部落主要的生产方式。但是，虽然谷物可以成为比较稳定的食物来源，但人类对肉食的需求和热衷仍无法改变，于是有些猎人开始尝试用散放、放牧和圈养等方式驯养一些动物，渐渐地促成了家畜养殖业的发展，生产方式的进步带来食物供给的增加和人们生活的改善。

（二）生活方式相对丰富：从狩猎繁衍到全面提高

原始社会早期，人类为了维持生存，必须无休止地与自然搏斗，努力获取食物并保证种族繁衍。而随着生产方式的进步以及人类思维的发展，到原始社会晚期，人类生活水平有了较大提高。

在饮食方面，人类刚刚脱离蒙昧时期时，食物原料就是美味佳肴，茹毛饮血就是对他们饮食生活的真实写照。伴随钻木取火的出现，人类从生食进入熟食时代，这对提高人类生活质量而言是一次巨大的革命。进入农耕文明后，人类认识自然和改造自然的能力增强，谷物的增多和畜牧业的发展带来越来越多的食物供给，由此，人类的饮食数量

① 知原. 人之初［M］. 成都：四川教育出版社，1998：120.

得以保证，饮食质量得以提高。

在服饰方面，也经历了一个不断探索的过程。早期从猿群中刚刚分化出的人类，依然和动物一样披头散发、蓬头垢面，但出于人类智力的发展和防晒御寒甚至自我保护的需要，出现了最早的衣服，由树皮、树叶、野兽皮毛之类制成。到了磨制石器和农业萌芽的新石器时代，人类就已经发明了骨针甚至纺线的纺轮，大大满足了人类对蔽体遮羞等方面的需求。据考古学家证实，生活在1.8万年前的山顶洞人，已经有了比较成熟的裁缝技术，出现了最原始的织机，可以纺造麻布皮衣等，为他们的幸福生活增添了很多光彩。

在居住方面，未开化的原始人最早可能是巢居的。恩格斯说：人类祖先刚刚脱离动物界的猿人初期阶段，依然生活在热带密林中，他们是住在树上的，因为不这样，就很难在莽莽荒原凶禽猛兽的环境中生存下来。是否存在巢居及具体的巢居方式，尚没有考古发现。但是居住在山林洞穴之中，却有考古证实，而且以游猎方式觅食寻踪，居无定所，所到之处即是家。但这种方式导致不确定性风险极高，所到之处会有无猎物无野果的风险，行走途中会受饥饿、疲劳、疾病、寒风酷暑侵袭，正如《周易》记载的“上古穴居而野处”，可见，人类自然会滋生对固定居所的渴望。随着不断的迁移和踏寻，人类终于走出山林进入平原，告别穴居而开始建造住所，尤其是农耕文明更促成居所的安定，虽然只是简陋的窝棚、树巢和窑洞，但相对于旧石器时代的野居而言已经有了极大进步，这足以表明人类的生活水平有了较大提高。那一时期，饮食有保证、服饰能蔽体、居住有定所对早期人类而言已经是最大的福利了。

（三）婚姻形式趋于文明：从杂婚到对偶婚

随着人类生产方式的变化，人类的婚姻形式和社会的组织方式发生了变化，由此带来人类生活方式的改变。恩格斯在《家庭、私有制和国家的起源》一书中谈到了摩尔根关于人类婚姻形式发展历程的描述。

1. 杂婚

人类社会早期，生产力水平极其低下，人类过着群体生活，男女在两性关系上没有任何限制，也就是每个女子属于每个男子，每个男子也同样属于每个女子，不分年龄、辈分和亲疏远近，男子过着多妻制的生活，女子也过着多夫制的生活，他们的子女被看作大家共有的子女。这一婚姻形式存在了数以百万年。①

① 当然，对于杂婚一说，也有学者持反对态度，认为这只是根据某些原始部落独特风俗或婚姻关系的松弛而臆断的，认为实际上一些动物如黑猩猩就有避免近亲交配的倾向，所以未必就是杂乱无章的。

2. 群婚

较低形式的血缘群婚，排除了父母与子女、祖父母与孙子女、外祖父母与外孙子女之间的婚姻形式，两性关系按照世代来规定，同一代中既可以是兄弟姐妹，也可以是夫妻。较高形式的亚血缘群婚，叫族外群婚，这种婚姻形式虽然也是同辈，但排除了兄弟姐妹之间的婚姻形式。因为人们知其母不知其父是谁，导致母系氏族的出现。

3. 对偶婚

对偶婚是既知道生父也知道生母的婚姻形式，表现为一夫多妻和一妻多夫制，一个男子在许多妻子中有一个主妻，而这个男子也是他这个主妻的许多丈夫中的一个主夫。另结新欢就跟换衣服一样简单。

（四）组织形式走向稳定：从族群到氏族公社

随着人类婚姻形式由杂婚到群婚再到对偶婚的变化，以及人口增殖和分布范围的扩大，氏族公社渐渐发展起来。一方面，人类在进化过程中逐渐认识到近亲婚配的危害性，逐步禁止兄弟姐妹直至整个家族内部成员的两性关系，就此出现族外婚制，同一族群内部就成为一个具有相同血缘关系的共同体；另一方面，人类认识和改造自然能力的提高带来生产力的进步以及生活条件的改善，人的预期寿命也在不断延长，人口逐渐增多，分布越来越广，同一聚居地的居民渐渐通过地缘和血缘关系的融合而成为同一族群，这样，受生产力的发展、婚姻形式的变化以及人口结构关系的变化带来氏族公社的形成和稳固。所以，氏族公社是原始社会在一定发展阶段上以血缘关系为纽带形成的社会组织和经济组织的基本单位，它产生于旧石器时代晚期，在新石器时代达到鼎盛，在青铜时代趋于瓦解。主要特征为：以血缘为纽带，以族外婚、生产资料公有制、共同劳动、产品平均分配为特征，以选举出的氏族首领管理公共事物，重大事务由氏族大会决定。氏族公社历经了母系氏族社会和父系氏族社会两个阶段，后来为国家所代替。

二、氏族内部衍生大同模式

在氏族公社中出现了原始的大同模式。无论早期的亚血缘群婚下的母系氏族还是一夫一妻制后的父系氏族，它们一个共同的特点就是同一氏族都是胞亲，更严格意义上的氏族成员都为五代以内的血亲同族，所以一家人的观念根深蒂固，财产共有思想自然而然地存在，在氏族活动范围以内的土地、森林、草场、牲畜、房屋、制造工具和原始作坊等，都属于整个氏族公社所有，氏族成员共同参加集体劳动，这种劳动也是自愿性、自发性和自然性的，共同创造财富是每个成员的自然需要，因而创造出的产品属于共有。

这种生产资料公有、集体劳动、平均分配产品的基础形成了人与人之间平等的关系，由此人们之间的互助互爱也是不容置疑的事情。

所以，孔子对原始社会晚期有着一种朦胧的印象，其在《礼记·礼运》中描述了一种大同世界："大道之行也，天下为公。选贤与能，讲信修睦。故人不独亲其亲，不独子其子，使老有所终，壮有所用，幼有所长，矜、寡、孤、独、废疾者皆有所养，男有分，女有归。货恶其弃于地也，不必藏于己；力恶其不出于身也，不必为己。是故谋闭而不兴，盗窃乱贼而不作，故外户而不闭。是谓大同"①。孔子的这段描述反映了原始社会较晚时期的社会福利状况，即实行财产公有，每个成年成员都尽自己所能创造社会财富；应该由选举产生德才兼备的人担任管理者，社会安定和谐，讲求信义，大家和睦；老人、小孩都能得到氏族的关怀，不幸成员如鳏寡老人，孤儿及生理有缺陷的残疾人都能得到氏族的供养。

原始社会晚期出现了人类社会最早但却最理想的社会互助模式：人们结群而居，共有资源、共同劳动、共享成果，在这种大同模式下，不存在不平等意义上的社会救济，对丧失劳动能力者的保障和对因战因病致残者提供生活保障是氏族成员的共同责任。

三、产品剩余萌生私有观念

在原始社会后期，随着生产能力的提高，产品开始出现剩余，越来越多的牲畜和工具等生产资料开始被私人占有，占有欲望的增强和占有量的增加导致公社成员之间财富出现分化，私有观念开始凸显出来。

首先，劳动方式的改变导致剩余产品出现。原始社会早期主要的食物获取方式是搏斗，所针对的对象也具有不确定性，因此食物供给无法保证。但到了原始社会晚期，出现农业文明，牲畜饲养业也普遍发展起来，人们能够根据自然要素有规律地从事生产活动，获得的粮食和饲养的牲畜得以保证，于是在对自然界的认识不断提高和劳动能力不断提升的情况下，产品开始有了剩余，紧接着就出现了公社成员之间的贫富分化，开始了最初的阶级分化。

其次，剩余产品的增加带来分配方式的改变。当农业畜牧业成为重要且不可缺少的生产部门时，产品出现剩余，人们的观念也开始发生变化，私人占有欲开始显现并膨胀，最初是对多余粮食和剩余牲畜的占有，后来渐渐出现对人力的占有，长期以来的氏族成员共同劳动、共同分配被少数人转变为以家庭为单位进行生产和分配，由家庭劳动所得

① 孔子. 礼记·礼运篇［M］. 北京：燕山出版社，1995：1.

的产品不再交由氏族平均分配，而留在家庭中，成为家庭的私有财产。渐渐地，这种私有财产从物质财富扩展到劳动力，出现丈夫对妻子、家长对奴隶的占有和奴役，出现严重的分配不公。

最后，分配方式的改变带来贫富差距的拉大。分配方式的改变衍生私有欲望的增强，私占行为的增加促使贫富分化的出现。当人们意识到马、牛、羊、鸡、犬、猪等牲畜的驯养，不仅能够供给稳定的乳肉食品，而且可以带来皮毛甚至交换为其他物品时，就开始大量地繁殖，拥有土地和牲畜较多的人自然就和土地贫乏、牲畜不足的人拉开了收入差距，很多氏族首领凭借其权力扩大私有财产的范围，成为氏族权贵，从而形成了明显的收入分层。除了农业畜牧业之外，这一时期部落间的战争也促使分配方式改变以及收入差距拉大。在频繁的部落战争和部族掠夺中，战胜一方的军事首领、氏族首领及其亲族往往获得大量战利品，战利品的增加不断增加他们的财富、强化他们的地位。在不断地私吞和强占中，一部分人成为富有者，成为社会的上层，比较富裕的人成为社会的中层，大部分贫穷的氏族成员成为社会的下层，阶级分化越来越突出，私有制度开始萌芽。“由于社会生产发展的需要，分为若干家族去进行生产和安排生活，于是，于氏族共产制之外，又出现家族共产制。最后，又因以家庭为单位生产优胜于以家族为单位生产，家庭就成为生产和生活的单位了，私有制代替了公有制。”① 私有制激化了贫富分化的过程，也加速了阶级分化的过程，分化的结果是形成了富有者和贫穷者阶层。

总之，随着贫富分化的发展，原来氏族成员之间平等互助的关系逐渐遭到破坏，被人与人之间的不平等和阶级对立所代替，原始公社制度逐步瓦解，奴隶制度逐步确立并不断发展，人类进入奴隶社会时期。

【关键概念】

大同世界　氏族公社

【复习思考题】

1. 原始社会早期实用主义的食物分配规则是什么？
2. 对比社会早期和晚期对待弱势群体的态度。

① 张维罴. 原始社会史［M］. 兰州：兰州大学出版社，1994：595.

3. 原始社会晚期的社会互助模式是什么？

【扩展阅读1】　　达尔文与《人类的由来及性选择》

查尔斯·罗伯特·达尔文（Charles Robert Darwin，1809—1882 年）出生在英国普雷斯顿，是英国著名生物学家、博物学家，1853 年英国皇家奖章得主、1864 年科普利奖章得主，创立生物进化论，被誉为进化论的奠基人。

达尔文用大量资料证明了所有的生物都不是上帝创造的，而是在遗传、变异、生存斗争和自然选择中，由简单到复杂、由低等到高等不断发展变化的，他提出了生物“进化论”学说，从而摧毁了唯心主义的“神造论”和“物种不变论”。恩格斯将“进化论”列为 19 世纪自然科学的三大发现之一，达尔文对人类有杰出的贡献。

《人类的由来及性选择》一书于 1871 年首次出版，是达尔文继《物种起源》后探讨人类起源的一部重要著作。该书提出了人类起源及性选择的理论，进一步充实了进化学说，为生物进化论奠定了基础。全书分为三篇，共二十一章。达尔文在书中详细论述了“人猿同祖”理论，并采用性选择作为理论补充，进一步解释了人类的起源和人种的起源，从而补充和完善了进化论学说。

【扩展阅读2】　　沃辛顿·史密斯与《原始野蛮人》

沃辛顿·史密斯（Washington Smith）是英国历史学家，其在《原始野蛮人》一书中，对旧石器时代早期的原始人类生活进行了生动形象的论述，描写的社会生活比较广泛，组成的共同体较多，成员之间分工明确。

沃辛顿·史密斯的描述，使我们能够想象出人类祖先茹毛饮血的日常生活情景。在发现和使用火之前，早期人类的食物是有限和难咽的，其生硬、腥臭和粗糙的程度，是我们现代人难以想象的。在旧石器时代早期，也就是弓箭和其他复合型工具和武器被使用和发明以前，早期人类的狩猎能力也是极为有限的。他们只能捕捉一些弱小的食草动物，而在那些大型食肉动物面前，我们的祖先主要是它们的猎物而不是猎人。

第三章　中国春秋战国时期社会福利思想与实践

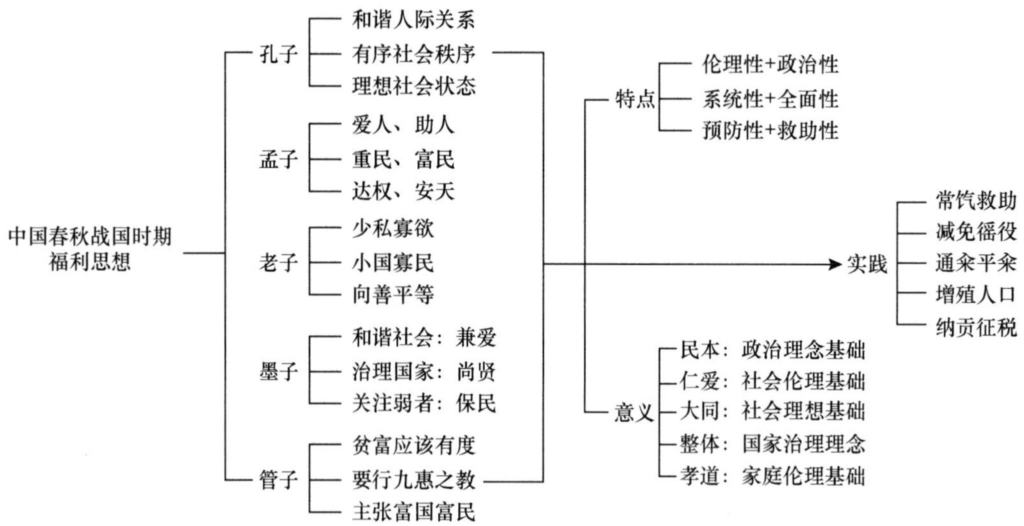

学习要点

理解春秋战国时期诸子百家社会福利思想的主要内容；能够结合孔子、孟子、老子、墨子、《管子》的思想分析中国古代社会福利思想的特点和意义；了解中国先秦时期各国福利主张和具体实践。

进入奴隶社会，产品有了剩余，人类文明程度逐渐提高，文化极大繁荣，互帮互助从家庭走向社会，政府开始承担一定的责任。如果说漫长的原始社会时期，所有进化的人类都是蒙昧野蛮的，其生产生活方式没有差异的话，那么，走出原始野蛮阶段之后，生活在不同地理空间的人们开始出现了分化，生产力的进步程度、文明的提高程度以及文化的衍生程度都将人类划分为东西方不同的类型。有确凿史料记载的历史时期从这里开始，东方主要以尼罗河流域的古埃及、黄河流域的古中国为代表，中国这段历史时期也被称为先秦时期，包括中国从原始社会进入奴隶社会后最初经历的几个朝代——夏、商、西周、春秋、战国直至秦统一以前的社会历史时期（从公元前 21 世纪夏启开始到公元前 221 年秦朝统一中国）；西方主要指两河流域的古巴比伦、印度河流域和克里特岛的一些城邦国家，以及成熟的古希腊统治时期（从公元前 21 世纪克里特岛出现最早的国家到公元前 323 年古希腊结束统治①）。这一时期的福利思想和实践对以后各时期的社会福利发展起到了奠基作用。

第一节　中国春秋战国时期福利思想产生的背景

一、经济背景

随着人类认识自然和改造自然能力的增强，农业成为主要生产部门，特别是铁制农具的推广、牛耕的使用以及水利事业的发展，带来生产力的极大提高和荒地的大量开垦，使得剩余产品有所增加，社会经济呈现繁荣景象。

随着生产力的发展，经济制度发生了变迁，由最初的井田制度发展到私有制度。古代社会初期，“普天之下，莫非王土”的井田制度是奴隶制国家的经济基础，它与宗法制度紧密相连，所有的国土及土地上的人民都按照宗法制和五等爵制分封给各级诸侯，土地虽然被各级奴隶主贵族占有，但实际上不能自由转让，统统属于天子的“公田”。但是，随着大量新地的开垦，越来越多的土地成为可以私下交换和转让的“私田”，到春秋时期，井田制下的领主经济逐渐解体，私有制下地主经济开始萌芽并发展，具有独立人格的佃农开始出现，劳动关系发生了变化，向天子上贡转为实物地租，人们的生活水平和相互关系随之发生变化。

二、政治背景

政治制度在很大程度上影响了社会发展。古代中国的政治制度经历了一系列更迭变迁。约公元前 4000 年，中国社会生产力发展到铜石并用的时代，剩余产品逐渐增多，宗法制度开始形成，财富和权力分配趋向不平等。大约在公元前 2070 年，位于中原的炎黄部落经过尧、舜、禹的“公天下”之后，为夏启的“家天下”所取代，中国从此进入了统一的阶级社会。夏启之后，中国进入“大道既隐，天下为家。各亲其亲，各子其子，货力为己。大人世及以为礼，城郭沟池以为固，礼仪以为纪，以正君臣，以笃父子，以

① 由于古希腊和古罗马具有一脉相承的关系，虽然古罗马在军事上征服了古希腊，但是古希腊也在文化上征服了古罗马，即古罗马的思想中很大一部分是传承于古希腊，而古罗马对于古代西方思想和中世纪思想而言具有承前启后的作用，所以，本书按照时间比照，将古罗马前期对古希腊思想文化和福利文明的传承部分融入本章古希腊思想中，而古罗马后期出现的宗教神学思想将融入后面中世纪福利思想中。

睦兄弟，以和夫妇，以设制度，以立田里，以贤勇知，以功为己”（《礼记·礼运》）的私有世袭时代。约公元前1600年，由于夏桀时期政权腐败，兴起于东方的商汤趁势起兵，灭夏建立商朝。公元前1046年，因商纣王武断粗暴，穷奢极欲，滥杀无辜，致使众叛亲离，兴起于西土的周讨商成功，建立周朝，确立了周礼制度和分封制度。公元前771年，西周周幽王昏暴奢淫，自取灭亡。历史进入春秋战国持续500多年的社会大动荡时期。

朝代的更迭伴随着战乱的频繁、阶级矛盾的激化和百姓生活的困苦不堪。在夏、商、西周时期，战争集中于国王昏庸无道时期的奴隶、平民起义以及朝代的更替阶段，奴隶主贵族凭借手中的政治权力，占有生产资料，剥削统治奴隶，霸占社会财富，导致奴隶阶级的生活苦不堪言。

三、文化背景

古代中国经历了从敬天保民到轻天重民思想文化的发展，加之科学技术的进步以及文学艺术的丰富，带来春秋战国时期百家争鸣的文化繁荣。

夏商时期人类对自然界的认知能力有限，奴隶主贵族基本上都把上天视为最高主宰者，国王作为最高统治者被称为天子，所以一切都要顺从天意，顺从了天意才能维持天命，只有尊神敬天才能保住统治地位，才能保护万民。随着商取代夏、周取代商的朝代更替，人们意识到“天命靡常”，天不完全可信，人事可以动摇天朝，由此出现对民之力量的重视，即周公所说的“天惟时求民主”。与此同时，科学技术和文学艺术也快速发展起来，天文学领域出现二十八星宿的划分，人们对自然界的认识不断加深；《黄帝内经》总结了我国几千年的医学实践经验，重视了百姓的生存希望和生活能力；周礼及“三传”“五经”反映了各国的管理制度、阶级关系以及劳动人民的生活、思想和感情。由此，敬天还是轻天、以天保民还是民可定天、顺应自然还是主宰万物等思想开始出现，形成了春秋战国时期博大精深的思想文化，为诸子百家提出丰富的社会福利思想奠定了文化基础。

第二节　中国诸子百家的福利思想

先秦时期中国福利思想兴起于夏朝初期，发展于商周时期，全面兴盛于春秋末到战国时代，所以，春秋战国时期的福利思想可以全面体现这一时期中国总体的福利思想。这一时期战乱频繁，不同阶级、不同阶层的代言人，纷纷从自己的立场出发，对自然现象与自然规律、社会问题与社会变革发表各自的观点和看法，提出各自的主张，包含丰富的福利思想。

一、儒家学派的福利思想

（一）孔子思想

孔子是儒家学派的创始人和集大成者。孔子祖上是贵族，但由于贵族宫廷政变，从此家道衰落。孔子自幼随母亲过着孤苦贫贱的生活，“吾少也贱，故多能鄙事”（《论语·子罕》）。孔子少年时曾管理仓库、看管牛羊，在祭祀、喜庆和丧葬的时候做过礼仪；30岁开始在家创办私学、聚徒讲学，并整理诗、书、礼、乐等文献；50岁左右做过鲁国的司寇一职，但因不能实现政治抱负而辞官讲学，带领弟子周游列国，宣传自己的主张；晚年返回鲁国，总结上古以来社会在政治、经济、文化、军事、科技、教育等方面的思想、行为和经验，被尊奉为“国老”，建立了儒家学派，其言论由其门人整理成《论语》。

受时代的局限，孔子并没有明确提出社会福利思想，但其博大精深的思想却包含了对人际伦理关系、理想社会状态等的思考，这对于福利的社会化奠定了深厚的思想基础。

1. 推崇“修己—安人”的和谐人际关系

社会的和谐与否依赖于人际关系的处理方式和程度，而人与人之间关系和谐的首要前提是能够把握人与自己的关系。所以，孔子提出通过“修己”以达到“安人”的目标。“修己”就是在道德、品质、学识等方面进行自我修养，这种修养上至君王贵族下至黎民百姓，所有人都应该“吾日三省吾身”，每天对自己进行多次反省，尤其是管理者更应该培养“恭、宽、信、敏、惠”的基本素质。“君子食无求饱，居无求安，敏于事而慎于言，就有道而正焉”，百姓“贫而无陷，富而无骄……贫而乐，富而好礼”。[①] 君子吃饭不要求足饱，居住不要舒适，办事迅速敏捷，说话谨小慎微，能时常向道德高尚的人学习并改正自己的缺点；百姓贫穷时却不去巴结奉承，富有时却不骄傲自大，贫穷却乐于道德的自我完善，富有却崇尚礼节，这样，方能达到“修己”。

有了自我认识、自我反省、自我提升的前提，人就可以正确处理与他人之间的关系，即“修己以安人”。“安人”主要包括三类对象。第一，对父母亲人的“孝悌、安亲”。“其为人也孝悌”“弟子入则孝，出则悌”。（《论语·学而》）对待父母要孝顺，对待兄长要和睦，孝悌是安亲的根本，也是社会和谐的根本，因为它体现出最基本的人性道德。第二，对朋友要“忠信、安友”。“有朋自远方来，不亦乐乎”“与朋友交，言而有信”。（《论语·学而》）诚心和朋友交往，彼此在学识、道德修养和精神境界上不仅能获得共

---

① 孔子. 论语·学而［M］. 沈阳：辽宁民族出版社，1996：8-9.

鸣，更能共同提升。第三，对待下层社会要“泛爱众、安百姓”。要打破不同层级关系之间的阶层障碍，对与自己无直接关联的人也要保持“爱人”之心对待，以道义爱民、德行立民，在物质和精神方面富民、抚民。孔子认为人们的利欲之心太重，是导致社会贫富不均乃至战争的根本原因，因此要以财富平均的方法解决这个问题，“不患寡而患不均，不患贫而患不安”，“盖均无贫，和无寡，安无倾。夫如是，故远人不服，则修文德以来之。既来之，则安之”（《论语·季氏》），“济众救人”“均无贫”“薄赋敛”等。他认为四海之内皆兄弟也，所以济众救人是情理之中的事；均无贫是指统治阶级所获得的财富应该与其身份相符合，它是针对国家的诸侯、大夫而言的，不涉及劳动人民；薄赋敛是对百姓实行轻税政策，藏富于民。这样，百姓乐于求和、安于受教，整个社会处于和谐统一的状态。①

2. 倡导“仁学—礼治”的有序社会秩序

仁学思想体系是孔子社会福利思想的理论依据，是“安人”的一种更高层次。孔子宣传“仁者爱人，克己复礼”“己所不欲，勿施于人”“己欲立而立人，己欲达而达人”等淳朴的社会共处思想。“仁”寓意两个人，即人与人之间的关系，所以统治者和被统治者之间、统治者内部都应该正确处理相互之间的关系，仁者爱人就是要打破阶级束缚、消除地位差异，爱人就是爱一切人，没有什么阶级、等级的规定。“唯仁者能好人，能恶人”②，只有仁德的人才能慎重地去喜爱人，才能严肃地去讨厌人，人人善恶分明、各安其位，就可消除纷乱与争斗，因此，孔子的福利思想与他的伦理思想相互交织、紧密结合。

那么，怎么达到“仁”之程度，孔子又提出“克己复礼为仁”。孔子生活在春秋乱世，为纠正礼崩乐坏的时弊，竭力提倡“礼治”，恢复或遵循“周礼”，“非礼勿视、非礼勿听、非礼勿言、非礼勿动”（《论语·颜渊》）。这样，上下等级、尊卑、长幼等都有明确而严格的秩序规定，“君君、臣臣、父父、子子”使其名实相符，人们在各安其位的同时达到统一有序。这套礼仪包含了反对残酷的剥削压榨，体现出一定的民主性和人民性。

3. 畅想“有道—大同”的理想社会状态

孔子在批判社会不合理现象的同时，也提出了自己对理想社会的设计和构想，即有道的大同社会。孔子对大同社会的描述反映了他对理想社会状态的追求，即实行财产公有，每个成年成员都尽自己所能创造社会财富；应该选举产生德才兼备的人担任管理者，社会安定和谐，讲求信义，大家和睦；老人、小孩都能得到关怀，不幸成员如鳏寡老人，

---

① 吴昭云. 中国管理思想史［M］. 北京：经济管理出版社，2012：36-38.

② 孔子. 论语·里仁［M］. 沈阳：辽宁民族出版社，1996：34.

孤儿及生理有缺陷的残疾人都能得到供养。在这种理想社会中，老百姓的生活是安定的、和睦的、愉快的，这应是君子所追求的一种至高境界。在有道的理想社会中，应该重点关心照顾的是老人和儿童。这也是“修己—安人”“仁学—礼治”所要达到的最高境界和理想状态，在这种状态下，“老者安之，朋友信之，少者怀之”，即老人得到安逸，朋友之间相互信任，少年人得到关怀。

（二）孟子思想

孔子之后，儒家分而为八，不同时期的儒者从不同的角度对孔子开创的思想体系进行发挥和阐释。孟子就是其中著名的代表。孟子年轻时政治抱负远大，自信心也很强，曾说，“如欲平治天下，当今之世，舍我其谁也”。但他的理想始终没能实现，周游列国时也没受到重用，晚年回国，效仿孔子著书立说，有“亚圣”之称，与孔子合称为“孔孟”。其思想和言论主要保留在《孟子》一书中。

1. 以“性善说”确立爱人、助人思想

“性善说”是孟子福利思想的理论基础。孟子认为，人之所以区别于动物在于人具有恻隐之心、羞恶之心、辞让之心、是非之心等四心。“恻隐之心，人皆有之；羞恶之心，人皆有之；恭敬之心，人皆有之；是非之心，人皆有之。恻隐之心，仁也；羞恶之心，义也；恭敬之心，礼也；是非之心，智也。仁义礼智，非由外铄我也，我固有之也，弗思耳矣”①，即每个人都具有同情心，在感觉自己不如别人时都知道廉耻，也懂得人与人之间应该互相尊敬，在是非面前能够保持正义感。这些都是人与生俱来与动物不同的特性。这四心是人类道德的发端，其本然性就像水往低处流的自然而然性是一样的道理。“人性之善也，犹水之就下也；人无有不善，水无有不下”（《孟子·告子上》），既然人本性都是善的，人自然而然地具有爱人和助人的品质。

“人皆有不忍人之心者，今人乍见孺子将入于井，皆有怵惕恻隐之心——非所以内交于孺子之父母也，非所以要誉于乡党朋友也，非恶其声而然也。由是观之，无恻隐之心，非人也；无羞恶之心，非人也；无辞让之心，非人也；无是非之心，非人也。”②

——《孟子·公孙丑上》

---

① 孟子·告子上［M］. 梁海明，译注. 沈阳：辽宁民族出版社，1997：191.

② 孟子·公孙丑上［M］. 梁海明，译注. 沈阳：辽宁民族出版社，1997：191.

孟子进一步举例说明恻隐之心会使人萌生助人之行为。之所以说人人都具有怜悯他人之心，是因为假如人们突然见到小孩将要掉入井中，他会不假思索地去救孩子，这样做不是为了和孩子父母拉交情，也不是为了在亲朋好友中获得好名声，更不是厌恶孩子的哭叫声，而完全是基于瞬间迸发的惊慌同情之心。孟子倡导性善基础上助人的本然状态，“性善说”把人们的伦理道德说成是天生的是错误的，但对于维护社会和谐，提高人民幸福安康以及在此基础上体现他的社会福利思想却是有一定意义的。

2. 以“民本说”确立重民、富民思想

孟子福利思想的又一重要理论依据是其民本主义的重民思想。他根据夏桀、商纣王、周幽王等失民者而失去天下，尧舜禹治理大水，解决百姓问题，免遭灾害，推行禅让制而得天下的历史经验教训，认为民心之向背关系国家存亡，所以要重视百姓的生存安危，要倾听国人的意见，营造与民同乐的社会氛围，由此彰显其重民富民的一系列思想和主张。

（1）重民思想。孟子在吸收《周易》“民为邦本”和《左传》“国将兴，听于民”以及《论语》“泛爱众”等一系列先贤思想基础上，进一步提出“民为贵，社稷次之，君为轻”（《孟子·尽心下》）的主张，强调君主要重视百姓之生计，要“乐以天下，忧以天下”，以百姓之乐而乐，以百姓之忧而忧。对待农民，要劝农业、教耕织，提高农民种植水平；对待特殊群体，《孟子·梁惠王下》说，老而无妻曰鳏，老而无夫曰寡，老而无子曰独，幼而无父曰孤。此四者，天下之穷民无告者。尤其战乱纷繁的战国时代，在战争和贫困的双重压迫下，百姓多处于痛苦呻吟的悲惨处境，需要政府和社会给予照顾。

（2）富民思想。富民思想是孟子福利思想的核心内容。孟子富民思想的第一个主张是“制民恒产”。理想王道的社会生活是要人们遵循自然生态规律，把耕地分配给农民永久经营，只有这样，个体小农经济才能兴旺发达，国家才能稳定强盛，百姓才能避免流离失所，天下才能太平。孟子不仅提出制民恒产的主张，更对此做出了详尽计划。

> “五亩之宅，树之以桑，五十者可以衣帛矣；鸡豚狗彘之畜，无失其时，七十者可以食肉矣。百亩之田，勿夺其时，八口之家可以无饥矣。……七十者衣帛食肉，黎民不饥不寒，然而不王者，未之有也。”①
>
> ——《孟子·梁惠王上》

上段文字是说，如果制民恒产，那么，百姓在五亩大的住宅田旁边种植桑树，上了

① 孟子·梁惠王上［M］. 梁海明，译注. 沈阳：辽宁民族出版社，1997：6.

五十岁的人就可以穿着丝绸了；不失时令地饲养鸡鸭猪狗，上了七十岁的人就可以经常吃到肉食了。一家一户种植百亩田地，如果不失时节，数口之家就不会闹饥荒了。年满七十岁的人能穿上丝绸、吃上鱼肉，老百姓不缺衣少食，做到了这些的人必然可以天下称王了。孟子希望每家每户都有自己的私产，这样，上足够奉养父母，下足可养活妻儿，好年成就终年能吃饱，坏年头也能免于饿死。

孟子富民思想的第二个主张是“薄赋敛”。孟子首先分析先人的什一税，指出“夏后氏五十而贡，殷人七十而助，周人百亩而彻，其实皆什一也”（《孟子·滕文公》）。要根据这一确定的贡税比例来征税，可以减少百姓负担。对于如何合理征税，孟子也提倡运用“贡法（计量）”这一方式。

“贡者，挍数岁之中以为常。乐岁，粒米狼戾，多取之而不为虐，则寡取之；凶年，粪其田而不足，则必取盈焉。为民父母，使民盻盻然，将终岁勤动，不得以养其父母，又称贷而益之，使老稚转乎沟壑，恶在其为民父母也？”[1]

——《孟子·滕文公》

上段所述的赋税方法是核定九年中收成的平均数作为税收的定数。“不管丰年、歉年都得按照这个数征税。丰收年景，粮食到处抛撒，多征收一点也不算苛暴，相对产量却征得少；饥荒年头，田里的收成连购买来年的肥料都不够，却一定要征足这个数。作为百姓父母的国君，却使子民忧怨勤苦，即使终年辛劳也不足以赡养自己的父母，却还要靠借贷来凑足租税，致使老幼弱小在山沟荒野奄奄一息，哪里还称得上是百姓的父母呢？”[2] 所以，不仅考虑征税方法，更要正确对待税收数目，对征税做出长久且灵活的规划。孟子的薄赋理论，以减轻人民赋税说为基础，不仅可以减轻人民之痛苦，增加君臣私人道德上之位置，更可使人民之富有。当然，“此种主张只适用于政务简单，采用专制政体之国家，若现代国家政务繁多，百事待举，是否须敛轻税，当视本国国情而定”[3]。

3. 以“仁政说”确立达权安民思想

孟子继承孔子的思想推行“仁政”。“仁”本来意指处理人与人之间关系的准则和态度，就是尊重对方，从己出发考虑对方的情感和权利，当将其扩展到安邦治国的政治领域，则上升为“仁政”。

孟子同样借鉴了夏、商、西周三代更替史实提出他的仁政主张。“三代之得天下也以

① 孟子·滕文公上．古典文学网．www. gdwxcn. com.

② 孟子·滕文公［M］．梁海明，译注．沈阳：辽宁民族出版社，1997：85.

③ 唐庆增．中国经济思想史［M］．北京：商务印书馆，2011：112.

仁，失其天下也以不仁。国之所以废兴存亡者亦然。天子不仁，不保四海；诸侯不仁，不保社稷；卿大夫不仁，不保宗庙；士庶人不仁，不保四体。”（《孟子·离娄上》）夏、商、西周的开国之君因为仁德亲民而得到天下，而夏桀、商纣、周幽王皆因荒淫无道而失去天下，国家兴衰存亡都依赖于国君的政治理念，只有施行仁政，才能稳固政权，才能在得天下之后做到安天下、治天下。“只要统治者和管理者能真正体现出尊重人、爱护人和同情人的精神，就能平治天下，取得管理工作的成功也就很容易了。相反，如果不施行仁政，忽视了人甚至侮辱和践踏人，那就必然衰弱败亡。”①

孟子通过“仁政说”来实现稳固政权的目的，实际上也确保了百姓的生活，因为战乱年代，无论如何也谈不上民富国安，更不可能让百姓有幸福感，人与人之间的互助更是有心无力，社会性的帮扶和政府的利民惠民更无从谈起。

总之，儒家思想博大精深，带有强烈的人道主义和积极入世精神，其中很多思想成为后世的社会福利主张和政策的思想根基。当然，我们也看到，由于这一学说是建立在农业社会小生产的基础上，它在生产和改善生活方面仍保留了原始的共产主义思想，对于通过经济发展来提高人民生活水平方面仍有一定局限性。

二、道家学派的福利思想

道家思想起源很早，有人最早追溯到轩辕黄帝时期的天人合一思想。但道家学派最重要的代表人物是老子。老子（约公元前570—公元前500年），字伯阳，名聃，楚国苦县人，是道家学派的创始人。《道德经》是其门人追记的老子遗说，其中包含了老子提出的理想社会状态。

（一）道法自然，少私寡欲

老子认为一切由道生出，而道是效法自然的，也就是说我们必须遵循自然的客观规律做事。明了天地间一切事物的规律性和自然性，就不会被一些表象所迷惑，就会以清净之心为人处世。当人的欲望与客观规律相一致时，人们才能采取正确的行动，否则就会走入歧途，所以，他提出寡欲、少私的主张。老子认为，一切社会冲突和纠纷都是因为人们的欲望太多，因此，清心寡欲是实现理想社会的重要途径，而要让人们寡欲，首先要使人无知，只有无知才能无欲。他的思想一方面表明了他反对统治阶级的穷奢极欲、争权夺利，另一方面也在本质上反映了他消极无为的愚民思想。

① 吴照云. 中国管理思想史［M］. 北京：经济管理出版社，2012：49.

（二）小国寡民，相安无事

老子认为小国寡民才是理想的社会状态，这种模式下的居民才能相安无事，其乐融融。

“小邦，寡民。使有什伯之器而不用，使民重死而不远徙。有车舟而无所乘之，有甲兵而无所陈之。使民复结绳而用之。甘其食，美其服，安其居，乐其俗。邻邦相望、鸡犬之声相闻，民至老死，不相往来。”①

——《老子·德经》

建立区域小、人民少的国家模式，这样就可以远离纷争，即使有锋利的锐器也无所用，太平安宁的状态下人们都会爱惜生命，不轻易迁徙，即使有车船也常被闲置，更不用养兵。让人们再用上古时代所使用的结绳方式来记事情，品味自己的美食，穿着自己漂亮的衣服，安定地居住在自己的居所，享受已有的习俗。邻国之间即使互相看得见，鸡鸣狗叫之声互相听得到，也互不往来。一切都相对平静，大家都不发展得过分，相安无事，没有拼死的争夺和不断的毁灭。老子反对征战，因为“大军之后，必有凶年”。当时的战争往往在气候温和的春秋两季进行，这个时节正好是耕种和收获季节，战争迫使人们荒弃农事，并导致许多人死于非命。战争这种人为的灾祸必然导致自然灾害，对农业和人民生活的影响更是雪上加霜，所以，小国寡民、相安无事的社会状态最利于百姓安居。这实质上是个传统的、封闭的、安于现状的小农社会。这种在历史上早已消失的原始氏族小社会，注定是不可能实现的。

（三）慈悲向善、贵德平等

老子认为人性没有绝对的善恶，一个人以好心做好事的时候就是好人，以恶心做坏事的时候就是恶人，作为人必须注意自己的念头和行动，不断地自我省察，不仅不犯他人，而且要视天下人跟自己的生命一样珍贵，爱护怜悯，进而成为与道相合的人。“圣人常无心，以百姓心为心。善者，吾善之；不善者，吾亦善之；德善。信者，吾信之；不信者，吾亦信之；德信。圣人在天下，歙歙焉，为天下浑其心，百姓皆注其耳目，圣人皆孩之。”②（《老子·德经》）圣人永远没有主观偏见，要从百姓出发为百姓着想。既和

① 老聃. 老子·德经［M］. 沈阳：辽宁民族出版社，1996：102.
② 老聃. 老子·德经［M］. 沈阳：辽宁民族出版社，1996：78.

善地对待善良之人，也和善地对待不善良的人，这样，有助于使人心向善。而百姓都对有道向善的圣人注目倾听，圣人使百姓们就像婴孩一样稚嫩淳朴。

老子遵道贵德，德是道的外在体现，是大道的天然流露。道是自然规律，德就是自然规律之人格化。“道之尊，德之贵也，夫莫之爵而恒自然也。”（《老子·德经》）“道”之所以受尊崇，“德”之所以受重视，不是谁赐予它们高贵的地位，而是它们从来就是顺其自然。顺应自然就能达到人之平等，即人与人之间没有富贵、贫贱、高低、上下之分，人人平等才能达到自然和谐的社会状态。这成为后来的统治者用来麻痹广大人民的思想工具。

三、墨家学派的福利思想

墨子（公元前476或480—公元前390或420年），名翟，春秋战国之交鲁国人，是先秦时期伟大的思想家、科学家、政治家、哲学家。他是个劳动者，代表小生产者阶层，被称为“中国的脊梁”“平民思想家”。墨子著有《墨子》，全书共七十一篇，现存五十三篇，表达着对社会问题的直接和根本性认识，所以被胡适称为“真正有价值的唯一著作”。

（一）以“兼爱说”表达对和谐社会秩序的追求

墨子生活的年代正值社会形态交替、诸国战乱频繁的春秋战国时期，诸侯征战、弱肉强食、互相残杀，墨子亲身体会到当时社会的混乱不堪，就此，墨子提出此种种丑恶现象的根本原因在于人与人之间不相爱，不相爱又根源于人的自爱和自利。“臣子之不孝君父，所谓乱也。子自爱不爱父亲，故亏父而自利；弟自爱不爱兄，故亏兄而自利；臣自爱不爱君，故亏君而自利；此所谓乱也。虽父之不慈子，兄之不慈弟，君之不慈臣，此亦天下之所谓乱也。”①（《墨子·兼爱上》）

所以要铲除种种不相爱所造成的天下大乱的恶果，必须以“兼相爱”原则代替自爱。“若使天下兼相爱，国与国不相攻，家与家不相乱，盗贼无有，君臣父子，皆能孝慈，若此，则天下治。”（《墨子·兼爱上》）人与人之间应该相爱，凡是人为的灾难都是由于爱己和争夺导致的，所以人应该做有利于他人的事情，只有看待别人的国家就像看待自己的国家，对待别人的兄弟就像对待自己的兄弟一样，才能避免祸端。当然，做有利于他人的事情，并不意味着损害自己的利益，利益实际上是相互的，“兼相爱，交相利”，人

---

① 杨武金. 墨家逻辑与科学思维［J］. 河南社会科学，2020（11）：78.

们在利他的过程中会达到互利，最终还是会利己共赢。达到“诸侯相爱则不野战，家主相爱则不相篡，人与人相爱则不相贼，君臣相爱则惠忠，父子相爱则慈孝，兄弟相爱则和调。天下之人皆相爱，强不执弱，众不劫寡，富不侮贫，贵不傲贱，诈不欺愚。凡天下祸篡怨恨，可使毋起者，以相爱生也，是以仁者誉之。”① 也就是说，只要人与人之间互爱互利，就能协调好人际关系，也能建立和谐有序的社会秩序，更能让人们过上幸福美好的生活。

（二）以“尚贤原则”表达治理国家的方略

春秋战国时期，各国都沿袭严格的等级制度和血脉系统观念，在用人方面任人唯亲，赏罚也不公正，导致结党营私现象颇多。墨子对此深恶痛绝，提出“尚贤事能”的主张。他认为要想治理好国家，应该在用人方面“尚贤事能”，“不党父兄，不偏贵富，不嬖颜色”“不辨贫富、贵贱、远迩、亲疏”（《墨子・尚贤中》），“虽在农与工肆之人，有能则举之”（《墨子・尚贤上》）。也就是说，治理国家首要选人，在用人方面要挑选人才，不能因为是父兄就结党，不要因为其富贵而偏重，不要因为有姿色而宠爱。不要考虑血缘关系的远近亲疏、等级的贵贱、财富多寡、漂亮与否来任用，而应该无论是什么身份，即使是农民、工匠、商人，只要他有能力就举荐他、任用他。②

墨子不仅提出在选人用人方面要任人唯贤，而且提出要培养人才。墨子指出，培养人才是国家长期有效治理、保证相爱和谐的重要举措，在人才培养方面既要培养人们正确的义利观，又要做到因材施教。墨子抨击当时社会存在的小盗为“盗”，大盗为“义”的社会怪现象。指出社会下层的人，摘了别人家园里的桃李，是盗窃的行为，要受到惩罚；而那些攻打他国的人杀了许多人，掠夺他国大量财富的人，反倒是义的行为，这纯粹是颠倒黑白的社会秩序，所以要让人们尤其是未来的管理者都具有正确的义利观。在因材施教方面，墨子用比喻的方式指出其重要性。

> “譬若筑墙然，能筑者筑，能实壤者实壤，能睎者睎，然后墙成也。为义犹是也，能谈辩者谈辩，能说书者说书，能从事者从事，然后义事成也。”
>
> ——《墨子・耕柱》

就是说，要想把城墙筑结实稳固，就要注意合理安排和使用资源，能筑墙的人来筑

① 郝洪涛．墨子的政治主张［J］．社科纵横，2020（2）：106.

② 苏东水．中国管理学术思想史［M］．北京：经济管理出版社，2014：105.

墙，能填土的人填土，能远望的人远望，这样才能把墙筑成。培养人也是如此，具有什么样的特质和潜力，就按照什么方向培养，这样才能使其成材，才能为治理国家提供人才储备和支持。

（三）以“保民论”提出对弱势群体的关注

墨子作为平民思想家，其弟子都来自社会的下层，对社会问题有着最直接深切的体会和认识，所以比较关注社会中的贫苦百姓，认为“民有三患：饥者不得食，寒者不得衣，劳者不得息。三者，民之巨患也”，其根源在于人们的自爱自利以及剥削阶级的不劳而食。所以，主张关心这些衣食无着落之人，要利民、爱民，给人们以实际的衣食之利，主要包括饮食、衣服、舟、车等基本的物质生活资料。他还反对苛捐杂税，谴责统治者厚敛于百姓，暴夺民之衣食之财，导致百姓民不聊生。

除了解决贫苦百姓生计之外，他还提出赈灾备荒论。墨子分析了春秋战国时期百姓饥寒交迫、多灾多难的原因，一方面是自然界造成的，另一方面是统治者横征暴敛、奢侈浪费、发动战争造成的。而统治阶级的腐败奢侈和野蛮战争是人们最大的罪魁祸首。因此给予强烈抨击。抨击的同时他提出了对灾荒程度的鉴定及其社会影响。当时一般有五种谷子，以每种谷子的收成断定灾荒的严重程度。解决的办法包括三个方面：一是积粟备荒，国库没有积累，随时可能面临危机，所以要提前做好储备；二是节用抗灾，主张贵族们的俸禄要根据灾情而降低，为战争和保民留足资金；三是足财抗灾，即通过发展生产，增加财富的办法度过灾荒。因为大禹、商汤等圣王在位时，虽然水旱成灾，但百姓仍能免于饥饿之苦，原因就在于这些圣王非常重视农业生产，使财富积累不断增加，提高了抗御灾害的能力。

墨子的这些思想不仅体现了国家节约财政开支的原则，而且蕴含有官民同甘共苦的思想，具有一定的人民性。虽然他的思想在当时社会状态下是很难实现的，但也表现了一种古朴的社会共济的思路。

四、《管子》的福利思想

在诸子百家的思想体系中，《管子》中所蕴含的福利思想是最明显且最具特色的。《管子》中的绝大部分思想源自于管仲。《管子》并不是管仲所著，而是以他的名义形成的一部论文集。

（一）贫富论

《管子》针对当时很多百姓食不果腹的生活状态，分析了贫富差距问题，进而提出了解决贫穷问题的具体办法。

《管子》首先分析百姓贫困的原因，认为国家不能及时向农民提供足够的生产农具，到农忙季节时，商人趁机哄抬物价，使农民损失巨大。贫富差距会对社会造成极大伤害，所以，《管子》认为，贫富应该有度，贫富无度就会导致严重的两极分化，对国家是不利的。“贫富无度则失。”（《管子·五辅》）

《管子》中分析了“甚贫”对社会稳定的危害，并提出了“贫困线”问题，这是它的又一特色。该书提出，经过统计分析，每户人家当时每年能净剩50石粮就可以维持此户的生存，低于这一数量，就会造成甚贫的情况，这实际上是提出了当时农民的最低生活线。

《管子》能观察到贫富分化问题并提出贫困线标准，这在当时的历史条件下是难能可贵的，但是他关于贫富分化的分析是肤浅的，并未触及问题的实质，在当时的历史条件下，他不可能看到私有制才是贫富分化的根源。

（二）富国论

《管子》注重经济的基础性作用。经济实力是决定百姓生存的根本，如果农民有土地可耕，则其会勤于耕作，保持充足的粮食储备；如果一国的国库充盈，那就能够吸引外地百姓前来；如果开辟新的土地，则必然会有农民愿意留处，国家有广阔的土地方能招来人口；只有仓库里的粮食充足，百姓才会重视礼节，才知荣辱。

“凡有地牧民者，务在四时，守在仓廪。国多财则远者来，地辟举则民留处。仓廪实则知礼节，衣食足则知荣辱。”

——《管子·牧民》

《管子》重视农业生产，认为粮食是百姓生存的根本。“民非谷不食，谷非地不生，地非民不动，民非作力毋以致财，天下之所生，生于用力。”《管子·八观》“一农不耕，民或为之饥，一女不织，民或为之寒。”（《管子·轻重篇》）所以，只有重农富农，振兴农业，激励人们勤于耕织，国家才能富强，百姓生活才能富足。在此基础上，《管子》提出了具体的富农富民主张，如广辟土地、保护森林树木、修墙屋开沟渠、养六畜护植物等，凡是有助于发展农业的领域，政府都要设有专门的官员作为支持。

（三）惠民论

相对于儒家经典中提出的各种福利思想而言，《管子》一书对惠民思想的论述是全面且相当详尽的。该书认为，国君应该行九项惠政，从涉及百姓生存的九个方面做到惠民利民。“一曰老老，二曰慈幼，三曰恤孤，四曰养疾，五曰合独，六曰问疾，七曰通穷，八曰振困，九曰接绝。”①《管子·入国》每项政策都设相应的官职。

（1）老老：“凡国都皆有掌老，年七十以上，一子无征，三月有馈肉（每三个月政府馈送一次肉食）；八十以上，二子无征，月有馈肉；九十以上，尽家无征，日有酒肉。死，上共棺椁。劝子弟，精膳食，问所欲，求所嗜（平时劝导老人家里的子弟，要为老人精心供食），此之谓老老。”

（2）慈幼：针对孩子多负担重的家庭，有三个孩子，妇女不服役；有四个孩子，全家不服役；有五个孩子，请保姆，发两个人的口粮，直到孩子长大成人。

（3）恤孤：针对那些父母双亡、无亲无故的孤儿而言，“养一孤者，一子无征（一个孩子不服徭役）；养二孤者，二子无征；养三孤者，尽家无征”。

（4）养疾：国家社掌养疾一官职，专门负责聋盲哑等不能自理的残疾人的生活，为残疾人治病、提供衣食，直至死亡。

（5）合独：“凡国都皆有掌媒。丈夫无妻曰鳏，妇人无夫曰寡。取鳏寡而合和之，予田宅而家室之，三年然后事之（三年内不承担国役），此之谓合独。”

（6）问疾：凡国都皆有掌病之人，九十以上，日一问之；八十以上，二日一问之，七十以上，三日一问之；众庶五日一问。对于病危者，国君还要亲自探问。

（7）通穷：国家设立通穷一官，及时发现无家可归、衣食无着者，以便救济。

（8）振困：在灾荒年头，百姓生计艰难，病死者极多，国家要减轻刑罚，赦免罪犯，开仓赈灾。

（9）接绝：士民为国战死，国君给其相识之故人以资财，为其立祠堂，以示纪念。

《管子》的行九惠之教具有丰富的思想和深远的意义，它从全面性、精准性、系统性方面彰显了社会保障体系的制度框架（见图3-1）。

（四）统计论

《管子》不仅重视社会福利问题的提出和解决，而且在不少篇章中反复强调了进行社会福利问题调查统计的重要性以及进行统计的步骤和方法，这是它的重要贡献。

《管子》认为，“政自小始”，这里所说的小，是指大量的具体统计数字，只有进行深入细致的社会调查，才能及时、准确地发现社会问题，并据此制订切实可行的解决方案。

---

① 田毅鹏. 中国社会福利思想史［M］. 北京：中国人民大学出版社，2017：58.

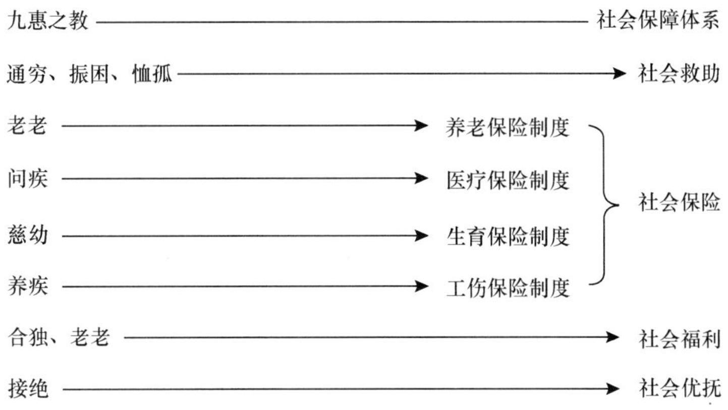

图 3-1 《管子》九惠之教与社会保障体系的关系

《管子》以为观察一国之贫富，只需调查其田野之曾否开垦，它列了许多有关社会福利问题的调查，例如，孤儿是否有田宅；寡、独、疾病者在人口中所占比例是多少等。在两千多年前，能设计出如此详细的有关福利问题的调查问卷，实在难能可贵。

第三节　中国春秋战国时期福利思想的特点与意义

一、中国春秋战国时期福利思想的主要特点

（一）伦理性与政治性相并存

这一时期中国的福利思想已经明显进入社会层面，探讨人与人之间的“应然”关系，实际就表明了社会福利的伦理性特点。儒家思想不仅指家族成员之间的辈分、亲疏、位次，也提出了超越家庭层面的社会关系，在修己的基础上达到安人的状态，如何安人，需要合乎自然且必然的伦序之理，能够做到无私爱人的境界才是仁者。而墨子则更直接提出人与人之间应该破除阶级之分、国别之分、疏远之分，做到兼相爱，这些深刻的人与人之间应然关系的思想奠定了社会福利的伦理基础。

无论是孔子、孟子为代表的儒家思想，还是老子、庄子为主的道家思想，抑或是韩非子、管仲为代表的法家思想，都在探讨如何治国理政。儒家思想讲“为国以礼”即礼治、“为政以德”即德治、“天下为公”即大道、“以德行仁”即王道。无论是“礼”还是“德”“仁”，都没有离开人与人之间的相爱和帮扶关系，只不过这种关系的更直接后果是人民和谐共处、国家治理有序。法家思想中《管子》提出的九惠之教讲的就是国君

应该关照到哪些方面，社会调查统计也是便于国家管理。如果说儒家思想和法家思想是入世的社会福利思想和国家管理之道，那么道家思想则从出世的角度探讨什么样的国家才能确保人们生活幸福，即小国寡民、老死不相往来则无欲无纷争，则安稳幸福。所以这些社会福利思想都具有国家管理之道的政治性特点。

（二）系统性与全面性相并存

早期的福利思想已经奠定了福利思想的整体性框架，孔子以“修己”作为出发点，进而推广到“安人”，既表明人的主体的心性修养，也指出齐家治国的宏大格局，形成了兼具自我管理、待人之道到国家管理的系统而全面的福利提升轮廓。而《管子》不仅鲜明地分析了人与人之间差距的贫富思想，而且提出了上至富国、下至保民的国家全面发展思想，更明确地指出了国君管理国家时要充分考虑到老年人、残疾人、鳏寡老人、儿童、烈士等诸多弱势群体，并提出相应的帮扶举措。

二、中国春秋战国时期福利思想的深远意义

（一）民本思想奠定了政治理念基础

民本思想是中国倡导的价值理念，自从夏朝提出“皇祖有训，民可近，不可下，民为邦本，本固邦宁”（《五子之歌》）的民本思想以后，整个儒家思想、墨家思想、道家思想甚至法家思想尽管立场不同，但在强调爱民、保民、富民的思想方面却具有高度一致性，这奠定了以后历朝历代兴衰存亡的根本政治理念基础。包括汉朝董仲舒提出的“君者，民之心也；民者，君之体也”，唐朝魏征的“君民舟水”关系论，北宋范仲淹“先天下之忧而忧，后天下之乐而乐”等思想主张，无一不是传承和发扬了中国春秋战国时期的民本思想。

（二）仁爱精神奠定了社会伦理基础

仁爱精神是儒家文化的重要特色，具有超越时空的魅力和价值。儒家仁爱精神内涵深邃，核心可以归结为孝悌与博爱。先秦儒家的仁爱精神被秦后儒家所继承。例如，汉儒董仲舒“仁之法在爱人……质于爱民以下，至于鸟兽昆虫莫不爱……仁者，爱人之名也……故王者爱及四夷”，唐儒韩愈“博爱之谓仁”，宋代理学家对仁有“爱之理，心之德”之说，近代康有为“仁者无不爱，而爱同类之人为先”。儒家道德是从孝悌扩充到博爱，是儒家文化对于中华民族乃至人类文明的一个重要贡献，仁爱精神从社会关系层面

奠定了社会伦理基础，孝道理念从家庭代际关系角度奠定了家庭伦理基础。

（三）大同思想奠定了社会理想基础

孔子依据对原始社会晚期的描述勾勒出一个理想的大同社会状态，即“公天下”模式，这种模式下人们各尽其力，劳动成果共同享有，人与人之间团结友爱、真诚相待，过着幸福祥和的生活，这一理想成为后世历朝历代追求理想社会模式的思想来源。太平天国运动提出“天下一家，共享太平”的思想，康有为在《大同书》中以丰富的想象描绘了一个公有制为经济基础、计划性组织下生产并实行按劳分配原则、平等乃天赋人权、男女享受同等权利的理想社会模式，孙中山提出的三民主义之民生就是“大同世界”“新共产时代”。甚至毛泽东提出的中国共产党的最高纲领是渐次达到一个共产主义的社会这一主张，也是千百年来中国人民对大同社会的追求在新的历史条件下的继承与发展。

（四）整体主义奠定了国家管理理念

中国的国家管理理念一直没有脱离家国同构的思想，从管理一个家庭、一个家族上升到管理一个国家，都需要整体化观念，无论孔子的大同社会模式还是老子的小国寡民模式，无论墨子的兼相爱的层级融合关系还是《管子》的治国理政方针，都把国家整体至于首要地位，这对于中国封建社会君主制国家具有深远影响，也是历朝历代统治者治国理政的核心理念，即使是动荡与分裂下的时代，纷争中的各国内部也都奉行着整体主义的管理理念。进入近现代社会和当代社会时期，整体主义思想演化成了国家统一领导下对社会公平与社会和谐的追求。

第四节　中国春秋战国时期社会福利实践

战国时期，列国顺应时势，将春秋时期的很多思想付诸实践。除了前文中诸子百家提出的很多政策主张付诸实践外，先秦列国还实施了一系列惠民利民的具体做法。

一、“常饩”救助

夏、商、西周时期就开始了对弱势群体的关注，《礼记·王制》中对此有所记载，对那些无父之孤、无子之独、无妻之鳏、无夫之寡者，皆有“常饩”，即政府在每年仲春和立冬两季度对社会贫弱群体定期发放生活必需品，主要是粮食，以此确保他们的基本生存需求。因为仲春正是青黄不接的时节，为了保证下一年的生计，如果贫困百姓有存粮，那仅有的粮食也都要用作春耕的种子，所以家人在春季很可能处于饥饿状态；而立冬时节即将迎来寒冷的冬季，如果衣食无法保证，那么人的生存将无法保证，所以政府一般在这个时候会给贫弱群体发放固定的口粮。这也是早期政府层面的社会救济，当然，政府发放“常饩”还要防止养懒汉的现象发生，所以官吏们就开始注重利用废疾者的特长，如让盲人当乐师、刖者看城门等，让他们做对社会有益的人，避免让被救济者成为社会负担。

二、减免徭役

徭役始于先秦《周礼》，它规定各级地方官有征民服役的职责，徭役包括力役、杂役、兵役等，是统治者强迫各阶层人民尤其是百姓从事的无偿劳动。徭役起源很早，《礼记》中有关于周代征发徭役的规定。《孟子·尽心下》则有“力役之征”的记载：“有布缕之征，粟米之征，力役之征。”奴隶社会的力役和兵役都很重，据先秦文献记载，在人数方面：一家有七人则三人服役，五人则两人服役。大规模征发力役时，每家只征一人，其他人为余夫（预备役）。田猎、逐寇、伺捕盗贼时，则凡属服役的人要全部出动。年龄方面，“国人”自二十岁至六十岁，“野人”自十五岁至六十五岁。日数方面，“用民之力，岁不过三日”。力役的日数也因年岁的丰歉而定，丰年三日，中年两日，无（荒）年一日，凶（灾荒）札（瘟疫）之年无力役。

从社会福利角度来讲，如果能够免除劳役兵役则是对百姓最大的福利。先秦时期虽然由于经济发展、连年征战、等级限制以及人的文明素养较低等方面原因导致徭役很重，但也有一些特殊人群免除徭役。第一类特殊人群是上层社会免徭役，《周礼》记载，“国中贵者、贤者、服公事者、老者、疾者皆舍（免役）”。第二类特殊人群是对经济发展有贡献之人免徭役。公元前356年，秦国商鞅在秦孝公支持下开始变法，规定国家承认土地私有，允许自由买卖，奖励耕战，规定生产粮食布帛多的人，可免除徭役，而在鼓励商业发展的政策中，规定从事商业活动但仍然贫穷的人，全家罚作奴隶服徭役。第三类特殊人群是老人及孝老者免除徭役。从老人本身角度，贫民老了可以免除劳役，贵族老人则从统治职位上退下来；从孝老养老角度，自从原始社会晚期的氏族公社以来，人们就倡导对老人的尊敬和孝顺，夏、商、西周三代都以礼养老，不同年龄段的老人可以由不同层次的政府养护，依不同的年龄和生理状况给予老人不同的饮食待遇和日常护理，所以，为照顾好老人的日常生活，家里有了上了年岁的老人，家庭劳动力可减免征役。因为古代人的平均寿命都比较短，规定七十岁以上的老人“虽有罪，不加刑焉”，也就是说，老人还有一定的刑事豁免权。而且，为了减轻人们的负担，规定“八十者，一子不事，九十者，举家不事。废疾非人不养者，一人不事。父母之丧，三年不事。齐衰大功，三月不事”（《荀子·大略》）。

三、平粜救灾

中国土地面积广大，地理、地貌情况复杂，与此相适应的气候、水文等环境也复杂多样，因此遇到的自然灾害多种多样，就像《管子》指出的“善为国者，必先除其五害……水一害也，旱一害也，风雾雹霜一害也，厉一害也，虫一害也”。这些灾害时有发生，而且影响很大。与此同时，春秋战国时期诸侯争霸、战乱频繁，人为地给百姓带来诸多痛苦，所以，救灾赈济工作历来受到政府的重视，也早就有了济贫和救灾的原则和目标，以及储备粮食和平粜通粜等办法。

对于粮食储备而言，《礼记·王制》写道：“国无九年之蓄，曰不足；无六年之蓄，曰急；无三年之蓄，曰国非其国也。三年耕，必有一年之食。九年耕，必有三年之食，以三十年之通，虽有凶旱水溢，民无菜色，然后天子食，日举以乐。”[①] 意思是说，每年储藏收成的1/3，就不会使人民受灾害之苦，尤其是在丰年时期更应多征收粮食存储起来，以待荒年发给灾民难民以维持生计。西周还设立专门机构来负责管理全国的粮食储备工作，“遗人掌邦之委积，以待施惠。乡里之委积，以恤民之阨；门关之委积，以养老孤；郊里之委积，以待宾客；野鄙之委积，以待羁旅；县都之委积，以待凶荒”[②]。这里“遗人”指的是国家管理粮食储备的机构，“委积”即粮食储备。国家设立不同层次的管理机构，每一机构都有相应管理者掌控粮食储备，在百姓出现孤老、遇到灾荒、陷入困境等情况时用于解决生存问题。

对于平粜救灾而言，最初被春秋末期楚国著名政治家范蠡所提倡，后被战国著名改革家李悝在魏国推行。所谓“平粜”也称“平籴”，以年收成的好坏来决定收购百姓余粮或出售国家仓库的粮食，即平价买进和卖出粮食，防止有些谷商和贵族囤积粮食，哄抬粮价，能救急并节省开支，对灾荒年头抑制投机商人的高利贷剥削和防止农民破产起到重要作用。除了推行平粜这种兼具防灾和救灾两种作用的手段之外，更多国家面对灾荒都是采取临时赈济的办法，即灾荒发生后，出于体恤饥民和稳定社会的目的，政府会开仓赈济，给人民以衣食维持其生存。除了政府之外，古代殷实人家往往在道上直接设粥给灾民，当邻国出现灾荒年头时，盟国的政府以及百姓也会提供一定的救援支持和帮助，这在当时被称为通粜。可见，经过长期的积累实践，人们不仅想出了各种灾后救助的办法，而且提出了预防性思想，这是人类在应对灾荒认识上的重大进步。

---

① 陈戍国. 礼记校注［M］. 长沙：岳麓书社，2004：94.

② 周礼［M］. 崔高维，校点. 沈阳：辽宁教育出版社，1997：24.

四、增殖人口

早在夏朝，统治者就已经意识到劳动力的多少和质量的高低对于一个国家兴衰存亡有重要意义，因此想方设法鼓励生产。春秋战国时期，随着生产力的迅速发展和兼并战争的范围扩大，人口数量已经成为衡量诸侯国力和社会财富的一个重要指标，关系国家的盛衰。秦魏等国严格控制人口的外流和逃亡，招徕移民，增加人口。各国都鼓励生育，据文献记载，越王勾践对接生非常重视，并根据生育孩子的多少给予奖励："生丈夫，二壶酒，一犬；生女子，二壶酒，一豚；生三人，公与之母，生二人，公与之饩。"三个小孩，妇女不服役；四个小孩，全家不服役；五个小孩，请保姆，发两个人的口粮，直到孩子有谋生能力。[①] 当然，某些说法未必与当时事实完全相符，但这些肯定是在某种程度上对现实的反映。

为了增殖人口，秦国商鞅一方面推行小家庭政策，另一方面主张征徭役和户口税。规定凡是一户有两个以上儿子到了单独立户而不与父母分居单立的，将向该家庭加倍征收户口税。严格禁止成年的兄弟之间以及父母与成年儿子同时同居。

五、纳贡征税

自夏朝开始就出现了与原始时代很不同的情况，据《尚书·禹贡》记载，夏朝统治者要求臣属于夏的方国部落向夏王朝缴纳各种物品，"'五百里甸服：百里赋纳总，二百里纳銍，三百里纳秸服，四百里粟，五百里米'，就是说，夏王朝要求所分封的诸侯以道里远近为差纳贡，靠近王城百里以内者缴纳带秸秆的谷物，其外百里者缴纳禾穗，再往外百里者缴纳带稃的谷物，再往外百里缴纳粗米，再往外百里缴纳精米"[②]。这一做法被商朝所延续，商王朝所征伐的方国部落六七十个，很多需要向商王朝送牛牲助祭，但其纳贡的内容所有增多，除了牲畜以外，还要贡献财物以增加国库、兵役以支持战役、力役以造舟耕地、战俘从事苦役杂役等。西周时期一如既往地要求诸侯及被征服的方国提供贡赋，其赋敛更是扩展到了金玉布帛、土产方物、器物财货等，名目繁多，种类齐全。

"以九赋敛财贿：一曰邦中之赋，二曰四郊之赋，三曰邦甸之赋，四曰家削之赋，五曰邦县之赋，六曰邦都之赋，七曰关市之赋，八曰山泽之赋，九曰币余之赋……以九贡致邦国之用，一曰祀贡，二曰嫔贡，三曰器贡，四曰弊贡，

① 陈红霞．社会福利思想［M］．北京：社会科学文献出版社，2002：43.
② 晁福林．夏商西周社会史［M］．北京：北京师范大学出版社，2010：214.

五曰材贡，六曰货贡，七曰服贡，八曰斿（liú）贡，九曰物贡。”①

——《周礼》

进入春秋战国时期，国家的分裂和诸侯的征战导致向一国纳贡成为历史，各国的贡税措施也发生了改变。各国政府为了发展经济和招徕人口，一般在改革中推行合理税制甚至低税率政策。战国时期魏国在魏文侯当政时，任用李悝为相进行改革，在削弱世卿世禄制度的同时，采取“尽地力之教”政策，主张封君在封国内没有治民之权，只衣食租税，并废除原本井田制制度下的土地界限，按照土地的贫瘠标准，分配给农民土地，提高农民生产的积极性，鼓励老百姓垦荒、允许土地私有买卖，同时对所辖范围内的所有土地进行测评，估算国家的土地产量，制定合理的税收政策，这在整顿政治的同时也利于百姓生计的改善。同样，楚国吴起在楚悼王时期的改革也包含合理征税、鼓励生产的内容，他在经济上下令打击游手好闲之人，奖励“耕战之士”，减轻劳动生产积极性高的家庭的税收，鼓励从事农业生产，保证生产发展。

值得一提的是，在先秦时期各国的税收政策改革中，商鞅的法令是最完整的，他提出很多具体的改革措施。首先，准许开垦土地，准许土地自由买卖，国家依法一律对土地征税。这样，所有可开垦利用的土地都变成田地，所有耕种的田地都需纳入国家税收体系。其次，按照粮食产量计征税收。商鞅一方面提出要按户口征收人口税和按人头征收力役和兵役，另一方面又针对当时贵族们“禄厚而税多”严重影响农民生产积极性的状况，颁布法令，实行按照粮食产量计征税收的办法，使农民的税收负担公平合理。再次，通过税收合理化手段来减轻百姓负担并增加人口。对内规定，凡是粮食和布帛产量超过平均产量的，可以免除本身的徭役和赋税以示鼓励，而对于游手好闲不务农业的人，则课以重税以示惩处。对外规定，只要有意到秦国来从事生产劳动的人均实行税收优惠政策，规定不仅供给他们土地和住宅，还要免除三代人的徭役，这项措施招徕韩、魏、赵三国很多农民来秦国垦荒，极大地促进了秦国经济的发展。最后，为了保证税收的公平性，商鞅还在全国实行统一的度量衡制度，避免度量衡不统一造成征收不合理的现象。通过实行这些措施，促进农业人口增加以增加农业劳动力，促进农业生产发展，以实现富国强兵的目的。

当时虽然有丰富的社会福利思想，但在具体的社会福利实践方面却处于探索阶段。可以看出，总结上古时代以及夏、商、西周朝代更迭的历史经验教训，可以看出，虽然夏、商、西周时期出现了“天有十日，人有十等”的严格的社会等级制度，但是，基于

① 吕思勉. 先秦史［M］. 天津：天津社会科学院出版社，2016：290.

春秋战国诸国争霸、战乱频发的现实背景，诸子百家从思想教化、治国理政、人际关系等众多方面进行了探讨，其中无不夹杂和蕴含着惠民保民、互助共生的福利思想。但是，真正付诸实践却较难，儒家思想未受重用，孔孟周游列国未果后只能著书立说，道家思想消极被动自然无法得到各国政府的采纳，墨家思想过于重视小生产者阶层，这在当时的统治者看来会使其利益受损，只有法家思想得到一定程度的利用。

但是，可以看出，被付诸实践的这些法家思想在真正实施过程中，也只能是遇到明君时通过变法的方式才得以推行，而推行过程往往障碍重重、举步维艰，以至于明君死后多位变法者都遇害，变法被迫终止。除了李悝受到魏王一直重用使得变法得以顺利推行之外，吴起和商鞅的变法都阻力很大并不得善终，吴起在楚悼王逝世后遭到楚国贵族的追杀，被乱箭射死于楚悼王尸上，吴起的改革主张也随之结束；商鞅在孝公死后，受到贵族诬害以及秦惠文王的猜忌，车裂而死。所以说，受时代的局限，当时很难有更具体、更充分的福利政策主张，系统地建构福利制度更不可能，所以，这一时期只能是目的性很强的零星主张和做法。

总之，早在西周时期，统治者就意识到保障弱势群体的基本需求是治国安邦的重要手段，提出并实施了一系列救济和福利措施，使西周成为中国古代社会一个重要的安康社会。据记载，自西周起，统治者就意识到丰年时要储藏多余谷物，以备凶年缺粮时之用，是立国安邦所必需。据此，西周时期中国就出现了一种赈灾救荒、济贫扶弱的重要政策措施——仓储后备制度，即由政府建立专门的粮仓，储存粮食，通过宏观调控手段来稳定物价，并在凶年时济贫、救荒、供养征战阵亡者的老弱眷属等。在储粮备荒思想影响下，夏、商、西周对鳏寡孤独者都实行“常饩”政策，除此之外，周朝还形成了安老、慈幼、振穷、宽疾等一系列制度和保障手段，并由专门的官吏负责。为了照顾好老人的日常生活，家里有了上了年岁的老人，家庭劳动力可以减免征役，而且可以得到政府的资助。“八十者，一子不从政。九十者，其家不从政。”鼓励人们孝敬老人，政府依照年龄及生理状况给予老年人不同的饮食待遇和日常护理，保障他们的基本生活，稳定民心。《周礼》云：“疾医掌养万民之疾病。四时皆有疠疾……凡民之有疾病者，分而治之……疡医掌肿疡、溃疡、金疡、折疡……凡有疡者，受其药焉。”

由于实施了一些社会保障措施，西周时期才出现了文献中所说“成康之际，四十年刑错不用”的安定局面。[①] 西周开八百年基业，为中国历史上重要的一个时代。当然，西周这段安定和谐的社会状况固然和它采用“分封亲戚、以藩屏周”的政策所起的相互制

① 武王死后，周成王（诵）即位。成王年幼，武王之弟周公旦摄政。管叔、蔡叔与武庚叛周。周公奉成王命东征，平定叛乱。东都成周建成，周公还政成王，周朝进入巩固时期，史称成康之治。

约、相互联系的作用有关，但当时萌发的社会保障思想和措施无疑也起到了不可替代的作用，因为社会保障能够保证当时百姓的生活，解决人们的后顾之忧。这也使西周成为孔子心目中的典型。“郁郁乎文哉，吾从周”。根据对西周时期社会状况的描述，孔子才提出了美好的大同思想，就是说，在理想的大同社会中，社会分工明确，社会信任度高，人们不仅要关心自己的亲人，还要为社会上的弱者提供帮助，使老年人得到赡养、安度晚年，使儿童得到照顾教养而健康成长，使鳏、寡、孤、独、残疾者都得到社会的安置救济。这种基于西周安康社会而提出的大同仁爱和孝道伦理思想之所以在其后千百年封建社会中被奉为主流价值观，其主要原因在于它适应了自然经济家庭生产方式的需要，它维护了家庭的和谐和保障功能，进而维护了社会的稳定。

无论如何，中国春秋战国时期社会的福利思想和福利政策仍然是思想宝库中最早的瑰宝，有些社会福利思想和政策对我国的社会福利制度的改革和完善仍有指导意义。

【关键概念】

“常饩” 平籴 仓储后备制度

【复习思考题】

1. 孔子的福利思想体系是什么？
2. 《孟子》的为民思想包括哪些内容？
3. 老子提出的理想社会状态是什么？
4. 墨子从哪些方面表达了对社会问题的认识？
5. 结合现代社会保障制度体系框架分析《管子》“行九惠之教”的深远意义。
6. 商鞅提出了哪些税收政策改革措施？
7. 结合诸子百家思想分析中国古代社会福利思想的主要特点。
8. 中国古代社会福利思想具有哪些深远意义。

【扩展阅读 1】 孔子与《论语》

孔子（公元前 551—公元前 479 年）名丘，字仲尼，鲁国陬邑（今山东曲阜）人，春秋时期伟大的思想家、政治家、教育家，儒家学派创始人。孔子是当时社会上最博学者之一，被后世统治者尊为孔圣人、至圣、至圣先师、万世师表。其思想对中国和世界都有深远的影响，其人被列为“世界十大文化名人”之首。

《论语》由孔子的弟子及其再传弟子编撰而成，集中体现了孔子及儒家学派的政治主张、伦理思想、道德观念及教育原则等，是儒家学派的经典著作之一。《论语》与《大学》《中庸》《孟子》在南宋后并称“四书”，成为学子士人推施奉行的金科玉律，对中国产生深远的影响。

《论语》内容涉及政治、教育、文学、哲学以及立身处世的道理等多方面。现存《论语》二十篇，四百九十二章，其中记录孔子与弟子及时人谈论之语约四百四十四章，记录孔门弟子相互谈论之语四十八章。

【扩展阅读2】　孟子与《孟子》

孟子（约公元前372—公元前289年），名轲，字子舆，邹国（今山东邹城）人，战国时期哲学家、思想家、教育家。孟子是儒家学派主要的代表人物之一，他继承和发展了孔子的学说。

《孟子》一书由孟子及其弟子共同编撰而成，书中记载有孟子及其弟子的治国思想、政治思想和政治行动，成为儒家经典著作之一，对后世影响极为深远。

东汉时期，赵岐对《孟子》这样评价：“著书七篇，二百六十一章，三万四千六百八十五字。包罗天地，揆叙万类，仁义道德，性命祸福，粲然靡所不载。”

【扩展阅读3】　管仲与《管子》

管仲（公元前723—公元前645年），管氏，名夷吾，字仲，谥敬，颍上（今安徽省颍上县）人，中国古代著名经济学家、哲学家、政治家、军事家。管仲去世后，被后人尊称为“管子”，誉为“法家先驱”“圣人之师”“华夏文明保护者”“华夏第一相”。作为圣人的孔子更是说管仲“九合诸侯，一匡天下”。

《管子》大约成书于战国时代至秦汉时期，集中记载了春秋时期（公元前770—公元前476年）齐国政治家、思想家管仲及管仲学派的言行事迹，《管子》一书的思想，是中国先秦时期政治家治国、平天下的大经大法。

《管子》一书原为八十六篇，至唐又亡佚十篇，今本存七十六篇，托名春秋管仲著。包括儒家、法家、阴阳家、名家、兵家和农家的观点，其中以黄老道家著作最多，其次法家著作十八篇，其余各家杂之。

第四章　西方古典时期社会福利思想与实践

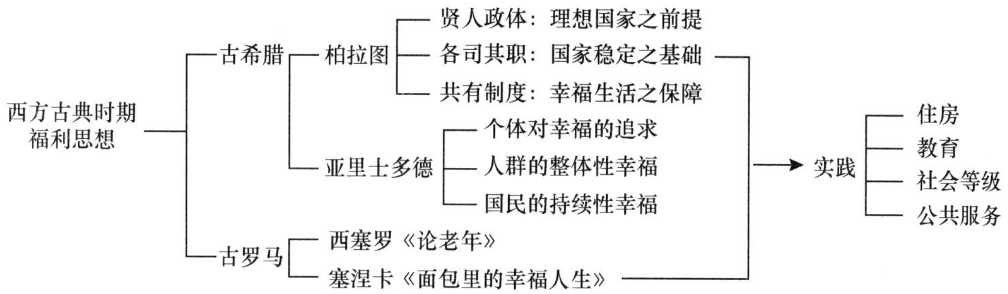

学习要点

理解柏拉图和亚里士多德表达福利思想主张的角度；掌握西塞罗《论老年》的主要观点及其历史意义；了解塞涅卡的体验式思想特点。

公元前21世纪爱琴海地区的克里特岛出现了最早的国家米诺斯王朝，这里被称为希腊神话传说的摇篮，为后来希腊文化甚至整个西方文明的发展奠定了文化基础。虽然古埃及文明和古巴比伦文明出现较早，二者深刻影响着希腊文明，但要追溯整个西方文明的源头，仍然要植根于古希腊那里。

在欧洲文明的黎明时期，地中海和爱琴海地区可以看到伟大的尼罗河文明和受埃及文化影响的克里特文明，这里的人类不断进化和探索，经过不懈的努力，畜牧业和农业代替原始野蛮的搏斗式生产方式，欧洲人的生活资料丰富起来，生活水平已经有了很大的提高。

连接地中海的爱琴海地区气候温和，住在这里的居民称为爱琴人，也是北地中海地区希腊人的祖先。在这里生活的居民已经创造了当时相对较高水平的文明和较富足的生活。农业方面，这里无须灌溉便可以种植小麦、大麦、葡萄、橄榄等作物，因此，面包、葡萄酒和油成为这里的主要食品。这里也可以大量种植谷物、放牧牛羊，在当时，这里似乎是天成与富足之乡。手工业和商业方面，那里已经建立了以陶瓷业和金属业为主的手工业城市，并借助发达的海运、河运与其他民族进行贸易往来，因此这里布满了富饶的乡村。居住方面，这里修建着埃及式的豪华宫殿由贵族们居住，商人、贸易家、陶工、金匠等相对富有的居民住在一座座砖房里，在城郭或山谷中居住的是种田的农民，人们过着一种既自由又满足的生活。①

地中海和爱琴海地区的文明深深地影响着其环绕着的希腊大陆的文明，北部游牧的希腊人也不断用战争骚扰着这一带的居民。由于战争征服和文明传播的影响，到公元前13世纪左右，爱琴人和希腊人几乎混合在了一起，居有定所的希腊人开始了在政治、经济、文化各方面的探索，由此开启了古希腊长期的大国统治，并开拓了载入史册的辉煌文明之路。

第一节 西方古典时期福利思想

西方最突出的思想出现在古希腊时期，最耀眼的光芒来自苏格拉底、柏拉图、亚里士多德等伟大的思想家。柏拉图的《理想国》和亚里士多德《政治学》《伦理学》通过正义理念、道德规范、真善美伦理等思想，充分阐述了有关理想国度和民之幸福的内容，奠定了西方社会福利思想的基石。

一、柏拉图的福利思想

柏拉图（Platon），是古希腊一位承前启后、开拓创新的关键人物。他一生著书甚多，其中，《理想国》是柏拉图对自己前期思想的概况和总结，探讨了哲学、伦理道德、教育等问题，尤其探讨了追求“正义”与“善”的理想国家方案，对后世影响甚大。

（一）贤人政体是理想国家的统治前提——正义的追寻

柏拉图生活的时代是希腊从一个由诸多小国寡民的城邦社会向大国社会转变的前夕，他亲历了雅典当时的动荡与不安，因此，希望有理想的社会统治者和政治制度来建立有序的美好国家，因为国家起源于人们生活的需要，所以国家要为人们的生活实在着想。也就是说，由于社会分工，每个人都不能脱离他人而独立存在，人们需要互相帮助、互相合作，于是人与人的关系组成社会，出现国家。

“一个城邦的创建需要些什么。首先是粮食，第二是住房，第三是衣服，以及其他，等等。那么，谁来供应，要有一个农夫，一个瓦匠，一个纺织工人……农夫似乎造不出他用的犁头，那么木匠铁匠等就成为了我们需要的成员……城邦生产出的东西需要交换以获得更多生活品，于是出现了商人……当

① ［美］J. H·博利斯坦德. 走出蒙昧［M］. 周作宇，洪成文，译. 南京：江苏人民出版社，2010：249.

生活必需品满足了，人们会追求绘画、刺绣等方面，于是各种艺术家出现了，人们对财富增加的需求也带来了战士……，城邦不断扩大再扩大。”①

——《理想国》369C

按照柏拉图的观点，国家的出现就是为了每个人的各种需要和为此明确分工所形成的公共住宅区，所以，国家的职责就是要满足人们各方面的需求。因此，理想的国家需要具有贤德的人来领导，因为贤德的人才能认清国家职能和人们需要，才能追求真与善，宣扬并彰显正义，而能够做到这一点的人应该是懂哲学的人，所以，让哲学家成为国王，或者将君主变成真正的、严肃的、充满正义感的哲学家。因为无论军阀、寡头还是贫民、暴君的统治都不符合正义的要求，只有哲学家才懂得辩证法，能掌握实在的知识和真理，特别是能按照正义本身来治国，只有这样治国才能为人们的幸福生活提供良好的政治环境，否则人类灾难总是无法避免的。

“除非哲学家成为我们这些国家的国王，或者我们目前称之为国王和统治者的那些人物，能严肃认真地追求智慧，使政治权力与聪明才智合二为一……否则的话，对国家甚至我想对全人类都将是祸害无穷，永无宁日。”②

——《理想国》473D

（二）各等级各司其职是国家稳定的基础——正义的实现

国家从诞生之日起，公民就在能力、天赋、职位方面存在着不平等、不相同。柏拉图把社会划分为三个等级，即管理国家的统治者、保卫国家的战士（护国者）、保证基本物质需要供给的生产者和供应者（农民、工人、商人）。他断定，人们的社会地位不平等是命中注定的，是上帝安排好的。上帝在统治者身上加入了黄金，在军人身上加入了白银，在农民、工人、商人身上加入了铜铁，这些又由人的灵魂支配着。他认为，人的灵魂由三部分组成，即理性、意志和欲望：理性代表着智慧，意志代表着勇敢，欲望代表着贪婪。所以，相应的，人的灵魂的三部分对应三个等级：统治者、护国者，以及生产者和供应者，这样，担任统治者的只能是贵族奴隶主。每个等级的人都应该在自己的层级生活，这三个等级中任何一个等级越过或者侵犯不属于自己的职能和才能的级别时，国家就出现了非正义。国家的宗旨是教育公民致力于善，而善的理念表现为正义，也就

① 柏拉图．理想国［M］．郭斌和，译．北京：商务印书馆，2015：59-65.

② 柏拉图．理想国［M］．郭斌和，译．北京：商务印书馆，2015：217.

是正确认识和调节自己的位置，这样才能建立一个对社会有利的制度，才能维护社会的稳定与和谐，才能保证人们秉持善念，过幸福安稳的生活。

“国家的正义在于三种人在国家里各做各的事，这样才能形成美德，否则相互间管闲事和互相干涉，就会走向不正义。”①

——《理想国》441D、444B

（三）纯粹的共有制度是幸福生活的保障——正义的表达

柏拉图认为，私有制和私有观念是国家一切灾难的根源，主张在第一和第二等级中实行“共产制”。“除开必需的生活用品外，任何人不许拥有私人财产；任何人不得拥有私人的、不让他人随便进入的住所或储藏室；人们享受同样的饮食标准，其数量正好够一年食用，并且要在一起食用，不得私家开伙；不得私有金银，因为他们本身是神用金银做的，不需要人间的金银，而人间的金银是引起人间许多坏事的根源。财产公有以后，一切争端、倾轧、仇恨、贪婪等弊端就都消除干净了。”②

柏拉图还主张在第一和第二等级中实行公妻制度。他认为，“公妻有两大优点：首先，公妻废除了家庭，使男子汉没有后顾之忧，使女子免除家务劳动，从而更好地为国家服务；其次，由国家抚养的儿童不会沾染上家庭的恶习，有利于儿童的教育和成长”③。主张所有女人是所有男人共有的，任何人不得私自组成一夫一妻的小家庭，男女婚配由国家管理。他主张，所有儿童都是共同培养的，父母不知道谁是自己的子女，子女也不知道谁是自己的父母，最好的下一代必须培育成长，最坏的下一代则不予养育。当然，优生优育是好的，但违背自然规律则不可能得到实施。

柏拉图的正义理论和公有制思想，反对私有制，反对贫富悬殊，主张平等和社会秩序的和谐，是西方历史上最早的乌托邦思想，对后世影响深远，在社会福利思想史上占有重要的地位。但是，他用灵魂学说来做辩护以主张等级之间的不可逾越性和不可互涉性带有明显的等级色彩和僵化特点，在实际中不利于社会的和谐与进步。

二、亚里士多德的福利思想

亚里士多德（Aristotle），是古希腊著名的思想家，百科全书式的人物，著作颇丰，

---

① 柏拉图. 理想国［M］. 郭斌和，译. 北京：商务印书馆，2015：175.

② 陈红霞. 社会福利思想［M］. 北京：社会科学文献出版社，2002：61.

③ 张世昌. 社会福利思想［M］. 合肥：合肥工业大学出版社，2005：44.

其《伦理学》研究个人的善，《政治学》研究人群的善，二者都对于阐释国家管理、人际和谐以及社会福利实践产生了重大而深远的影响。

（一）提倡以幸福为最高目的的人生

亚里士多德处于马其顿统治希腊的历史时期，当时希腊各城邦之间不断爆发战争。各城邦内部又由于土地和财富的集中，社会两极分化严重，越来越多的自由民沦为贫民甚至奴隶。贫民们无以为生，往往铤而走险。奴隶们则大量逃亡或起义，奴隶主集团之间争夺统治权的斗争也十分激烈。基于此，亚里士多德提出要追求以幸福为目的的人生。他认为，幸福是人生的目的，幸福有很多成分，人想要活得好，需要在各种成分之间排出等级上的优先顺序，小到需求的满足，大到人的潜能能够得到发挥都是人的幸福所在。幸福不等同于德行，而等同于德行的活动，所以，幸福不是指主观的满意感，而是客观的活得红火的状态。一个有实践智慧的人能做出什么是对他有益的判断。不过，实践智慧不是关于小事情的，而是考虑怎样生活得好的大问题。实践智慧考虑作为人应该有一个目标、一种价值观、一种人生观，并且让人知道哪些目标是值得追求的、是有价值的，进而知道这些目标应如何归类，拼凑出一幅完整的图画。伦理学就是要研究幸福的各个部分，探讨这些部分在幸福生活中的地位和意义，进而告诉人们哪些成分是最值得追求、最值得成为生活中心的。而且，亚里士多德与柏拉图不同，他在国家起源上坚持“自然生成论”，认为国家是由人类本性的自然发展而建立的，是自然而然地从家庭、村坊衍生为城邦。所以，家庭是人类满足日常生活需要而建立的社会的基本形式，即社会细胞，家庭中的个体的幸福生活是国家社会追求的最高目的，“国家的宗旨不只限于维护法律和秩序、抵御外敌和保护生命，它更高和更全面的职责在于使公民在一种完善的共同生活中过得幸福”①。

（二）主张中庸协调管理来实现人群的整体性幸福

亚里士多德推崇中庸之道，认为这是人类一切社会行为和政治行为应追求的最高境界，也是实现人们幸福生活和实现正义国家的保证。中庸之道包含多个方面，例如，理想的城邦要有数量适中的人口和面积适中的土地，应该处于良好的地理位置，应处于的温带，具备既不冷也不热的气候条件，要有适宜的政治活动和战争，城墙、城防以及人员分布都要适中，等等，这其中，最重要的中庸之道在于国家的管理者是能够秉持和坚

---

① 吴晓群. 希腊思想与文化［M］. 上海：上海社会科学出版社，2009：178.

守中庸理念的人。亚里士多德认为，人群分阶级是很自然的现象。所以公民大体上可以分为极富、极贫和中产阶级。在此，理想城邦最重要的条件是中产阶级来统治。趋向过美、过强、过贵、过富的一端和趋向太丑、太弱、太贱、太穷的一端的人们都是不好的，富人易于暴虐，穷人易于无赖，只有中产阶级没有野心，能顺从理性。

"平民领袖们会把一切事情招揽到公民大会上，于是用群众的决议发布命令以代替法律的权威……而寡头政体无论在战时或平时，都可发生由于不信任民众或者内部纠葛而引起政变……"①

——《政治学》1292a，1306a

所以，在统治者的选择上，亚里士多德不推崇"哲学王"，而是认为一国的最高统治者必须具备三个条件：一是效忠现实的政体；二是具有高度的才能；三是具有符合现政体的善德与正义。除此之外，统治者要治理好国家，还要掌握正确的统治方法，而具备这些条件的当属中产阶级。

（三）提倡通过教育培养人才来确保持续性的国民幸福

亚里士多德认为教育是人们如德成善、通往幸福的必要条件。"邦国如果忽视教育，其政制必将毁损。"② 因为人的善德，无非是基于天赋、习惯和理性，而习惯和理性必须经过教育培养才能得到发展，公民的素质就完全寄托于立法家所订立的教育方针上。因此他提出教育公办的主张，让每个公民都接受同样的教育。

为了让人们在幸福与快乐中体会教育的真谛，亚里士多德主张在课程设置等方面都要考虑到人们的心理感受和实际需求，既要有基础课，也要有教授和学习操持闲暇的理性活动，包括读写、体操、音乐、绘画等诸多方面，因为勤劳和闲暇都是幸福生活所必需的。

"幸福实为人生的止境（终极）；惟有安闲的快乐（出于自得，不靠外求）才是完全没有痛苦的快乐。对于与幸福相谐和的快乐的本质，各人的认识各不相同。人们各以自己的品格（习性）估量快乐的本质，只有善德最大的人，感应最高尚的本源，才能有最高尚的快乐。"③

——《政治学》1338a

① 亚里士多德. 政治学［M］. 吴寿彭，译. 北京：商务印书馆，2014：195，261.
② 亚里士多德. 政治学［M］. 吴寿彭，译. 北京：商务印书馆，2014：412.
③ 亚里士多德. 政治学［M］. 吴寿彭，译. 北京：商务印书馆，2014：416-417.

他提出要培养健壮且快乐的儿童，还要注意婚姻制度，注意婚配年龄，限制一家子女的数量，避免子女多而导致贫穷。

亚里士多德对很多现实问题都有深入的思考，留下了“吾爱吾师，吾更爱真理”的名言，更为后人留下了勤于思考、勇于探索的精神，其许多思想都对后世有重要的奠基作用，尤其是他的幸福与正义思想，对后世乃至当今都有重要的意义。西方近代的空想社会主义、马克思恩格斯的科学社会主义以及西方的福利经济学，无不受其影响。

如前所述，在古罗马的铁蹄征服古希腊的同时，其文化也被古希腊的思想文化所融合，所以，古罗马早期的思想既是古希腊思想的传承，也是这一时期西方思想的重要组成部分。

三、西塞罗《论老年》

马尔库斯·图利乌斯·西塞罗（Marcus Tullius Cicero）作为古罗马知名的政治家、思想家之一，通过著名的三论（《论老年》[①]《论友谊》《论责任》）表达了很多真知灼见。基于“生命的每一阶段都各有特色”这一基调，他对老年期该如何度过表达了自己的主张，这部教导人安度晚年的著作也是西塞罗相对于其他思想家而言比较有特色的。

（一）老年人应该有健康的心理

他指出“本身不知道如何过一种愉快而幸福生活的人，无论什么年纪都会觉得活得很累，与自然规律保持和谐的人会有一种‘自然’和‘恰当’的心态”[②]。这样才能从容应对老年时期，过上一种安逸幸福的生活；否则，如果步入老年阶段，人经常抱怨自己的无助与无奈，就像年幼者期盼自己长大、青年人希望活得老一些一样，人们就会陷入逆自然的矛盾心态和思维当中，自然也不会安然度过晚年时期。生理上的衰退是一种正常现象，老年人不应该逃避而应该正视这个正常的衰退过程，不断修身养性以达到豁达从容。“可以说，一个人在经历了情欲、野心、竞争、仇恨以及一切激情的折腾之后，沉入筹思，享受超然的生活，这是何等幸福啊！”[③] 所以，老年人最重要的是保持健康的心理。

（二）积极老化

西塞罗指出，老年人安度晚年应该是一个积极老化的过程。他批评了老年无用的观

---

① 栾爽．西塞罗［M］．昆明：云南教育出版社，2011：88-94.

② 西塞罗．西塞罗三论：老年·友谊·责任［M］．徐奕春，译．北京：商务印书馆，2005：5.

③ 西塞罗．西塞罗三论：老年·友谊·责任［M］．徐奕春，译．北京：商务印书馆，2005：25.

点，认为人生每一阶段都有特殊的价值和意义，老年人应该积极参加工作，而且要发挥老年人特有的深思熟虑和谨慎的品质。同时，积极老化还需要老年人挖掘自身的喜好，哪怕是田园之乐也可以充实自己的晚年生活，让其更有意义。

（三）向死而生是自然规律

坦然面对死亡是老年人应该秉持的心态。对于老年人而言，最焦虑和苦恼的事情莫过于直面死亡的威胁。西塞罗认为，人必须从青年时期开始接受关于死亡的认知，正确对待死亡的事实，这样才不会在老年时期对死亡充满恐惧，才能从容地接受现实。所以，西塞罗提出，老年时期不是无法忍受的，反而是可以愉快度过的。老年时期的收获就是对早年时期的生活中幸福往事不断追忆，而回忆本身也会带来满足感和惬意感。因此，“一个聪明的人也不需要老是留在人生的舞台上一直等到最后的‘喝彩’”①。

四、塞涅卡《面包里的幸福人生》

塞涅卡（Lucius Annaeus Seneca）是古罗马时期政治家、哲学家。其代表作《面包里的幸福人生》是他写给朋友的 124 封信的选集，涉及幸福、痛苦、疾病、死亡、友谊、老年等诸多方面，从伦理学角度对各个领域进行思考和表达，虽然论调悲观，但很多见解对整个西方思想的发展仍具有不可磨灭的贡献。

（一）论幸福

塞涅卡提出，人应该摒弃短暂的欲望满足而追求持久的幸福。所谓持久的幸福是“精神为了自身而在自身中发现的东西”，且能够保证人拥有持久的、无忧无虑的幸福之根本在于良好的性格。所以塞涅卡告诉人们，“不要再贪图那些使你精神恍惚的快乐了，它们是要你付出昂贵的代价的——这种快乐危害于你不仅在你期待得到它们之时，甚至在它们已经结束和过去之后。因为本质邪恶的快乐往往过后还使人感到很不满足，正如罪犯在做出犯罪行为之后，即使始终没有被人发现，其犯罪欲望并不会消失。这种快乐既不真实也不可靠，纵令并不给人造成损害，也具有转瞬即逝的特点”②。良好的性格体现在自由、高尚、与自然和谐、无所畏惧等一系列品格上，这样的品格是恐惧和欲望所无法企及的，所以在追求幸福生活的过程中，时刻要保持清醒的头脑和坚定的立场，既

① 西塞罗．西塞罗三论：老年·友谊·责任［M］．徐奕春，译．北京：商务印书馆，2005：34.

② 吕齐乌斯·安涅·塞涅卡．面包里的幸福人生［M］．赵又春，译．西安：陕西师范大学出版社，2003：65-66.

顺应自然又不随波逐流，这样才能保持内心的平静，达到持久幸福。

（二）论贫困

塞涅卡提出人们要不断体验真正的贫困并对灾难有所准备。他认为，能够隔一段时间就过上几天只吃最普通的食物、只穿粗布衣裳的生活的人是最明智且有道德判断力的。如果心灵没有朝着过奢侈生活的方向走去，也没有被这种生活所诱惑或者迷惑，那么这样它就具有判断力。人们通常都害怕过艰难的日子，但如果不在酒足饭饱之时经常体会贫困的状态，一旦贫困降临，将会手足无措、劳苦不堪。反之，如果能在危机到来之前就有所训练，每个月都佯装穷苦一次，似乎生活十分贫困，那么在真正面临危机时便会镇定自若，避免过度恐惧。当我们领悟到作为穷人绝非就是痛苦时，作为富人就会更感轻松些，据此塞涅卡号召人们培养同贫困的亲密关系，这样人们才能得到神灵的承认和光顾。同贫困一样，灾难也是可能随时降临的。“无论一个人还是一个社会，没有永恒的，人的命运、城市的命运都是稍纵即逝。恐惧会在最宁静的环境里袭击我们，灾难会在没有任何不安定因素的情况下降临到人们最意想不到的地方，在内忧外患中尚能巍然屹立的国家会碰都不碰便崩溃瓦解了，世界上没有一个国家能够永远昌盛！因此，我们要正视每一种可能性，要坚强起来，才能对付一切可能发生的事。”① 塞涅卡在这段话中表达了风险的不可确定性，提出要锻炼人们的心灵，意识并接受自己的命运。这一思想具有明显的悲观主义色彩，并没有提出积极应对贫困和灾难的具体主张，只是从顺应自然、被动接受的角度让人们在幸福生活之时不断去体会不幸之苦，这无论在理论层面还是实践层面都是很难有说服力的。

塞涅卡还在该著作中通过“论暮年”“论老年”“论死亡”表达了对人生老年阶段的态度和看法，并在《塞涅卡三论》中深刻论述了“行善”和“仁慈”的观点主张，这些都对社会福利思想与实践有深远的意义。

第二节　西方古典时期社会福利实践

一、福利政策及主张

受文明程度和思维观念的影响，当时的福利也只能是具有严格意义的差别式福利，

① 吕齐乌斯·安涅·塞涅卡．面包里的幸福人生［M］．赵又春，译．西安：陕西师范大学出版社，2003：59，226.

这体现在身份地位甚至性别和种族方面，人与人关系性的社会福利只是奢侈之谈。

（一）住房

经过频繁的战争，曾经高大气派的宫殿和连片的砖房几乎化为灰烬。当时希腊的房屋以简朴为主要特征，也没有建造任何便利设施，例如，在屋顶上开个口子就可以当作烟囱，人们在漫长的冬季也只能和穿堂风共处，房中没有卫生设备和排水管道，地面也多是石子简单铺就。[①] 绝大部分居民的生活环境即是如此，甚至很多下层居民连这样的房屋也住不起，住房的简陋严重影响人们的生活质量，使得福利和幸福无从谈起。

（二）教育

古希腊时期的教育具有较突出的性别特征和阶层差异，即女孩不能接受教育，只有男孩长大后才能被送往学校。由于当时没有国立学校，贫穷家庭孩子的家就是学校，一般由年长的奴隶来教；而上层社会的男孩则会请外国人和年长的士兵来教。雅典公民的子女年满 18 周岁离开学校时有权成为雅典公民，这部分青年人还要接受军事训练教育，后来教育政策扩展到哲学政治、科学技术、文学艺术等，但这些教育政策都明显以社会身份和代际地位为依托。

（三）社会等级

在当时的希腊城邦中，社会等级是比较严格的。社会上层都是贵族，他们往往是依靠土地而拥有较高收入的奴隶主和地主；制造业主们拥有一定的财富，但是其社会地位远不及贵族阶级，一般处于中上等和中等阶层；大量没有手艺的劳动者和自由民，如搬运夫等人构成了社会的中下层；奴隶由于身份原因自然成为社会下层，而那些不能从事体力劳动的人不仅没有社会地位，而且遭人鄙视，甚至连奴隶还不如，因为奴隶尚且有一定的用处，而且可以像商品一样自由买卖。因此，在那样的社会环境和层级关系下，对社会弱势群体的无私帮扶几乎是难以存在的。

（四）公共服务

古希腊时期，公共服务初露端倪。很多雅典青年接受教育之后，萌生了参与公共事务的念头。他们经常参与公共管理，并组成智慧公民群体，群体内成员往往认为自己对

---

① ［美］J. H·博利斯坦德. 走出蒙昧［M］. 周作宇，洪成文，译. 南京：江苏人民出版社，2010：232.

国家和社区肩负一定的义务，所以，有钱者会慷慨献资，有智者会参与事务，并且人们经常自费集合起来在公共节日举办活动，这些是当时人们突破自我中心的表现，是公共服务的开端，为后世的互帮互助奠定了基础。

二、福利政策评价

虽然这一时期西方的思想和政策在福利方面都具有极强的隐蔽性特征，但是融合在辉煌的古希腊文明中的博大思想和政策内核，已经通过治国理政、文化教育等方式体现当时有通过国家治理达到人们幸福的目的。所以说，尽管当时没有明确地提出福利的主张和举措，也不像同时期中国的诸子百家直接表达出惠民利民的谏言主张，但是，不可否认的是，这一时期的思想和实践仍然是整个西方后世福利发展的深厚土壤。

【关键概念】

共产制度　公妻制度

【复习思考题】

1. 柏拉图是如何从他的正义观角度表达福利思想主张的？
2. 亚里士多德的幸福观包括哪些方面？
3. 如何理解西塞罗的老年观及其对积极应对当前人口老龄化的重要意义？

【扩展阅读 1】　柏拉图与《理想国》

柏拉图（公元前 427—公元前 347 年）是古希腊伟大的哲学家、思想家、教育家、数学家。柏拉图是西方客观唯心主义的创始人，他和苏格拉底、亚里士多德并称为希腊三贤，他们三人被广泛认为是西方哲学的奠基者。

《理想国》是柏拉图的重要对话录，全书涉及柏拉图思想体系的各个方面，包括哲学、教育、伦理、政治、文艺等内容，其主题是理想国家的管理问题。《理想国》反映了柏拉图力求完美所做出的努力。柏拉图所阐述的理想国家形态成为后世的国家制度、政治统治的范本。该书所描述的许多国家原则，例如，分工合作的原则，国家的目的是追求最高的善的原则，都在后世的国家建设中被重视，并被许多政体所吸收。

《理想国》共十卷。前两卷主要探讨公平正义问题，因为在柏拉图的思想体系里，国家建立的目的是为了实现公道正义，所以这两卷系统论述了全书的主旨；从第二卷后半卷到第三卷，柏拉图讨论了卫国者的教育问题，即执政者的初级阶段教育；第四卷讨论教育的效能与领导；第五卷讨论学前教育和妇女教育；第六卷和第七卷讨论哲学家的培养教育，即执政者的高级阶段教育。第八卷、第九卷谈论国家政体；第十卷谈论艺术。

【扩展阅读2】　亚里士多德与《政治学》

亚里士多德（公元前384—公元前322年）出生于色雷斯的斯塔基拉，世界古代史上伟大的哲学家、科学家、教育家和思想家之一，堪称古希腊哲学的集大成者。马克思曾称亚里士多德是古希腊哲学家中最博学的人物，恩格斯称他是“古代的黑格尔”。

《政治学》一书创作于公元前4世纪，是亚里士多德创作的政治学巨著，其主要内容来源于对希腊158个城邦政治法律制度的调查所得。《政治学》是第一部系统全面地论述政治问题的著作，被称为是西方政治学的创始之作，其中许多政治主张，对西方政治思想的发展产生过深远的影响。

《政治学》一共分为八卷，在书中，作者系统地提出人类社会中的基本政治问题，并进行深刻阐述和解析。例如，论述国家的目的、起源、产生、衰败及保全的原因，政体的分类、变革和维持，理想城邦及其构建，公民教育等。本书是全面、系统地论述政治问题的著作，是西方政治学研究的开山之作，被视作政治研究体系的典范。

【扩展阅读3】　西塞罗与《论老年》

马尔库斯·图利乌斯·西塞罗（公元前106—公元前43年），古罗马著名政治家、哲学家、演说家和法学家。他出生于骑士阶级的一个富裕家庭，青年投身法律和政治领域，其后曾担任罗马共和国的执政官。同时，他被广泛地认为是古罗马最好的演说家和最好的散文作家之一。

《论老年》一书首次发表于公元前44年，这是西塞罗三论中的一论。《论老年》用对话体，是这位希腊的哲人对人生最后一段时间的思考，是两千多年前西方文化中的人生哲学。

“老年之所以被认为不幸福有四个理由：第一，它使我们不能从事积极的工作；第二，它使身体衰弱；第三，它几乎剥夺了我们所有感官上的快乐；第四，它的下一步就是死亡。”但是，西塞罗并不认为晚年是人生较差的那一部分，是年轻时美好生活的残留。在西塞罗看来，如果你的生活方式是正确的，那么你到了晚年只会比年轻时更加幸福。

【扩展阅读4】　　塞涅卡与《面包里的幸福人生》

吕齐乌斯·安涅·塞涅卡（约公元前4—公元前65年），古罗马政治家、哲学家、悲剧作家、雄辩家、新斯多葛主义的代表。塞涅卡一生著作颇丰，主要有《道德书简》《美狄亚》《俄狄浦斯》《阿伽门农》《面包里的幸福人生》等。

《面包里的幸福人生》一书是塞涅卡写给他的朋友吕西里阿的书信选集，内容涉及人生的方方面面，以谈及友谊为主线，兼论痛苦、疾病、死亡、旅游、读书等。本书大部分内容以作者自身或另外某人的一个过往经历为开端，然后就其在哲理上进行深入的思考和分析，从而发表一系列极富人生哲理的观点，引发人们深思。英国文艺复兴时期著名哲学家弗朗西斯·培根这样评价道："塞涅卡致吕西里阿的信是分散的片段式的沉思录。"

第五章　中国秦汉以来至清朝（鸦片战争前）社会福利思想与实践

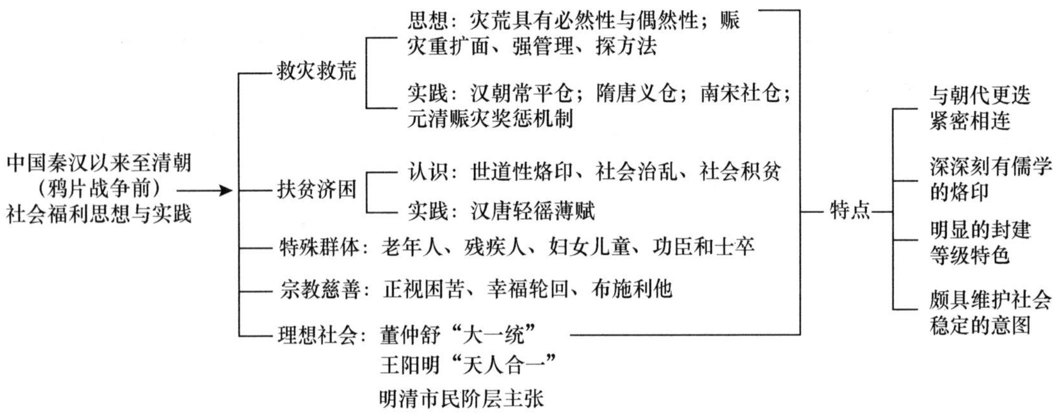

学习要点

整体把握中国秦汉以来至清朝（鸦片战争前）封建社会时期在赈灾救荒方面的进步之处，以及在实践中有哪些具体做法；理解封建社会时期老人、妇女等群体的特殊地位；了解慈善的观念及其在社会救助中发挥的作用；能够结合史实分析民生保障与朝代兴衰的关系。

从世界历史发展的视角看，远古时期，人类作为一种生物在与自然的搏斗和融合中存在并逐步壮大，自然界是人的主要关系对象。作为“类”存在物，人与人、族群与族群之间不存在明显的地域差异，我们将此时统称为人类社会的早期—原始社会。奴隶社会时期，人类文化诞生且蓬勃发展，以文化特征为显著标志，人类社会区分出不同地域，即东方文化与西方文化。而从封建中世纪时期开始，中西方的差异则超越文化领域并体现在政治、经济、社会等各个领域，尤以西方基督教神学的兴起为界限，将中西方封建社会进行了二元划分，也是自此开始，中国和西方世界走入了两种完全不同的历史境遇。

第一节 中国秦汉以来至清朝（鸦片战争前）福利思想产生的历史背景

中国封建社会，从宽泛的角度来讲，是指从战国时代中期出现地主剥削农民为经济基础的社会形态开始，到中华民国成立这一段时期。严格意义上来说，主要指秦汉时期的封建社会建立到鸦片战争前这段历史时期，历经两千多年的时间且朝代更迭频繁。

秦汉时期（公元前 221—220 年）既是中国结束了战乱纷争而走向融合统一的时期，也是中国封建社会建立和初步发展的时期，更是多元文化思想此消彼长的时期。从政治环境来看，秦汉时期结束的是春秋战国时代的战乱与纷争，体察到的是诸国征战中经济发展遭受破坏、统治阶级横征暴敛、社会环境纷繁复杂、人民生活困苦不堪的状态。统一给人民带来希望，但秦朝仅仅维持了 15 年光景，而汉朝就是在反思历史和总结经验教训的过程中建立了持久而稳定的政治社会秩序，这种政治要求自然会创造出官民和谐、民利得显的局面。从思想文化方面来看，这一时期结束了“百家争鸣”的状态，经过综合阴阳、儒、墨、法家之善形成的“黄老之学”，逐步确立了包容道家、法家、墨家思想的“儒学思想”，在“独尊儒术”的思想主张下，儒学成为官学，此后相当长的历史时期中，人文社会科学的各个领域都植根于博大精深的儒学思想，作为保障人的生存与改善人们生活的社会福利思想与实践，自然也被深深地打上了儒学思想的烙印。所以汉初思想的特点是使长久以来相互抵制的各种思想流派出现了相互吸收和融合的趋势。

魏晋南北朝时期（220—589 年）是中国历史上又一次分裂动荡的时期，这一时期纯粹的福利思想研究处于低谷，人们忧于战乱频繁、民不聊生的社会状态，无力企及社会福利方面。而镶嵌在宗教中的思想则大放异彩，此时佛教虽尚未定型，但在门阀士族的大力支持下得到快速发展，道教也步入成熟期，并得到广泛传播，而儒家思想则遭到质疑，有些零落。

隋唐时期（581—907 年）是中国社会发展和繁盛时期，尤其是唐朝作为中国封建社会的鼎盛时期，政治、经济、文化都出现了空前繁荣的景象，并有多种文献记载唐朝一个多世纪的安定繁荣景象。唐太宗即位之初，来自社会下层的魏征，参加过反隋起义，对农民的情况和全国的形势能够比较准确地把握。他分析当时百姓的动态是，大乱之后人心思定，并建议唐太宗实行教化，采取轻徭薄赋、劝农务本的方针。“君，舟也；人，水也。水能载舟，亦能覆舟。”贞观年间君臣在政治思想上也趋于成熟，提出了“为君之道”和“安人之道”等具有规律性的结论。到贞观六年，唐太宗有一次在与侍臣讨论历代兴衰存亡的问题时，引用《尚书》中“可爱非君，可畏非民”的典故，进一步提出“天子者，有道则人推而为主，无道则人弃而不用，诚可畏也”（《贞观政要》）。贞观之治号称路不拾遗、夜不闭户。唐玄宗统治的开元年间，不仅是唐代历史上的一个鼎盛时期，也是中国历史上少有的社会安定、经济繁荣的时期，称之为“开元盛世”，而且从武则天到唐玄宗将近一个世纪的时间里，唐代社会的政治经济和思想文化，都呈现出一种盛世特征，这一时期国家富强统一，社会繁荣安定，人民安居乐业，生产持续发展，思想文化开放包容。

唐朝之后，中国进入政权分裂、充满动荡的五代十国时期（907—960 年）。北方战事频繁，大量人口南迁，农业生产极受影响，粮食供应明显不足，百姓生存困苦不堪。一方面，百姓要被迫卷入各种夺权抢地的斗争和战争中；另一方面，各封建政权对人民普遍有严重的剥削，田赋不断增多，苛捐杂税名目繁多，更甚的是，人民常常遭受来自官役和领主手段奇多的酷刑迫害，人民生活在水深火热之中。

宋元时期（960—1368 年），政治方面：结束了五代十国的分裂，从局部统一走向了全国统一，并强化了专制主义中央集权制度，君主的权力急剧膨胀，君主的道德观念、思想意识决定一切。经济方面：经济重心南移完成，商品经济得到快速发展，海外贸易开始扩大，人民获得幸福生活的基本政治经济基础得以保证。如果说中国唐朝时期的封建社会处于上升阶段，文化是开放的、外向的且丰富多彩的，那么，宋明以后，则是封闭的、内向的且十分单调的。所以，宋代在“重文轻武”的治国理念和佛教、道教的冲击和交锋下，新儒家文化作为一种新的意识形态而凝结为一种顽固的文化类型，成为中国封建社会后期的主流意识形态。

明清时期（1368—1840 年）是中国封建社会由盛开始转衰的时期，也是中国社会转型的重要时期。这一时期的封建集权和专制主义很强，明朝后期开始出现资本主义萌芽，阶级结构发生了新的变化，社会流动加快，市民阶层也伴随着工商业和城市的空前繁荣而兴起；与此同时，普通平民的身份地位也比前一代进一步提高。在思想文化方面，明朝时期最主要的特征是思想控制进一步加强，强化了思想统治，使理学被奉为正统，在明代思想届中占据统治地位。随着社会阶级矛盾日益尖锐，社会动荡不安，封建统治陷入危机，心学又开始占据思想的统治地位。当列强入侵中国，国家出现内忧外患，民族危机、政治危机、社会危机相互交织并日益加深，引发诸多有识之士开始探讨救亡图存之道和除弊改良之方。

中国的历史在政权更替方面呈现出“合久必分、分久必合”的发展规律，在经济发展方面由单一的农业走向了农工商相结合的多元化道路，社会福利思想及实践与政治经济基础几乎保持一致的状态。

第二节 中国秦汉以来至清朝（鸦片战争前）福利思想

一、救灾救荒思想

中国历史悠久、幅员辽阔，灾荒时有发生。最早的原始人对自然灾害处于无知和恐惧状态，人们也艰难地和洪水猛兽作斗争，通过女娲补天、羿射九日、断鳌足以立四极等神话想象来表达对旱涝灾害、火山地震等灾害的应对心理。直到西周时期，统治者认识到了“天有四殃，水旱饥荒，其至无时，非务积聚，何以备之”①。至此，我国开始有了应对灾荒的思想主张和具体办法，也不乏大禹治水的美谈佳话和仓储后备制度等各种有益举措。但是，由于当时人们对经济规律认识的历史局限，古代社会的粮食储备主张和做法的主要目标是防灾、救灾，而中国封建社会时期的救灾救荒思想则在借鉴以往做法的基础上更显示出了系统性、丰富性的特点，不仅有对灾荒的认识，而且有对各种具体应对方案进行了深刻剖析。

（一）对灾荒本身的深刻认识

灾荒有人为造成的结果，但更多是自然界不可避免的一种状态，是必然性和偶然性的结合。它的必然性在于自然界时刻处于动态变化过程中，自然界的演化也有自身的规律和特点，所以，依靠自然界的年成自然有饥荒和丰收的时候。正可谓世之有饥穰，天之行也。灾年和丰年到来的规律，一般是五年当中有一个小丰年，十年中有一个灾年，三十年中有一年大丰收。它的偶然性在于地域性和随时性无可预测和把握。

> “五岁小康，十岁一凶，三十岁而一大康，盖曰大数也。自人人相食，至于今若干年矣！”②
>
> ——《新书·忧民》

（二）对赈灾办法的深刻分析

中国封建社会对赈灾救荒方面做出重大历史贡献的是宋朝时期的董煟，他撰写了

① 黄怀信．逸周书校补注译（修订本）［M］．西安：三秦出版社，2006：116.
② 田毅鹏．中国社会福利思想史［M］．北京：中国人民大学出版社，2017：76.

《救荒活民书》，用一种批评借鉴的方式对以往典型常平仓制度、义仓模式、闭粟制度等救荒政策进行分析总结。首先，在赈灾制度覆盖面方面，以往制度都存在覆盖面窄的弊端，粮食多储备于州县，但灾民却大多在乡村甚至偏远地区，导致真正需要救济的人没有资格接受救济，制度办法的实际效力大打折扣。其次，在赈灾管理方面，很多管理者出身官吏、乡绅、豪强，他们将这些富人捐助或者提供的粮食看作是自己权力的附属物，暗箱操作、营私舞弊、中饱私囊的现象极为突出，导致富人有损失、穷人未受益的问题频出。再次，有些州县为了确保本州县能充分应对灾荒影响而采取了闭粟政策，董煟批评其自利行为，闭粟不利于解救百姓之苦，天下一家，饥荒也不确定哪里发生，倡导各州县“义所当恤”。最后，董煟认为可以采取灵活的赈灾办法，富户有米出米、有钱出钱，政府要有宽泛的支持政策和平抑物价的担当，也可以跨州县采购。

“赈济之弊，如麻抄劄之时，里正乞觅，强梁者得之，善弱者不得也；附近者得之，远僻者不得也；胥吏、里正之所厚者得之，鳏寡孤独废病无告者未必得也。”

——《救荒活民书》卷中

当然，这些思想不具有绝对性和唯一性，整个封建社会的赈灾救荒思想是具有一脉相承性的。也就是说，漫长的封建社会时期，关于救荒的思想主张大多没有离开以前的赈灾思想，只是更加系统、更加务实，而且具有了反思性的特点。

二、扶贫济困思想

中国封建社会朝代更迭频繁，贫困问题突出，具有鲜明的特点。

（一）封建社会的贫困现象具有世道性烙印

漫长的封建社会，盛世与乱世交替出现，身处盛世的百姓如若陷入困境，国家或者富庶者会给予帮扶，而乱世则不同，一般处于乱世中的贫苦百姓都是深受多重压榨、无以聊生的。社会中的底层“一夫之耕，食有余也；一妇之蚕，衣有余也。衣食且有余而家不以富者，内以给吉凶之用，外以奉公上之求也。而况用之无节，则死于冠馁者”（《周礼致太平论·国用》）。造成百姓生活困苦的原因就是封建的土地制度和剥削制度以及与之相关联的各种税收制度，其中也不乏各国之间以及本国内部官员的巧取豪夺。

（二）扶贫济困与社会治乱紧密相连

封建社会朝代起伏不定、更迭频繁、治世与乱世交替出现，所以，很多思想家将扶贫与治乱相关联。一方面，基于世道影响居民生活，治世明君一般都重视百姓疾苦，而乱世昏君则欺压苛责臣民。治世明君认为舟所以比人君，水所以比黎庶，水能载舟，亦能覆舟。因此，明君要亲民、重民，“为君之道，必须先存百姓。若损百姓以奉其身，犹割股以啖腹，腹饱而身毙”（《贞观政要・君道》）。而乱世中的百姓则苦不堪言，他们忍受着徭役赋税深重、弱肉强食、生灵涂炭、社会秩序混乱、社会问题丛生的现实。另一方面，认为百姓生活状态影响社会安定。汉代王充认为，礼丰义重是社会安定的基础。如果人们饥寒交迫，无论如何也不能重视社会礼仪规范，衣食不足带来的后果必然是相互争夺和铤而走险。“饥岁之春，不食亲戚；穰岁之秋，召及四邻。不食亲戚，恶行也；召及四邻，善义也。”（《论衡・治期》）老百姓如果走投无路，唯一能给予希望的就是彻底反抗了。这一思想影响深远，整个封建社会君主治理国家时，往往是出于政治目的和维护稳定意图来体恤和帮扶困难群体。

（三）社会积贫问题严重

南宋时期，政府通过各种名目敛取财务，财务来源于百姓的赋税，百姓赋税早已超过其负荷能力，特别是很多不合理的赋税更是病民害国。高税收导致农民生活凄惨，许多人沦为贫雇农，或转行经商，或做了盗贼。

> “穷苦憔悴，无地以自业，其驽钝不才者，且为浮客、为佣力；其怀利强力者，则为商贾、为窃盗，苟得旦暮之食，而不能为家。丰年乐岁，市无贵粜，而民常患夫斗升之求无所从给，大抵得以税与役自通于官者不能三之一。”
>
> ——《水心别集》卷二《民事中》

叶适提出了解决贫困问题的办法。其一，使民垦田。让农民开垦足够的土地来耕种，这样既可以增加税收来源，也可以增强兵力。“田垦税增，役重兵强。”其二，使民各就实业，并以劳获食。积极创造各种就业机会，如修路、运输等，让人们更多地通过实际劳动来获得收入。其三，更关注生活下层人们的痛苦，反对社会分配不公与兼并。

三、特殊群体福利思想

（一）尊老惠老思想

中国封建社会具有农业文明的经验式传递方式和家国同构的族居式组织形式的双重特点，所以，老年人通常都具有很高的地位，他们是生产为继的依托，是家族伦理的化身，把一生积累的丰富的劳作经验和传统的纲常礼制传输给子孙后代是其神圣的职责。这种世代相袭的前喻文化使得老年人被尊为长者，甚至德的楷模。所以，整个封建社会对待老人都以尊老惠老为显著特点，所谓“首孝悌，次见闻”，即表明尊老被放在行为准则的重要位置上。两宋时期的张载认为人们要恪守孝道，在下者要敬上，人与人之间要相互爱护。他说，“尊高年，所以长其长，慈孤弱，所以幼吾幼”《正蒙·乾称》。朱熹认为，“盖三纲五常，天理民彝之大节，而治道之本根也”。三纲五常中，“父为子纲”是基础，子女要对父母的意志绝对服从，即使父母有过错，子女也得“下气，怡色，柔声以谏”，否则就是大逆不道，伤天害理（《朱文公文集》卷十四《戊申延和奏札》）。

（二）妇女儿童福利

1. 对妇女的态度

封建社会有两种思想支撑着对待女性的态度，其一是公认的三纲五常中“夫为妻纲”思想，表明丈夫地位高于妻子；其二是董仲舒继承孔子“唯女子与小人难养也”之说，强化了女子地位低于丈夫的思想。但这些都是从家庭内部角度关注女性问题，停留在表达地位位次的层面，女性服从男性即可。宋代以后，人们开始关注女性改嫁的伦理纲常问题，突出了以乱伦的对错角度看待女性行为选择，特别是程颢、程颐用“存天理，灭人欲”的理念对待妇女问题，女性的地位发生了根本改变。他们认为女子应该从一而终，摒弃个人的“欲”而遵从社会的“理”，夫死后改嫁属于违背道德良知和社会规范的行为，是肆欲灭理的表现，严重破坏了社会秩序和社会规范。在具体的思想主张上，有人问程颐：有孤独的寡妇，家境贫穷，无依无靠，可以改嫁吗？答曰：饿死事极小，失节事极大。

朱熹进一步认为，“夫为妻纲”是人伦之首，夫妇是一切关系的基础，有了夫妇关系，才有父子、兄弟、朋友甚至君臣。“人之大伦，夫妇居一，三纲之首，礼不可废。”（《朱文公文集·劝女道不俗榜》）

这种忠节观念的卫道说教成为束缚中国女性的严重桎梏和沉重枷锁，在中国延续了700多年，把很多中国妇女挡在了幸福大门之外。“三纲及与之相适应的孝悌、忠恕、节烈等道德与行为规范，成为宋代以后社会最基本的社会规范，它的确定标志着中国古代社会道德行为规范的定型化，对于维系宋代以后社会秩序的稳定发挥了重要功能。”①

2. 对儿童的福利

中国封建社会是家族制和宗族制占统治地位的时期，儿童的养育和照顾都是在家庭

① 王处辉. 中国社会思想史［M］. 北京：中国人民大学出版社，2019：322.

范围内完成的，社会性的儿童福利主要体现在对困境儿童的关注方面。这一时期没有形成特别的儿童福利思想，对儿童的福利体现在具体的福利政策和制度以及一些具体的做法中，对实践起指导作用的思想基本上是传承先秦以前的慈幼理念和民本思想及其衍生的儿童福利观念，比如“幼有所长”“幼吾幼以及人之幼”等，加之历朝历代都将人口显著增加视为太平盛世和国家强大的标志，由此指导了一系列的慈幼实践。

3. 对残疾人的福利

“凡天下疲癃、残疾、惸独、鳏寡，皆吾兄弟之颠连而无告者也。”（《张载·西铭》）社会中的残疾人、孤儿、鳏男寡妇都是这个家族中任何人的兄弟姐妹，都应该相互怜惜。

在宗族内部，顾炎武倡导宗族内贫富相助的社会形态。社会实行宗法制，协助君主规范族人行为，使族人之间相互帮助。顾炎武认为，“自治道愈下，而国无强宗。无强宗是以无立国，无立国是以内溃外畔，而卒至于亡。然则宗法之存，非所以扶人纪而张国势者乎……夫不能复封建之治，而欲藉士大夫之势以立其国者，其在重氏族哉！其在重氏族哉！”

四、宗教慈善思想

佛教作为一种外来宗教，在东汉初年传入我国，经过汉朝时期的传播，在魏晋南北朝时期，由于民族分裂、社会动乱，人民生活极其困苦，佛教迅速扩张并开始大放异彩，特别是到了五代十国时期，战乱、贫困和频繁的改朝换代，使人人厌苦、家家思乱，而佛教以其特殊的教义为想逃离生死线的百姓提供了解脱和获得幸福的希望，因此逐渐在中国扎根并壮大，到隋唐时进入鼎盛时期。

（一）用因果报应说告诫人们正视当下困苦，积德行善以谋求幸福

佛教从人的生老病死问题出发，提出人要通过积善积德来获取福报，因为善有善报、恶有恶报。人世间的苦难都是由人的贪欲所致、积累而来，为了满足对身外之物的贪恋，人们会生发出诸多满足私欲的想法和做法，人与人之间的矛盾和怨恨也就随之产生且越来越大，人们之间的冲突增多，人的困苦就会增多，人离幸福的道路就会渐远。所以，要正视当下的困苦，不要怨声载道，因为当下困苦可能是前世行恶的后果，凡事有因就有果，有果必有因。“业有三报，一曰现报，二曰生报，三曰后报。现报者，善恶始于此身，即此身受；生报者，来生便受；后报者，或经二生三生，百生千生，然后乃受。”（慧远《弘明集·三报论》）所以，困苦来自自己，如果想减轻痛苦、获得幸福，需要自己积德行善。人要做善事就会有善报，行恶端就会有恶报，如果现实生活中出现善人未得善报，而恶人得到好运的现象，那就是报应的时候未到。慧远指出因果报应一定会兑

现，但这种兑现未必就在此刻甚至此生，也许第二生、第三生乃至无数生之后出现对前世行善作孽的报应。所以，人一定要从因果关系角度看待自己当下的苦与福，要从生生世世角度积累善行。

（二）用生死轮回说满足人们对幸福的向往

佛教用生死轮回说进一步佐证因果报应的世世相承性。认为一切生命都在轮回中生存，一个人如果积德行善，便种下善因的种子，来世或者再来世就能得到理想的转生，获得幸福的生活；反之，如果积恶作孽，来世就会变为饿鬼、畜生甚至坠入地狱。因此，为了转世能得到好的归属以获得幸福生活，人们都应该自觉行善。佛教为人们构想了一个极乐世界。“这里的地是由金、银、琉璃、珊瑚、琥珀等宝物铺成，色彩缤纷、富丽堂皇。这里没有四季交替，永远温度宜人；没有高山河谷，到处是七宝组成的树林，枝繁花茂，光彩夺目，清风徐来，发出悦耳的声音。诸佛所住讲堂、精舍，全因七宝筑成，宫殿楼阁，金碧辉煌。四周环绕着潺潺流水，水中挺立着七宝莲花，岸边七宝树成荫。池中之水，能够随心所欲地或深或浅，或冷或热。生到这里的众生，当感到饥饿想吃时，盛满美味佳肴的七宝之钵便出现在眼前，供人任意取食，其味香美无比，吃毕食钵自然消失，所穿衣服服饰，也都是应念而生。居住在这里的人都是无烦恼的人，相貌超凡，并具有超凡的智慧。人们相互敬爱，如同兄弟。这里的人愿活多久，就可活多久，寿命无限。”① （《无量寿经》）

（三）用慈悲普度思想宣扬布施利他的救世伦理

如果说因果报应说和生死轮回说都是从自身需求的利己角度出发倡导人们多行善事、积累德行，那么佛教宣扬的慈悲为怀、普度众生的思想则从利他的角度发挥对外布施的社会作用。《大乘义章》十一回说：“言布施者，以己财事分布与他，名之为布，惙己惠人目之为施。”人不仅要考虑自己转世获得福报，更要怀有大爱心理，多做惠他利他之善事，能达到大慈大悲的境界。《大智度论》卷二十七说：“大慈与一切众生乐，大悲拔一切众生苦。”“慈”是慈爱众生，给他人以快乐；“悲”是悲悯众生，去除他人之痛苦，二者合称为慈悲。佛教认为，慈与悲不可分割，“悲”原意为痛苦，由痛苦而生悲情，由悲情而唤醒善念，善念而生慈行，所以，慈从悲来，悲必为慈。也就是说，一个人深刻体会自身的苦楚，就能对他人的痛苦感同身受，由此产生怜悯或同情，自然地产生想帮扶

① 郑杭生．中国社会思想史新编［M］．北京：中国人民大学出版社，2017：204.

的意念和举动，在帮一帮二的过程中，形成自觉的行为，进而扩展为对一切众生普遍的、平等的慈爱。这种大慈大悲、宽宏大量、给人方便的理念在封建社会时期突出地体现在济贫救灾、赠医施药、劝人为善、收容困弱群体等方面。

佛教思想在调整人们心态、给予人们希望、弘扬帮扶思想、维护社会稳定方面都起到了重要作用，但是，它作为一种思想武器也达到了统治、麻醉和欺骗人民的效果，让人们忍受现实痛苦。恪守封建社会的道德规范也不利于人们获得真正的幸福生活，尤其是魏晋时期的佛教思想更加突出地从对己的修身灭欲来找出路，停留在早期的从己入手断烦恼、了生死、修身清净、无忧无虑的阶段，这样不利于推动社会进步。

五、理想社会模式

理想社会是数千年来无数仁人志士梦寐以求的，特别是中国封建社会时期，朝代更迭频繁，社会动荡不安，所以各朝各代几乎都有思想家在勾画理想的社会蓝图，最具特色的是汉初的“大一统”和谐社会模式、宋明时期“心行一致”基础上的公爱模式等。

（一）董仲舒“大一统”的和谐社会模式

反观春秋战国时期战乱纷争带来的民生凋敝现象，在儒家寻求差异中的融合和道家倡导消弭分歧的思想影响下，为了恢复社会发展秩序和满足人民安居乐业的需求，汉初思想家董仲舒在整合有史以来的各种典制、文献和传说的基础上，提出了“大一统”的和谐社会模式。“大一统”的和谐社会模式是指以“天人感应”的社会观和价值观为指导，实现君与民、民与民的和谐社会关系，实现人与自然的和谐互动关系，建构一种人无失范、和谐有序的理想社会状态。

“五帝三皇之治天下，不敢有君民之心，什一而税，教以爱，使以忠，敬长老，亲亲而尊尊。不夺民时，使民不过岁三日。民家给人足。无怨望忿怒之患，强弱之难，无谗贼妒嫉之人。民修德而美好，被发御哺而游，不慕富贵，耻恶不犯，父不哭子，兄不哭弟，毒虫不螫，猛兽不搏，鸷虫不触。故天为之下甘露，朱草生，醴泉出，风雨时，嘉禾兴，凤凰麒麟游于郊。囹圄空虚，画衣裳而民不犯；四夷传译而朝，民臣情至朴而不文。”①

——《春秋繁露·王道》

① 唐甄．潜书［M］．北京：古籍出版社，1955：106.

首先，倡导君与民之和谐。开明的君主在看待自己与百姓之间的关系时不能有统治与被统治之理念，君主要用博爱的思想进行教化，用忠诚的思想使用人，尊敬年长的人，亲近亲人，尊敬尊贵的人。不仅要在思想上达到君民和谐，而且要落实到行动上，即国家只抽十分之一的税。不影响百姓农耕的时间，使役百姓每年不超过三天，做到国家轻徭薄赋，人民家给人足。

其次，提出民与民之和谐。社会上没有愤恨责怨的忧患，没有以强凌弱的灾难，没有专门讲别人坏话、伤害和嫉妒别人的人，强者和弱者能和平共处，百姓都修养德行，因而行为美好，即使披散头发口中衔着食物也可与人交游，人们不羡慕富贵，不去做羞耻、罪恶之事。父亲不因孩子夭亡而哭泣，兄长没有弟丧的哀哭。

再次，期冀人与自然之和谐。毒虫不向人侵害，猛兽不向人撕打，凶猛的鸟类不伤害人。所以普天之下都为之而美好，红色的草生出，醴泉涌出佳水，刮风下雨应时，庄稼生长茂盛，凤凰麒麟在郊外游走。

最后，希望人无失范、社会有序。监狱里空无一人，人只要在衣服上画上羞辱的记号，百姓就不再触犯刑律。四周各部落都互相传递信息前来朝拜。社会上民情朴实而不事雕饰。

董仲舒所构想的理想社会包括了天意、政治、经济、法律、伦理、教育、人与人关系等方面，在政治上主张平等，经济上主张减税，教育上主张爱与忠，社会上主张敬老、尊亲、修德的社会理想，把一套以民为本、以民为命、以民为功的思想贯注到这个理想里，它不仅系统、全面，而且把幸福、稳定、祥和的让人神往的理想状态表达得淋漓尽致。董仲舒的思想充分体现了汉初儒道融合的思想背景和“大一统”的国家需要，他的思想所追求的福利社会模式是一个顺应天意、和谐统一的理想社会状态，这在当时的历史阶段是非常难能可贵的。但是，董仲舒的理想社会模式也具有一定的虚伪性，他是站在地主阶级立场上设计的，反映了处于上升阶段的地主阶级对封建制理想社会的憧憬，不过是地主阶级的乌托邦社会而已。

（二）王阳明“天人合一、心行一致”的理想社会模式

从汉朝到隋唐五代时期，由于统一和分裂交替出现，人们对美好生活的向往一刻也没停止，但是这期间对理想社会的构想都没有超越汉初“大一统”的和谐社会主张。直到宋明时期，人们开始从更深刻的私欲和心性层面思考问题，由此，对理想社会模式的构想也呈现出新的特点。这一时期的主要代表人物是王阳明，他在传承宋朝时期程颐、程颢以及朱熹思想的基础上，提出了强调内心修养又带有唯心主义色彩的心行一致的公

爱主张。

首先，勾勒出“父子亲、君臣义、夫妇别、长幼序、朋友信”的公爱社会模式。

“吾之父子亲矣，而天下有未亲者焉，吾心未尽也；吾之君臣义矣，而天下有未义者焉，吾心未尽也；吾之夫妇别矣，长幼序矣，朋友信矣，而天下有未别、未序、未信者焉，吾心未尽也；吾之一家饱暖逸乐矣，而天下有未饱暖逸乐者焉，其能以亲乎？义乎？别、序、信乎？吾心未尽也……心尽而家以齐，国以治，天心平乎。故圣人之学不出乎尽心。”

——《重修山阴县学记》

在这里，王阳明继承了儒家仁爱、佛教慈悲等思想，刻画出一幅家齐国治、天下平和、相爱有序、社会稳定的理想场景。在这个理想社会状态下，父子之间相亲相爱，君臣之间忠诚重义，夫妇长幼尊亲有序，朋友之间诚信为上，而且这些状态的达成都是人们发自内心、诚心诚意而为的。天下人一家亲，不存在无人问津的贫寒受苦之人，人们能够真正做到父慈子孝、兄爱弟敬，夫和妇随，长惠幼顺。王阳明的理想社会模式，不是一人一家的，而是以达到共同的饱暖逸乐为目的的，所以人们之间同心一德，社会秩序和谐安宁，没有人己、物我之分，人们各尽其能，相互之间有机配合，人人心情愉快，毫无怨言，达到了一种公爱的理想社会状态。

其次，理想社会的实现需要人们提高个人修养，达到圣人境界。王阳明极其注重个人品行的提升，强调只有通过心性去促良知，才能实现公爱的超然状态。

“夫圣人之心，以天地万物为一体，其视天下之人，无外内远近。凡有血气，皆其昆弟赤子之亲，莫不欲安全而教养之，以遂其万物一体之念。天下之人心，其始亦非有异于圣人也，特其间于有我之私，隔于物欲之蔽，大者以小，通者以塞。人各有心，至有视其父、子、兄、弟如仇雠者。圣人有忧之，是以推其天地万物一体之仁以教天下，使之皆有以克其私，去其蔽，以复其心体之同然。”

——王阳明《传习录》

人们要提高个人品行，达到与天地万物为一体的圣人心性。这样，在处理人与人的关系时，人们才能做到视他同己，不会根据亲疏远近来判断如何与他人交往，而是把但凡有生命的人都视作他的手足兄弟、黎庶子民，都会好好对待和教养，能做到这一点，也足以体现出他与天地万物为一体的意念和境界。王阳明进一步分析了人能够达到圣人境界的基础，他说，实际上，从人本性而言，人生而具有圣人之品性，其出生之时的爱人之心与圣人本来并没有什么差异，只是因为后来有了自我的私欲，被物欲所蒙蔽，为公的大心变成了为私的小心，通达的心被堵塞了，人人各怀心事，甚至还有那种视其父兄子侄尚不如仇人的。圣人对此十分担忧，这才推广他的天地万物为一体的仁爱之心来教育天下人，其目的就是务使人人都能格除私欲、掀去前尘、归复人心本体的自然之性。由此可见，要想让人们过上幸福美满的生活，就需要建构出“万物一体”的理想社会，想实现万物一体，就要挖掘出人的公爱品性。兄弟赤子之情的公爱品性要求人们心存良知。因此，王阳明进一步提出，当今之世，唯一能扭转社会发展趋势，使之走向理想社会模式的，就是人们的“良知”。只要人人都能“致良知”，尽心竭力地遵守社会道德与行为规范，做到“知行合一”，社会中的人际关系就会按照既定的规范运行，理想社会就能变成现实，这是圣贤治理社会的方法。

最后，提高个人修养的前提是客观认识欲望，去除不合理的私欲。程颐、程颢和朱熹都把欲望分为满足人基本生活方面的正常需求和超出正常需求部分的膨胀性欲望。程颐指明“耳闻目见，饮食男女之欲，喜怒哀乐之变，皆其性之自然”。而朱熹进一步分析“饮食，天理也，要求美味，人欲也”。基本的生理欲望和情感需求都是人之为人所必须存在的，是需要给予满足的基本需求部分，而好色、好利、好名等闲思杂虑则属于膨胀性的人欲，是不合社会规范的思想，人欲过分膨胀就会造成社会混乱、动荡甚至毁灭，应该彻底消灭无止境的个人欲望。王阳明在传承程颐、程颢和朱熹思想的基础上也强调要通过去除人的不合理欲望才能达到圣人的公爱境界。

总之，王阳明所构想的理想社会，不亚于早期儒家对大同社会的构想，他的理想社会对大同社会构想更有理论指导、更为系统，为人们从根本性情层面去把握人的合理行为提供了重要指导。但不可否认的是，他的思想具有明显的唯心主义味道，把人们对美好生活的向往寄托于所有人都具有较高的道德修养这个层面，实际上也走向了无可实现的地步。

（三）明清时期体现市民阶层主张的理想社会模式

明清时期整个社会的发展变迁和以往历朝历代有所不同，出现了生产方式的变化，所以，这一时期的思想都带有新兴市民阶层务实求新的特点。例如，顾炎武提出的民众治理的思想，即治理社会不仅是统治者的事情，平民百姓也有献计献策的责任。“救民以事，此达而在上位者之责也，救民以言，此亦穷而在下位者之责也。”黄宗羲提出建设民主政治的社会，君主让天下完全依附于他，会造成社会不公和不稳定，应该“天下为主君为客”。而唐甄提出富民思想更是从经济平等方面体现了新兴市民阶层的要求。“立国之道无他，惟在于富。”主张官不扰民，让民众有更多的经济自由。“海内之财，无土不产，无人不生，岁月不计而自足，贫富不谋而相资。”①

虽然不同时期的思想家所提出的愿景都蕴含着不同的时代韵味，例如，封建社会早期明显地体现出对“大一统”和谐社会的追求，中后期思想家所建构的理想社会模式带有浓郁的“复三代”色彩，晚期又表现出新兴市民阶层的强烈愿望，但是这些理想模式如出一辙地带有乌托邦色彩，而且在不同角度、不同程度上给人们带来了希望和美好。

第三节　中国秦汉以来至清朝（鸦片战争前）社会福利实践

一、救灾救荒实践

（一）汉朝常平仓制度

汉朝时期，任大司农中丞的耿寿昌奏请朝廷在边疆地区修建粮仓。当粮价低时以高于市场的价格收储粮食，以保护农民的种粮积极性；当粮价高时，以低于市场的价格出售粮食，从而起到平抑粮价、维护边疆稳定的作用，这种粮食储备制度称为常平仓。常平仓是在春秋战国时期的平粜法和平籴法的基础上进一步发展演变的一种粮食仓储制度。常平仓除了具有平粜法和平籴法的调节粮食供求、稳定粮价、保护粮食生产者和消费者利益的作用外，还增加了建立国家战略粮食储备等新的功能。耿寿昌建立的常平仓制度，成为其后历代封建王朝纷纷效仿的对象。常平仓制度的设计者将农业社会最重要的商品——粮食，作为国家战略物资进行储备并赋予常平仓救灾备荒。② 常平仓制度堪称是现代国家战略物资储备制度的鼻祖。

“宣帝继位……寿昌遂白令边郡皆筑仓，以谷贱时增其贾价而籴，而利农。谷贵时减贾价而粜，名曰常平仓。”

——《汉书·食货志》

① 唐甄．潜书［M］．北京：古籍出版社，1955：106.

② 王静峰，王金辉．论常平仓制度的起源及当代启示［J］．曲靖师范学院学报，2017，36（2）：70-73.

（二）隋唐普建义仓

到了隋唐时期，政府开始在乡村普遍设立义仓。义仓也称社仓，对于救济灾民起到了重要作用。隋唐时期的义仓经历了起伏发展过程，自隋文帝起建立了覆盖面广且规范性强的乡村义仓，解决了百姓生存需求，缓解了社会矛盾。隋炀帝时期荒废朝政、治理不力，义仓名存实亡、空仓运行，导致灾荒年头无粮赈灾、民不聊生、百姓怨声载道。唐太宗吸取教训、重整义仓、丰富储备，解决了灾荒时期百姓生存之需。

（三）南宋创建社仓

南宋时期，灾荒时有发生，农民起义不断。以往的常平仓制度、义仓模式覆盖面不全的局限性凸显出来，因为这两个模式只适用于州县及周边乡村，深山的农民无从受益，而参与起义的农民很多来源于深山地区生活无以为继的百姓，自我抗灾无力，又不能坐以待毙，只能揭竿而起。因此，为了缓解深山农民的灾荒影响程度及稳定社会，朱熹退居崇安时期，因崇安水灾发生饥荒而爆发农民起义，为了防止地主豪绅在灾荒时期剥削农民，朱熹提出“山谷细民，无盖藏之积”思想主张并创建了社仓，该制度在南宋得以广泛推广。

> “俾愿贷者出息什二……岁或不幸小饥，则驰半息，大祲则尽蠲之。于以惠活鳏寡，塞祸乱源，甚大慧也。”
>
> ——《朱文公文集·建宁府崇安县五夫社仓记》

社仓的运行模式是富人提供粮食作为储备之用，每年以一定的利息获得回报。为了避免富人趁机赢利，政府规定丰年利息是二分，年成不好则减半，灾年则全免，时间一般是 5 月份为粮仓提供粮食，如果当年不需要开仓赈济，则在 11 月连本带息收回。在管理方面执行的是属地化管理，其管理程序为：人户向队长、保长申报，队长、保长向社首、保正副申报。如果没有队长，人户可以直接向社首申报。本人亲自到社仓，各级乡官也要到场验明身份，才给发米。① 社仓制度在帮助山村农民度过水旱灾害等困难时期起到了重要作用。

（四）元清注重惩罚措施

为了减少灾害给百姓造成的损失，朱元璋下令地方官员在灾荒发生时要迅速应对，

---

① 牛铭实. 中国历代乡规民约［M］. 北京：中国社会出版社，2014：16.

据实汇报，对于隐瞒不报和拖延时间者予以严惩。在应急处理方面，可以第一时间发放粮食，然后上报，如果赈济不力，将施以刑罚甚至诛之。“荆、蕲水灾，命户部主事赵乾往振，迁延半载，（太祖）怒而诛之。旱伤州县，有司不奏，许耆民申诉，处以极刑”。（《明史·食货志》）这种恤民做法在清康熙帝那里也被运用，只是康熙对做法稍有缓轻，减少了诛杀，代之以批评和严格的报灾制度。规定灾害发生后，要立即赈灾，先上报灾害发生，然后按照限期要求核查并跟踪灾情的详细情况，如实上报，对于逾期不报者和谎报瞒报者，则给予严惩、降职或罚俸。

二、税收实践

封建社会历史漫长，各朝代、各国君管理国家的理念不同，对税制和税赋的要求自然不同，即使同一个朝代同一个国君，在不同的执政环境和背景下，也会出现税收的内部调整，所以，无法整体概括中国封建社会的税收政策和实践，只能说这一阶段既有轻徭薄赋的主张，也有课税严重的做法。

（一）汉唐轻徭薄赋

自秦以来，废除井田制，土地可以自由买卖，导致富者聚田现象越来越严重。到了汉初时期，贫富悬殊问题就变得极其严峻，政府的徭役加重、田赋增多、各种名头的税收齐聚，导致农民困苦不堪。为了减少贫苦百姓所遭损害，汉朝统治者吸取春秋战国和秦朝的教训，推行减免佃租、安抚流亡的“善治”主张，限制地主的土地规模，制止土地兼并，取消盐铁官营，轻徭薄赋。

唐朝时期，李世民不仅提倡崇尚节俭，而且进一步主张轻徭薄赋，他采取的很多措施部分地满足了农民对土地的要求，使农民的生产时间有了保障，调动了农民的积极性，促进了生产的发展，改善了人民的生活处境。

（二）宋明赋税沉重

北宋时期，赋税严重，“今夫一户之赋，官知其为赋之多少，而不知其为地之几何也……富者地日以益，而赋不加多。贫者地日以削，而赋不加少”（苏轼《策别·安万民四》）。尽管王安石推行了方田税法和募役法来改变不合理的税收制度，但是上等人户避免胡作非为、中等人户助力税收来源、下等人户尽除前日冗役的目的也未能达成。到了南宋时期，为了养活政府冗员，政府又推行了“经总制钱”“和买”“折帛”等不合理的杂税形式，来掠夺民众的财富。由于贵族地主不缴纳赋税，农民越来越无力承担，导致后期无垦田之利、无增税之人、民荒兵弱、自生自灭的悲惨局面。

明朝末年，重税收给百姓带来的困苦更为突出。为了方便官府存储和运输，明朝政府规定以银为赋，另外添加“火耗”，使得农民负担极重。导致“农夫蚕妇，冻而织，馁而耕，供税不足，则卖儿鬻女；又不足，然后不得已而逃，以至田地荒芜，钱粮年年拖欠”（《日知录·苏松二府田赋之重》）。即使丰年也要卖妻卖子，或者逃亡自尽。官府强行征税征银，导致通货膨胀、谷物价格下跌，人们生活困苦不堪，最终“至有六旬老妇，七岁孤儿，挈米八升，赴营千里。于是强者鹿铤，弱者雉经，阖门而聚哭投河，并村则张旗抗令”（顾炎武《亭林文集·答徐甥公肃书》）。

三、特殊群体福利实践

（一）对老年人的福利实践

封建社会基于生产生活方式和家国同构形成了尊老敬老思想。在政策主张方面，基本上是以尊老惠老为导向的。例如，按照年龄给予不同的待遇。汉文帝主张“年八十以上，赐米人月一石，肉二十斤，酒五斗。其九十以上，又赐帛人二匹，絮三斤”（《汉书》）。按照地位给予不同的待遇。官员年老或有病而退休，称为“致仕”。两汉时，根据官员的身份地位分别给予不同等级的赠赙、赠印绶以及赠予冢地、葬具、明器等。如官吏因公死亡，则厚加赏赐，并荫其后代。对于庶民的免老和养老，据《汉旧仪》载，汉初普通农民，六十岁，有爵一级以上，五十六“老免”，不再向国家纳税服役。“八十者，一子不事，九十者，举家不事”。（《荀子·大略》）

汉朝以来的这些孝老敬亲的政策做法一直延续并贯穿在整个封建社会时期，出发点和性质一直没有改变，只是在程度和形式方面发生一些变化，例如，宋朝通过奖惩机制来鼓励人们孝老敬亲，地方政府把当地孝子、顺孙的事迹予以申报，给予奖赏。

（二）对儿童的福利实践

封建社会的儿童福利主要体现在救助层面且以两宋时期为分水岭，宋代以前主要是政府以政策的形式进行社会救助，其间宗教力量起到了辅助性作用；两宋以后，政府从制度化层面开启了救助模式，与此同时，宗族、宗教组织和民间慈善组织也发挥了补充作用。

第一，政策层面。政府从政策层面恤孤主要发生在两宋时期之前。首先鼓励增加子女数量。刘邦发布正月令“民产子，复勿事二岁”，两年之内免纳赋税、免除徭役，刘秀又把二岁增为三岁。在人口增多、需要照养的婴儿增多的情况下，汉代规定“其婴儿无父母亲属，及有子不能养活者，禀给如律”（《后汉书·章帝纪》）。对于孤儿和贫困儿童，政府提供谷物粮食之救济。到了唐代，唐文宗下令“其有一家长大者皆死，所馀孩稚，十二至襁褓者，不能自活，必至夭伤。长吏劝其近亲收养，仍官中给两月粮”（《全唐文》卷七十二）。宋代之前，辅助政府恤孤慈幼的组织主要是宗教慈善组织，表现为寺院举办悲田养病坊等社会救助机构，收容乞丐、老疾孤寡等人口，唐玄宗下令将京师等乞儿全部归养病坊收管。这是宗教组织比较早的社会救助实践。佛寺废止后，政府直接承担了这些救助机构运营的费用并指派管理人员。

第二，制度层面。自两宋开始，对儿童的福利开始走向制度化、系统化层面。宋朝针对贫困与灾荒带来的弃婴、杀婴现象采取了系统的救济措施。一是预防性救济。救济于未弃之前，通过蠲免丁税、胎养助产的方式保护婴儿，对贫困家庭生孩子时可能因缺少粮食而杀婴的行为严令禁止，并通过兴办举子仓给予粮食，对孕妇、产妇进行适当补贴。乡村设置举子仓，遇民户生产，人给米一石。禁贫民不举子，有不能育者，给钱养之。二是补救性救济。官方设立救济机构，收养被遗弃的儿童与无亲属领养的孤儿。北宋设立了福田院、居养院、养济院、广惠院、实济院、安养院等，这些综合救助机构都收养孤儿。到了南宋时期，形成了专门的补救性救济机构，包括散收养遗弃小儿钱米所，婴儿局、慈幼局、慈幼庄。再次是辅助性救济。宋朝后期民间组织起到了辅助性作用，政府一方面颁布法律，例如，《户婚律·养子》从法律层面规范民间收养行为，保障收养人权益；另一方面对收养人予以奖励和资助，支给钱米，“发以仓米二百石助邑士之收养遗弃孩稚者，两月续米如前”①。

明清时期官办儿童福利事业有所下降，而民间社会福利事业则获得较大发展。清朝政府在综合性养济院的基础上开设了育婴堂。雍正帝多次拨款给京师育婴堂，并倡导九州之内的好义人士弘恤孤之政。据此，清朝各省督抚募劝好善之人，照京师例行之，育婴堂在全国各地建立了。但是，鸦片战争以后，全国社会各阶层日益贫困化，旱涝灾害有增无减，清政府财力下降，育婴堂的维持不得不依靠乡绅支持。到了晚清时期，育婴事业出现了一个显著变化，官府与民间合作加强，育婴堂也发展出两条路向：一是在民间组织的恤孤扶幼行为中结合了家庭制度，救助机构由育婴堂发展为保婴会，救助形式是把妇女和儿童联系起来，重点在救助贫困育龄夫妇上，即通过救助贫困家庭的方式来确保婴幼儿存活和成长。《保婴会条例》记载：“凡乡里有生育男女，果系极贫而不能留

① 张文. 宋朝社会救济研究［M］. 重庆：西南师范大学出版社，2001：200.

养者，局中例给钱米半年，令其暂养。如万不能养，再为设法安置，或代送婴堂，全其性命。"（《得一录》卷二）二是从传统的"养"扩展到"养、教、工相结合"。无锡育婴堂规定男孩六岁以上，酌情送往义塾读书，十二岁以上，倘质性愚钝不能读书者，酌行送业。上海教育局也明确提出"养为目前计，教为终身计"的方针。

除了官办和民间兴办的儿童福利机构外，宗教和宗亲家族也在儿童救助上发挥了重要作用。鸦片战争后，西方天主教、基督教传教士在华创办了各类育婴堂、孤儿院、盲童学校和聋哑学校等，教会到慈幼机构多采取"养、教、工"相结合的方式，进行宗教教育和职业教育。女孩学习刺绣、编织等，男孩学习印刷、各种杂工。但是由于育婴堂大量儿童死亡，清政府不得不介入监控。除此之外，封建宗族组织也对儿童福利发挥了一定作用，一是出于继承香火和血亲关系的原因而对族内贫困家庭生育给予补贴；二是教育资助，为了光宗耀祖和兴旺宗族，具有一定规模的义庄和义田都会拿出一笔经费支持族中子弟接受教育，参加科举考试。①

四、公益慈善事业

（一）宗教领域的公益慈善行为

自佛教引入中国以来，寺院开始建立并不断扩大，寺院通过各种形式在我国封建社会时期发挥了助贫扶弱的辅助性作用。魏晋南北朝时期因战乱频繁、民不聊生，王朝统治力量空前衰微，给王朝以外的社会福利救助力量的生长提供了条件。当时中国的寺院实兼宗教与慈善团体于一身，其所办之慈善公益事业，对社会民生有极大之贡献。到了唐代，寺院的公益获得又出现了多种类型。（1）寺院自办的公益事业，如唐代贞观年间的化度寺规定将寺院的收入分为三部分：一为增修寺院；二为施天下饥馁悲苦之人；三为以充供养无碍。有的寺院还参与修桥补路、资助教育等事业。（2）发动募捐，动员信徒参与慈善活动。（3）与官绅及地方政府合办善事，有的情况下是"官托寺办"。

（二）个人的公益慈善行为

封建社会天灾人祸不断出现，政府救助能力有限，所以我国涌现了许多民间慈善家，他们以个人名义进行慈善义举，或是大商人，或是地方官员，以自家的资财资助贫困和孤病之人。例如，在《后汉书》中有记载，东汉光武帝的外祖父樊重借贷穷苦人家数百万，可是等到契约签好，他自己回头却把契约烧了，根本不用穷人们还，并且家中的鱼

---

① 姚建平. 国与家的博弈—儿童福利制度发展史［M］. 上海：格致出版社，2015：21-36.

塘、牲畜，有人急需的，他也会愿意无偿奉献。后人用八个字来评价西汉时期的黄霸的功绩：养视鳏寡，赡助贫穷。他在任泉州太守时管制到位，当地百姓安居乐业，当时已经到了“田者让畔，道不拾遗”的最佳状态。隋朝时期公孙景茂，在伐陈的时候，有许多士兵因水土不服生病，公孙景茂用自己的俸禄买药，并且亲自熬药给士兵们喝，而在道州任职刺史时，也同样用自己的俸禄“散惠孤弱不自存者”。宋代有范仲淹的义田、刘宰的粥局等。范仲淹身居高位，俸禄丰厚，但却克勤克俭，省下余资，兴置义田，周济宗族穷人；刘宰在告老还乡之后先后筹组了三个粥局以在饥荒时供应灾民和弃童。清朝知县蔡锡侯设立等恤嫠局以作为周恤穷嫠之基金；节妇张氏创设等义亭施炉产，每年冬季拨洋购火炉施给村中孤独无依靠者等。

五、军人优抚保障

在古代，优抚作为军队奖赏的重要部分，优抚保障伴随“赏罚有道”的治军方式而产生。春秋战国时期，优抚思想已有所发展，战国吴起主张重用精兵强将、优待“虎贲之士”，“厚其父母妻子，劝赏畏罚，此坚陈之士可与持久”①，“捐不急之官，废公族疏远者，以抚养战斗之士”②，吴起的用兵之道助其成就丰功伟业。秦代，最为主要的优抚措施是军功赐爵制，对有立功的将士依军功授予爵位、良田，“有军功者，各以率受上爵”③。汉代，在军功赐爵制的基础上，增加士兵的复员安置，如汉高祖曾下令对复员士兵给予土地、房屋等优待，对达到一定年龄且家贫或者无子孙兄弟者发放养老津贴，提倡社会尊重和礼遇士兵。《汉书·高帝纪》载高祖二年诏令，“关中卒从军者，复家一岁”。即对关中地区士兵的家庭，给予免除一年赋税的优待。魏晋南北朝时期，重视对伤亡将士及其家属的抚恤，礼葬死亡将士。北魏太武帝赏钱财给死事者之家，孝文帝免死事者家之兵籍，让郡县办理其丧事，给予葬费。

唐代，优抚内容更为丰富，涵盖经济、政治优抚及精神优待等，并设立专门的一类官员——勋官，以奖励战功。勋官享有做官资格、门荫特权、荣誉奖励等政治优待和授予勋田、赋役减免等经济优待。宋代，采取家属随军的优待措施，规定将士阵亡后其家属也可得到终身抚恤保障，如宋神宗下诏规定，“诸阵亡军士祖父母、父母及妻、子、孙依倚者，人日给米二升，以终其身”（《续资治通鉴长编》）。辽金元时期，对军人的政治优待较为突出。一是可荫补子孙为官，金代规定七品以上武官即可门荫子孙，元代军官

① 骈宇骞．武经七书［M］．北京：中华书局，2007：100.
② 司马迁．史记［M］．北京：中华书局，1997：2168.
③ 司马迁．史记［M］．北京：中华书局，1997：2230.

有战功或阵亡者及年老退役、去世者，同样可以享受荫补子孙为官的优待，如至元十五年诏令，“若年老病故者，令其子弟依例荫叙”（《春秋繁露 · 王道》）。二是高级武官去世或“没于王事”可得赙赠，阵亡将士亦可得赠官。金代对老年官兵存在“放老”优待规定，原则上六十岁以上的士兵可以退役，退役之时由国家支付“给赏”，“给赏”数额根据职位、服役年限而有所区别，对士兵家属也有一定补助。明代，经济上会对老疾无子的军人、因战事而残疾者及其家属给予一定的经济保障。明代对武官的抚恤制度较为完备，如太祖洪武元年的“优恤将士令”主要限于对阵亡将士的抚恤。明初对受伤退役后去世的军人给以特别礼遇。清初实行旗兵制，八旗兵受到普遍的优待，清军官兵退役后的待遇与其退役年龄、是否出征打仗、是否受伤、是否立有功牌、是否老有所养均有关联。

第四节　中国秦汉以来至清朝（鸦片战争前）社会福利特点及启示

一、社会福利特点

第一，中国封建社会以农业为主，生产的粮食在各阶级中分配，除个别时期之外，大部分时期都是国家物资储备不足，社会福利水平一直较低，并不能应对社会和自然灾害带来的冲击，一旦有天灾人祸，往往导致社会动乱接踵而至，对国家政权构成严重威胁。

第二，中国封建社会的福利思想和实践打着儒学的烙印，封建社会统治者多重视用儒学来倡导道德教化、家庭伦理、父慈子孝，以此来维系社会关系并弥补国家力量之不足。

第三，中国封建社会的福利具有明显的封建等级特色，上层社会多有盈余、生活奢靡富足，而下层百姓则口惠而实不至，“朱门酒肉臭、路有冻死骨”正是封建社会阶层差距的真实写照。虽有民本思想，但这种思想也是源于统治者对民众力量的认识，具有居高临下的特征，是频繁地改朝换代让政治家和思想家看到了人民群众的巨大力量，体现了统治阶级对被统治阶级的关注和重视。

第四，中国封建社会的社会福利措施一般都具有维护稳定的意图。例如，军队中养了许多老弱病残之人，终身仰食于官。如果国家不养起来，他们将失去生活的保障，甚至铤而走险。所以，养起来是变动乱力量为镇压力量，而且符合祖宗以仁义开国的家法。

二、社会福利启示

（一）盛世之经验

中华民族历代王朝的兴衰史雄辩地告诫我们：利莫大于治，害莫大于乱。汉朝是中国历史上一个政治清明、社会稳定的闪光朝代。刘邦于公元前202年建立汉王朝之始便着力发展农业生产，轻徭薄赋，与民休息，创造了安定的大好局面。继后的几代皇帝也都采取了稳定社会秩序的保障措施，如“兵士罢归家乡”的优抚措施，即入关灭秦的关东人愿意在关中为民的，免徭役十二年，回关东的免徭役十六年。军吏一律免除本人及全家的徭赋。归农的军吏卒按爵级高低，即军功大小，给予田宅。尤其是文帝提倡勤俭节约，曾两次“除田租税之半”，即租率减为三十税一，十三年还全部免去田租。所以当时国家的财政开支有所节制和缩减，贵族官僚也不敢滥事搜刮、奢侈无度，从而减轻了人民的负担，这是“休养生息”政策的重要内容之一。汉武帝时期，进行了一系列改革，国家进一步繁荣强大，例如向大商人、高利贷者征收财产税的“算缗”：商人财产每两千钱抽税一算，即6%；手工业者凡四千钱，抽税一算；还有车船抽税等。不如实交税，则鼓励告发，即“告缗”。这种措施限制并打击了富商豪强、贵族的经济实力，不仅增加了西汉的财政收入，也缩小了两极分化。

据《史记·平准书》记载，汉武盛世“至今上（武帝）即位数岁，汉兴七十余年之间，国家无事，非遇水旱之灾，民则人给家足，都鄙廪庾皆满，而府库余货财，京师之钱累巨万，贯朽而不可校，太仓之粟陈陈相因，充溢露积于外，至腐败不可食”①。汉初至武帝即位的七十年间，国家兴旺发达，社会安定，只要不遇水旱之灾，百姓都是家给富足，郡国的仓廪堆满了粮食，政府的库房有余财，京师的钱财有千百万，连串钱的绳子都朽断了，国库的粮食总是爆满，甚至腐烂而不可食。据此不难看出，由于采取了轻徭薄赋、安抚民心等政策，汉初呈现了高度安定的局面，这为我们今天维护社会稳定提供了重要参考。

追溯中国历史上经济繁荣、社会稳定、人民安居乐业的光辉时期，唐朝必会载入史册。尤其是武则天执政的几十年间，全国没有发生过一场成规模的农民起义，这是中国历史上少有的社会安定时期，“家给户足，人无苦窳”“四夷来同，海内宴然”“四方丰稔，百姓乐业”。（《通典·选举三·历代志下》）唐朝高度稳定丰实的社会正像杜甫《忆昔》所颂：“忆昔开元全盛日，小邑犹藏万家室。稻米流脂粟米白，公私仓廪俱丰实。九

① 司马迁. 史记［M］. 北京：中华书局，1959：9.

州道路无豺虎，远行不劳吉日出。”形成了数十年国家无事、百姓不识兵革的仓廪富实、国泰民安的盛世之象。

唐朝的盛世繁荣固然有其仓廪实的原因，而就其太平稳定而言，保障民生做出了不可磨灭的贡献。唐太宗时期，大胆任用魏征。魏征来自社会下层，参加过反隋起义，对下层百姓的情况和全国的形势能够比较准确地把握。他分析当时百姓的动态是，大乱之后人心思定，建议太宗实行教化，采取轻徭薄赋、劝农务本的方针。唐代社会经济在社会关系和统治政策的调整下，继续保持着良好的发展势头。唐初的有关农业政策主要是轻徭薄赋和不误农时，而不是遣吏到各地“均田”。到贞观时期，武则天制定了严格的对地方官吏的监督标准，保证恢复发展生产的政策能够得到贯彻实施。在她全面执掌政权的初期，已经把劝农提到了建国之本的高度，并且在制度上采取了相应措施，这是农村形势稳定的保证。而且，这一时期社会救济事业出现了一个新现象，即民间私人救济开始出现。这些都是唐朝盛世时期的重要保证。

总之，稳定才可能发展，才可能有财富和文明成果的积累。而稳定的社会环境之所以能够出现并维持的重要原因之一是有充分的安抚民心的社会保障措施。我国之所以有所谓“汉唐盛世”，农耕经济时代的国力和社会文明发展到顶峰，就是因为汉朝和唐朝都曾有过一段相当长时期稳定民心的政策和相对太平的社会环境。

（二）乱世之教训

太平盛世固然是人们所向往和追求的美好社会，但历史总是有其自身发展的规律和阶段性特点，如果统治者重视保障百姓的生活并采取相应的措施，该社会必定会处于相对稳定和平的状态；而如果统治者无心修明内政，不顾百姓疾苦，就必然会导致民众困苦不堪，最后威胁社会的稳定，出现乱世。作为人类社会发展的一种存在状态，乱世是盛世的对立物。如果说盛世是人类社会发展中所追求和向往的目标，那么，乱世则是对这种目标的一种破坏和否定，可以称之为社会发展的非正常状态，这种状态往往伴随着社会保障的缺失。

中国历史上典型的由于保障缺失而导致社会动荡的事件是一次又一次的农民起义。第一次全国规模的农民大起义发生在秦始皇统治时期，大规模地兴建宫殿和陵墓，以及筑长城、修驰道，对匈奴和南越的用兵，耗费了大量的人力和财力，极大地加重了人民的徭役和赋税负担，导致起义爆发。隋朝末年大规模农民起义也是由于隋炀帝上台后荒淫无道、倒行逆施，把苛重的力役和赋税加在农民身上，使得广大农村“耕稼失时，田畴多荒”，无数贫苦农民流离失所、家破人亡。到了明代中期，农民反抗地主阶级的呼声进一步扩大为包括矿工在内的从逃亡到抗赋抗役，从抗租到武装“踞田夺地”，从“盗矿”到武装反对“矿禁”“封山”等一系列要求平等的斗争。一次次的农民起义不停地印证着重视民苦对社会稳定之影响的事实，如果统治者昏庸无道，漠视百姓的疾苦，就会使百姓生活和整个社会充满危机和变数，最终导致农民揭竿而起。

相对于农民起义而言，各地诸侯据土称王，不断挑起战争，无视百姓安危的内乱也威胁社会的稳定，导致社会成为乱世。典型的乱世包括战国时期的诸侯混乱、三国两晋南北朝时期的分裂叛乱、五代十国时期的割据动荡等。动乱时期，由于政治波诡云谲，各地诸侯纷纷据土称王，各国无心修明内政，贵族们骄横奢靡，一般大众生活皆成问题，鳏寡孤独废疾者的生存就更不能保证了，导致天下大乱。而且，各诸侯之间为争土争权不停地挑起战争，战争从多方面给百姓带来疾苦。老子说“大军之后，必有凶年”，战争这种人为灾祸必然会引起自然灾害，对人民生活更是雪上加霜。[①] 因为战争频繁导致农事荒弃，许多百姓因极寒冻馁而死。尤其是在古代社会，战争往往是在气候温和的春秋两季进行，这个时节正好是耕种和收获的季节，战争迫使人们荒废农事，并导致许多人死于非命。如果安抚工作不到位，则更是使人们困苦不堪。而且，为了支出战争所需的庞大开支，政府往往会增加苛捐杂税、重徭厚赋，导致民心不安，社会动荡因素潜藏，动乱随时可能爆发。所以，社会保障的缺失是导致社会动荡的重要因素。社会保障是一种社会安全制度，它通过对各种风险的防范和化解，缓和社会风险的破坏力量，从而实现社会稳定，成为社会的减震器和安全阀。

综观中国封建社会兴衰史，我们发现，中国古代社会早就已经孕育着丰富的社会保障思想和具有切实功效的社会福利措施，尽管这些思想和措施极其朴素、零散，极其原始、自发，不具有现代社会保障制度的系统、全面、科学、高效等特征，但它们毕竟是中国社会保障发展史上的一个阶梯。它们所弘扬的大同、仁爱、安老、慈幼、恤孤、振困、安抚、轻赋的精神，成为中国现代社会保障制度的思想内核；它们所推广的社会保障措施，也为后来中国社会保障事业的开创和发展提供了众多借鉴。如果统治者认识到这些措施的重要性并践行它，定会国富民强；反之，则国败民殃。

---

① 张士昌，等．社会福利思想［M］．合肥：合肥工业大学出版社，2005：35.

【关键概念】

常平仓制度　义仓　社仓　“大一统”模式

【复习思考题】

1. 中国封建社会的扶贫济困思想有哪些特点？
2. 中国封建社会妇女地位低下的思想根源及其影响。
3. 宗教教义从哪些方面为人们提供获得幸福的希望？
4. 中国封建社会从哪些方面关注了儿童福利？
5. 结合实例分析中国封建社会时期的社会福利特点及启示。

【扩展阅读1】　司马迁与《史记》

司马迁（公元前145年或前135年—?），字子长，生于龙门，中国西汉伟大的史学家、文学家和思想家，他创作了中国第一部纪传体通史《史记》，被后世尊称为史迁、太史公、历史之父。

《史记》是中国历史上第一部纪传体通史，记载了上至上古传说中的黄帝时代，下至汉武帝太初四年间（公元前122年）共3 000多年的历史。《史记》是“二十四史”之首，被鲁迅誉为“史家之绝唱，无韵之离骚”。

《史记》分本纪、表、书、世家、列传五部分。全书包括本纪十二篇、表十篇、书八篇、世家三十篇、列传七十篇，共一百三十篇。不仅记述了各个历史阶段的重要历史事件和重要历史人物，而且涉及礼乐制度、社会经济、天文地理等诸多方面的重要论述。

【扩展阅读2】　董煟与《救荒活民书》

董煟（生卒年月不详），字季兴，号南隐，鄱阳（今江西）人，南宋时期治荒名吏。他熟悉民间利病及救荒实际工作，完成了中国古代第一部较为完备的救荒专著《救荒活民书》。他向朝廷进献所著的《救荒活民书》，全面系统地提出救荒“五法”“十六项”的政见，被宋宁宗赵扩称赞其书为“南宋第一书”，诏令刊印，发行到各郡县。

《救荒活民书》是迄今所知我国历史上现存最早的综合性救荒专著，全书共分三卷。上卷是“考古以证今”，选取历史上有关救荒和赈灾的实例，按时间顺序排列，提出自己的见解和主张。中卷是“条陈今日救荒之策”，总结了大量救荒的办法，也提出了自己的观点。下卷是“备述本朝名臣贤士之所议论”，搜集了宋朝不少人对荒政、救荒的讨论文章，有较高的针对性和实用价值。

【扩展阅读3】 朱熹与《朱文公文集》

朱熹（1130—1200年），字元晦，又字仲晦，号晦庵，晚称晦翁，南宋时期理学家、思想家、哲学家、教育家、诗人。朱熹是理学集大成者，闽学代表人物，被后世尊称为朱子。他的理学思想影响很大，成为元明清三朝的官方哲学。

《朱文公文集》也称《朱子大全》，搜集了朱熹的诗、奏稿、书札和论文，比较全面地反映了他的理学观点、政治思想等。

钱穆先生曾对朱熹这样评价道：“在中国历史上，前古有孔子，近古有朱子，此两人，皆在中国学术思想史及中国文化史上发出莫大声光，留下莫大影响。旷观全史，恐无第三人堪与伦比。”

第六章　西方封建中世纪时期社会福利思想与实践

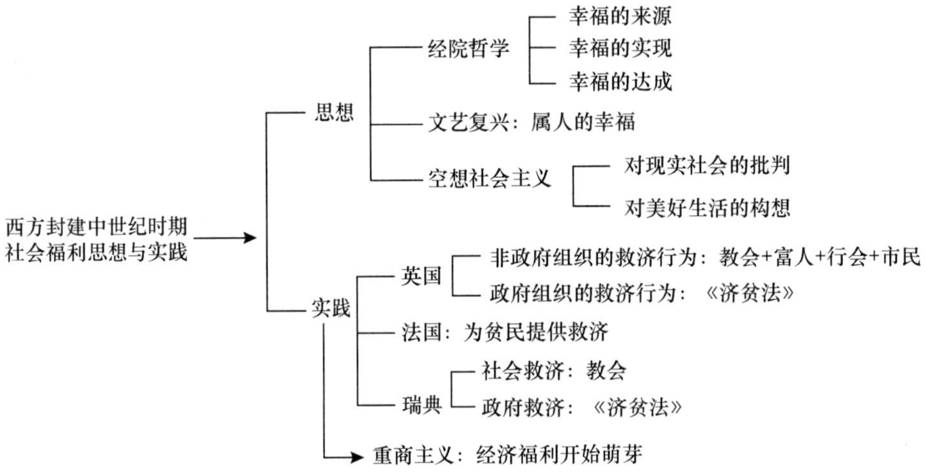

学习要点

了解封建中世纪时期西方福利思想的总体特点；学会对比分析基督教神学和人文主义对人的幸福的理解；了解莫尔的《乌托邦》所勾勒的美好世界；理解三大空想社会主义者提出的理想社会模式；掌握英国政府和非政府组织的救济行为。

第一节　西方封建中世纪时期福利思想

公元5世纪末期，在奴隶、贫民和各种被压迫人民的不断起义和外族入侵下，古罗马帝国灭亡了，欧洲从此进入了持续千年的封建社会时期，直到17、18世纪英国和法国资产阶级革命的到来，这段时期在历史上被为“中世纪”或封建社会时期。这一时期没有太多公开的书面史料可供借鉴，然而，经院哲学的幸福指向，文艺复兴的人性回归，从《斯品汉姆兰法案》到《济贫法》的颁布，以及空想社会主义，都极大地丰富了这一时期的社会福利思想和实践，也涌现出了阿奎纳、莫尔等一系列有影响力的思想家。

一、经院哲学中的福利思想

公元313年米兰赦令颁布，基督教取得其在罗马帝国传教的合法地位且逐渐被奉为国教，由此，西欧开始了王权和教权的双重统治。为了巩固封建秩序和神学统治，教会发展出一种与基督教教义完全符合且与封建主义相适应的理论体系，被称为“经院哲学”，该体系的集大成者是托马斯·阿奎纳。

（一）幸福的来源——上帝

经院哲学把《圣经》奉为绝对的真理，因而从社会历史观的角度提出人的幸福与痛苦、人的权力与等级都是来源于上帝。因为上帝创造了世界、创造了人，人由于人性的生活需要而形成社会，社会发展成国家。上帝造人之初即给人以幸福，让人生活在有果、有树、有金子、有珍珠的伊甸园里。当始祖违背上帝意志犯下错误时，上帝即给予惩罚，甚至可以毁灭一切，造诺亚方舟主导重生。所以，人的幸福与不幸都是源自上帝之意志。

（二）幸福的实现——美德

幸福是美德的报酬，是至善的境界。现实生活中如果人们感觉到困苦，那是因为人生而带有原罪而且太过于追求世俗的福利。人们要正视自身现状，要节欲禁欲、多做善事，这样，上帝就会给予报酬，就可以积攒获得幸福的筹码。个人在通过赎罪和谋求个体幸福的过程中，自然而然地会促成公共幸福。个人从属于社会，个人幸福不是最终目的，公共幸福才是一切幸福所要追求的最高价值，公共幸福反过来能为个人幸福提供保障，而个人幸福和公共幸福的实现都需要人做到抛开烦恼、避免怨言、抛弃小我、追求大爱、心存感恩、向善向美。

“如果各人都对自己的处境感到满意的话，可以使人类处于一种比较和平的境地……在那些联合地和共同地占有某种东西的人们中间，往往最容易发生纠纷。”①

（三）幸福的达成——天堂

人在尘世的生活之后还有另外的命运，那就是在死后所得到的上帝以报酬的结果所给予的最后的幸福和快乐，这种幸福和快乐要到天堂中得以满足。人们在现实生活中所做的一切都是在获取通往天堂的机会，如果在忏悔、至善等方面达到了要求，就获得了

---

① ［意］托马斯·阿奎纳. 神学大全［M］. 刘俊余，陈家华，高旭东，周克勤，胡安德，王守身，译. 台北：碧岳学社，2008.

通往天堂的钥匙。所以，人们在现实生活中只能追求达到幸福的可能，永恒的、真正的幸福生活要到天堂中去体会。天堂中的幸福是超越了世俗的财富、健康、荣誉、技能和学问的，是一种丰盈生活环境下人人满足的、与上帝同在的一种快乐。

黑暗的中世纪时期，教会作为西欧的至高宗教权威，利用神学攫取最高权力和大量财富，作为最高领袖的教皇则在欧洲大陆只手遮天、无所不能。所以，经院哲学用神学来禁锢人们的头脑，防止人们因对现实生活不满而产生反抗。这套理论体系，对中世纪的社会生活和政治生活有巨大影响，成为麻痹人们思想、维持封建统治的御用工具，阻碍了社会的发展与进步。

二、文艺复兴时期的福利思想

中世纪神学至高无上的权力导致教廷内部长期腐败，榨取民脂民膏，造成了人民的不满，教皇信仰出现危机，教皇权力不断衰落，加之百年瘟疫和教廷分裂，使人们不满教会对精神世界的控制。与此同时，生产力不断发展，商业经济开始出现，城市逐渐繁荣，新兴资产阶级队伍壮大，于是，人们的思想从宗教转向了艺术和科学研究，人们对幸福的寄托从上帝转到了人本身，出现了文艺复兴思想。

（一）批判神学思想对人性的摧残

无数的人文主义者通过各种作品揭露教皇和僧侣的贪婪、虚伪和专制。神学的教义要求人们禁欲、忏悔、赎罪，以牺牲今生今世的幸福来达到死后进入天堂的目标，人们对教皇顶礼膜拜，用忏悔和压抑换取对教皇的忠心。人文主义者认为这是很愚蠢的思想，人们为了不可验证的死后归属而牺牲现世的幸福生活，费尽千辛万苦所追求的是一种虚幻的缥缈不定的幸福，这是消极的违反人性的做法。尤其是教会各级神职人员欺压百姓，自身过着奢侈的生活，却用迷惑人的方法要求百姓忍受现实生活的重负，这严重地摧残了人们的意志，抹杀了人们的欲望，泯灭了人们的幸福追求。

（二）倡导人要追求属于人的幸福

基于对神学桎梏人们思想和行为的做法，人文主义高举自由、平等、博爱的大旗，提出“我是人，人的一切特性我无所不有”的口号。一方面，主张从以神为中心回到以个人为中心。从神权回归人权，从神性回归人性，从宗教桎梏回到人身自由，神与人是对立的，从一切为了神回到一切为了人。另一方面，强调人性解放，提倡世俗伦理。封建神学和教会统治窒息了人的生机，束缚了人需求的满足。然而，人是理性的动物，应该理智地追求人性解放，打破禁欲主义的枷锁，顺从自然地发展个性，应该按照自然本性享受幸福美好生活。

总之，人文主义者勇敢大胆地在人们生活现状中寻找有力证据，在古代思想宝库中寻找有力武器，在伟大的学术成就中表达思想，充分彰显了人作为人所应该追求的幸福。就像恩格斯所说，这是一次人类从来没有经历过的最伟大的、进步的变革，是一个需要巨人而且产生了巨人的时代。它对于推动社会的进步和人们幸福生活的获得具有重大意义。

三、空想社会主义的福利思想

欧洲中世纪后期，资本主义得到快速发展，伴随着资本主义形成与发展过程的是广大劳动者遭受贫穷和苦难的过程。在欧洲不公现象的驱使下，在先贤《理想国》的思想熏陶下，在文艺复兴思潮的影响下，16—19 世纪在欧洲思想舞台上出现了空想社会主义思潮。由于社会历史条件和无产阶级发展水平的不同，接近三百年的空想社会主义思潮经历了三个阶段：16—17 世纪早期空想社会主义者对理想社会的空想性描述阶段，以托马斯·莫尔的《乌托邦》和托马佐·康帕内拉的《太阳城》为代表；18 世纪的空想社会主义者对社会主义进入理论探讨和论证阶段，以让·梅叶的《遗书》和摩莱里的《自然法典》为代表；19 世纪空想社会主义进入顶峰时期，也进入批判的空想社会主义阶段，以圣西门、傅立叶、欧文为代表。

（一）对现实社会的批判

几乎所有空想社会主义者对现实社会进行了深刻揭露和批判，只是所处时期不同，对现实社会的认识程度不同，批判的角度自然也不同。

莫尔作为空想社会主义的鼻祖，从批判圈地运动造成的罪恶入手。圈地运动是西欧新兴资产阶级和新贵族地主使用暴力大规模侵占农民土地的活动。莫尔指出，英国从农业社会发展到工业社会是“羊吃人”的资本原始积累过程，这一过程带来了严重的两极分化，富有的阶级强行圈占农民的土地，而农民则被迫成为一贫如洗、无家可归的流民，他们要么甘受困苦，要么铤而走险。这种人为造成社会恶果的原因在于私有制，私有制是这一切罪恶的根源。莫尔是人类思想史上第一个大胆抨击私有制的思想家，他把资本主义生产方式下的阶级关系分为食利者阶级和生产者阶级，认为只要有私有制存在，掌握巨大财富的食利者与受雇佣的生产者之间的剥削关系就不可能消失；只有完全废止私有制度，财富才可以得到平均公正的分配，人类才有福利可言。

梅叶作为从事了 40 年神甫工作的空想社会主义者，他从宗教权力与世俗权力相结合给社会造成的祸害角度批判社会现实。梅叶出身农村家庭，与数百名农村教民一起生活，看到了宗教压迫给人们生活带来的疾苦，所以他站在受剥削、受压迫的劳动群众的立场上，对给人们带来精神枷锁的宗教进行了无情的批判。他认为，上帝和神根本不存在，它是由奸诈的阴谋家虚构、捏造出来，继而由江湖骗子渲染扩大，再由一些愚昧无知的人们盲目地加以信奉，最后由统治者利用法律形式加以维护和巩固的虚无缥缈的神话。因此，任何宗教仪式和敬神行为都不过是由于人们的谬误、愚昧以及统治者的欺骗行为而引起的。人们生活不幸的一切恶事的实在根源和真正起源就是宗教权力和世俗权力的相互勾结。他把宗教和暴政联系在一起，认为二者是一对情投意合的小偷，互相支持、互相庇护，无论政府如何搜刮百姓，也都能得到宗教的支持；同样，无论宗教的教义如何荒谬、愚蠢，也都有政府的庇护，他们的结合是世间一切灾难的根源。在权力神授的幌子下，残暴的统治者像饿狼一样抢夺了广大人民所有最美好的东西。统治者欺骗人民说可以免除人们死后遭受地狱的痛苦，却使人们在现实生活中忍受地狱般的痛苦，这是他对统治者进行的辛辣的讽刺。他号召人们要拿神甫的肠子做成绞索，把世界上一切有势力的人和高贵的老爷们吊起来绞死。号召人们保持理智清醒的头脑，不应指望死后能得到什么美好的东西，而应该明智地利用现世的时间好好地生活，享受现实中的劳动成果。梅叶由此抨击了神权与王权双重压迫给人们带来的痛苦，彻底撕破了宗教的神秘外衣，揭示了妨碍人们获得和享受现世幸福生活的制度根基和宗教根源。

到了 19 世纪，无产阶级已经作为一支独立的社会力量发展壮大起来，资产阶级革命早期标榜的“自由、平等、博爱”思想在现实中彻底幻灭，据此，后期的空想社会主义者则更直接更深刻地从批判资本主义制度角度揭露现实社会的不合理。

圣西门揭露了资本主义政治制度具有奴役性，处于金字塔上层的具有较高政治地位的人用所掌控的政治资源奴役社会下层；揭露了资本主义经济制度的剥削性，以资本决定一切的制度必然会让资本家肆无忌惮地用低工资、高税收等方式盘剥劳动力特别是穷人；揭露了资本主义意识形态的冷酷性，利己主义价值观充斥在整个资本主义社会生活中，人们道德沦丧、利益至上、贪得无厌，普通百姓根本没有幸福可言，福利只是少数资本者的福利。

傅立叶从自身的经商经历出发，对资本主义制度的认识更加深刻，对该制度对社会的影响进行的批判更为细致而具体。一方面，在生产领域，傅立叶从劳动关系的角度指出资本主义的生产关系是扭曲的。资本主义制度下工人的劳动不是自愿性劳动，而是贫困、死亡的威胁基础上的被迫性劳动，生产越发展，工人身体和生活状况越恶劣，生活两极分化越严重，因为工人的报酬不是应得的部分，而是被资本家掠走了大部分的剩余部分。他们把资本主义社会看成是颠倒的世界，把资本主义工厂看作是温和的监狱和贫困的温床。另一方面，在交换领域，傅立叶指出资本主义商业中充斥着种种罪恶。在“私有财产神圣不可侵犯”观念被私有制加以保护以后，想方设法增加资本成为有产者或者商人们绞尽脑汁做的事情。因此，为了获得更多利润和增加更多资本，资本主义在商业领域中出现了若干以满足私利为目的的不良做法，资本所有者采取一切卑鄙无耻的手段掠夺生产者和消费者，通过囤积居奇、投机倒把、买空卖空、哄抬物价、弄虚作假、制造饥荒、偷运走私等种种可耻的罪行手段欺压人民，获取最大限度的利润。傅立叶强调了资本主义经济制度下集体利益和个人利益之间相互冲突。在私有制护佑下，每一个人都只考虑个人利益，甚至为了个人利益而与集体利益相对立，例如，无良医生为了一己私利而希望自己的同胞患病，黑心建筑师需要一场大火把一个城市的1/4化为灰烬。

欧文对现实社会的批判更多的是侧重于工业革命带来的失业现象及由此引发的一系列社会问题。欧文也批判私有制、宗教甚至以追求物质利益为目的的婚姻制度，但是欧文思想的不同之处在于他把社会问题的出现归因于人们生活困苦，而生活困苦的原因是失业问题，失业的致因是工业革命后机器的使用。随着新技术的发明和机器的普遍使用，工人的劳动生产率大幅度提高，原来十人一天染的布匹，现在一人一台机器就完成了，产量增加了，但实际需求量不变，所以导致大批工人失业。而资本主义制度下的财富分配权属于资本家，所以工人创造的巨额财富反而成了资本家的丰厚利润。世界上充满了富人的财富，但同时也充斥着穷人的贫穷；而且，机器的使用改变了原有用工要求，大量的妇女和儿童也可以加入劳动大军，劳动力供需失衡现象极为突出，社会贫富差距问题越来越明显，这是资本主义制度本身和机器排挤工人的结果。

（二）对美好社会的构想

空想社会主义思想最大的特点是有破有立，思想家们无一例外地在批判当时社会不合理之处的同时，都设想了一幅美好社会的蓝图。

莫尔通过《乌托邦》设想了自己心目中的理想社会模式。首先，从经济基础来看，乌托邦岛实行公有制模式。城乡一体，互通有无；所有的人亦工亦农、劳逸结合；全部财产归社会所有，就连他们住的房子，每隔十年也得抽签调换一次。其次，从社会关系来看，乌托邦岛上，官员为民勤政，是人民的公仆、百姓尊敬的官长；家庭和睦相亲，人们生活充实美满；老人是一家之主，备受尊敬，社会对老人给予特殊照顾；妇女和儿童受到社会的保护；医疗服务费用全免，一切病残者均可得到治疗和所需营养。再次，从组织架构来看，执行半民主方式管理国家，最高执政官实行终身制，其余官员为民主选举制。乌托邦岛是由农场和城市组成，城市内部包括若干以户为单元的工场作坊，每一户由10~16个成年人组成；由极少数的学者和行政长官从事管理，人们都从事某一职业，并轮换完成生产劳动，岛中每个人每天只需要工作6小时，其余时间可以从事科学、艺术等活动。最后，从分配方式来看，岛上居民生产出来的一切产品需就近归仓入库，这些产品成为整个社会的公共财产；每个人从公共仓库中领取他所需要的一切，即实行按需分配原则，国家也会估量全岛的产品；在人们积极从事劳动的情况下，社会产品十分丰富，人们的道德水平极大提高，每个人都会自觉领取到自己所必需的部分，如果出现特殊情况，国家会加强监督促进生产并在必要时重新进行分配。“没有一种物资不是充裕的，也无需顾虑任何人会不按照自己的需要去申领物资。”①

莫尔的乌托邦思想为人们构想了一个生活幸福的理想状态，成为后世建构理想社会模式的重要思想来源。当然，莫尔生活的时代是资本主义萌芽时期，有产者和无产者之间的矛盾尚不明显，工人阶级也没有形成强大的力量，所以，他看不到人民和统治者之间有什么样的矛盾，对私有制的批判和对公有制的构想只能停留在想象层面。另外，乌托邦所提出人民都具有选举权和被选举权与最高执行官（君主）终身制本身也存在矛盾，这种半民主的选举模式也具有保守性特点。

18世纪的空想社会主义思想在批判现实社会方面以梅叶为代表，而在构建新社会方面则以摩莱里最具特色，因为他通过《自然法典》第一次用法律条文的形式阐述了理想社会的纲领和原则，这也是空想社会主义进入中期阶段对社会主义进行理论探讨的重要体现。摩莱里是空想社会主义唯理论的代表，理性对摩莱里来说即是人的自然本性、自然状态，符合理性和人的自然本性的，便是事物的自然状态。按照理性的原则建构了一种合乎理性的社会制度——以公有制为基础的社会制度。《自然法典》第四篇用法律条文形式描绘共产主义社会制度，阐述了福利社会的纲领和原则。他首先提出了三条“基本的和神圣的法律”，这是摩莱里共产主义的基本原则，它规定要废除私有制和实行各尽所能、按需分配的原则；提出除了因为生活需要和进行日常劳动以及娱乐所必需的物品之外，任何人都不得将任何东西私属于个人；人人各尽所能、人人靠社会供养。从根本法出发，把他的原理运用到社会生活的各个方面，摩莱里还制定了各种具体的个别法律的草案，实行宗法式的君主政体：理想社会里，实行的是一种家长制与君主制相结合的政治制度，国家元首、州长和家长实行终身制，其他职务一年一换；防止父亲溺爱子女的教育法：摩莱里认为要防止父母溺爱子女，将5岁以上的儿童送到儿童乐园接受社会教

① ［英］托马斯·莫尔. 乌托邦［M］. 北京：商务印书馆，2006：72.

育；父母轮流到儿童乐园照顾所有的儿童；10 岁以后转入作坊学习技艺，同时进行道德教育，防止儿童产生私有观念。

摩莱里从唯理论出发，去描绘当时在法国还没有形成稳定阶级和阶级意识的无产者的社会理想，尽管带有明显的平均主义色彩，但是在空想社会主义思想的发展过程中仍起到了承上启下的作用。恩格斯在 1848 年编制《社会主义者丛书》的草案时，也把摩莱里摆在重要的地位上。18 世纪的空想社会主义者不同于早期的空想社会主义者，不再去描述并不存在的乌托邦和太阳城，而去制定适应新的社会历史条件的共产主义蓝图，用理性的光芒驱散无知和黑暗，勾画未来社会制度的具体方案。

19 世纪的三大空想社会主义者从体系化、系统化的角度构建了理想的社会模式，这些制度模式的共同之处是基本都包括生产资料所有制、社会组织形式、劳动制度和分配原则、人与人之间的关系等方面，不同之处在于侧重点不同。

圣西门提出一个较好的社会制度应该遵循四条标准：（1）尽可能使社会上大多数人过幸福生活，拥有最多的资料，以满足最迫切的需要；（2）具有高尚品德的最受尊敬的人，有最多的机会获得高级地位，而不管他们的家庭出身如何；（3）能把多数人团结起来，用最好的手段抵御外敌；（4）能鼓励劳动，出现重大发明，促进文明和科学的进步。

对于理想的社会模式，圣西门设想的是由实业家和学者掌管社会权力的实业制度，傅立叶提出的以完善的基层组织为特点的和谐制度，以及欧文以保证普遍安全和幸福为目的的合作公社模式。

首先，在所有制方面。三大空想社会主义者都提出实行生产资料公有制，尤其是欧文，明确提出“未来的社会里，除了纯粹的生活必需品外，全部财产都归公社所有。这样就消灭了人与人之间的对立，集中精力普遍联合起来最大限度地创造社会财富”。

其次，在社会组织形式方面。圣西门提出社会权力应该从懒惰者和寄生者阶级转入实业家和科学家手里，由学者掌管精神权力，而世俗权力则交给实业家，用“协作制”来完成计划经济，把编制、审查和实行有利于社会成员的各项计划都列入最高行政权之内，分别由科学院编制计划、实业家委员会审查和银行家负责执行。傅立叶设想的和谐制度的基层组织是法郎吉，是一种从生产到消费涉及社会生活所有领域的协作组织，这个基层组织的经济基础是农业，人数应在 1 200~2 000 人，理想的人数应是 1 620 人，每个法郎吉大约需要一平方英里的土地，购买这些土地和设备需 400 万法郎的资本。欧文提出的社会组织是农、工、商、学相结合的大家庭组织。公社已经消除了城市与农村、工业与农业以及脑力劳动与体力劳动的差别和对立，工农商学已有机地融为一体。游手好闲和失业现象不复存在，每个公社成员应平均拥有 1~1.5 英亩的土地，共同劳动和生活。

再次，在分配制度方面。圣西门最早提出了“按劳分配”原则，支出劳动产品应该按付出所得，即每个人的收入应当同他的才能和贡献成正比。傅立叶创造性地提出了“按比例分配”原则，即全部社会收入分作三份：劳动收入、资本收入和才能收入，其比例分别为5/12、4/12、3/12，依据各个成员的劳动性质和劳动贡献进行分配，每个成员都可以得到三种分配中的任何一种或者几种，达到公平分配的目的。例如，对于割草、看马等劳动者而言，他们劳动收入就较高；对于资本家来说，他们以利息的形式所获得的资本收入就较高；而才能出众的作家、艺术家和科学家等所得的才能分配就相对较高。同时，对于每一个法郎吉的成员来说，不一定仅仅得到这三种分配中的某一种，如某人既有股票，又参加某个“谢利叶”的劳动，同时还进行智力创作，则他可以同时得到三种收入。欧文更有突破性地提出了按需分配原则，产品放进仓库或客栈里，公社中由承担分配职务的人向全体社会成员分配每日所需品，货物不需要经过往来运输和反复过磅而受到损失。任何人的活动都没有高低贵贱之分。人人都将按照年龄的区分，在供应所能做到的范围内，得到同样的食物、衣服和教育；只要可以办得到，全体社会成员将住同样的住宅，而且一切方面都得到同样的安排。

最后，在社会关系方面。圣西门提出在实业制度下，人与人之间和睦相处，每个人都以自己最大的可能将自己的精神力量和物质力量贡献给社会和大多数同胞。傅立叶指出和谐制度下的居民居住在豪华的“法伦斯泰尔”内，人们之间和谐共处，共同在公共食堂吃饭，男女地位完全平等，恋爱自由、婚姻自主，儿童从小就接受教育，没有纷争、和谐自然。欧文认为人与人的阶级和社会地位的差别是人为造成的，人们应该通过教育培养成性格完善和全面发展的人，由此实现人人平等的目标。

三大空想社会主义者的学说对当时社会的深刻认识以及对私有制的批判，为科学社会主义的创立提供了直接的思想资料和有益的借鉴，对未来社会的天才设想为人们向往美好生活勾画了蓝图，在历史上具有重要的进步意义。但同时也只是一种不成熟的理论，其思想体系存在根本缺陷，只能是一种无法实现的空想，“这些发明家以为历史行动是要按照他们自己所发明的行动；历史造成的解放条件是要照他们空想的条件；劳动者渐次自发的阶级组织是要照他们特别创造的社会组织。将来的历史是自然解决的，在他们看来，是要照他们的社会计划的宣传和实行来解决”①。所以，他们的思想仅仅代表这些人的幻想，当时的劳动阶级还十分幼稚，无法进行独立的政治运动，而当无产阶级成长为独立的政治力量时，就需要有一个建立在科学基础上的革命理论来替代它。

① ［德］卡尔·马克思，弗里德里希·恩格斯. 共产党宣言［M］. 陈望道，译. 上海：上海教育出版社，2020：37.

第二节　西方封建中世纪时期社会福利实践

一、英国：政府+非政府双重力量

（一）政府组织的救济形式

17 世纪是英国社会急剧变革的时代。经济上，圈地运动在推动英国资本主义经济因素快速发展的同时，导致更多人口失去土地成为流民或者贫民；政治上，资产阶级革命的爆发在推动英国资本主义制度建立的同时，导致严重的社会动荡与社会问题；思想上，清教运动的发展在为英国资产阶级革命准备思想基础的同时，也使英国社会对流民和贫困问题的看法发生变化。英国的济贫制度正是在上述历史背景下开始实施的。

17 世纪初期，针对弱势群体，英国政府颁布了两个方面的立法。一方面是关于贫民的《济贫法》。针对当时英国大规模圈地运动带来的贫民激增问题，1601 年伊丽莎白女王颁布了历史上第一部相对完备的《济贫法》，即《伊丽莎白济贫法》（又称“旧济贫法”），它通过法律形式规定了相应的济贫制度，明确了救济主体、救济方式、救济原则等内容，以法律的形式保障了居民的生存。具体内容包括四点。（1）救济主体，贫民救济由地方教区举行，每一教区安排若干救济员。（2）救济方式，立法将贫民分类并规定相应的济贫办法：健壮贫民必须做工自给；对没有依靠的儿童，教区设立贫民习艺所供他们学习；无工作能力的老病残者，进行院内救济或实行院外救济。（3）救济原则，规定人民有救济其家人和亲属的义务。（4）救济资格，救济对象仅限于在该区出生的人，或在该区居住满三年的人。该法案另一方面是关于流民的立法。1604 年，英国政府颁布法令，规定治安法官有权对流民当众鞭笞，把第一次被捕者监禁半年，第二次被捕者监禁两年；监禁期间只要治安法官认为适当就可以随时鞭笞他们，对于那些不可救药的危险的流浪者，要在其肩上烙印，并强迫其从事繁重体力劳动；如其再度在行乞时被捕，则要毫不留情地判处死刑。1610 年的法令要求每个郡都必须建立感化院，违者将处以五英镑的罚款，感化院中必须有磨坊、搓麻坊等必需的劳动场所及劳动设施，使得所谓的流民能够工作。地方官员每年必须对教区内游手好闲者进行两次彻底的搜查，治安法官有权判处私生子的母亲进入感化院一年。抛弃家庭者被视为游手好闲者将受到处罚。[①]

17 世纪上半叶，英国济贫制度继续缓慢发展，感化院开始盛行。1647 年和 1649 年，

---

① 丁建定．论 17 世纪英国的济贫法制度［J］．社会工作（学术版），2011（4）：4-8.

英国议会先后颁布并完善了《改善现状给贫民以工作机会并惩罚市内和市郊的游民及其破坏秩序者》法令，要求各地建立贫民习艺所来收容、救济并安置平民，建立感化院来惩罚流浪汉、无业游民和乞丐。于是各地开始针对建立感化院的规定，设立强制性机构，对身体健全的流浪者进行监视，并强令其进入感化院劳动，对那些违反法律和破坏秩序的游民和流民进行法律制裁。伦敦市率先按照该法令建立感化院，其他各郡也纷纷效仿。

17 世纪后期，英国济贫制度下的救济以济贫院外的救济为主。根据《济贫法》相关规定，济贫管理机构对值得救济的人们提供救济金。救济金大体上分为两种：一种是一部分贫民收到的每周发放一次的固定救济金，一般救济期限为 1 年，主要向老年人、寡妇、残疾人等发放；另一种是不定期救济金，主要面向生病或失业时短期失去生活来源者提供。为贫民提供住处、衣物也是济贫制度的重要内容。有的教区采取直接为贫民购买衣物，有的教区为贫民提供资金由其自己购买衣物，还有些教区则向贫民提供做衣服的布料由贫民自己缝制衣服。《济贫法》管理当局还为患病者提供医疗救济。这类救济主要包括给患病者提供生活费和医疗费；支付照顾者费用；给帮助治疗的人买饮料等。治疗费用根据病情而定，意外事故也可得到补助，烧伤、骨折及被狗咬伤等也可以得到一定的救济。①

17 世纪末 18 世纪初，英国正式建立贫民习艺所。早在 17 世纪初期的《济贫法》中就规定对于无依无靠的儿童设立贫民习艺所，该项法案在 17 世纪末才正式推广。1690 年，布里斯托尔颁布了地方性贫民习艺所法案，决定建立贫民习艺所，组织贫民学习纺织、编织、梳麻等技能并从事相关的简单劳动。此后贫民习艺所在各地纷纷出现。1723 年，英国议会通过了贫民习艺所试验法案，将设置权限扩大到各教区或慈善团体，并规定凡拒绝进入贫民习艺所的贫民将得不到政府救济和私人慈善救助。

18 世纪中期以后，英国加快工业革命进程并开始迈入工业化社会。工业革命带来经济发展的同时，社会问题尤其是贫困问题和失业问题等日渐突出。英国政府开始调整救济政策，放宽救济条件。在法律规定方面，1782 年，英国议会通过《吉尔伯特法》，法令取消了只有贫民习艺所中的贫民才可以得到救济的规定，一方面将贫民习艺所救济对象扩大，不仅包括儿童，而且把老人、残疾者都纳入其中；另一方面针对身体健全的贫民，他们如果愿意工作，可联系济贫管理员帮忙安排并在家中等待即可，如果所得工作收入不足以保证基本生活所需，济贫管理员可以从济贫税中予以补贴，具体救济标准由各地自行确定。在具体实践方面，法令实施以后，各地为了解决失业贫困人口的生活问题，

① 丁建定. 论 17 世纪英国的济贫法制度［J］. 社会工作（学术版），2011（4）：4-8.

根据各地情况采取了多种做法，1795 年，伯克郡救济官员建立斯宾汉姆制度，根据食品价格决定基本工资标准，根据基本生活品如小麦的价格确定贫民维持生活所需的最低收入，对不能达到这一标准者，政府提供差额补贴。这种救济制度的最大特点是实行济贫院外救济，救济对象除了劳动者本人以外，还包括其妻子和孩子等家庭成员。斯宾汉姆制度对于缓解当时英国失业和贫困交织的问题发挥了重要作用，很快被其他地方所仿效，成为 19 世纪初英国济贫制度的主要救济方式。

19 世纪中叶，工业革命在英国趋于完成，英国社会经济获得巨大发展的同时，社会问题更加明显，一些经济学家和社会学家如马尔萨斯、李嘉图等人开始对斯宾汉姆制度和济贫制度展开反思、提出批评。他们认为，这种制度以满足人们家庭生活所需为目的，以家庭人口数量为依据实施救济，有可能带来英国人口无节制、无计划的增长，从而导致英国贫困问题进一步加剧。在这样的背景下，1832 年，英国政府成立一个有关济贫制度的皇家调查委员会，发现并明确了原有济贫制度在实施中暴露的诸多问题。一方面，人口确实增长迅速，尤其是 18 世纪后，英国人口数量增幅加大，从 1700 年的 510 多万人增长到 1801 年的近 920 万人。另一方面，济贫制度本身存在弊端，救济官不是推举出来的，而是当地一些乡绅等群体担任，他们负责救济款征收、被救济对象调查、济贫款发放的全流程，在提供救济过程中避免不了将其视为一种资源或权力，而且缺乏监督，营私舞弊问题开始出现。1834 年春，皇家调查委员会发表了济贫法调查报告，对济贫制度的发展以及救济中存在的问题进行了分析和批评，认为对健康的成年人或其家属提供的任何救济都是不合理的，应该停止现行济贫制度。同年，英国颁布了《济贫法修正案》（又称“新济贫法”）。该法规定，济贫院外的救济只能适用于患病或者老年贫民，而不再适用于身体健全的贫民，身体健全的贫民必须进入济贫院中方可得到救济，济贫院的条件应以使每一个进入济贫院的人都会将任何形式的就业看作首要选择为基本标准，修正案还规定领取救济的贫民必须接受三个条件：丧失个人尊严、丧失个人自由、丧失政治权利，这就意味着接受院内救济者不仅受到许多限制，还被剥夺选举权等政治权利，以示对贫困者在政治上的一种惩罚。①

（二）非政府组织的救济行为

中世纪以前，西方社会生产方式单一，人们的生活方式简单，家庭和政府承担对贫弱群体救济的主要责任。中世纪以后，由于封建神学的稳固与扩张、行会的发展壮大，

① 丁建定. 西方国家社会保障制度史［M］. 北京：高等教育出版社，2010：123-126.

富有群体的增多、政府维稳需求增加，对社会弱势群体救助的渠道和手段也日益丰富。

1. 教会的救助力量

教会遍布各地，教义宣扬用善念善行去赎罪，因此在基督教慈爱思想的影响下，教会组织在解决贫弱群体生存方面发挥了积极作用。教会拥有大量的土地和财产，并接受大量捐赠，教会以宣扬并实践上帝的仁爱与怜悯为依托，会拿出一部分财力用于救助。第一种做法是在天灾人祸时给受苦受难的人以直接物质性救济。第二种做法是建立救济院、上帝之家等机构来开展收容性社会救济，如圣马利亚教堂，主要收留病人和弃婴。据不完全统计，宗教改革前英国教会什一税的 1/3 用于慈善事业，建有 110 座养育院、2 374 个施物所，共救济穷人近 9 万人。[①] 第三种做法是建立教区医院，解决贫困群体的就医难题。医院是教堂的附属机构，主要由教士和修女负责，医院既是医疗机构又是慈善机构，主要是免费解决穷人、残疾人、孤儿等弱者的看病问题，渐渐地，教会医院不仅医治、照料病人，同时也收容无家可归者和饥饿者，成为弱势群体的避难所。第四种做法是一些修道院的常规性帮扶行为，例如，每天向穷人施粥，为朝圣者、穷人等提供住宿与饮食。在修道院门前“总是坐着一位虔诚的、敬畏上帝的兄弟，接待所有过往的来客、朝圣者和穷人，友好而又和气得像基督本人一样，首先领他们走进祈祷大厅，然后带他们去客房，再后为他们洗脚，谦恭地帮助他们做所有的事情”[②]。

2. 富人的救助力量

受基督教思想的影响，社会各阶层成员大多对慈善救济活动表示赞赏并给予支持，特别是很多富人热心慈善事业。一方面，他们直接建立社会慈善机构以布施救助穷人，为有需要的人提供帮助。例如，法国商人华尔多创办了著名的里昂贫民院；圣路易大力发展皇家慈善机构，为病人、无力劳动者创立了由收容所组成的完整救济体系。另一方面，他们将自己的财产捐献给慈善机构，或者出于爱心，或者用于购买“赎罪券”。11 世纪，教会正式颁赠的大赦，有一个不成文的规定：凡捐助隐修院者，可以减少一天严斋的补赎。后来捐赠教堂、资助学校、帮助医院、进行朝圣等获取大赦的条件相继出现。中世纪晚期西欧的市场上，到处是推销赎罪券的教会人员，他们宣扬当捐助者的钱捐入钱箱，听到哐当一声，人的罪恶就得以减轻。1506 年后，赎罪券几乎每年都发行，有钱可以随时买得到，教廷宣称只要有了赎罪券，就可以为死亡做好准备，罪孽都一笔勾销，死后可直接荣升天堂。他们宣称，祈祷和各种慈善捐赠只能帮助人们缩短在炼狱里的时间，起不到根本性作用，而赎罪券却可以让灵魂直接离开炼狱。

---

① 彭迪先. 世界经济史纲［M］. 北京：生活·读书·新知三联书店，1949：104.

② ［德］汉斯-维尔纳·格茨. 欧洲中世纪生活［M］. 王亚平，译. 上海：东方出版社，2002：80.

3. 行会组织的救助力量

英国的行会发端于中世纪城市的兴起之时，是由从事工商业的市民组织成立，产生于12世纪，发展繁荣于14—15世纪，衰落于16—17世纪，经历了商人行会、手工业行会和公会三个发展阶段，是当时英国社会主要的经济组织形式，代表了这一时期城市经济的发展水平。"行会组织负责筹集资金，一般都有自己明确的行会章程，也规定了享受救济待遇的会员资格，通过这些章程规定给会员中有需要的人提供救济，救济的方式一般是提供饮食救济、住所安置、照护帮助、抚恤金，设置为贫穷的姑娘筹集嫁妆、为贫困家庭逝者子女提供教育支持项目等。例如，英国林里吉斯圣三一行会规定行会负责人有义务每年至少4次访问所有衰老、缺乏衣食以及贫困的会员，并对其提供救济，任何陷于贫困的会员可以根据其需要救济的紧急程度，分别从本行会的货物、款项及其他收益中获得生活所需救济；任何会员在本地或外地死亡时，行会会长负责举行一个庄严的弥撒仪式为死者祈福，所有当时在本地的会员都应前来吊唁。"① 行会救济以其现实性、广泛性、可操作性等优势在中世纪西欧国家的社会救济中发挥了重要作用。中世纪西欧国家的行会所提供的社会救济，较之教会所提供的慈善救济具有世俗性特点，较之中世纪个人慈善救济具有组织性和规范性特点，较之政府所采取的社会救济措施具有补充性特点，行会提供的救济成为中世纪后期西欧社会救济的重要内容。②

4. 市民互助的力量

市民互助自古以来一直存在，只不过以往是零星的自愿行为，到了中世纪，有些地方以特许证形式规定了市民应该互相帮助，也称"豁免证书"，是中世纪欧洲国王赐予领主领地免受管辖的特恩权时所颁发的一种证明文书，主要内容是承认城市的自治权和工商特权，明确市民的权利和义务。大部分特许证在确定领主的征税和市民应缴租税的同时，承认城市自治权，允许城市有制定法律、建立城市机关、拥有商业行会等权力。③ 基于特许证可以对市民权利和义务进行规定这一权力，很多城市在缓解救济压力时通过特许证明确规定了"自治体内"或者"本市"市民都应该尽力互帮互助。

二、法国：地方责任+教会力量

法国的贫民救济制度在实践中不同于英国，没有颁布像《济贫法》那样系统的法律，也没有建立像英国那样的济贫制度体系。在17世纪和18世纪的法国，尽管中央政府也时

---

① 金志霖．英国行会史［M］．上海：上海社会科学院出版社，1996：62-64.

② 丁建定．西方国家社会保障制度史［M］．北京：高等教育出版社，2010：121.

③ 何勤华．外国法制史［M］．北京：法律出版社，2016.

常干预地方政府的事务，但对贫民提供救济的责任主要被认为是一种地方责任。法国教会在对贫民提供救济方面发挥一种重要的作用，法国贵族（而不是商人）在建立贫民救济院方面具有直接影响。

在法国，教会是中世纪社会慈善活动的主要宣传者、组织者和实践者，它宣传慈善救济，号召富人帮助穷人，通过教堂、教会收容所、修道院等机构为流浪汉和当地贫民提供救济。

在教会提供救济过程中，地方政府也肩负着一定的责任。一是地方政府给贫民提供的直接官方救济帮扶。二是地方政府负责监督和规范救济行为，对不符合救济规定却接受救济的对象进行惩罚，当人们开始指责教会无原则的慷慨救济滋生一些人的懒惰情绪时，地方政府会要求救济机构对被救济者进行道德约束，并建立专门的骑警队进行巡查，一旦发现沿街可疑的乞丐或流浪汉，就会给予惩罚，1768 年，他们在全国共逮捕了 10 460 名流浪汉。[①] 三是建立贫民习艺所。17 世纪前期，法国开始建立贫民习艺所，主要是收容那些无业游民和贫民，甚至还曾展开一场禁闭贫民的运动，但是无论是贫民习艺所还是禁闭贫民运动的发展都十分缓慢。法国贫民习艺所的基本特征一直持续到 18 世纪前期，此时，随着乞丐人数的持续增加、启蒙运动所提倡的人文精神的传播，以及要求采取新的措施来应对贫民问题的呼声不断高涨，法国对贫民救济的制度开始发生变化。一方面强化传统的贫民习艺所制度；另一方面开始关注贫民获得救济的权利，探索对贫民加以区分的办法，并对愿意就业者给予工作机会。

三、瑞典：宗教力量+政府救济

整个西方中世纪各个国家的运行几乎都是在教权与王权的双重统治下进行的，瑞典也不例外，且宗教的权力在瑞典更突出地表现为大于世俗的权力，所以同其他欧洲国家相比，基督教在瑞典发挥的作用更明显。这一时期瑞典有一部分的社会救济由政府负责，但是政府负责的对象和程度有限，所以更多的是借助教会力量，基督教教义倡导慈善、布施，但是教会又迫于财务压力而无力直接提供救济，所以一般会组织群众慈善募捐活动。尤其是在瑞典土地制度改革而造成大量农民失去土地的残酷背景下，教会的压力更大。因为这部分农民的出路和英国圈地运动一样，要么进城务工，要么成为一贫如洗的流浪乞丐。这些流浪乞讨人员生存无力，迫于压力往往会走上偷盗抢劫的犯罪道路，成为瑞典社会的不稳定因素，这远远超出了教会的能力范围。为了解决这一问题，“政府在

---

① ［法］若兹·库贝洛. 流浪的历史［M］. 曹丹红，译. 桂林：广西师范大学出版社，2005：192

1763 年颁布《济贫法》，允许市镇政府为穷苦人群提供救济，可以征收济贫税；1847 年又颁布了新《济贫法》，要求各地政府必须对贫民提供必要的救济，而且政府的救济行为不再是贫民乞讨行为，获得救济是公民享有的合法权利之一，这项教会慈善救济活动终于转为新兴资产阶级国家政府行为。1871 年再次颁布新的《济贫法》，鼓励健康的贫民通过自己的劳动得到报酬，继而改善生活水平，政府为其提供劳动救济，如‘家内佣工’”①。

【关键概念】

经院哲学　圈地运动

【复习思考题】

1. 对比经院哲学与人文主义的福利思想的异同。
2. 莫尔设想的理想社会模式包括哪些方面？
3. 圣西门提出一个理想的社会制度应该遵循哪四条标准？
4. 19 世纪三大空想社会主义者从哪四方面畅想了理想的社会模式？
5. 英国《济贫法》的主要内容及其意义是什么？
6. 封建中世纪时期英国有哪些非政府组织的救济行为？
7. 如何理解三大空想社会主义者提出的分配制度？

【扩展阅读 1】　托马斯·莫尔与《乌托邦》

托马斯·莫尔（1478—1535 年），英国著名政治学家、人文主义学者、欧洲早期空想社会主义学说的创始人。莫尔具有丰富的从政经历，曾当过国会议员、财政副大臣、国会下院议长、大法官等，这些经历使他更全面地认识到英国社会的弊端，他通过《乌托邦》一书描绘了一个想象中的完善的社会制度，其政治、经济观念对后世社会主义思想发展产生深远影响。

《乌托邦》一书创作于 1516 年，是莫尔最具代表性的作品之一，本书开创了后世乌托邦文学、乌托邦思想之先河。《乌托邦》首次从理性层面论证了公有制的合理性，肯定国家力量的作用，反对私有制，认为私有制是导致社会不公平的根源之一。《乌托邦》一

① 孙洁茹. 瑞典社会保障制度研究［D］. 沈阳：辽宁大学，2015：8.

书分为上下部。上部主要讨论一个不合理的社会制度并指出这一制度的各种弊端；下部介绍了一个理想的国度，即乌托邦。在那里，人人平等，财产公有，实行按需分配制度，官员由人民选举产生……这里包含了莫尔关于完美社会的全部设想。

【扩展阅读2】　　梅叶与《遗书》

让·梅叶（1664—1729年），生于法国香槟省马泽尔尼村，空想共产主义者，法国18世纪最早的空想社会主义者和坚决的无神论者，对法国后来的空想社会主义的发展，产生了直接或间接的影响。

《遗书》的完整本共分3卷99节，首次出版于1864年，是梅叶的一部传世佳作。《遗书》揭露和批判了宗教的虚伪和谬误，无情地揭发当时法国封建贵族对劳动人民的残酷剥削，旗帜鲜明地宣扬无神论和唯物论。他自称，创作《遗书》的主要目的之一就是要揭发现存社会的一切罪恶，“斥责那些暴君、狠毒的财主和一切有钱有势的人”。在反对封建迷信和封建剥削制度方面，这本书曾起到很大作用。梅叶的《遗书》充满战斗唯物主义的无神论精神，洋溢着彻底批判封建制度的革命的民主主义热情，它是18世纪法国社会主义和唯物主义书籍中出类拔萃的代表著作。

【扩展阅读3】　　阿奎纳与《神学大全》

托马斯·阿奎纳（约1225—1274年），出生于意大利的洛卡塞卡堡，是中世纪的哲学家、神学家。他把理性引进神学，用“自然法则”来论证“君权神授”说，是自然神学最早的提倡者之一，被天主教会认为是历史上最伟大的神学家，被誉为“神学界之王”。阿奎纳从神学的立场出发，对亚里士多德的哲学进行适当改造，用以替代由奥古斯丁所代表的柏拉图主义哲学作为基督教神学的支柱，从而成功地把基督教哲学推向一个新的全盛时期，维护了基督教哲学在中世纪的统治地位。

《神学大全》一书创作于1266—1273年，是托马斯·阿奎纳创作的一部神学著作和哲学著作。《神学大全》全书共三集，其中，第一集是“上帝论”，着重论述基督宗教神学的本体论；第二集是“伦理学”，论述了实践哲学；第三集是“教义神学”，着重阐释基督论和圣事论。《神学大全》被誉为基督教的“百科全书”，是欧洲经院哲学的巅峰之作。

第七章　中国近现代社会福利思想与实践

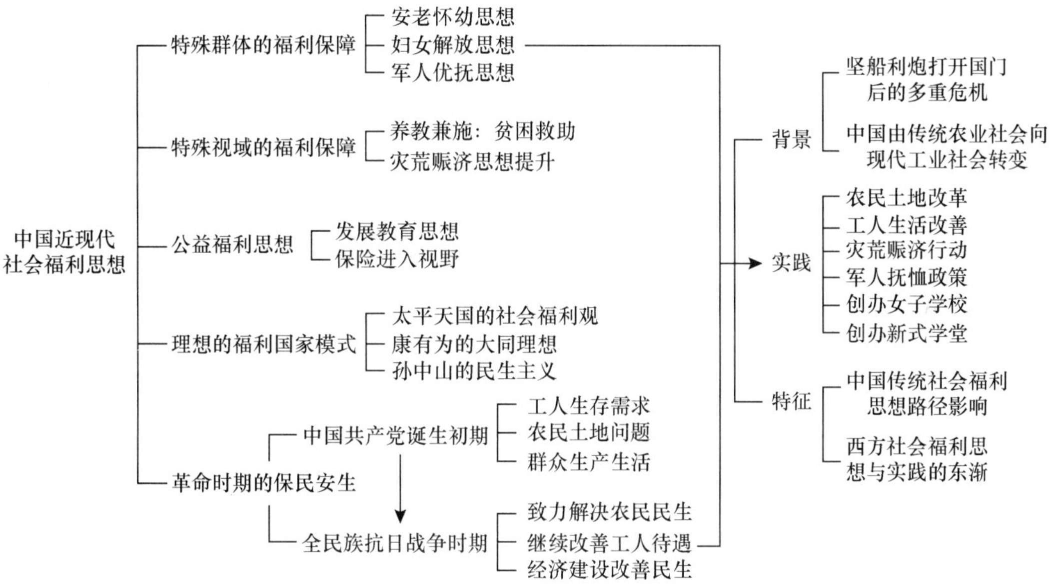

学习要点

了解近现代时期中国福利思想与实践时代背景；理解近现代时期贫困救助方面的新特点；掌握近现代时期对待妇女的态度相对封建社会时期的进步；清楚西医和保险是如何引入中国的；把握灾荒救济的新发展；了解中国共产党早期保民安生的做法。

沿着社会发展进步的轨迹，走过封建中世纪，人类历史进入近现代时期。对于近现代时期的阶段划分，中西方由于不同的时代背景而出现时间节点和迈入方式上的重大差异。西方自重商主义开始，人们把对幸福的追求从天上拉回人间，对需要的满足从精神世界转到物质世界。重商主义把货币当作财富象征，不仅促进了资本主义生产方式的建立，加速了资本主义经济发展，而且造就了新兴资产阶级的诞生，他们迫切要求扫除资本主义经济发展的障碍，加之随着传统封建专制统治和新兴资本主义发展的矛盾不断激化，由此 1640 年爆发资产阶级革命，标志着西方进入近代时期。按照史学家的划分，西方的近代时期是指资本主义萌芽、产生、确立与基本定型的历史，以 1640 年英国资产阶级革命为开端，到 1917 年俄国十月社会主义革命结束，而现代时期则指 20 世纪初期到

1945年第二次世界大战结束这一段历史时期。[①] 如果说西方是自重商主义开始自然而然地进入资本主义社会，资产阶级革命仅仅是资本主义社会发展的必然要求，那么，中国的近代社会则颇具有被动和人为的特点。中国封建社会时间跨度大、后期经济发展迟缓，政治文化因素影响深远。直到1840年，封闭固守的王朝被西方坚船利炮侵入，自此中国社会性质发生变化，中国进入近代内忧外患、动荡多舛的时期。这一时期被认定为中国的近代史阶段。1949年中华人民共和国成立，结束了千疮百孔的旧中国，标志着中国人民摆脱被欺负、被压迫、被奴役的命运，人民幸福重新获得了政治和社会的保障，从中华人民共和国成立到1978年改革开放是中国人民进行社会主义革命和建设时期，是探索在政治前提、经济基础和制度保障方面为人民提供一切条件的时期，也是中国现代社会发展阶段。

第一节　中国近现代时期特殊群体的福利保障

近代中国，西方列强的武力入侵改变了中国的社会性质，中国丧失了独立国家的地位而成为半殖民地国家，伴随武力入侵的是资本主义经济渗入，中国成为半封建国家。五四运动的爆发标志着资产阶级领导的旧民主主义革命的结束和无产阶级领导的新民主主义革命的开始，中国开始进入新民主主义社会。近代中国的主要矛盾是帝国主义和民族主义之间、封建主义与民主主义之间的矛盾。这一时期的历史任务是既要推翻帝国主义的压迫，争取民族独立和人民解放；又要推翻封建主义的压迫，实现国家繁荣富强、人民安居乐业，涌现出一大批致力于救亡图存的仁人志士，就像毛泽东所说，自从1840年鸦片战争失败那时起，先进的中国人，经过千辛万苦，向西方国家寻找真理。洪秀全、康有为、严复和孙中山，代表了在中国共产党出世以前向西方寻找真理的一派人物。所以，近代时期的福利思想与实践的出现有其特殊的时代背景和原因：第一，深受中国传统福利思想的影响并传承之；第二，坚船利炮打开国门，中国面临多重危机；第三，中国开始由传统农业社会向现代工业社会转变；第四，西方社会福利思想与实践的东渐。

一、安老怀幼思想

针对老幼者提出安老怀幼思想。孙中山明确提出实行社会主义之日，即国民幼有所

① 另有对世界近现代史的划分指出，近代史是指16世纪前后到20世纪初期资本主义的酝酿、形成和发展时期，现代史是第一次世界大战和俄国十月革命之后一直到现在的发展进程，其中包含当代史部分。本书还是采纳将1640年作为近代史的开端，将1945年作为当代史的开端这一划分标准。

教，老有所养，分业操作，各得其所。他认为，儿童福利和老人福利是社会福利的最主要内容，应该使之制度化、规范化。从个体角度来讲，国民有权利入学堂接受教育，男子五六岁就应该入小学堂，以后由国家教之养之，至 20 岁为止，这应该以制度化的形式确立下来。从学校角度来讲，学校应该提供各种学问，满足国民在学成之后可独立为一国民，20 年以后，自食其力，可有参政、自由、平等的权利，幸者为望人为富翁，则不须他人之照顾，如果有人半途蹉跎，则 50 年以后，由国家给予养老金，这一制度在当时的英国已经推行。

针对残疾群体提出教以工艺思想。郑观应在介绍西方慈善机构时指出了英国的训哑院和聋替院的情形，尽力教残疾人识字知书，就其所能教以工艺，补天有术，施患有方。张謇在清末创办师范和中小学校的同时，就开始注意盲哑残疾人的教育。

二、妇女解放思想

针对妇女提出妇女解放思想。对“三纲五常”“女子无才便是德”等封建社会遗留下来的对女性不公甚至摧残的思想，近代时期的思想家着力从三方面改变女性社会地位。一是反对缠足。康有为对于女子缠足这种陋习进行了无情抨击，并希望以行政手段加以禁止，“乞特下明诏，严禁妇女裹足：其已裹者，一律宽解；若有违抗，其夫若子有官不得受封，无官者，其夫亦可锾罪；其十二岁以下幼女，若有裹足者，重罚其父母”（《请禁妇女裹足折》）。政府应该发挥积极作用，一方面号召给女性解禁，一方面通过行政和法律手段促进该项行动的落实。在实践方面，康有为积极组织了不缠足会，从行动上为女性解放谋求出路。二是反对包办婚姻。中国封建社会的婚姻关系是建立在封建经济基础之上、男女两性间的一种社会关系，其性质和特点是由封建生产关系所决定的，深受封建家长制的影响，所以“父母之命、媒妁之言”成为男女婚姻的决定性要素，尤其是女性更是要遵从父母的安排，而且为了维护宗法统治，规定妻和媵、妾为一体的一夫多妻制，女性毫无社会地位可言，如有违背，将会受到严厉惩罚。更有甚者，要求女性在婚姻方面要从一而终，即使丈夫去世也要坚守妇道。元朝甚至用法律手段明令规定“命妇夫死不许改嫁”①。所以，宋恕提出要解决这一弊病，允许男女自由择偶：如果两情相悦，则家长不得阻挠、干预和另订。三是重视妇女教育。女性地位低下的根本原因在于封建生产关系和社会关系，直接原因在于女性缺乏教育，缺少平等观念。宋恕主张兴女学，抨击“女子无才便是德”的谬论，提出“我中国欲图自强，莫亟于广兴学校，而学

① 公元 1311 年元政府颁布不许女性改嫁的法律，《元典章》记载“不改嫁誓状”“失节不封赠”等。

校中本原之本原，尤莫亟于创兴女学”①。广兴学校，尤其兴办女学，把女子教育视为社会改良的重要组成部分，是中国走向自强的重要路径。蔡元培和郑观应从实践角度开始尝试，蔡元培在上海成立中国教育会，将创办女校列入议事日程，郑观应在上海创办中国第一所女学。

三、军人优抚保障

（一）国民政府的抚恤政策

这一时期，国民政府颁布了诸多抚恤政策，涵盖现金抚恤、教养安置、职业重建及精神慰藉等形式。

1. 现金抚恤

根据士兵在战场上的表现发放现金恩赏，向烈士家属发放一次性抚恤金，向烈士遗孤发放遗孤抚恤金。1912 年颁布《陆军部请恤请奖各项章程变通办法》和《战时陆军恤赏简章》，1927 年颁布《国民革命军战时抚恤暂行条例》，1928 年颁布《陆海空军平时抚恤暂行条例》，军人抚恤立法在这一时期开始建立。

2. 教养安置

针对残疾军人以及烈士子女，通过建立教养院或临教所、收容所进行安置。1929 年《残废军人教养院条例》发布，对教养院的建立标准、类别、接收对象以及服务内容进行了明确界定。

3. 职业重建

除了标榜政府责任，民国时期的抚恤工作还重视树立抚恤对象的自力更生观念，提倡重建生产能力，如建立伤兵艺学厂、伤兵实业工厂等，既为战争中受伤的士兵提供了容身之所，也让他们有了自立谋生的能力，缓解了他们的生活困境。

4. 精神慰藉

通过对有功的残疾军人发放不同类别勋章和相应的奖金待遇以抚慰和奖励因战致残的将士，1939 年国民政府颁布《全国人民向负伤将士行礼办法草案》，号召民众向负伤将士表示尊敬，以此来提高残疾军人的社会地位。

（二）中国共产党的抚恤政策

同一时期，中国共产党也颁布了较多抚恤政策。自 1927 年人民军队创建之时，中国

① 李喜霞．何为与为何——试论中国近代慈善公益事业［J］．兰台世界，2018（3）：131.

共产党就不断探索军人优抚的内容、形式和方法①，为革命军人及其家属提供各类生活保障。

1. 土地革命战争时期

毛泽东等老一辈革命家在创立红军之初就非常重视红军战士的优抚工作。1928 年《政治决议案》提出“兵士应当得到土地或工作，改良兵士的生活和待遇”②，1929 年、1930 年先后颁布《优待红军家属及抚恤伤亡实施条例》和《优待红军士兵条例》，1931 年之后先后通过《关于红军优惠待遇的决议》《关于红军家属优惠待遇的规定》《中国工农红军优待条例》《红军抚恤条例》等，这些政策条例对红军战士抚恤保障进行了诸多定义，优待涉及军人日常生活的各个方面，包括土地分配、劳动力优待、税赋及费用优待等，也有对伤亡将士的死亡和伤残抚恤。

2. 抗日战争时期

这一时期党的优待抚恤政策进入全面发展的时期，如颁布《陕甘宁边区抚恤暂行办法》《晋察冀边区荣誉军人抚恤办法》等，且规定了具体实施办法，如《优待抗属代耕工作细则》。而且，抚恤内容也更加丰富，包括劳动力优待、税赋优待、住房优待、购物优待、子女入学费用优待及交通优待等，且创新提出采取分类优待的理念，高度重视对退伍军人、伤残军人和抗属的优待抚恤工作。

3. 解放战争时期

党的优待抚恤政策迅速向全国扩展。1945 年中国共产党第七次全国代表大会把“加强优待抗属，抚恤伤亡”列入军事问题决议③，1948 年之后颁布《东北解放区优待革命军人家属条例》《陕甘宁边区优待革命军人、烈士家属条例》《革命军人家属优待条例》，对优待内容进行了扩展，包括土地代耕、实物补助、子女入学、减免医药费及社会权益方面的优待，同时采取挂光荣匾、重要节日关怀慰问等形式来进行精神优待，以提高军属社会地位，整体上这一时期的优抚政策更加细致和规范。

---

①② 罗平飞. 建国前中国共产党军人抚恤优待及退役安置政策研究［J］. 中共党史研究，2005（6）：73-78.

③ 中华人民共和国退役军人事务部. 怎么看健全退役军人服务保障体系和相关政策制度［EB/OL］.［2016-12-16］. http://www.mva.gov.cn/fuwu/xxfw/jypx/201807/t20180719_13361.html.

第二节 中国近现代时期特殊领域的福利保障

一、养教兼施的贫困救助思想

（一）济贫恤穷的养教兼施思想

郑观应发现，在当时的中国社会存在大量的“穷民”，即“鳏、寡、孤、独”者。在来源和机理上，郑观应认为，随着人口的日益增长，“或平民失业，或乞丐行凶，或游手逗留，或流民滋事”，必然会滋生出一些社会闲散人员。这些人无依无靠，又没有得到政府和社会机构的合理安置（当时虽然有一些机构，但是却“经理不善，款项不充”），出于自身的饥寒交迫，就会自动集聚成群，演变成各种社会问题，“小则偷窃拐骗，大则结党横行，攫市上之金钱，劫途中之行旅”，扰乱了社会正常运行的安全和安定秩序，阻碍和破坏了郑观应心中“富国强民”理想图景的生机和基础。①

郑观应对这一问题的看法和对策来自他“富国强民”的整体逻辑：他笃定国家的盛衰更替取决于人才，而人才的盛衰又取决于教化，“按古今中外各国，立教养之规，奏富强之效，原本首在学校”②。自鸦片战争以来中国思想界受到剧烈冲击，在救亡图存的紧迫感中，郑观应既意识到必须“乘势”“待时”，随着时代潮流而主动改变，又需要仔细衡量，哪些是可以且应当变迁的“末”与“器”，哪些又是需要在时代潮流中坚守的“本”与“道”。他纵观古今中外的兴衰利弊，总结出英国、德国、法国和美国等国就是因为国内教育普及、人民都读书，所以才在近现代崛起；而印度、安南（今越南）、缅甸和暹罗（今泰国）等国，同样是因为国民没有教养而先后以同样的方式沦亡。这使他极其（甚至过分地）重视教育的关键地位，在他的“本/末”之辩中，将教育和教化抬升到“本”的高度，“学校者，造就人才之地，治天下之大本也”③。这种对教育的强调还进一步包括国民所学和所用之间的连续和对应。“泰西各国之人，皆幼学壮行，以实学成实功，以实功呈实效。从无有所学非所用、所用非所学者，此泰西诸国之所以强也。”④ 以此反观中国，他发现在当时中国所实行的教育制度下人们都“学非所用”，这种落后的制度安排极大抑制了中国的生产力。

---

① 夏东元. 郑观应集·盛世危言［M］. 北京：中华书局，2014：299.
② 夏东元. 郑观应集·盛世危言［M］. 北京：中华书局，2014：40.
③ 夏东元. 郑观应集·盛世危言［M］. 北京：中华书局，2014：44.
④ 夏东元. 郑观应集·盛世危言［M］. 北京：中华书局，2014：38.

因此不难理解，郑观应在济贫恤穷的解决方案和路径上讲求养教兼施，不仅以“养”的手段来安置“无告穷民”，解决他们本身的基本生计问题，更进一步通过“教”来开发他们的生产能力和人力资源，使他们具有生产性。换句话说，郑观应已经很敏锐地认识到，这些所谓“无告穷民”实际上都是放错了地方的、没有得到很好开发和利用的宝贵人力资源，至少具有人力资源的潜力。

所以他十分推崇西方各国教育中“无论贵贱男女，自五岁以后，皆须入学，不入学者罪其父母”的强制性义务教育，特别注重贫苦阶层设立各类学校，发展贫民教育，无论贫富皆可读书习艺，并重视为贫民创造受教育的机会，以便贫民学得一技之长，赖以谋生，即“所有无告穷民，各教以一工一艺，庶身有所寄，贫有所资”。这样一来，就会使弱者无须乞食市廛，强者不致身罹法网。同样，“拟设义院收无赖丐人”的根本目的也是为了让他们能够“自食其力”[①]，政府还可以基于资助补给，监督命令这些少年强壮之夫开垦荒地，增加国家的赋税。因此最具效率效益，可以一举多得、变废为宝地妥善解决上述问题。[②]

不止郑观应，孙中山也在 1894 年 6 月写给李鸿章的上书中关心到相同的社会问题，即“人于所习非所用，所用非所长”，因此人不能尽其才，形成大量的不能进入生产体系中的多余人口游手而嬉，嗷嗷之众，并且还直接成为犯罪后备军，“明之闯贼，近之发匪，皆乘饥馑之余，因人满之势，遂至溃裂四出，为毒天下”。更糟糕的是，这扩大了社会人口面对自然灾害时的脆弱性，“灾荒频见，完善之地已形觅食之艰，凶祲之区难免流离之祸，是丰年不免于冻馁，而荒岁必至于死亡”。面对其势已岌岌不可终日的人满为患，孙中山提出“是在先养而后教，此农政之兴尤为今日之急务也”“教养有道，则天下无枉生之士……人能尽其才”，并最终作为“富强之大经，治国之大本”。[③]

同样在维新时期，作为实业家经元善也在长期的赈灾活动中总结了救急不如救贫，只有养教兼施、养中有教、教而后以自养，方可建“博施济众之极功”。

（二）医疗救助思想

郑观应较早介绍西方各国的养病院情况，“即以养病院言之：屋宇宽广，洁净无尘，病人到院就医，医药、饮食之需悉出诸医院，医生不惮烦劳，役人不避秽恶，曲加体恤，

---

① 夏东元．郑观应集·救时揭要［M］．北京：中华书局，2014：23.
② 夏东元．郑观应集·盛世危言［M］．北京：中华书局，2014：299.
③ 孟庆鹏．孙中山文集［M］．北京：团结出版社，2016：408.

以愈为期"[1]。郑观应将西方的养病院同恤穷院、工作场、训盲哑院和育婴堂等慈善机构一起归结到"善堂"的名义下，对比于中国的善堂。认为西方各国的慈善机构是出于兼爱（基督教）的思想，由国家或善良的"达官富绅"捐资修建。他高度评价"其思虑之周密，规制之严明"远超同一时期的中国善堂。

因而他主张中国仿照西方设立新善堂，或者改革原本"管理不善"的善堂，在各县设医院，采用中西医术，以资贫民。其中他又从道理和方法上比较中西医学，提出应借鉴西医的五点优势：(1) 从医疗从业者的培养教育上，西医设立七种专科学习治病方法，学成还要通过严格考验才具有行医资格；(2) 西医将人体的生理结构和功能视为"钟表轮机"，通过解剖来"拆开细验"，穷究人体"脏腑、筋络、骨节"等内在机理；(3) 西医能借助显微镜等先进仪器可以在肉眼不可见的层面"察隐洞幽"；(4) 西医以一套标准化的关系将不同病症与不同药物的药性之间进行对应，减少医生开药的主观随意性；(5) 对病症进行"体质/功用"等分类，共分出 2 000 多种，看病时"细心体认"，治疗时"事必躬亲"，充分利用精良医疗器材，遇到疑难杂症还会刊登报纸相互求助。当然，就医道本身而言，郑观应还是保持中西医"各有所长"的观念，并在整体上推崇西医"实事求是，推念病源，慎重人命"的医疗态度，而上述五点其实是针对于社会中庸医害人的种种弊端而提出的。[2]

二、灾荒赈济思想与实践

中国幅员辽阔，自古以来无年不灾、无年不荒，自此形成了历史悠久且一以贯之的救灾救荒理论与实践：用平籴、通籴等手段救灾；认识到了灾荒本身的必然性和偶然性，提出赈灾覆盖面要从县镇延伸到乡村；赈灾管理要到位，否则易出现营私舞弊现象；赈灾方法要灵活，既要有粮食，又要有钱财的思想；在政府赈济方面，汉朝出现了常平仓制度，隋唐普建义仓，南宋创建社仓，元清注重惩罚措施。近现代时期的灾荒赈济在以往基础上有所提升。(1) 强化防灾意识。孙中山主张多种树木是防灾的治本方法，建立中央观测台、发展交通运输以打通救灾通道是降低损害的必要准备。(2) 以宣传促救济。经元善作为近代一位著名的慈善家更加注重对救灾工作的宣传，广泛劝说人们捐资赈灾。(3) 倡导义赈。义赈是一种"民办民捐"的赈灾方式，兴起于光绪初年，是由民间自行组织劝赈，自行募集经费，并自行向灾民直接散发救灾物资的一种新的社会救济模式。它一方面可以广集社会资财，动员社会互助力量，补充政府财力的不足；另一方面又可

① 夏东元. 郑观应集·盛世危言［M］. 北京：中华书局，2014：300.
② 夏东元. 郑观应集·盛世危言［M］. 北京：中华书局，2014：294-297.

避免官赈的种种弊病，较少有贪污中饱私囊的现象发生，使实惠真正落到灾民身上。(4)对灾民的安置。首先是以工代赈。以工代赈是宋朝时期朱熹提出的解决饥民粮食问题的重要手段。朱熹认为以工代赈使饥民就役、不致缺食，是公私久远利济之惠。所以，上书请求政府拨钱米修筑沿长江的石堤，以工代赈。盛宣怀也坚持说只重在工，而不得谓之赈，工是远大之惠，工分为治道之工、治水之工、修铁路之工。其次是留养就地安置与遣返复业安置。再次是惩罚民间卖妻鬻女、掠贩妇女等行为。最后是将灾民有目的有秩序地迁移到地广人稀的边疆地区。康有为指出，将无业游民及无家可归之灾民聚拢起来，遣往西部边疆垦荒，实行移民实边是安置灾民的有效办法。

三、公益福利思想

（一）发展教育

郑观应在《盛世危言》中提出的“富强救国”之路中的重要做法就是学习西学、兴办学校、培养人才。“苟欲攘外，亟需自强；欲自强，必先致富；欲致富，必首在振工商；欲振工商，必先讲求学校，速立宪法，尊重道德，改良政治。”[①] 郑观应感到，无论商战还是军战，都离不开人才培养。他把学习西学比作百计求医以治君父危疾一般，所以，他提出，我国亟宜筹款，广开艺院，教育人才，以格致为基，以制造为用。具体做法如下：第一，各省设立西学书院。招收 15~20 岁的学员，遴选精通西学者数人为教习，或以出洋对留学生学成回国者充任，三年为期，培养西学人才。第二，废除八股科举取士制度。墨守成规不思变通，是培养不出有用之人才的。第三，国家派 20 岁左右的留心时务的学生到外国学习。[②] 这一时期的教育思想就是要西学中用，以中学为主、西学为辅来谋求复兴之路。

与此同时，反思科举制度，提出“经世致用”为方针，主张将西方的知识引入教育体系，从而让人们扩大知识面，提高才学，摒除陋习；发展近代教育事业，兴办新式学堂。

（二）保险进入人们视野

郑观应在《盛世危言》中介绍了西方的保险业，指出西人保险公司有数种，包括保屋险、保船险、保货险、保货水渍之险、保人生死之险，其章程非常详细，获利非常丰

---

① 刘悦斌.《盛世危言》对毛泽东的影响［J］. 博览群书，2021（4）：14

② 邹广文. 人类文化的流变与整合［M］. 长春：吉林人民出版社，1998：257.

厚。结合西方的保险可以把保险分为水险、火险和人险。水险保船载货，火险保房屋、货栈，人险保性命、疾病。其中人险可算作一种善举：大抵人生之寿通算以四十岁为限，若至四十岁而未命终，则以前每年所收之保银一概给还。且其人业经保险，若未至所保之期无故而死，则可得巨款，除丧葬外尚有盈余。此等便宜之事亦何乐而不为乎？[①] 美国有保险公司，凡水火、盗贼、房屋、宝物无不可保，人之死、生、寿、夭，亦可出资保之。德国有各种职业的工人养老、医疗和工伤社会保险。“德国则有专保百工之险者。保险之法：凡七日抽工银数厘厂主各数厘，国家贴官帑若干，积成巨款。如遇百工或老、或弱、或疾病、或受伤，即将保险之资拨赔养赡。在工人以平日之浪费略加撙节，幸而此身无恙，即可周济同人；不幸自罹灾厄，则一身既延残喘，妻孥亦免饥寒。利己利人，莫善于此。而水火、盗贼诸险，可由此而推矣。”[②]陈炽则精辟地分析了灾害和意外事故的存在及其影响，“水则有覆溺风涛之险也，陆则有车翻马逸、盗贼劫掠之险也……偶有蹉跌，其险亦不可限量，即有救生救命之圈，而资本千万金全归乌有。一商受亏，群商失色，于本国商务大有所妨”。因而提出了“一器一物、一房一车、一马一犬之属，凡私心爱赏欲购而不易得者，皆估价而保险矣”[③]。

四、理想的福利国家模式

（一）太平天国的社会福利观

顾名思义，太平天国中的“太平”二字体现了政权统治者和精神领袖洪秀全心目中理想社会的首要特征。[④] 但从生产力和生产关系的现实基础来看，当时中国社会仍处于小农经济的农业社会。所以，天朝田亩制度设计的理想社会的基本原则立足于农业社会经济基础，以农业社会的平均主义为蓝本，其“共产”就成了土地的共同耕种，共有和共享的基本模式是“四有二无”，即“务使天下共享天父上主皇上帝大福，有田同耕、有饭同食、有衣同穿、有钱同使，无处不均匀、无人不饱暖……行见天下一家，共享太平的大同世界”[⑤]。

实现这个“四有二无”的理想社会需要从两方面着手。一是实现土地“丰荒相通”。“凡天下田天下人同耕，此处不足，则迁彼处；彼处不足，则迁此处。凡天下田丰荒相

①② 此部分出于郑观应《盛世危言》中专门写到的一篇文章《保险》，此中介绍了保险的类别和承保范围。

③ 蔡晓荣. 陈炽的保险思想谈略［J］. 江西社会科学，2001（6）：111.

④ 夏春涛. 中国近代思想家文库·洪秀全［M］. 北京：中国人民大学出版社，2014：7.

⑤ 崔之清，等. 唯物史观与太平天国研究［J］. 史学理论研究，2021（1）：9.

通，此处荒，则移彼丰处以赈此荒处；彼处荒，则移此丰处以赈彼荒处。”① 二是按平均主义原则分配。“盖天下皆是天父上主皇上帝一大家，天下人人不受私，物物归上主，则主有所运用，天下大家处处平均，人人饱暖矣。”②

（二）康有为的大同理想

1. 大同思想的前提

康有为批判中国传统宗族福利保障模式的狭隘性。他认为中国人重宗族而轻国家，欧美人则重国家而轻宗族，正因为如此，中国人的社会福利善举只局限于“捐祖尝、义田、义庄以恤贫兴学，亦祗荫其宗族而他族不得被泽焉”，而欧美国家则“捐千百万金钱，以为学院、医院、恤贫、养老院以泽被一国者，不可数也”③。

2. 大同思想的实现

康有为倡导“三公”的大同世界。妇女怀孕后，即入政府组建的“人本院”赡养，实施胎教。婴儿出生后一律由公立的“育婴院”“怀幼院”之类的福利机构抚养，此为“公养”；普及全民义务教育，使每个青年都受到良好的教育和专门的技术训练，可以凭借其专长去为社会服务，此为“公教”；人患病或残疾可以进入社会举办的“医疾院”“养老院”得到精心的治疗，人到了晚年不能自理者，或贫而无依者，则可进入“养老院”“恤贫院”，人死后可以进入“化人院”火化，此为“公恤”。

（三）孙中山的民生主义

孙中山认为民生或民生主义具有多层次含义，“说到民生主义，因这里头千条万绪，成为一种科学，不是十分研究不得清楚”④。从更具根本性的意义上讲，民生作为一种社会历史观贯穿了孙中山的基本认识论立场，他认为，（广义）民生是人类社会的历史中心和社会进化的原动力，研究民生主义就是研究“社会生理学”（并据此评价马克思主义的阶级斗争史观为“社会病理学”）；而从务实的目标或革命的对象来说，（狭义）民生主义又构成以“救国”这一现实问题为核心的“三民主义”思想中最高纬度的一角，因为这一社会理想是以其他两角即民族主义和民权主义的实现为必不可少的立足基础的。这种序列关系，从现实依据来看，是“救亡图存”的紧迫程度所要求的，民族、民权两问题

---

① 张伟. 洪秀全传［M］. 北京：京华出版社，2002：133.

② 赵川.《天朝田亩制度》反封建性质疑［J］. 安康学院学报，2009（12）：85

③ 周秋光. 晚清地方公益事业的兴起与助推国家近代化转型探析［J］. 西北大学学报（哲学社会科学版），2020（1）：150.

④ 孟庆鹏. 孙中山文集［M］. 北京：团结出版社，2016：5.

是“燃眉之急”，其中民族问题的危急性在于汉族受过亡国的痛苦，后来又受世界潮流的压迫；而民权问题的迫切性在于中国人民一直没有在实质意义上掌握政治上的主权，也就无法真正治理国家。而以历史视角考察世界各国的发展变迁经验（尤其是西方列强等先发国家），“民族、民权、民生”[①] 又是孙中山对于社会进化所提炼出的一般规律，“如果要考究他们发生的次序，世界各国都是先由民族主义进到民权主义，再由民权主义进到民生主义”[②]。

1. 重视民生

首先，对作为历史中心与社会进化原动力的（广义）民生而言，其重要性是不言而喻和不证自明的。与其说民生问题由于关涉极广而举足轻重，不如说几乎所有至关重要的问题本来就是民生问题，“民生就是人民的生活——社会的生存，国民的生计，群众的生命”[③]。

同时，对于作为中国的历史任务与时代问题的民生主义与民生革命，孙中山也相当重视，“民生主义关系国民生计至重，非达到不可。使大多数人享大幸福，非民生主义不可”[④]。在理论关照中，民生主义承担了一种作为共同基础的纵深和广阔意涵，基础之上则涵盖了社会主义、（科学性的）共产主义以及（儒家传统中的）大同主义等古今中外的福利社会理想。而从解决社会问题的现实维度出发，中国（潜在的）社会问题也要求对民生重视。近现代的中国经过辛亥革命、北伐战争等一系列民族和民权革命，基本上已经在民族国家层面解决了满清对汉族的压制以及资本主义列强（包括日本等）对中华民族的侵占殖民等的不平等关系，并且也在国内政治权力层面基本解决了君主权之于平民、或男性之于女性等不平等统治结构，满足了“民有”和“民治”的要求和需求。由于“三民主义就是救国主义”，那么在“燃眉之急”的前两者已经解决的情况下，民生问题就被自动提上了必须“施救”的优先性位置。

放眼全球，重视民生主义更是历史规律和时代潮流的要求，“在此二十世纪之时代，世界文明进化之潮流，已达于民生主义也”[⑤]。或者换句话说，这种要求来自不重视民生所导致的严重后果。尤其是比照欧美国家的前车之鉴，“一切谋生利益尽被资本家吸收，贫民虽有力量，却无权利去做。就算得些蝇头微利，也决不能生存……欧美各国，善果

① 正如孙中山自己所指出的那样，三民主义其实就是美国林肯总统所谓“民有、民治、民享”；实际上，这与T. H·马歇尔立足于西方资本主义社会的公民身份所提出的公民、政治与社会权利同样是一枚硬币的两面。

② 孟庆鹏. 孙中山文集［M］. 北京：团结出版社，2016：375-376.

③ 孟庆鹏. 孙中山文集［M］. 北京：团结出版社，2016：导言.

④ 孟庆鹏. 孙中山文集［M］. 北京：团结出版社，2016：13.

⑤ 孟庆鹏. 孙中山文集［M］. 北京：团结出版社，2016：14.

被富人享尽，贫民反食恶果，总由少数人把持文明幸福”①。所以孙中山强调社会问题在欧美是积重难返，在中国却还在幼稚时代，但是积压已久的社会问题将来总会爆发的，并且一旦发生大资本家、大富人对于平民、穷人的欺压，由其必然生出的反动又很可能是以革命斗争的形式出现，从而同样损伤社会元气和民生福祉。因此必须充分重视民生问题。

2. 关注民生的路径——兴办实业、平均地权、节制资本

正因为民生的本质是从微观到宏观的“生理健康”，那么从民生问题的解决路径，既要最大化地针对“病理”解决民生问题，又有必要最小化这种“治疗”本身造成的伤害。“革命的事情是万不得已才用，不可频频伤国民的元气”，所以孙中山对于民生问题的解决路径崇尚“不折腾”，他认为实行民族革命、政治革命的时候，必须同时想办法改良社会经济组织，防止后来的社会革命，这是最大的责任。不在于“杀四万万人”，也不是绝对的和外在的“均贫富之主义”，而是“乃以国家之力，发达天然实利，防资本家之专制”②。作为一个务实者、革命家，孙中山为众生谋幸福、为社会谋福利的理想立基和植根于以时代问题为导向的现实关怀，他明确表示不愿少数富人专利，所以才要进行社会革命。也正是这些务实的目的支撑了他理想的福利社会——“达到了这三样目的之后，我们中国当成为至完美的国家”③。

孙中山提出了要解决民生问题具体路径。首先要兴办实业，发达资本。其具体举措在于注重铁路、道路之建筑，运河、水道之修治，商港、市街之建设。其次则注重于垦荒、冶铁炼钢等。再次还要平均地权。大道社会，天下为公，土地为公之第一要务，所以要强调人人享有使用土地的权利。具体举措是改良社会经济组织，核定天下地价……实现耕者有其田。我们要解决中国的社会问题，和外国是有相同的目标。这个目标，就是要全国人民都可以得安乐，都不致受财产分配不均的痛苦。要不受这种痛苦的意思，就是要共产。最后还要节制资本，主要包括节制私人资本和发达国家资本。因为“大资本是归私人所有，便受资本的害，大多数人民都是很痛苦……排斥少数资本家，使人民共享生产上之自由”④。

五、革命时期的保民安生

在国家积贫积弱、民族内忧外患、人民生灵涂炭的中国近代社会，共产党肩负起了

① 孟庆鹏．孙中山文集［M］．北京：团结出版社，2016：6.
② 孟庆鹏．孙中山文集［M］．北京：团结出版社，2016：13.
③ 孟庆鹏．孙中山文集［M］．北京：团结出版社，2016：7.
④ 孟庆鹏．孙中山文集［M］．北京：团结出版社，2016：173.

保护人民生命安全和解决民众生存疾苦的重任。

中国共产党诞生初期，国内形势严峻、环境艰苦、民不聊生。在白色恐怖包围中，1921年中共一大提出充分调动工人阶级的力量，既要积极领导工人运动，更要为工人阶级争取政治权利并探索改善工人阶级的生存状态。1921年中国共产党成立中国劳动组合书记部，1925年成立中华全国总工会代替中国劳动组合书记部负责组织工人运动。1922年通过《八小时工作制案》《罢工援助案》《全国总工会组织原则案》《劳动法大纲》等，对工人工作条件进行规定；1923年《中国共产党党纲草案》要求制定劳工保险法救济失业工人。在通过成立工人运动组织和探索劳动立法解决工人阶级生存需求问题的过程中，农民阶级的民生需求问题也成为党关注的焦点，《中国共产党党纲草案》对农民利益也进行了规定，如划一并减轻田赋、规定限制田租的法律、改良水利等；1925年毛泽东在《中国社会各阶级的分析》等文件中提出"农民是无产阶级最可靠的同盟军""农民问题乃是国民革命的中心问题"等著名论断，并提出改善农民民生的十四件大事。1927年国民大革命失败后，我国进入土地革命战争时期，民生主体由工人阶级向"工农联盟"复合建构，民生保障以农民土地保障为主。中国共产党开始变民生政策为"打土豪、分田地"，以实现"耕者有其田"。1928年中国共产党制定《井冈山土地法》，规定以人口为标准，男女老幼平均分配，"没收一切土地归苏维埃政府所有，用分配农民个别耕种、分配农民共同耕种与由苏维埃政府组织模范农场耕种三种方式分配"①，改变了几千年来地主剥削农民的封建土地关系，从法律上保障了农民对土地的合法权益。1929年确立《兴国土地法》，提出"没收公共土地及地主阶级土地"，改变了《井冈山土地法》中"没收一切土地"的做法；《土地问题决议案》规定"没收一切收租的田地山林""田地以乡为单位，按原耕形势，抽多补少平均分配"。1931年《中华苏维埃共和国土地法令》《中华苏维埃共和国劳动法》等法律文件出台，为农民土地问题的解决提供了法律基础。除了发展农业，中国共产党也积极开展手工业生产，发展合作社，力求解决群众的生产和实际生活问题。1933年中央执行委员会修订颁布了《中华苏维埃劳动法》，为保障工人权益提供了法制化依据。在改善工农物质生活的基础上，中国共产党还进行了文化教育建设，建立夜校、补习学校、识字班等②，极大提高了民众文化水平，为革命事业存续了知识力量。一切群众的实际生活问题，都是我们应当注意的问题……要想得到群众的拥护，就得解决群众的生产和生活问题，盐的问题、米的问题、房子的问题、衣的问题、生小孩

① 中共中央党史研究室．中国共产党历史（第一卷）［M］．北京：中共党史出版社，2010：141-256.
② 中共中央党史研究室．中国共产党历史（第一卷）［M］．北京：中共党史出版社，2010：332-431.

的问题，解决群众的一切问题。[①]

1937年进入全民族抗日战争时期，中国共产党致力于调和各阶层关系，促进各阶级民生改善。1937年毛泽东指出不给人民以民主自由，不改良人民生活，就是破坏抗日民族统一战线。同年《中国共产党抗日救国十大纲领》也将“改良人民生活”纳入其中，可见，中国共产党对改良人民生活以发动群众抗战重要性的正确认识。这时期，中国共产党在后方阵地积极探索保障民生的政策。一是致力于解决农民民生问题。为调动农民阶级，中国共产党以减租减息作为改善农民生活的基本政策，同时也注意照顾地主、富农阶级的利益。1942年《关于抗日根据地土地政策的决定》出台，明确规定了减租减息的具体政策及执行办法。二是继续改善工人待遇，规定了一系列改善工人待遇、保护工人权利和调整劳资关系的办法，颁布《改善工人生活条例》，既有利于调动工人的积极性，也照顾到雇主、资本家的合法利益。三是进行经济建设保障民生改善，大力发展工业生产和对内对外贸易；开展大生产运动，采取发放农贷（贷款、贷粮、贷种子），支援牲畜，成立互助合作社等措施，帮助群众发展生产，保障群众生活供给。四是发展文化教育事业，开办陕北公学、职工学校、中国女子大学和卫生学校等，大力发展中小学校、扫盲学校、识字班，一些不识字的农民开始学习文化知识，关心国家大事，人民思想和文化水平得到提升。[②]

【关键概念】

养教兼施　医疗救助　保险　义赈　以工代赈　“四有二无”

【复习思考题】

1. 近代中国重点关注哪些特殊群体的福利保障？
2. 如何理解郑观应提出的养教兼施的救助思想？
3. 近代时期的思想家着力从哪些方面改变妇女社会地位？
4. 国民政府采取哪些形式进行军人优抚保障？
5. 近现代中国在公益福利领域的重大贡献是什么？
6. 孙中山提出的解决民生问题的具体路径是什么？

① 毛泽东《关心群众生活，注意工作方法》一文选自1934年1月27日毛泽东在江西瑞金召开的第二次全国工农兵代表大会上发表的讲话。

② 本章由蒲新微和博士生沙雨邦共同完成。

7. 梳理中国自奴隶社会到近现代时期在灾荒赈济实践方面的发展历程。

【扩展阅读1】　郑观应与《盛世危言》

郑观应（1842—1921年），本名官应，字正翔，号陶斋。广东省广州府香山县（今广东省中山市）三乡镇雍陌村人。他是中国近代最早具有完整维新思想体系的理论家、启蒙思想家，也是实业家、教育家、文学家、慈善家和热忱的爱国者。

郑观应生于动乱的中国近代，30岁时就已经是一位腰缠万贯的富商，同时也是一位见多识广、通晓中西文化的青年才俊。作为晚清“四大买办”之一，郑观应精通英文并且广泛了解西方资本主义国家的政治经济等社会情况。后来，他参与投资了由李鸿章等洋务大臣创办的洋务企业并多次帮助政府赈济灾民。郑观应的思想主张可见于他编撰的《盛世危言》一书中。

《盛世危言》写于1894年（甲午年）。在当年，中日甲午战争中北洋舰队全军覆没，标志着洋务运动的失败。而《盛世危言》的发表为当时迷茫的晚清政府和一批渴望改变现状的具有进步思想的国人指明了新的方向。书中结合当时中国的实际情况，提出从政治、经济、教育和司法等方面对中国的旧有体制进行变革。《盛世危言》中的观点被光绪帝所接受，成为后来戊戌变法的思想来源。

【扩展阅读2】　《中国共产党历史》内容介绍

《中国共产党历史》由中共中央党史研究室于2011年编纂出版，全书共分上下两册，分别讲述1921—1949年新民主主义革命时期中国共产党的产生和发展历史，以及1949年新中国成立至1978年12月改革开放期间中国共产党带领中国人民实现民族自强的发展历史。

《中国共产党历史》一书详细介绍了中国共产党各个阶段的发展历史。书中首先介绍了中国共产党成立的历史背景和肩负的历史使命。展现中国共产党从由十几位中国有识之士在浙江嘉兴南湖红船召开中共一大，一步步建立革命武装，最终在人民的支持下取得战争胜利，带领中国人民实现民族独立和国家富强的发展之路。

“以史为鉴，可以知兴替。”通过学习《中国共产党历史》一书，我们可以了解无产阶级先烈们为建设新中国、实现新发展所付出的艰辛努力，明确身处新时代发展时期的我们肩上所担负的历史任务，不忘初心、牢记使命，为中华民族的繁荣兴盛贡献新力量！

第八章　西方近现代社会福利思想与实践

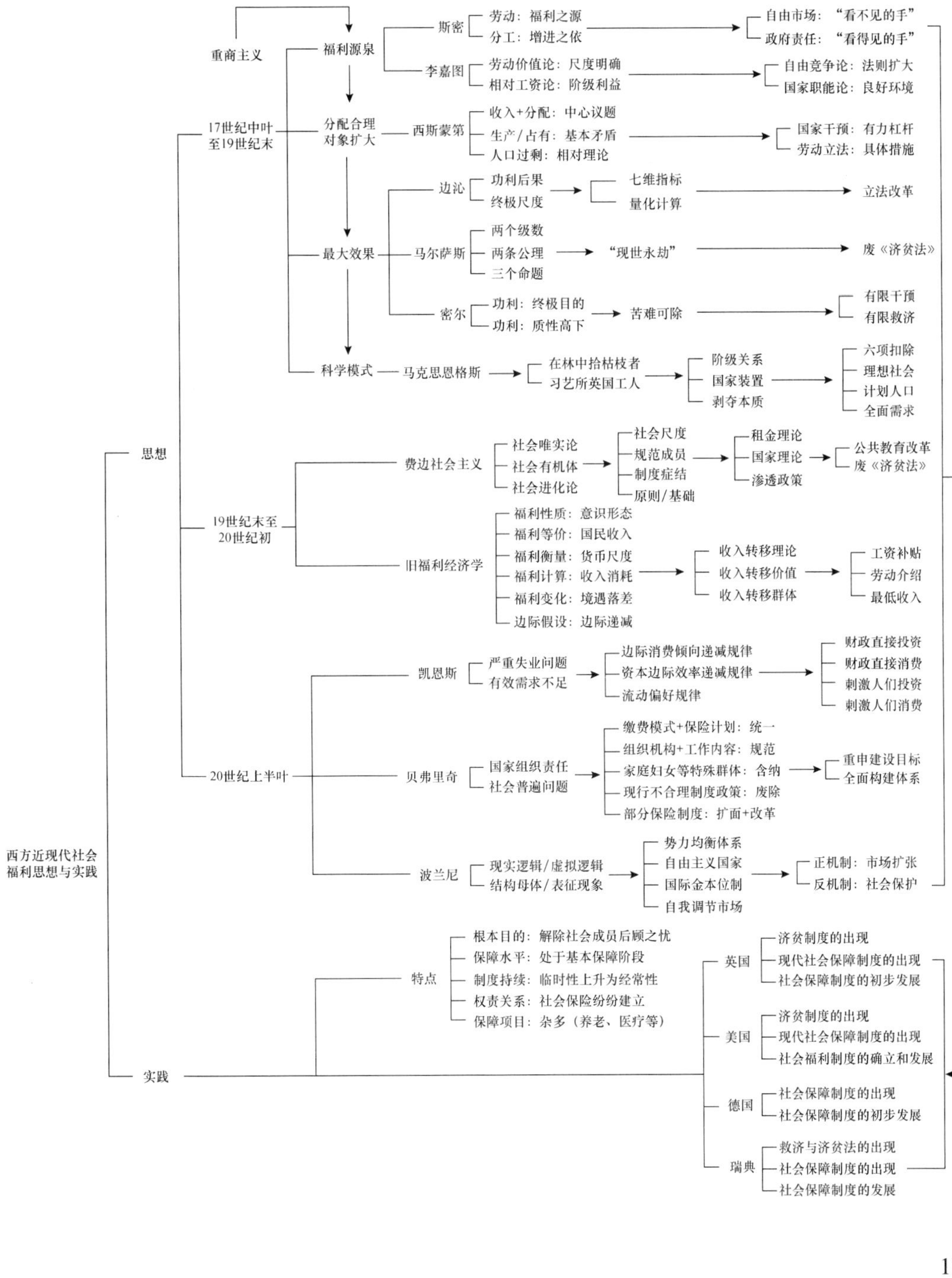

学习要点

体会西方社会福利是如何从哲学伦理学视域进入经济学视域的；结合近现代三大发展阶段代表性思想家的观点，理解近现代西方福利思想的丰富性和福利实践的突破性；全面理解贝弗里奇报告的内容；通过学习代表人物有关就业问题、贫困问题、人口问题、《济贫法》等方面的思想主张，达到分析现实问题的目的；了解近现代时期主要国家的社会福利实践发展历程。

随着生产方式上大工厂制造业对小作坊手工业劳动的取代，经济体制上资本主义萌芽对封建自然经济的猛烈冲击，阶级关系上农民阶级、工人阶级与新兴资产阶级的不断斗争，以及国际关系上各国相互竞争越演越烈，以英国资产阶级革命和法国大革命为标志，欧洲彻底结束了中世纪开始延续千年的封建体制，进入了工业资本主义时期。相比于中世纪，这一时期有关社会福利思想的书面资料极为丰富，从时间跨度上大致可以分为三个时期。（1）从17世纪中叶至19世纪末，这一时期有关于社会福利的重要观点不断产生，关注焦点也逐渐转移：从对福利源泉的探讨，到分配的合理化与福利受益对象的扩大，再到对最大多数人最大利益的追求，最后到科学福利观与福利理论建构。（2）从19世纪末至20世纪初，这一时期西方资本主义社会内部矛盾不断凸显，而马克思、恩格斯关于资本主义社会矛盾本质的分析极大地促进了对资本主义基本矛盾的反思，除此之外，有关社会福利的重要观点还包括福利经济学理论以及英国费边社会主义。（3）从20世纪初至20世纪中叶，这一时期连续经历了两次世界大战、资本主义经济危机与大萧条，相关的理论思想无不围绕这段历史进行连续性叙事，重要观点主要包括凯恩斯有效需求理论、贝弗里奇报告以及波兰尼的《大转型》等。

第一节　17世纪中叶至19世纪末西方近现代福利思想

随着人们在对世界的基本认知上逐渐挣脱神圣形象的桎梏，在政体（regime）上逐渐摆脱封建领主制，人们越发意识到可以自由地利用自身的行动和能力，成就现世与此刻的幸福。在这条追寻的道路上，无论是还原到人和事物的自在本性，还是演化至国家财富的发展历程，思想家们都在努力找寻和揭示其内在的顺序、规律和趋势，以期形成学说、影响观念、变革制度、落实行动并实现理想。

一、亚当·斯密：福利源泉之提出

亚当·斯密（Adam Smith，1723—1790年），英国经济学家、伦理学家，被誉为古典经济学之父、现代经济学之父、自由企业的守护神和自由主义经济福利的鼻祖。1759 年出版了他的伦理性著作《道德情操论》，1776 年出版人类历史上第一部政治经济学巨著《国民财富的性质和原因的研究》（简称《国富论》），去世后后人为他整理出版了《哲学问题论集》和《亚当·斯密关于法律、警察、岁入及军备的演讲》等。

亚当·斯密认为，一般社会福利或公共福利其实就是富国富民，这既包括在一个时间节点上社会财富的大小和量级本身，又包括纵向跨度上社会的进步、停滞或衰退及其财富增减的速度，并且富国富民主要依靠后者。斯密有关福利思想的基本思路是：起于利己主义，通过自由放任（来源于法语 laisser-faire，大意是“放手让他们去做”）从而达到整体上的利益和谐。具体而言，斯密从以下三方面展开提出了他的福利观。

（一）经济福利是幸福之源泉，劳动是经济福利之源泉

1. 追求经济福利是人的正当属性

追求幸福是人的本性使然，对利益的满足是人追求幸福的重要表达，利己心驱动下的求利与得利都是正常的经济人行为。斯密反对中世纪经院哲学所尊崇的那种抛弃个人当前幸福而去通过自我克制来获得永恒幸福的做法。他指出，封建神学统治下的幸福观认为美德与幸福不能同在，真正的幸福就要控制住自己对物质享乐的追求，沉溺于物质享乐者必然丧失了美德，所以人不能追求自我利益的满足。斯密认为人都是理性人，理性的人都是自然地关心经济利益的人、从事谋利活动的人，所以说人的正当属性就是利己主义。“不论是谁，如果他要与旁人做买卖，他首先就要这样提议：请给我所要的东西吧，同时，你也可以获得你所要的东西。这句话是交易的通义……我们每天所需的食品和饮料，不是出自屠户、酿酒家或烙面师的恩惠，而是出于他们自利的打算。”① 亚当·斯密既在《道德情操论》中奠定了经济人的道德前提，又在《国富论》中表达了经济人的利己本性。

2. 劳动是经济福利创造之源泉

斯密接受了威廉·配第提出的劳动价值论，认为劳动是财富和一切商品价值的源泉，是衡量一切商品交换价值的尺度，他将劳动价值论分为三种类型。

（1）商品的价值由生产中耗费的劳动决定。他在《国富论》中开宗明义地指出：“一国国民每年的劳动是最初供应他们每年消费的全部生活必需品和便利品的来源。”② 世间的一切产品和所有财富，最初都是由付出劳动得来、由劳动的直接产品构成的。任何一

① 刘霞. 论马克思如何超越亚当·斯密［J］. 马克思主义学刊，2015（3）：128.

② ［英］亚当·斯密. 国富论［M］. 孙善春，李春长，译. 北京：作家出版社，2017：1.

个物品的真实价格是“获得它的辛苦和麻烦”，所以商品的价值是由生产商品所耗费的劳动决定的，只有劳动才是判断和比较一切时代一切地方商品价值的标准。“一种物品通常应可购得或支配的劳动量，只由取得或生产这物品一般所需要的劳动量来决定……所以，一般地说，二日劳动的生产物的价值二倍于一日劳动的生产物，两点钟劳动的生产物的价值二倍于一点钟劳动的生产物，这是很自然的。”① 斯密把价值量归结为商品本身所凝结的劳动时间，这是其在劳动价值论上的一大贡献。

（2）商品的价值由交换所购得的或支配的劳动量决定。斯密在研究过程中泛化了劳动价值这一范畴，除了劳动创造价值外，斯密还认为商品的价值由交换过程中体现的劳动量来决定，一个人占有货物，但不愿自己消费，而愿意用以交换他物，对他来说，这货物的价值等于使他能购买或支配的劳动量。斯密把价值既赋予生产领域的劳动本身，也定位于交换过程中体现的劳动量，这就使劳动价值论陷入困境，无法真正把握价值的创造源泉。而按照斯密的整体思维逻辑，他更倾向于劳动创造价值，这一点在马克思的分析中有所呈现。

（3）商品的价值由工资、利润和地租三部分组成。这是在强化了劳动价值基础上对资本和土地投入量的综合判断。可见，斯密不仅提出了劳动是财富和一切商品价值的源泉，是供给和满足人之需求的来源，也是福利的经济性前提与基础之源泉，而且指明由于消费的产品也可能是从他国或他人处换来的，劳动又是衡量一切商品交换价值的尺度。

3. 生产的产品应该在各阶层人民之间进行分配

“一个人是富还是穷，依照他所能享受的生活必需品、便利品和娱乐品的多少和品质而定。”② 所以，确定合理的分配尤为重要。前面所说，商品的价值由工资、利润和地租三部分组成，所以，分配应该按照劳动、资本和土地的投入来进行。

从工资角度看，工资是劳动的报酬，是劳动者维持基本生活、延续后代所必需的收入，所以，支付的工资必须能够维持基本生活。就像哈里·兰德雷斯在分析斯密的思想时所表明的，斯密认为“劳动是为大部分家庭所拥有的唯一的生产要素，因此，家庭的收入一般取决于工资率和工作时间的长度”③。“需要靠劳动过活的人”，其劳动的真实价格，即其工资带给劳动者的“对生活必需品和便利品的实际支配能力”，至少要足够用来“养家糊口”与“传宗接代”，在这个底线之上，劳动力工资会自然随劳动力市场的供求

① ［英］亚当·斯密．国富论［M］．孙善春，李春长，译．北京：作家出版社，2017：42．
② ［英］亚当·斯密．国富论［M］．孙善春，李春长，译．北京：作家出版社，2017：28．
③ ［美］哈里·兰德雷斯，大卫·C．柯南德尔．经济思想史［M］．周文，译．北京：人民邮电出版社，2014：106．

关系而上下波动，“引起劳动工资的上升不是国民财富的实际大小，而是它的不断增长”①。

从利润角度看，资本是积累的一部分，又是国民财富增长的主要因素。利润是资本家为了维持生活所必需的收入，也就是他生活资料的正当资源。随着财富的增加，利润提高是正常的。因为无论是固定资本（不必经过流通即可提供收入和利润的，如土地、工厂）还是流动资本（最主要的是货币、出售的食品等），都是由资本家投入的，尤其是在需要大量固定资本的行业，例如，钢铁行业，如果想建一座炼铁厂，前期需要投入大量经费来建造熔铁炉、锻冶场、截铁场，所以资本家在分配的过程中获得利润也是正当的。而且，资本家的利润至少要“足够补偿投资容易遭到的意外损失”，此外必须还有剩余，作为资本家借出资金的充足动机（而不只是“善心或友情”），并且还要足够支付上述的劳动工资，因为在劳动者从事劳动时，你总得设法养活他们。

从地租角度看，地租是对土地使用所支付的价格，地租高低与土地肥沃程度及市场远近有关。地租作为使用土地所支付的价格，不随土地改良变化，实际上是随租土地的农场主的支付能力的变化而变化，因此构成了垄断，工资和利润的高低是价格高低的原因，而地租的高低却是价格高低的结果，最终这部分的分配结果是“一切社会状况的改良都倾向于直接或间接地使土地的真实地租上升，使地主的真实财富增大，使地主对他人的劳动或劳动生产物品具有更大的购买力”②。高工资对工人和资本家都是有利的。

4. 循序渐进地满足人们对经济福利的需求

各国国家财富的发展过程不一，但就满足人们经济福利的需求方面看，均不同程度地体现了循序渐进的特点。人们对生活需求的满足具有一定的层级性和阶段性，针对人们现实需求而进行的供给也具有从低级到高级的发展特点。综合各个国家财富的发展过程来看，当人们生活水平很低时，对生存和基本生活需求的要求比较多，所以相应的物质供给也集中于生产生活资料，只有当人们生活水平达到一定高度，人们有了对更高的精神需求满足的向往时，在生产领域才会涉及满足人们精神需求的便利品和奢侈品。所以国家在通过生产最大化来满足人们对经济福利需求的时候，要根据实际需求层次及经济发展水平渐进式提供。

---

① ［英］亚当·斯密．国富论［M］．孙善春，李春长，译．北京：作家出版社，2017：60-62.

② ［英］亚当·斯密．国富论［M］．孙善春，李春长，译．北京：作家出版社，2017：214.

（二）合理的社会分工和充分的自由竞争是经济福利增进的条件

1. 经济福利由分工增进，而分工则是国民财富增长的一个重要原因

劳动生产力最大的改进以及劳动技能的提高，似乎都是劳动分工的结果。斯密认为，虽然劳动是价值之源泉，但是财富的多少不是由人们简单的个体劳动决定的，而是取决于劳动的人数和劳动生产率的高低，个体劳动必须参与到社会市场中，生产的产品才有可交换的价值。参与到社会中的劳动即是社会劳动，社会劳动量的多少依托于劳动力规模，劳动力规模是国民财富创造的基本条件，但是财富的增加却更多地依赖于劳动生产率的高低，较高的劳动生产率意味着单位时间、单位人数下生产产品量的增加，而劳动生产率的高低又取决于劳动者的技术、娴熟程度、见识和机械使用等情况，这又是劳动分工的直接后果。劳动分工就是将原来一人独自承担的工作，细分为多道更简单的工序和操作并交给多人去做，每人只专门负责其中一道工序和操作。劳动分工对于经济增长而言至少有三方面贡献：其一，终身从事简单操作，将大大提高运用劳动技能的熟练度和判断力，使从事者更加专业在行，即每一个工人的熟练程度都会提高；其二，终身从事一项工作，就节省了不断转换工作所浪费的劳动时间和分散的注意力；其三，注意力集中在简单的步骤上，人们更有可能找到更容易和迅捷的劳动方法。例如，看守蒸汽机的孩子，为了节约出时间和同伴玩耍，给蒸汽机做出了自发明以来最大的改进。因此在每一种工艺中，只要劳动采用了分工，生产力就能取得相应的增长，社会就能获得相应的进步。由此可见，合理的劳动分工不仅有利于最优化配置资源，更有利于推进在熟练领域中的技术革新，所以劳动分工是增进经济福利的重要原因。

2. 充分的自由竞争有助于增加个体福利

个人按其利己心活动，推进社会福利是自然秩序的要求，也符合资本主义发展的基本规律。人在利己活动中，只有自己才知道自己的利益是什么以及怎样去为自己谋利益。所以，要让个人自由活动、自由发展，而不应过度用法律或习惯去限制他、束缚他。商品经济中市场力量、价值规律的作用，只有在充分的自由竞争中才能实现。竞争越是充分展开，价值规律越能充分发挥作用，个人利益和社会利益之间的矛盾就越有协调的可能。如果限制竞争，保护独占，这种对立必然加剧，国民财富的增长和社会福利的增进势必受到阻碍。因此，斯密鼓吹自由放任主义，反对一切阻碍经济自由的政策及其理论依据。

基于对自然秩序和自由放任的信念，斯密认为福利的增进依赖于在生产环节的劳动分工与交换环节的自由无碍（自由市场），而二者在因果关系上形成相互促进的循环。正因人性不同于一般动物秉性而具有互通有无、以物易物、彼此交换、互相影响的倾向，使“人们都一定能够用自己消费不完的剩余劳动产品，来换取自己需要的别人剩余的劳动产品。这就鼓励每个人投身于专门职业，并为之培养和完善各自的天赋之才”①。

3. “看不见的手”调节市场运行有助于经济福利走向最大化

斯密向以重商主义为传统的国家干预经济理论和政策提出了挑战，认为国家根本没有必要去处理资源配置和调节国际贸易差额问题，这些问题应全部交给市场去做，用价值规律这只“看不见的手”去自动调节经济生活秩序。斯密的“看不见的手”这一术语最早表达在其论文《天文学》中，后来在《道德情操论》和《国富论》中进一步被阐述，所以，市场就成为“看不见的手”对经济活动起促进作用。

（三）个体福利的增加有助于促进公共福利的实现

1. 个体福利的增加促进公共福利实现

每个个体在追求和捍卫自身权益的时候并不必然建立在损他基础之上。斯密区分了自利与自私。自利是顺着自己正当追求经济福利的利己心来活动，在与他人的关系中是合乎规范的，是正当合理的利益诉求，是在道德约束下的心性需求和行为表现，人们在自利的同时不会伤害他人甚至也会惠及他人，“对我们自己的幸福的关心或关爱使我们具有谨慎的德行”②。而自私则是在人与他人、人与社会、人与自然的关系中过于关注个人得失，甚至以牺牲他者利益为代价换取自身的满足，这不是人的本然属性，而是人道德低下的表现形式。所以，在完全自由竞争中，每个人都在为自己的正当利益努力，都会尽其所能地去满足合理需求，尽最大努力争取自己的产品具有更高的价值，这样他就在不自觉中增加了社会利益。他在主观方面是为了追求自己的利益，但往往在客观上更有效地促进了社会的利益，人追求个人利益的经济活动是和整个社会的集体利益相协调的。斯密认为，富人为了获取更大的利益，必然会扩大生产规模，从而雇用更多的劳动力，“他们还是同穷人一样分享他们所作一切改良的成果。一只‘看不见的手’引导他们对生活必需品做出几乎同土地在平均分配给全体居民的情况下所能做出的一样的分配，从而不知不觉地增进了社会利益，并为不断增多的人口提供生活资料”③。

正是自由市场使个体因分工精细化而造成的技术和才能差异，在彼此的交流、交换

① ［英］亚当·斯密．国富论［M］．孙善春，李春长，译．北京：作家出版社，2017：16.

② Adam Smith. The theory of moral sentiments［M］. Edited by D D Raphael and A L Macfie. Beijing：China Social Sciences Publishing House，1999：262.

③ ［英］亚当·斯密．道德情操论［M］．北京：商务印书馆，2010：230.

和交易中相互有用、有益，使人们因各自发挥才能而创造的产品变成了一种共同的财富。在不断深化这一倾向的过程中，人们不是通过同胞的善意而得到帮助，而是因为激发别人的自利之心，向他们表明他们所做的事情对他们自己是有好处的。“虽然没有为公众服务的本意，却携起手来，一同实现了这一次与公共福利关系重大的变革”。[①] 最终在良好的治理环境下使得各种行业的产量倍增，普遍的富裕可以惠及最底层的劳苦大众。在这里，通过将个体福利与公共福利置于必然的同构关系中，斯密在前提上将追求经济福利视为人的正当属性。

2. 政府的关注点应限于国家安全、司法公正和公共福利事业

斯密反对政府干预市场经济，对破坏市场自由竞争秩序的政府进行了抨击。但政府不是可有可无，政府应该明确自己的立场原则，把握好自身在经济社会发展中扮演的角色和作用边界。政府应该是有限政府、守夜人政府、廉价政府，但却不是无为或不作为的政府。政府这只“看得见的手”主要有三个方面的职能。第一，保卫国家不致受到外来侵犯。市场经济秩序的平稳运行需要稳定安全的外部环境给予保证，确保本国不受外来侵扰和掠夺，让本国居民自由地与外国商人进行贸易往来是政府所提供的外部环境支持，所以政府要训练素质优良的常备军以保护本国社会安全。第二，建立严正的司法机关来保护公民的合法权益。自由的市场竞争能够促进经济极大繁荣，但没有公正严明的法律作保障，市场经济秩序就会有误入杂乱无章甚至步入歧途的风险，而法律的制定和实施都需要政府完成，这一点英国在较早时期就已经意识到，伊丽莎白女王继位以来诸多法律的颁布实施即因如此。斯密认为，“政府应该在尊重人民合法利益和自由的前提下维护市场经济秩序。对于危害全社会安全和市场秩序稳定行为的人员，无论是最民主的政府还是最专制的政府都应采取一切法律进行制裁”[②]。第三，举办和维持那些私营企业无利可图的公共福利事业和公共设施。公共福利事业和公共基础设施具有非排他性、非竞争性和非营利性，它从社会整体出发，坚持公共性价值取向，所以很难被私营企业主所关注，然而，“一国商业的发达，需要有宽广的道路，畅通的桥梁，以及运河、港湾等公共基础设施。而通航水道、道路桥梁以及服务于城市的各项公共设施尽管效用很大，但却需要花费大量的金钱去维持，这不是个人财力所能达到的”[③]。他并不是完全否定国家干预，而是认为如果政府的干预是必不可少的，而且是在可接受范围内的政府行动，那么还是要支持的。如控制银行的货币发行量、依法管制利息率、强迫实行初等教育等。

① ［英］亚当·斯密．国富论［M］．孙善春，李春长，译．北京：作家出版社，2017：346.
② ［英］亚当·斯密．国民财富的性质和原因的研究［M］．郭大力，等译．北京：商务印书馆，2012：253.
③ ［英］亚当·斯密．国民财富的性质和原因的研究［M］．郭大力，等译．北京：商务印书馆，2012：318.

3. 关注平民福利以弥补自由主义经济福利的不足

斯密把正义看作一个社会存在的必要基础，除了正义之外，仁慈是使一个社会成为吸引人的、使人快乐的社会的一种品德。凡是有益于他人幸福的、利他的都属于斯密的仁慈观念范畴，基于此，他提出要改善下层阶级的生活状况，“供给社会全体以衣食住的人，在自身劳动生产物中分享一部分，使自己得到过得去的衣食住条件，才算是公正”①。他主张制定最低工资率，个人的工资必须足以使一个工人及其家庭生存下去，以保证劳动的供给不致断绝。

总而言之，斯密认为，政府关注点应集中于国家安全和公共福利事业。其第一项职责就是“保护本国社会的安全，使之不受其他独立社会的侵犯”②，社会越是进步，这方面的开支越多，战时和平时都要维持这方面的开支。而其最后一项职责则是，建立和维持那些如果由个人或小团体来创办和经营会得不偿失的公共机构和公共工程，以便利社会上常规和特殊的商业，并对青少年乃至所有年龄层次的人进行教育。斯密还专门提出政府要关注平民福利，“社会最大部分成员境遇的改善决不能视为对社会全体不利。有大部分成员陷于贫困悲惨状态的社会决不能说是繁荣幸福的社会”③，以此弥补自由放任后福利结果的不足。

我们需要注意斯密的思想并非无源之水，他生于苏格兰，有着启蒙运动的思想背景，秉承着“社会系统会自发运转并具有自然秩序”④ 的信念，融贯与整合了英国实用主义传统与法国传统对系统性的重视。他认为福利的增长很大程度上并非人类有目的的设计或智慧的成果，而是有其内在的发展顺序，他在天文学、道德哲学和政治经济学三个领域的代表著作中全都提出“看不见的手”这一概念，坚信如果发展顺序是违背事物天然进程的，那么其进展的缓慢和不确定也是必然的事。而当“一切有所偏爱或限制的制度完全废除后，明白简单的自然自由制度就会自行建立起来”⑤。

《国富论》被英国国会奉为圭臬，亚当·斯密的思想不仅奠定了古典政治经济学的基础，而且在一定程度上影响了现代政治经济学的走向。在创造社会财富以满足人们生活需求方面，斯密认识到了财富创造的源泉和财富增进的根本出路，认识到劳动、资本、土地等要素在财富积累中的协同作用，由此对劳动价值做出了深层分析，这为马克思提出的劳动二重性奠定了基础。

---

① 李从松．福利经济学的兴起与发展［J］．培训与研究—湖北教育学院学报，2002（2）：83.

② ［英］亚当·斯密．国富论［M］．孙善春，李春长，译．北京：作家出版社，2017：583.

③ ［英］亚当·斯密．国富论［M］．孙善春，李春长，译．北京：作家出版社，2017：69.

④ 这一点可以通过考察斯密与休谟的密切关系得到进一步理解。

⑤ ［英］亚当·斯密．国富论［M］．孙善春，李春长，译．北京：作家出版社，2017：579.

二、大卫·李嘉图：福利源泉之思想发展

大卫·李嘉图（David Ricardo，1772—1823 年）的社会福利思想集中体现在他 1817 年出版的代表著作《政治经济学及赋税原理》中，并可以通过劳动价值论、相对工资论、增进国家财富和自由竞争论以及国家职能论这四个方面得到基本廓清和把握。

（一）与斯密劳动价值论的差异

虽然从宽泛的角度讲，李嘉图和斯密一样主张劳动价值论，但他同样指出在斯密的劳动价值论中存在前后不一致的含糊价值尺度。李嘉图认为，如果商品是具有效用的(即有用处或有助于我们欲望的满足)，并且其价值可以通过劳动来增加，那么劳动就是价值的唯一源泉，商品的价值是由劳动来决定的；同时劳动自身的价值也并非永远不变，其不仅包括直接投入生产的活劳动，还包括生产这种商品时所用生产资料的物化劳动。因此，获得各种物品所必需的劳动量的比例才是这些物品相互交换的唯一条件，“规定各种物品的现在相对价值或过去相对价值的，是劳动所将生产的各种商品的相对量”①。

（二）相对工资论

与劳动价值的相对性保持一致，李嘉图提出了前人未有的相对工资论，揭示了资本主义社会各阶级的经济利益关系。他辨析了劳动的自然价格和市场价格：劳动的自然价格总是由食物、衣服及其他必需品的价格决定的，而必需品价格又因国家和时期的差别而变动不居；劳动的市场价格则是受供求关系影响，劳动稀少时就昂贵，丰裕时就便宜。所以不能根据某一阶级所获得的绝对产品量，而应根据所得的相对产品量来判断地租率、利润率和工资率。

（三）增进国家财富和自由竞争论

李嘉图将上述支配工资的法则扩大到社会绝大多数成员的幸福上面，以此讨论如何增进国家财富并提出自由竞争论。“工资正像所有其他契约一样，应当由市场上公平而自由的竞争决定，而绝不应当用立法机关的干涉加以统制。”② 增加资本积累是增加资本主

① ［英］彼罗·斯拉法．大卫·李嘉图全集（第一卷）：政治经济学及赋税原理［M］．郭大力，王亚南，译．北京：商务印书馆，2013：10.

② ［英］彼罗·斯拉法．大卫·李嘉图全集（第一卷）：政治经济学及赋税原理［M］．郭大力，王亚南，译．北京：商务印书馆，2013：86.

义财富的必要途径，而资本积累无非有两种办法：增加收入或减少支出。在国内要实行自由竞争、自由发展的不干涉政策，劳动也应自由流动，自由地与资本家缔结契约，调节劳动的价格。国家对经济的干预是多余的，但要为资本家发展经济创造良好的环境。

（四）国家职能论

就如何建设良好环境这一问题，李嘉图进一步提出了国家职能论。在这个意义上国家并不是可有可无的，它在保障私有财产、振兴教育等方面发挥着重要作用，国家为完成它的职能要有必要的经费支出，但政府应是节约的和廉价的。李嘉图还专门提到英国当时的《济贫法》，他认为这一制度造成的后果与设立它的动机完全是南辕北辙。《济贫法》的趋势是使富强变为贫弱，使劳动操作除开提供最低的生活资料以外不做其他任何事情，使一切智力上的差别混淆不清，使人们的精神不断忙于满足肉体的需要，直到最后一切阶级染上普遍贫困的瘟疫为止。[①] 因为这种有害趋势，即便再同情贫民的人，都应以废除《济贫法》为修改它的最终目标。

三、西斯蒙第：分配合理化与福利受益对象扩大化

如果说重商主义之所以提倡国家干预，是因为重商主义关注的是利用商品流通来实现财富的积累，而英国古典政治经济学派之所以推崇自由放任主义，是因为英国古典政治经济学派将焦点转移到了商品生产领域中财富的创造上，那么法国古典政治经济学派虽然同样推导出国家干预学说，但其干预的依据和目标却是在产品分配领域提高国民福利，瑞士籍学者西斯蒙第为该学派代表人物之一。

本着不得不修正和补充斯密学说的现实需要，以及必须将分歧发展为整体性因果循环的立论要求，西斯蒙第（J. C. L. Sismondi，1773—1842 年）在其 1819 年推出的代表作《政治经济学新原理》中展现了他的“新”原理和“新”学说。具体而言，虽然他同斯密一样都认为劳动是财富的唯一源泉，节约是积累财富的唯一手段，但他特别强调只有“享受是这种积累的唯一目的，只有增加了国民享受，国民财富才算增加”[②]。

（一）收入和分配是政治经济学的中心议题

西斯蒙第从规范的意义上指出，收入和分配应该成为政治经济学关键的中心议题。

---

① ［英］彼罗·斯拉法. 大卫·李嘉图全集（第一卷）：政治经济学及赋税原理［M］. 郭大力，王亚南，译. 北京：商务印书馆，2013：89.

② ［法］西斯蒙第. 政治经济学新原理：或论财富同人口的关系［M］. 何钦，译. 北京：商务印书馆，2020：41.

政治学所追求的是全体社会成员的、普遍的幸福和利益，后者具有物质和精神两大方面，而以人们物质福利为关注对象的就是政治经济学（更准确的称呼为斯密所提炼的“国民财富的性质和原因的研究”）。想要达到国家繁荣与人民幸福，仅仅强调人口和财富本身是不充分的，关键在于二者的比例。“各个阶层如果都能得到温饱，财富才是一件好东西；只有每个人都确能通过劳动得到适当的生活，人口才是一个优点。”① 即每个人都分配到适当的财富，每个阶级都为财富所造福，创造和积累财富的手段才是为享受的目的而服务的。因此，政府的事业是通过经济政策来实现最大多数人的最大物质福利。

（二）资本主义社会的基本矛盾

沿着分配的不合理现实，西斯蒙第更深一层地挖掘出其所植根的资本主义社会基本矛盾：生产资料的私人占有和生产的社会化之间的矛盾。本来，生产的快速发展与文明的进步都要求消费的提高，社会人的需求是无限的，总有办法把自己所积累的财富变为享受，或至少会想出利用这种财富的办法。然而现实却不然，为了自己生活而从事的劳动，却造成自己劳动而别人休息的状况；劳动创造出的成果本应为自己受用，结果却让别人拿去享用；通过劳动创造国民财富的人，只是为别人做了嫁衣，自己却陷入贫困。这种社会组织形态，不但使劳动大众以工资形式所得的生产资料横遭掠夺，还使其自身沦为依附；这不仅无法保证财富的持续创造，而且会造成财富的浪费，严重违背了政治经济学的目的。这种对社会必须遵守的规则（即消费掉当年收入的供需平衡）的不断破坏，最终必将导致经济危机，造成社会灾难并使百姓受苦。因此，只有认清资本主义社会基本矛盾，才能促使收入分配合理化。

（三）相对人口过剩理论

着眼于机器的发明，西斯蒙第又提出相对人口过剩理论。如果说斯密是他继承和修正的对象，那么李嘉图和马尔萨斯等人则被他当成了靶子，他认为就是在人口没有变动的时候，劳动的需求也可能降低。新技术与新机器提高了生产能力，然而劳动大众却没有足够多的工资购买和消费，“由于消费者的人数不能或者接近不能增加，生产者的数目也就必然要减少了”②。而面对如何减少的问题，资本家即便为了由一个人用机器来进行

---

① ［法］西斯蒙第．政治经济学新原理：或论财富同人口的关系［M］．何钦，译．北京：商务印书馆，2020：19.

② ［法］西斯蒙第．政治经济学新原理：或论财富同人口的关系［M］．何钦，译．北京：商务印书馆，2020：443，446，449.

生产而解雇一百名工人，也绝不会有人把商品的价格降低1/100。所有被解雇、破产而又不知向何处去的工人，从另一个角度看，其实又都是新一批减少的消费者，于是加重了供大于求的恶性循环。所以失业、贫困等问题不是人口绝对过剩导致的，而是“机器排挤人”“发明危害服务对象”的现象，属于相对的人口过剩。

（四）国家干预经济理论

正是面对社会基本矛盾以及富人对穷人的窃夺关系，西斯蒙第的国家干预经济理论呼吁一种必要保护权力并且怀着更合理、更均衡分配的国家目标而提出的。西斯蒙第认为，最大多数人的实际福利要靠国家这个强有力的杠杆来实现。“我们把政府看成应该保护弱者不受强者欺负的保护者，应该成为没有自卫能力的人的保卫者，应该代表公众的长远利益，应该使长远而稳定的集体利益不受暂时而又强烈的个人利益所侵犯。”①

（五）劳动立法

西斯蒙第将国家干预具体化为劳动立法，以此来保护占社会最大多数的工人阶级，保证他们的福利也就是使国家大多数人得到幸福。以劳动者和雇佣者的连带关系为原则，强迫企业家实行劳动保险，并对劳动者在遭遇到灾祸、疾病、年老和失业等风险时的生活负责，其责任再也不能推给社会。

“今天厂主认为，不论是以较高的价格向消费者出售，或是少付给工人工资都是赚钱；到那时候他就会知道，他只能靠出售赚钱，而对工人工资的一切克扣，不再是由社会，而是由他本人以救济的方式来还给工人。今天厂主用极少的工资来欺骗工人，使工人的身体暴露在恶臭的空气中、棉花毛中或水银汽中；到那时候他就会知道，工人因为他而感染的一切疾病，要由他来支付工人住医院的费用。今天厂主吸引来许多家庭为他工作，而以后因为他发现了可以完成这些家庭所做的全部工作的蒸汽机又使他们突然失业；到那时候他就会知道，如果一切劳动者再度陷入失业，而且在他的锅炉燃烧正旺期间，他必须叫工人留在医院里，蒸汽机并没有让他省一点钱。”②

即便抛开具体思想内容，西斯蒙第有关社会科学方法论的信念也值得一提：他格外强调通过经验对理论的证伪，因此拥抱斯密基于事实的、实验科学的求真态度，并反对

---

① ［法］西斯蒙第．政治经济学新原理：或论财富同人口的关系［M］．何钦，译．北京：商务印书馆，2020：42.

② ［法］西斯蒙第．政治经济学新原理：或论财富同人口的关系［M］．何钦，译．北京：商务印书馆，2020：475.

李嘉图脱离事实的抽象观点。

四、杰里米·边沁：追求最大多数人的最大利益

正如以西斯蒙第为代表的法国古典政治经济学派，基于资本主义社会中现实对理论的背离和张力，将对福利的着眼点从寻找源泉和增进生产转移到获得福利以后的分配与受益对象，另外一群思想家同样不满足于研究福利分配本身，而是更进一步，试图对生产和分配的后果（福利结果）一探究竟，并着手思考最大多数人的最大利益（幸福）的议题。

虽然循着思想史发展的痕迹，可以将功利主义追溯到古希腊的思想家那里[①]，但是真正奠定功利主义学说基础的仍是杰里米·边沁（Jeremy Bentham，1748—1832 年）。出于对当时社会（18 世纪中叶的欧洲）的现实法律系统的不满，想为约束人们行为的规则化制度（主要是法律准绳和道德规范）确立一种终极目的和标准，边沁提出了功利主义学说。这其实从其代表作之一《道德和立法原理导论》（1789 年出版）的标题就可见一斑。边沁从有关人类行为之心理条件和物质条件的根本问题出发，遵循关于人性的基本真理，将他的功利主义原则作为“任何行为领域中立法的必备开端”（立法科学的尺度），是人们“行为典章”、法律“制裁措施的后盾”以及社会制度“福利大厦”基石。[②]

首先，边沁将功利定义为客体（主要是指行动的后果[③]）的一种性质，即倾向于给利益相关者（主体）带来广义上的幸福（涵盖实惠、好处、快乐、利益等）或防止广义上的不幸（涵盖损害、痛苦、祸患等）。而功利原理就是按照行动后果是否倾向于功利来“赞成或非难任何一项行动”[④]。也就是说，我们可以把边沁的功利主义定义为：一个行为或者一项政策，给当事者求福避祸的那种特性，由于这种特性，该项政策或行为就趋于产生福泽、利益、快乐、善或幸福，或者防止对利益攸关之当事者产生祸患，造成痛苦、恶和不幸，则这个行为或者这项政策就符合功利主义原则。

其次，边沁认定对福利的最大化的追求（趋乐避苦）处于逻辑链条的起始点，是终极目的与绝对命题，证明一切而本身无法被证明。边沁认定，快乐和痛苦二者支配了人类的一切思想、言辞与行动，并且定夺了人世一切是非和因果的标准，因为减少痛苦与

① 如这一思想脉络的核心依据—对广义上幸福与快乐的追求，就与伊比鸠鲁学派和享乐主义的关联。

② ［英］杰里米·边沁．道德与立法原理导论［M］．时殷弘，译．北京：商务印书馆，2000：3-5.

③ 虽然边沁所论及的客体涵盖很广，包括行动的意图、行动本身和行动的后果，但实际上，边沁是从可检验的事实维度（如法律裁定）出发来讨论功利，而确定可检验的对象基本只能是已经完成的、既定的后果。正如边沁自己所明言的，唯后果或趋势“构成整个这一因果链的终端，是全链的实质性所在”。参见：边沁．道德与立法原理导论［M］．时殷弘，译，北京：商务印书馆，2000：201.

④ ［英］杰里米·边沁．道德与立法原理导论［M］．时殷弘，译．北京：商务印书馆，2000：57-58.

增加快乐乃是自然对人性的主宰，人的主体性绝对无法摆脱。实际上，由于功利和幸福这两个概念之间缺乏显著的联系，边沁后来（1822 年）用“最大幸福或最大福乐”这个更一目了然的定义取代了功利这个概念。他指出，要超越简单的快乐，追求复杂的快乐。

再次，边沁利用功利这一终极尺度衡量和观照现实中的事件（也就是行动的后果与完成）。一方面，在论及民法的目的时，他将幸福本身细分为四个目标：生存、充裕、平等和安全。生存是一切的前提，安全是人的必需品，二者具有必不可少的重要性。“要是没有安全，平等就不能持续一天，要是没有生存，充裕就根本不可能存在。”① 而平等则是不与安全相冲突时才可有的奢侈品。另一方面，行动及其后果又必然涉及施为主体，社会中存在多个层次的行为体，因而功利既可衡量个人行为又能衡量政府措施。再者，边沁所关注的行动后果的作用对象是利益相关者，在这里边沁将共同体视为虚构而将其组成成员（个人）视为实体，而共同体利益则是成员利益总和。

最后，边沁将苦与乐的效能量化与指标化，以便于计算具体的值。如果是苦与乐作用在个人身上的情况，那么有以下四种指标：（1）强度；（2）持续时间；（3）确定程度；（4）远近距离。而在行动的绵延中，每项苦与乐又紧密关联着后续的苦与乐，因此根据后续而来的感觉相同还是相异，又有：（5）丰度（相同，如好事成双）；（6）纯度（即“苦不随乐至、乐不随苦生”）。如果是苦与乐作用在一群人身上的情况，那么除上述六项指标外还有：（7）广度（即波及的人数）。

最终，边沁将立法改革视为追求福利的最大化途径（毕竟边沁讨论的就是“道德和立法原理”）。整个社会必须保护它所有的各个部分，而各个部分又都要服从整体的意志，整体意志的确保要通过立法改革来实现。换句话说，这个社会组织必须捍卫它的每个成员的权利，而每个成员都应该服从这个社会组织的法律，如果没有全体的服从，这种保护就不可能切实对任何人起作用。

五、托马斯·罗伯特·马尔萨斯：自由主义经济福利的辩护者

托马斯·罗伯特·马尔萨斯（Thomas Robert Malthus，1766—1834 年），英国教士，英国近代著名的自由主义经济学家，著有《人口原理》（1798 年）。

（一）人口增长与贫困理论

纵观人类历史上野蛮、游牧、文明等诸多社会形态，马尔萨斯总结出一般性的“公

① ［英］威廉·R. 索利. 英国哲学史［M］. 段德智，译. 北京：商务印书馆，2017：206.

理”、级数和命题，尝试演绎并构建出放之四海而皆准的人口增长与贫困理论。

1. 人性的两条公理

（1）人类必然需要食物以生存；（2）人类必然因（几乎不变的）两性情欲而繁衍（即饮食男女、人之大欲）。

2. 人口增殖与食物（生活资料）生产的两个级数

人口在不受抑制的情况下，会以 25 年为 1 个单位，按照 1、2、4、8、16、32、64、128、256 的几何级数增长；然而相比之下，即便尽最大努力，在同等时间单位下，粮食产量（生活资料）只能以 1、2、3、4、5、6、7、8 的算数级数增长。“225 年后，人口与生活资料之比将为 512：10；300 年后，人口与生活资料之比将为 4 096：13；2000 年后，人口与生活资料之间的差距将大得几乎无法计算。”①

3. 人口与生活资料（食物）的动态关系

生活资料（食物）增长必然伴随人口增长（在能吃饱的情况下因情欲而繁衍后代），二者天然不平等的增长趋势带来人均生活资料的飞速下降，必然导致贫穷并很可能导致罪恶，而贫困和罪恶又消灭掉增殖的过剩人口，最终使实际人口回落到同生活资料保持平衡的水平。

从上述因果关系中不难推断，作为系统循环中的负反馈机制，贫困必然存在，并且在结构/功能的角度上，是对于懒惰和挥霍最强有力的抑制。人口增长是按照几何级数增长的，而生存资源仅仅是按照算术级数增长的，多增加的人口总是要以某种方式被消灭掉，人口不能超出相应的农业发展水平。这个理论就被人称为“马尔萨斯陷阱”。

（二）对《济贫法》的态度

马尔萨斯指出，当时英国的济贫制度必然适得其反，只能使穷人生活更加恶化。从上述理论框架来看，其主要原因也很明确：一是《济贫法》在纵向上只助长人口而不增加养活人口的食物，不仅不消减贫困反倒制造穷人（最根本性的缺陷）；二是在横向上将食物份额从相对价值（如劳动价值）更高的社会成员那里夺走，恶化济贫院外的生活境况，迫使更多人进入济贫院接受救济；三是在社会风气上，制度造成的福利依赖还滋长了被救济者懒惰、散漫与浪费的习气，削弱了社会成员通过勤俭节约和自立更生来获取幸福的动机，成为了施救者行使权力时专制暴虐的源泉。最终既不利于国家民众的幸福总量，也不利于人的自由。

① ［英］托马斯·罗伯特·马尔萨斯. 人口原理［M］. 杨菊华，杜声红，译. 北京：中国人民大学出版社，2018：10.

（三）解决贫困问题的主张

为了减轻[1]贫困之痛苦，增加英国普通人的幸福总量和穷人宝贵的天赋自由，马尔萨斯呼吁，首先要完全废除现有的教区济贫制度，允许劳动力自由流动，从而进入经济循环创造价值；其次鼓励人们开垦新地，尽最大可能鼓励农业而不是制造业，鼓励耕种而不是畜牧（为了生产更多食物）；最后，在英国各郡，只为极度贫困和严重困难者设立一些暂缓之地，由全国统一征收的济贫费作为其经费，使其生活境况清苦，只要力所能及就必须全天工作，并按市场价格获取报酬。这在思路上相当于通过激励人们离开而非进入济贫院，来防止再次落入自我生产穷人的怪圈。

通过坚持作为社会福利之终极上限的自然法则，马尔萨斯在整体上拒斥了与自然世界互动过程中人类社会系统正反馈的、无上限的福利获取机制，可以说，这在"人类社会可完善性"的思考道路上突破了前置预设的层级。然而必须指出，在严肃的社会科学意义上，所有马尔萨斯所谓的"法则"其实都只是特定时空条件下社会结构中的特殊机制，而绝非类似于自然科学意义上的定理和法则。

虽然同样关注最大多数人的最大幸福，但和边沁不同的是，马尔萨斯并未将自己所关心的对象局限在（广义）社会制度上，而是指出恰有一些自然"定理"和"法则"在根本前提下规定了社会福利的结构上限，因此只要科技与生产力跳不出这个"马尔萨斯陷阱"，那么无论制度系统怎么安排，福利发展机制在整体上都是负反馈的，最大多数人的最大幸福极难"以加速度不断前进且前程远大不可限量"，而基本上"注定将永远在幸福与不幸之间徘徊往复，即便穷尽一切努力，预期的目标也遥不可及"[2]。尽管马尔萨斯对于人口问题的立场原则颇具争议，但是毫无疑问，其《人口学原理》是社会科学发展史上里程碑式的著作。就像习近平总书记所说的，"这些著作都是时代的产物，都是思考和研究当时当地社会突出矛盾和问题的结果"[3]。

---

① 之所以是减轻而不是消除，是因为马尔萨斯认为根除贫困在本质上不可能，超出人类能力的极限。然而在今天，这一论断恰恰让我们看到了马尔萨斯自己理论的极限。参见：［英］托马斯·罗伯特·马尔萨斯．人口原理［M］．杨菊华，杜声红，译．北京：中国人民大学出版社，2018：34-35.

② ［英］托马斯·罗伯特·马尔萨斯．人口原理［M］．杨菊华，杜声红，译．北京：中国人民大学出版社，2018：1.

③ 参见 2016 年 5 月 17 日习近平总书记在哲学社会科学工作座谈会上的讲话。

六、约翰·斯图亚特·密尔：有限救济思想

约翰·斯图亚特·密尔（John Stuart Mill，1806—1873年）①，个人学习研究的成长路径受到他的父亲詹姆斯·密尔（James Mill，1773—1836年）启蒙性的、强烈而持续的影响（包括从小受到的严格教育和训练等）。后者不仅是李嘉图和马尔萨斯的密友（李嘉图代表作从写作到发表的过程都离不开詹姆斯·密尔的建议和修改），同时又是边沁的追随者和朋友。抓住这几条大致的渊源和师承关系，有助于勾勒出自由主义、功利主义和政治经济学等多种要素在密尔福利思想中的一致性。

（一）关于最大多数人的最大幸福

在最大多数人最大幸福的思想维度上，一方面密尔迥异于马尔萨斯，他强调“导致人类苦难的所有大根源，都能在很大程度上通过人类的关心和努力得以消除，其中的很多根源则几乎是完全能够消除的”②。所以，只要人类不停止努力，整体性的苦难和贫困都将得以解决，最大多数人的幸福都有获得的可能。另一方面他承继于边沁，认为最大幸福原则是人生的终极目的，而“这个终极目的既然是全部人类行为的目的，就必然也是道德的标准”③，并同样以全体利益相关者（而非行动者本人）的幸福为衡量对象；更重要的是，他格外强调幸福在质性上的高下之别，“做一个不满足的人胜于做一只满足的猪，做不满足的苏格拉底胜于做一个满足的傻瓜。如果那个傻瓜或猪有不同的看法，那是因为他们只知道自己那个方面的问题。而相比较的另一方即苏格拉底之类的人则对双方的问题都很了解。”④

（二）个人行为与政府干预

密尔坚守个人行为中不应被政府侵犯的活动范围，并主要以政府行为的得失利弊（功利后果）为衡量依据，进而提出有限干预的思想。“每一个已经成年的人，都应有一

---

① John Stuart Mill 的中文名译法主要包括“密尔”和“穆勒”这两种约定俗成的传统，其中“穆勒”这一译法源自于最早一批将原作品译为中文的严复，经济学更多尊崇这一传统；而其他学科（如哲学）则更倾向于“密尔”的译法。笔者认为选择“密尔”这一译法似乎兼具对准确音译以及至少一种传统的尊重。

② ［英］约翰·穆勒．政治经济学原理及其在社会哲学上的若干应用（下卷）［M］．赵荣潜，桑炳彦，朱泱，胡企林，译．北京：商务印书馆，2010：19.

③ ［英］约翰·穆勒．政治经济学原理及其在社会哲学上的若干应用（下卷）［M］．赵荣潜，桑炳彦，朱泱，胡企林，译．北京：商务印书馆，2010：15.

④ ［英］约翰·穆勒．政治经济学原理及其在社会哲学上的若干应用（下卷）［M］．赵荣潜，桑炳彦，朱泱，胡企林，译．北京：商务印书馆，2010：12.

部分生活不受任何其他人或公众全体的控制。只要是稍许尊重人类自由和尊严的人都不会怀疑，人类生活中确实应该有这样一种受到保护的、不受干预的神圣空间。”① 因此密尔因干预具有以下性质或造成以下后果作为反对政府干预的理由：（1）强制性干预会限制个人自由、损害个人利益；（2）政府的干预职能每加一项，其权力和影响范围就会增加一分，而政府又非常容易滥用权力；（3）政府的干预职能每加一项，其责任和工作就会增加一分，负担过重违反分工原则，而相比之下私人经营会因利害关系而更有效率；（4）政府干预往往会形成人民共同行动的习惯。然而同时，社会中又存在政府不干预就无法完成的事情：（1）初等教育的完成无法保证；（2）弱势群体的生活无法保障；（3）公共服务和社会事务无法完成；（4）自由放任会导致对永久性契约的承诺无法保证。因此，密尔的结论是只进行必要限度的政府干预。可见，在密尔看来，政府是具有强制性的权力机关，其干预的方式往往是自上而下的规制甚至约束，所以，其在干预过程中必然限制自由意志的发挥，过多的干预需求也会增加政府机构和职能，出现层层管制甚至权力叠加问题，导致效率低下、资源浪费、腐败问题等，这非常不利于通过增进国民财富为人们创造幸福这一要求。而在社会生活中还涉及一些不能从营利性角度考虑的公共需求，这些是在确保社会正常运转和满足人的需求方面政府该肩负的责任，因此，厘清经济发展与社会进步之间的关系，政府应该准确定位，实行有限的干预。

（三）有限救济原则

基于有限干预，密尔坚持推行有限救济原则。密尔肯定对穷人的社会救济。他首先分析了社会财富增长的价值所在，即服务于民众，财富的增加必须有利于使民众从中得到福利，所以，才出现了在原初基础上的财富再分配，有效的财富再分配也是实现社会公平、彰显道德原则和促进社会团结的必要途径。因为人类社会是一个整体，人与人之间相互帮助是天经地义的，在帮扶和再分配的关系方面，必然是穷人更需要帮助，特别是正在挨饿的人。帮助穷人也是政府责任和社会道义的必然要求，因此，密尔赞成帮助穷人。关于政府层面的正式帮扶，密尔认为济贫制度不仅可以使人人获得帮助，更重要的是它还可以使人人都尽力争取摆脱这种帮助，这种制度对大多数人来说是非常有益的。但是，他也提出，对穷人提供救济要注意方式和程度，既要最大程度地给予必要的帮助，又要尽量不使个人过分依赖这种帮助。所以，政府要对穷人实现有限度的社会救济。

---

① ［英］约翰·穆勒．政治经济学原理及其在社会哲学上的若干应用（下卷）［M］．赵荣潜，桑炳彦，朱泱，胡企林，译．北京：商务印书馆，2010：531．

（四）妇女权利

密尔的巨大实力不仅体现在他的折中主义上，而且也体现在他对一些被忽视的问题的看法上，如对妇女权利的关注。他于1869年出版了《妇女的屈从》（《The Subjection of Women》）一书，鲜明地表达了他长期持有的性别平等的观点。首先必须看到，妇女的资格丧失恰恰是当代最为得意的对妇女这一社会阶层的摆脱——生来就丧失资格。英国人吹牛说，如果一些人生来就被赋予特权，或者至少没有人生来就被剥夺资格，任何人都能上升为贵族或者是议会成员，抑或是大臣，那么，通向显赫地位的道路不会对最低微的人关闭。但是，它却不可改变地对妇女关闭了。一个女人生来就被剥夺了资格，并且不能通过任何努力来摆脱其资格的丧失。[①] 密尔看到了女性在政治权利和社会地位上的不平等待遇，进而他提出应当改变性别歧视观念，这种性别从属观应该被平等观所代替，任何领域都不应该有一方拥有强权或者特权，而另一方完全丧失资格的现象出现。

基于对时代要求的回应，跨越17至19世纪的经济福利思想中很少有独立于以政治经济学为核心的理论建筑，其中也基本只有密尔才能在影响力上与斯密等量齐观。从立场上看，相较于在功利与自由之间的跳跃和折中，“群己权界”——正如严复一针见血的措辞——也许才是密尔所真正关心的。“要加以确定的只是，界限应该划在哪里，这种保留地应包括多大的生活范围。”[②]

七、马克思与恩格斯：科学社会主义福利思想

从唯物主义的历史观看来，没有一种社会福利思想是无视时空的“绝对真理”，也不可能以一己之力构成以往所有思想活动的“历史终点”。为了使社会主义变为科学，就必须首先把它置于现实的基础之上。[③] 现实的基础随时代而变化，福利观念当然会在时代的翻新中不断陈旧并沉积为一道道知识断层。而科学的理想社会福利模式，就是要通过揭露既往社会福利思想所立足的阶级利益的立场，通过批判从虚构起点搭建理论的“空中楼阁”本性，通过去掉既有社会福利观念上缭绕的“神秘主义”，在现实的逻辑中追求人的福祉，在从未止息的阶级斗争中寻找措施，在资本主义社会关系中找到科学的社会福利。

① ［美］哈里·兰德雷斯，大卫·C. 柯南德尔. 经济思想史［M］. 周文，译. 北京：人民邮电出版社，2014：189.

② ［英］约翰·穆勒. 政治经济学原理及其在社会哲学上的若干应用（下卷）［M］. 赵荣潜，桑炳彦，朱泱，胡企林，译. 北京：商务印书馆，2010：531.

③ ［德］弗里德里希·恩格斯. 社会主义从空想到科学的发展［M］. 中共中央马克思恩格斯列宁斯大林著作编译局，编译. 北京：人民出版社，2018：51，59.

在马克思和恩格斯看来，除原始状态外，以往的全部历史，都是阶级斗争的历史。以往全部的思想与实践，实际上或多或少都在阶级斗争或者阶级调和的视域范围内，只不过有时清晰有时模糊而已。而当所有反封建的力量联合起来推翻了旧时代、消灭了迂腐阶级之后所建立的“这个理性的王国也不过是资产阶级的理想化的王国；永恒的正义在资产阶级的司法中得到实现；平等归结为法律面前的资产阶级的平等；被宣布为最主要的人权之一的是资产阶级的所有权；而理性的国家及卢梭的社会契约在实践中表现为，而且也只能表现为资产阶级的民主共和国”[①]。因此，他们厌弃类似于“社会一切成员”“平等的权利”这种泛泛而谈的空话[②]，而是直指人作为“类存在”的本质规定性，“人的本质不是单个人所固有的抽象物，在其现实性上，它是一切社会关系的总和”[③]，在人和人、群体和群体、阶级和阶级的现实关系中关切具体关系中的福利立场，并且在不断跃升和扩大的进路中指向了全人类的福利。

（一）对弱势群体的关注

1. 林木工人

马克思通过对林木工人和济贫院中贫民生活的认知而表达了对弱势群体的关注。马克思关注林木工人中拾捡枯枝的贫苦大众的福利。他在《关于林木盗窃法的辩论》一文中指出，等级代表会议将穷人拾捡林中枯枝的行为定为非法，这看似是为了树而牺牲人的权利、将物神圣化，其实本质上是林木所有者为一己之私而牺牲穷苦大众的根本利益。也就是说，林木盗窃法其实是一个阶级剥夺另一个阶级根本福利的装置。马克思从习惯法本身的道理出发，澄清最底层的、一无所有者的习惯法其实才在真正意义上合法，相比之下贵族的习惯法在本质上却是习惯性“不法”和“违法”，所以穷人拾捡枯枝本是既自然又合法，既正当又符合实际的行为。只不过这种习惯乃至贫苦阶级本身“在有意识的国家制度范围内还没有找到应有的地位”[④] 而已。但是，林木所有者却非要独占这份利益不可，在自身实际利益驱动下，“把自己最狭隘和最空虚的形态宣布为国家活动的范围

---

① 牛先锋. 把社会主义置于现实之上［J］. 中共中央党校学报，2020（24）：25-34.

② ［德］卡尔·马克思. 马列主义经典作家文库：哥达纲领批判［M］. 中共中央马克思恩格斯列宁斯大林著作编译局，编译. 北京：人民出版社，2015：12.

③ ［德］弗里德里希·恩格斯. 路德维希·费尔巴哈和德国古典哲学的终结［M］. 中共中央马克思恩格斯列宁斯大林著作编译局，编译. 北京：人民出版社，2014：61.

④ ［德］卡尔·马克思，弗里德里希·恩格斯. 马克思恩格斯全集（第一卷）［M］. 中共中央马克思恩格斯列宁斯大林著作编译局，编译. 北京：人民出版社，1995：253.

和准则”①。在立法会议的诡辩中，林木所有者不仅在粉饰自己在利益上的巧取豪夺，还把一个人触犯它的行为夸大为这个人的整个为人，并以此役使法律去割断这个公民和国家之间千丝万缕的联系和所有命脉，甚至要获得对对方的完全处置权，“林木所有者的意志要求给予它自由，使它能以最方便、最合适而又最省钱的方式来处置违反林木管理条例者。这种意志希望国家把坏人交给它随意处理。它要求全权”②。在林木盗窃的辩论与立法过程中，一种私人利益窃居为所有利益的目的，奴役了国家权威的逻辑，“整个国家制度，各种行政机构的作用都应该脱离常规，以便使一切都沦为林木所有者的工具，使林木所有者的利益成为左右整个机构的灵魂。一切国家机关都应成为林木所有者的耳、目、手、足，为林木所有者的利益探听、窥视、估价、守护、逮捕和奔波”③。作为结果，福利和利益最终落入了林木所有者私囊，省议会完成了实质上是私人利益的任务与使命，林木所有者把行政权、行政当局、被告的存在、国家观念、罪行本身和惩罚降低为私人利益的物质手段，又利用这手段将并非存心犯罪的贫苦大众“从活生生的道德之树上砍下来，把他们当作枯树抛入犯罪、耻辱和贫困的地狱”④。

随后，恩格斯也在深刻考察英国工人的生存状况与福利境遇时，深入洞悉了济贫院的状况，进而深刻批判了济贫制度（始于1601年的旧济贫法）与济贫院机构。

（1）济贫制度的弊端：救济金存在弊端，救济院状况令人担忧。“救济金鼓励懒惰，促进‘多余的’人口的增长。在当前的社会关系下，穷人自然不能不成为自私自利的人，如果工作或不工作生活条件都一样，那么他在二者之中当然要选择后者。”⑤ 他在社会现象层面记载和描述了贫民习艺所中触目惊心的恶劣环境：被关在里面的穷人穿着贫民习艺所制服，做繁重而又多半没用的工作，完全听受管理人的摆布，床铺上爬满了虫子，食具在脏水桶中洗涤。贫民习艺所还拆散他们的家庭，好让他们无法繁殖。怀胎六月的孕妇和她不到两岁的幼儿，在既没有床也没有地方大小便的条件下被锁二十多天；流浪汉在最冷的季节被剥光了衣服关在楼梯下面的禁闭室里……常常挨饿，每天中午前吃不到一点东西；孩子被关在停尸房、又脏又臭的洞穴和又潮湿又狭小的拱形储藏室里，穿

① ［德］卡尔·马克思，弗里德里希·恩格斯．马克思恩格斯全集（第一卷）［M］．中共中央马克思恩格斯列宁斯大林著作编译局，编译．北京：人民出版社，1995：261．

② ［德］卡尔·马克思，弗里德里希·恩格斯．马克思恩格斯全集（第一卷）［M］．中共中央马克思恩格斯列宁斯大林著作编译局，编译．北京：人民出版社，1995：255，256．

③ 杨睿轩．马克思早期国家观的演进逻辑［J］．湖南社会科学，2019（4）：25-31．

④ ［德］卡尔·马克思，弗里德里希·恩格斯．马克思恩格斯全集（第一卷）［M］．中共中央马克思恩格斯列宁斯大林著作编译局，编译．北京：人民出版社，1995：243，267，285．

⑤ ［德］卡尔·马克思，弗里德里希·恩格斯．马克思恩格斯全集（第一卷）［M］．中共中央马克思恩格斯列宁斯大林著作编译局，编译．北京：人民出版社，1995：575．

得破破烂烂，冻得缩成一团；老人因实在弯不下膝盖去砸石头而被判处在监狱里做两个星期的苦工；肩部受伤者被关入贫民习艺所后因伤口未得到护理和身体衰弱无法消化食物而死。而一旦他们在这种境遇和对待下被折磨致死，就会像埋死牲畜一样草草了事……每到星期三，一星期内死掉的穷人都被抛到一个 14 英尺深的坑里，神甫匆忙地祈祷，人们在坑上松松地盖上一层土，以便下星期三重新挖开，再往里面扔新的尸体，一直到坑满得不能再填的时候为止……尸体腐烂的气味把附近的整个地区都熏臭了。[①]

（2）济贫制度脱离本意的原因。恩格斯强烈谴责马尔萨斯及其追随者错误的追因与对本质的曲解，“决不能得出像马尔萨斯派的委员们那样的结论：贫穷就是犯罪，应当用威胁的手段来对付它”[②]。实际上，济贫制度并没有留给穷人任何选择的余地，因为穷人的生活条件无论工作与否都一样恶劣，所以救济金当然会造成失业、鼓励懒惰，形成并再生产出一批不提供劳动价值而只接受救济的人口，并导致国家破产。济贫制度之所以丝毫不顾穷人之为人的尊严与权利，无视人道并践踏他们的亲情，是因为法律在实质上是把穷人当做犯人，把贫民习艺所当做惩治犯人的监狱，把住贫民习艺所的人当做法律以外的人，当做人类以外的人，当做一切丑恶的化身。[③] 而这又是因为政权和立法是资产阶级用来反对无产阶级的单向工具。“整个立法首先就是为了保护有产者反对无产者，这是显而易见的。只是因为有了无产者，所以才必须有法律。”所以“对无产者来说，法律的保护作用是不存在的”[④]。

（3）济贫制度问题迭生的根源。恩格斯穿透马尔萨斯派和资产阶级的层层遮掩而直击问题本质，济贫制度其实嵌入在更宏大的资本主义社会背景中，正是在结构上所有资产阶级反对所有无产阶级的社会制度，才是产生这一后果的根本源头。阶级利益关系所导致的真实过程是：一方面，占据生产生活资料的富裕有产者，以资本为武器，主导生产方式、支配生产活动并剥夺工人劳动所得，利用剩余价值增殖资本并越发富有；另一方面，将工人剥削为穷人之后，有产者又利用政权，通过法律手段将贫穷定义为罪恶，将穷人定义为罪人。这种对于问题本质的深刻认识扭转了“到底谁才是多余的”这个问题。英国的资产阶级把工人当作财产和物件看待，一边露骨而无耻地宣布“没有财产的人活在世上只是为了供有产者剥削，并在有产者不需要他们的时候便去饿死”[⑤]；一边又

---

① ［德］卡尔·马克思，弗里德里希·恩格斯．马克思恩格斯全集（第一卷）［M］．中共中央马克思恩格斯列宁斯大林著作编译局，编译．北京：人民出版社，1995：578-580.

② 丁建定．从马克思到列宁：无产阶级社会福利思想的发展［J］．当代世界与社会主义，2019（2）：43-51.

③ 薛俊强．恩格斯对英国“济贫法”的批判及其当代价值意蕴［J］．理论与现代化，2021（6）：48-60.

④ ［德］卡尔·马克思，弗里德里希·恩格斯．马克思恩格斯全集（第一卷）［M］．中共中央马克思恩格斯列宁斯大林著作编译局，编译．北京：人民出版社，1995：570，571，574，577.

⑤ 吕晓凤．恩格斯关于工人阶级理论的贡献［J］．观察与思考，2020（10）：18-26.

费尽心机企图洗脑无产阶级，想让他们相信自己是多余、无用、要被自然淘汰的人口，让他们心甘情愿地自我饿死、自我绝种，但值得庆幸的是无产者却坚决相信，他们有勤劳的双手，他们才是这个社会必不可少的人，而那些无所事事的有钱的资本家才真正是多余的。

（二）人的需要理论

在分析特殊类型群体的不公待遇基础上，马克思和恩格斯开始思考人的需要问题，即超越阶级、超越年龄、超越国别、超越性别等一切方面的单纯作为人的存在而表现出来的各方面需求。“人以其需要的无限性和广泛性区别于其他一切动物。”① 虽然他们没有在哪一部分论述中直接表达对人的需要的总结，只是在《经济学手稿（1857—1858）》中进行了相对细致的分析，但是人的需要理论却贯穿在他们所研究的问题始终。因为人的需要理论是马克思主义理论体系中重要组成部分。人的一切实践活动都是受人的需要支配，并以满足人的需要为目的的。马克思从四个方面表达了人的需要。

1. 自然需要——衣食住行的生理需求

“一切人类生存的第一个前提也就是一切历史的第一个前提即人们为了能够‘创造历史’，必须能够生活。但是为了生活，首先就需要衣、食、住以及其他东西。因此，第一个历史活动就是生产满足这些需要的资料，即生产物质生活本身。”② 人为了满足基本生存的需要，就要从事各种生产活动，反过来，人从事各种生产活动，其根本目的在于满足人的第一层面的需要——物质需要。马克思指明这种纯粹身体方面的生理需要是人生存的第一前提。对于如何满足人的物质需要，马克思指出其途径和手段是生产劳动。“劳动这种生命活动、这种生产生活本身对人来说不过是满足他的需要即维持肉体生存的需要的手段。”③

2. 社会需要——成为社会人的需要

马克思说，社会需要即从社会生产和交换中产生的需要。社会需要是人区别于动物的根本所在，“人在其本质上，是社会关系的总和”。人在社会中既有进行人际交往的需要，也有进行产品交换的需要，更有在社会中安全生活的需要。人际交往需要表明了人在社会中的关系属性，“工人必须有时间满足精神需要和社会需要，这些需要的范围和数

---

① 高哲. 马克思恩格斯要论精选［M］. 北京：中央编译出版社，2001：26.

② ［德］卡尔·马克思，弗里德里希·恩格斯. 马克思恩格斯全集（第一版）：第三卷［M］. 中共中央马克思恩格斯列宁斯大林著作编译局，编译. 北京：人民出版社，1960：31.

③ ［德］卡尔·马克思，弗里德里希·恩格斯. 马克思恩格斯全集（第四十二卷）［M］. 中共中央马克思恩格斯列宁斯大林著作编译局，编译. 北京：人民出版社，1960：96.

量由一般的文化状况决定”①，这种需要介于身体需要和心理需要之间。

3. 经济需要——对货币的需要

从经济发展历程来看，当人类的生产从满足自身需要而进入通过与他人交换以满足更丰富需要的过程，也就是从自然经济发展为越来越发达的商品经济时，已经包含了是否等价的思想，而媒介物的出现尤其是货币的使用更清晰地表明人们占有量的多少，所以商品经济本身就是在获取更多的经济满足。从阶级关系角度来看，资产阶级千方百计攫取劳动成果，想方设法增加剩余价值的目的，也是满足自身对货币增长量和积累货币资本的需求，而工人阶级即使在劳动异化的情况下仍然被迫从事工作即出卖劳动力，也是为了尽可能地获得满足基本生活需要的货币工资。“货币成为财富的社会表现，不管什么人，谁拥有的货币越多，谁拥有的权力就越大。”②

4. 精神需要——人作为主体自由施展才能的需要和享用人类文化成果的愉悦感

满足了基本需要之后，人还要有更多的需求，人以其需要的无限性和广泛性区别于其他一切动物。马克思指出，人要参与“自由的有意识的活动”也是“自由自觉的活动”，这是人作为类存在物的一种特性。③ 在物质需要得以满足的基础上，人们就有了更深厚的基础和更充足的时间去享受文化成果给人带来的愉悦感。“由于给所有的人腾出了时间和创造了手段，个人会在艺术、科学等方面得到发展。”④ 精神需要意味着人能从异化状态中脱离出来，通过自主自觉的劳动和丰富和谐的社会关系以及高尚文明的艺术表达等手段达到自我满足与自我实现。

（三）两次有效扣除学说

恩格斯在《哥达纲领批判》中提出的两次有效扣除学说，既为工人阶级谋求经济福利提供依据，也为国家保障型福利制度的建立提供参考。马克思和恩格斯指出，国民收入在进行分配之前，要先进行两次六方面的扣除。第一次扣除包括三部分：第一，用来补偿消耗掉的生产资料的部分；第二，用来扩大生产的追加部分；第三，用来应付不幸事故、自然灾害等的后备基金或保险基金。⑤ 第二次扣除也包括三部分：第一，满足共同

① 丁昀．马克思“完整的人”思想的内在规定性［J］．思想教育研究，2017（9）：27-31．

② ［德］卡尔·马克思．资本论［M］．南京：江苏人民出版社，2011：29．

③ ［德］卡尔·马克思，弗里德里希·恩格斯．马克思恩格斯全集（第三卷）［M］．中共中央马克思恩格斯列宁斯大林著作编译局，编译．北京：人民出版社，2002：273．

④ ［德］卡尔·马克思，弗里德里希·恩格斯．马克思恩格斯全集（第三卷）［M］．中共中央马克思恩格斯列宁斯大林著作编译局，编译．北京：人民出版社，1998：101．

⑤ ［德］卡尔·马克思．马列主义经典作家文库：哥达纲领批判［M］．中共中央马克思恩格斯列宁斯大林著作编译局，编译．北京：人民出版社，2015：13．

需要的部分；第二，和生产没有关系的一般管理费用；第三，为丧失劳动能力的人设立的基金。

马克思恩格斯的两次有效扣除学说有两个思想来源，一是对亚当・斯密货币价值的传承，二是在生产实践过程中总结分析所得。六方面的扣除实际上可以概括为三个层面。（1）用于补偿消耗掉的生产资料的部分是企业生产的必然性扣除，而用于追加的部分是为了积累和扩大再生产，通过把凝结着剩余价值的商品卖出后转化为货币，进而将货币作为追加的生产资本，再转化为追加的生产要素，这个增大的生产资本，将会为下一个生产过程提供更多产品，所以这个扣除原材料消耗和作为追加资本的部分就是第一层面的扣除，在资本家看来也是最必要的扣除。（2）用于满足共同需要的部分，以及与生产没有关系的一般管理费用，是为可持续的生产过程提供保证，因为满足大众需要和进行科学管理能够确保生产过程更顺畅，促使商品交换更灵活，实现剩余价值更丰厚。资本家在进行满足共同需要方面的扣除时尽管是出于生产扩大和利润增加的目的，但是在无形中却满足了工人的部分需要，在某种层面上具有现代社会福利的性质。（3）用来应付不幸事故、自然灾害等的后备基金或保险基金和为丧失劳动能力的人设立的基金，是马克思为资本家和工人阶级预防和化解风险而提出来的。在天灾人祸面前，无论资产阶级还是无产阶级都需要有一定的应对能力，而储备和预防是最好的手段，尤其是丧失劳动能力的人更需要资金的支持以维系其基本生活。马克思的有效扣除思想实际上包含了现代意义上的社会保险和社会救助意义。

（四）理想的社会模式

在《共产党宣言》中，马克思恩格斯提出理想的社会模式是换上各个人都能够自由发达，全体才能够自由发达的协同社会。[①] 这一目标的实现意味着共产党的使命是要消灭家族制、禁止父母掠夺儿女、建设社会教育等。他们指出，最进步的各国应该根据各国情形采取以下措施：废止土地私有权，将所有的地租用在公共事业上；征收严重累进税的所得税，废止一切继承权，没收移民及叛徒的财产；用国家资本，设立完全独占的国民银行，将信用机关集中在国家手里；交通及运输机关，集中在国家手里；扩张国有工场及国有生产机关；开辟荒地，改良一般土地使适于共通计划；各人对于劳动有平等的义务；联络农业和制造工业；平均分配全国人口；设立公立学校，对于一切儿童施以免

① ［德］卡尔・马克思，弗里德里希・恩格斯. 共产党宣言［M］. 陈望道，译. 上海：上海教育出版社，2020：28.

费的教育；废止现行儿童的工场劳动。[①] 通过这些措施，渐次地将一切生产工具集中在国家手里，实行生产资料公有制，社会的一切成员实行劳动义务制，每个人自愿自觉地从事生产活动；所有的儿童从能够离开母亲照顾的时候起，由国家机关公费教育；在国有土地上建筑大厦，作为公民公社的公共住宅，拆毁一切不合卫生条件的、建筑得很坏的住宅和市街；产品极大丰富，人们的思想觉悟极大提高，形成自由人的自由联合体。马克思和恩格斯回到根源并考虑人的全方位需要，这既是全人类全社会的共同福利的一个必要前提，也是实现理想社会的科学措施的一个必要前提。

第二节　19 世纪末至 20 世纪初西方近现代福利思想

按照《费边社史》的记载，19 世纪中叶之后英国等西方资本主义社会经历了短暂的丰裕和富足，交通运输建设（铁路）发展较快、食品（面包）价格稳定、工业和对外贸易增长迅速、公共卫生条件也得以改善、工人阶级住宅得到些许改善，整个社会出现短暂的稳定与繁荣，工人阶级得以喘息，广大群众对于未来也开始重拾信心。然而好景不长，在 19 世纪 70 年代之后情况急转直下，经济开始衰退乃至萧条，原有的安定迅速消失。据费边社（fabian society）代表成员玛格丽特·柯尔（Margaret Cole，1893—1980 年）在英国伦敦的观察，“越来越多的人们一旦开始用他们的感官眼睛、耳朵、鼻子进行观察时，就会……敏锐地发现围绕在他们周围的现实——悲惨、穷困、疾病、污秽、混浊的气味以及下流的言语……贫困还导致堕落和令人作呕的生活方式”[②]。简言之，由于经济不稳定，改革缓慢，社会耻辱感尤其是因发展停滞而产生的恐惧和急需社会改革的公共紧迫感——“假使不试图改革或者拖延太久，就会发生更为糟糕的事”[③]，直接促使以社会改革为核心主张的费边社会主义思想形成以及费边社组织机构的成立。

上述繁荣与悲惨同步激增的社会现象也让越来越多的人注意到私人利益和社会利益的背离。在这一社会背景中，有关经济福利研究在方法论层面发生了重要转变：始于李嘉图的古典政治经济学派遭遇瓶颈；在欧洲多地同时兴起的边际革命则另辟蹊径；阿尔弗雷德·马歇尔（Alfred Marshall，1842—1924 年）开启了经济学的“哥白尼宇宙”，形成了后世经济学中极其关键的“均衡”思想，并确立了现代经济学的学科边界。在这种

---

① ［德］卡尔·马克思，弗里德里希·恩格斯．共产党宣言［M］．陈望道，译．上海：上海教育出版社，2020：27-28.

② ［英］玛格丽特·柯尔．费边社史［M］．杜安夏，杜小敬，等译．北京：商务印书馆，1984：18.

③ ［英］玛格丽特·柯尔．费边社史［M］．杜安夏，杜小敬，等译．北京：商务印书馆，1984：19.

情况下，作为马歇尔追随者的庇古（Arthur Cecil Pigou，1877—1959年）则从根本上重新审视了经济研究的规范性前提，重申了人们应该追求的是福利，确证了经济福利就是实证经济科学的研究目的。

一、费边社会主义

通常认为，费边社会主义是于19世纪80年代形成并流行于英国的一种资产阶级改良主义思潮或社会学说，其所依托的核心组织是费边社，主张社会主义需要一点一滴地实现。前文已经提到，当时的英国社会中弥漫着对资本主义本身的恐惧、紧迫感与不安定感，并且从道德层面还怀有对问题本身的耻辱感，换句话说，非常缺少幸福感与获得感。费边主义思想则应运而生，从知识社会学的角度讲，其社会福利思想可以在当时的英国人民之间广泛传播并被广为接受，是因为它对大家普遍意识到又非常关心的问题给出了答案。它借助“费边”一词的历史典故——“拖延者”，费边本来指历史上古罗马与迦太基之间第二次布匿战争中的领军者，他在胜算不大的情况下迂回等待，并在时机来临后紧紧抓住，一举打败了名将汉尼拔。另外，费边社的象征图案是一只乌龟，如果想了解19世纪末20世纪初费边主义的秉性与原则，这种表意和象征本身就是有趣的切入点。而从思想传统上讲，费边主义者大体坚持了英国的实用主义传统，非常讲求务实。他们虽然大量吸收并汇聚了李嘉图（古典政治经济学）、杰文斯（边际思想）、功利主义乃至马克思等的许多重要思想，但“费边思想的主要特点之一是它的折中道路，从不轻易追随一家之见，而是听取几家的观点，然后根据自己的思想路线加以改善和发展”①。显而易见，这种以务实为依据来吸取众家之长的倾向自然会抵触和排斥激进主义的思想与实践，因为通常来讲后者实践起来的可行性与成功的可能性并不高。基于步步为营、伺机而动的性格，费边主义在社会福利上的想法大多具体而微，但其逻辑却需要由表及里、回到根源上开始理解。

（一）认识论

在社会历史观的大前提上，费边社会主义者首先秉承社会唯实论，认定一个社会不仅只是许多个人个体的总和，社会的生命要超过它的任何一个成员的生命。因为从史实出发，费边主义者发现在自然的淘汰机制下被保存下来的单位，并不是个人而是社会，并且其眼下的现实状况是，个人不仅是社会有机体的一个组成部分，更“是社会有机体

① ［英］玛格丽特·柯尔．费边社史［M］．杜安夏，杜小敬，等译．北京：商务印书馆，1984：31.

的产物，他的生命是从较大的社会有机体的生命中产生"①。

而从纵向上，社会单位又在动态过程中逐渐成长和发展，类似于生物有机体缓慢进化。需要注意的是，对费边主义而言，这种进化过程是线性的，人们会不自觉地放弃个人主义的步调，并迈入（费边）社会主义这个必达的进步状态与更高阶段，"社会主义不过是合理化的、有组织的、披上了外衣的和神志清醒的个人主义而已"②。因此，社会主义正在不可避免地来临，并且正在一点一滴地实现。

这种线性的基础是经济层面的演进，这种进化通过改变物质生产的条件而改变了我们整个社会的问题，并且事实本身在我们的现代生活中引起了一种革命，因此与我们个人的愿望或成见实际无关。而在经济基础之上，随着社会学知识的每一步进展，人们越来越了解到，人不仅只可以主宰"事物"，而且也可以有意识地控制社会命运本身。③ 通过孔德、密尔、达尔文以及斯宾塞等人，社会有机体（social organism）概念，已深入人心，甚至引起政治经济学教授们的广泛关注。当然，基于费边思想中民主主义与自觉渐进主义的特征，这种观念对人们心灵的侵入只能是渐进而缓慢的，但又确实会通过社会行为体的实际行动来改变社会后果，通过不断的社会改革来形成新的社会境况与制度安排，"那些讲求实际的人们，虽然不关心这些事情，也无可抗拒地被引入了同一的方向"④。费边主义者也因此定位了自身的角色，"正是社会主义者把本能转为自觉的理智；他把一个默然无声的要求喊了出来；他把一个具有巨大潜力的思想潮流导向正确的方向"⑤。

（二）基本尺度和规范要求

从上述有机体—进化论的认识论立场的大前提出发，很容易理解接下来的费边思想的基本尺度和规范要求。其一，社会作为尺度是费边主义者的思想前提，所以他们拒斥了先验的、个人主义的社会契约论，并且在前提上批判了以个人主义尺度去衡量社会的做法，每一个人完满而恰当的发展，并不一定就是他自己人格具备至高无上的修养，我

---

① ［爱尔兰］肖伯纳. 费边论丛［M］. 袁绩藩，朱应庚，等译. 北京：生活·读书·新知三联书店，1958：114-115.

② 夏明方. 十八世纪中国的"现代性重构"［J］. 史林，2006（6）：122.

③ ［爱尔兰］肖伯纳. 费边论丛［M］. 袁绩藩，朱应庚，等译. 北京：生活·读书·新知三联书店，1958：116，120，167.

④ ［爱尔兰］肖伯纳. 费边论丛［M］. 袁绩藩，朱应庚，等译. 北京：生活·读书·新知三联书店，1958：101. 译文在人名译法上以及字体（繁体到简体）上略有改动。

⑤ ［爱尔兰］肖伯纳. 费边论丛［M］. 袁绩藩，朱应庚，等译. 北京：生活·读书·新知三联书店，1958：283.

们必须放弃那种认为我们是独立的个体的自高自大的幻想，并且要将在这种人格修养的狂热追捧和相互攀比中所滋生的妒忌心也一并摒除。其二，与批判交织在一起的是对社会成员的规范性要求，在社会与个人的关系上，他认为社会有机体的继续存在，乃是个人至高无上的目的。个体圆满而恰当的发展应该是他以最可能的方式在这个伟大的社会机器中履行了他卑微的义务，我们必须转变过来，去服从那个更高的目的，即服从公共福利。正因为社会有机体进化的必然倾向，任何相反的行动迟早会被后者制止，所以在动机上个体不应该也没必要敌视社会有机体的整体福利，社会主义是人们应当认识到、主动顺应并避免抗拒的时代潮流。在社会成员之间则应彼此团结，“想到穷人必然要挨饿会使你对吃饭感到羞惭，想到穷人必然冻得发抖会使你对自已穿着暖和的大衣感到羞惭”①。

（三）社会问题的症结

基于历史观与社会尺度，费边主义诊断出资本主义的社会制度才是贫困等社会问题的症结所在，正是由于从一开始就不公平的私有财产制度，掌握着资本和土地的少数人对劳动者持续进行制度性剥削，才造成了贫困和无产者。“站在社会主义的立场来对个人主义的经济行为进行分析，我们发现土地的私人占有乃是社会主义所反对的各种不平等特权的根源。实际上这显示了把土地作为公共财产乃是社会主义的基本经济条件。”②

这里可以特别考察费边主义者（同时也是诺贝尔文学奖获得者）萧伯纳（George Bernard Shaw，1856—1950 年，也译作肖伯纳）的论述。他生动地描述了无产者的穷困境况：无产者从那高山上的雪线徘徊到大海的岸边去寻找土地，但是却发觉没有一块土地不是别人的财产，私有财产早已把他抛在九霄云外了；他走在路上时，是一个流浪者；他离开了道路时，便是别人土地的侵犯者；他没有粮食、没有房屋、无以为生，是一个多余的人，具有去做流浪者或奴隶的一切条件；这个一出生就是无产者的人，只得以一个无产者的身份死去，留给他儿子的唯一遗产就是贫困。③

而在分析层面，萧伯纳提出租金理论，其中被生产资料（土地与资本）所有者独占的一个劳动力的生产额，与维持他自身生存所需要的物质之间的差额就叫租金。在理论主干上，这非常类似于马克思的剩余价值理论，正是既有头脑又有膂力，既能想出办法

① ［爱尔兰］肖伯纳. 费边论丛［M］. 袁绩藩，朱应庚，等译. 北京：生活 · 读书 · 新知三联书店，1958：80.

② ［爱尔兰］肖伯纳. 费边论丛［M］. 袁绩藩，朱应庚，等译. 北京：生活 · 读书 · 新知三联书店，1958：57，58，71，73.

③ ［爱尔兰］肖伯纳. 费边论丛［M］. 袁绩藩，朱应庚，等译. 北京：生活 · 读书 · 新知三联书店，1958：58-61.

又能将其付诸实行的无产者们，他的后裔将使地球上所有的后代子孙们享受幸福。然而，不同社会阶级对社会有机体福利的贡献—所得关系却是“第一个人毫不工作而得了所产的一半；第二个人毫不工作而得了所产的五分之二；而第三个人（即无产者）干了所有的工作却只得到所产的十分之一”①。

同时在需求领域，租金理论又吸收了“有闲阶级”的思想。也就是说，富贵闲人们不事生产，却以劳动者的贫穷苦难为代价用来骄奢淫逸。例如，“一位天性文雅敏感的纽约太太，为她死了的爱犬订购了一个漂亮的有粉红色缎子的花梨木和银子做成的棺材”，但就在同时，“一个活着的小孩，却赤着脚在外面那个冰天雪地的贫民窟中来回踟蹰并且饿得发晕”。因此富人对奢侈品的交换价值和有效需求是邪恶的，“不再代表效用，而只代表那种对情欲、愚蠢、虚荣、饕餮、疯狂等的渴望”②。

（四）福利思想的基础与原则

通过对私有财产制度和资本主义社会的批判，费边社会主义也形成了自身福利思想的基础与原则。1887—1919 年，费边社为自己定下的目标是：在所有制上，把土地和工业资本从个人和阶级所有中解放出来，并为了全民的利益将其收归社会所有，致力于消除私有土地资产以及由此产生的为得到允许使用土地和得到使用上等土地及场所而缴纳的租金的个人占有；在管理主体上，将工业资本的管理在实际可行的情况下转为社会管理；在社会阶级层面，要消灭依靠别人的劳动而生存的寄生阶级；在经济福利的分配层面，将原来的租金和利息付给劳动者作为劳动报酬，并通过经济力量的自然活动将使实际的机会均等得到保证。③

而要做到这些，政府机构、代表政党与议会等则是必不可少的中介。换句话说，这反映了费边福利思想中的国家观，或者说在追求和实现社会福利过程中国家的功能。同为社会主义，在马克思与恩格斯的科学社会主义那里，国家主要是作为资产阶级的工具和奴仆而出现的；但费边主义者并不赞成“国家剥削论”，对他们而言，资产阶级不再是绝对的敌人，政府也并非永远只能是敌对阶级的帮凶，代议民主制的功能也不仅仅限定在资产阶级单边对付无产阶级上。简言之，（代议民主制）从单边变为中性，被费边主义者视为阶级利益斗争的新的中介、场域和手段，正如赫伯特·布朗德所言，未来的“有产者”（haves）与“无产者”（have nots）之间的斗争，将要变为政党之间的冲突。每一

① ［爱尔兰］肖伯纳．费边论丛［M］．袁绩藩，朱应庚，等译．北京：生活·读书·新知三联书店，1958：57.
② ［爱尔兰］肖伯纳．费边论丛［M］．袁绩藩，朱应庚，等译．北京：生活·读书·新知三联书店，1958：73.
③ ［英］玛格丽特·柯尔．费边社史［M］．杜安夏，杜小敬，等译．北京：商务印书馆，1984：350.

个政党都完全意识到它是在为什么而斗争，且充分领悟到所争论的问题的生死般的重要性。①

（五）行动策略

费边社的国家观也延续到费边社的行动策略上。在通过国家中介实现目标的路径上，一方面，费边社希望直接形成一个与自由党和保守党相对抗的社会主义政党而且参与到英国的政治中去，从而将经济领域中的情况反映到政治领域中，这一社会主义政党即英国工党。在很长一段时间里，费边社都在通过为英国工党出谋划策来使自身的社会福利思想从单纯的提议转变为具有现实约束力的法案，甚至在纲领文件中表明自己是工党的（具有相对独立性的）附属组织。费边主义者认为，通过代表自身利益的英国工党，社会主义者和工人阶级也可以在实质意义上参与甚至主导国家政治。“必须筹划新的政府机构……把我们这个国家的主权加以组织并使它发生效力，从而限制私人财阀利益所僭取的特权。”②

另一方面则涉及费边社著名的渗透政策。玛格丽特·柯尔认为这一术语的含义即“到处钻洞”、渗入国民思想，并且由浅入深、“穷追不舍”。费边主义者相信，“渗透”对象完全可以是跨阶级、跨群体和跨党派的，抓住每一次机会在英国社会“渗透”费边社会主义的思想与计划，以期将国民的意识形态扭转到费边社会主义的方向，不仅要注入完全信奉社会主义的人们的思想里，同时也要注入与我们见解不同的人们的思想里，不仅在自由党人或激进主义者中进行这种宣传，也在保守党人中进行这种宣传；不仅在工会运动者和合作主义者中进行宣传，也在雇主们及金融家们中进行宣传。

当然，费边社更希望渗透那些在制度变迁中有权影响变迁方向的关键人物，如政党领导人、内阁大臣，高级行政官员、大工业家、大学校长、主教等。费边主义者以一种持续渗透的方式改变这些关键人物的观念，使其要么改信社会主义，要么相信费边社直接纲领的某些部分，进而利用他们在制度变迁过程中的巨大影响力和关键作用，让社会改革朝费边社会主义的方向偏转。“这些人和组织都要能够亲自采取行动或者左右其他人，不仅使某项决议通过，或者劝使某郡议会接受如‘收养法’的某一条款……保证郡议会对这一决议以及它通过的一切议案不至于停留在纸上，而是付诸实施……他们必须

---

① ［爱尔兰］肖伯纳．费边论丛［M］．袁绩藩，朱应庚，等译．北京：生活·读书·新知三联书店，1958：276.

② ［爱尔兰］肖伯纳．费边论丛［M］．袁绩藩，朱应庚，等译．北京：生活·读书·新知三联书店，1958：10，32.

直接或间接地接受费边社成员的指示和建议。”①

（六）解决贫困问题的建议

费边社为解决贫困问题而提出了一些具体政策建议。其基本思路就要将土地与资本的私人租金与利润“当作公共的或社会的财富，而且应该要像现在以征税的方法所得到的收益一样，被用在公共事业上”②。其中被列为第一位的就是社会保险及对重大事故的预防。

而具体到19世纪末20世纪初的时间跨度（截至第一次世界大战之前），费边社的实际福利思想主要集中于公共教育改革和废除《济贫法》。其中公共教育改革问题与费边社关系密切，而且在使用“缓兵待进”和“渗透”政策方面提供了最典型的成功例子。在19世纪末期，英格兰和威尔士等地的初级教育与中等教育呈现严重的混乱状况，尤其是教会负责的学校师资水平不高，校舍破旧不堪，而且这种情况一年比一年糟糕。韦伯起草了包括六条总原则和十条实际建议在内的十六条决议，“要求由一个独立的权力机构来负责除了大学（可能还有私立的以及接受捐赠的学校）以外的所有教育，还要求每一个地区也设立相同的机构，但这个机构不应该是专门选出来的，而应该是地方议会本身，通过一个委员会或几个委员会来执行”③。

而对于《济贫法》，费边社认为其整个救济制度处于混乱之中，非常露骨地表现出对被救济者人格和选举权的剥夺，不把人当作人，而只是当作牲畜或工具，认为他们是社会的累赘，而他们之所以还被容忍，是因为被救济者有朝一日可能会重新对社会有些用处。因此费边社向济贫皇家委员会建议彻底废除《济贫法》。韦伯夫妇等人草拟的《济贫法委员会少数派的报告》（简称《少数派报告》）“于1909年年初问世，它不仅依凭证据对《济贫法》进行了彻底的批判，而且具体提出了取代它时的先决条件，即对所有造成贫困的原因加以适当的估价——年老、事故、疾病、痴呆、失业，国家对于每种情况有特殊规定。后来出现的一切‘社会保障’这个术语所表示的全部东西，包括一些还未付诸实施的东西，都可以在五十年前的《少数派报告》中找到。”④

在从少数人掌握资本而带来的社会不平等和剥削制度前提下分析了贫困的原因并试图找到解决办法后，费边主义者探讨了与贫困相关联的失业问题，认为失业不是由于个

---

① ［英］玛格丽特·柯尔．费边社史［M］．杜安夏，杜小敬，等译．北京：商务印书馆，1984：88-89.

② ［爱尔兰］肖伯纳．费边论丛［M］．袁绩藩，朱应庚，等译．北京：生活·读书·新知三联书店，1958：78.

③ 王建．美国学校选择运动的进展、争议与启示［J］．教育经济评论，2018（3）：96-127.

④ ［爱尔兰］肖伯纳．费边论丛［M］．袁绩藩，朱应庚，等译．北京：生活·读书·新知三联书店，1958：142-144.

人原因引起的，它是一种社会现象，所以社会应该采取办法解决失业问题，仅对失业者进行救济是不够的，应该使失业者尽快就业，解决时要优先考虑有技术者。所以，对那些因为行业衰退而失去工作者，应该训练他做另外的工作；对那些因健康不佳而失去工作者，应该采取措施恢复其竞争力；对那些因自己的过错而失去工作者，应按照过错的性质给改正的机会。

在社会福利思想的发展脉络中，费边社会主义是被人反复提起的关键节点，它帮助英国在根本上废除了持续上百年的济贫制度，对第二次世界大战后英国福利国家的形成起到了非常重要的推动作用，乃至于对更多晚近时期的福利思想与实践都有影响深远。

二、旧福利经济学

其实在庇古之前的历代经济研究者中，追求社会进步、收入分配合理化等广义上的一般社会福利，特别是可以通过测量工具来处理的经济福利，一直都会被有意无意地体现在研究动机中。而到了庇古这里，他又格外重申并强调了这一点，指出对经济研究而言，知识本身并非目的；追求知识所带来的价值和美好事物并最终为生活服务才应该是这种实证研究的唯一目的，“对陋巷的厌恶以及对衰弱生命的社会热情，才是经济科学的起点……适合智力的唯一位置，是作社会同情心的奴仆”①。他开创的福利经济学说，秉承研究是为了实践而服务的大方向和基调，通过规范动机形成核心的福利概念，进而重塑一套理论框架和实证形态，深远地影响甚至转换了整个经济研究的话题。

（一）旧福利经济学的关键概念

庇古福利经济学说整个框架起始于“福利”“经济福利”和“国民所得”等概念。在研究客体的性质上，庇古认为福利的性质是一种意识形态，或许是意识形态之间的联系。可问题在于，这种性质的研究对象，其实是很难找到与之合适配套又可资利用的测量尺度和分析工具的。受限于此，庇古只好以货币这一社会生活中最常见的测量尺度为标准，通过反向的路径为研究对象划分界限。他以是否直接或间接与货币有关这种不太清晰的方法为标准，从社会福利中界定出了经济福利：“能与货币尺度建立联系的满足和不满足”②，并将同样界限模糊的余下部分划入非经济福利的范畴内。同样，在部分对整体的代表性上以及研究结论的一般性上，庇古也只能通过未经证实的概率，不太严密地将一种经济因素对于经济福利的影响的质的结论直接推论到社会总福利上面。（其逻辑路

① ［英］庇古．福利经济学［M］．朱泱，张胜纪，吴良键，译．北京：商务印书馆，2006：9．
② ［英］庇古．福利经济学［M］．朱泱，张胜纪，吴良键，译．北京：商务印书馆，2006：29．

径为：福利—意识形态—满足/不满足—经济福利—货币尺度）

接着，在主体满足和货币尺度之间，庇古找出一种必经的联系中介：欲望。满足总是滞后于欲望。在长期和整体的福利图景上，二者之间的背离和差异将减损社会福利。这是因为，一个人在欲望驱动下，通过长期工作获得的成果或积蓄，通常因本人寿命有限、无福消受而被后人拿来享用并获得满足。鉴于收益期的漫长和遥远，人们自然趋向于漠视未来和竭泽而渔，一边牺牲长期利益、降低资本创新动力，一边对自然资源急功近利地掠夺式经营。（其逻辑路径为：经济福利—满足/不满足—欲望/厌恶—货币尺度）

在经济因素对于经济福利的影响上，庇古又发现国民所得才是经济因素直接作用到的客体，于是他在概念与叙述内容上将国民所得与经济福利对等（包括有弹性的概念边界）。然而需要注意，这里的对等并不意味着庇古在研究中完全将其混为一谈——毕竟，经济福利在根本上是被庇古视为人们的一种心理状态；而国民所得却是一种客观存在的事物，是商品和服务的结合体，公众偏好的变化对它不会产生任何影响。而在国民所得本身的内涵上，因为研究主要与对福利造成影响的“原因”相关，庇古选择了追随马歇尔的定义而强调其生产方面的导向，即把国民所得作为当年所生产的商品和劳务的流量。（其逻辑路径为：经济因素—国民所得—经济福利）

（二）经济研究的基本预设

在界定完关键概念后，庇古又提出一些经济研究的基本预设。其一，经济福利只取决于被消耗掉的收入，而非所有得到的收入。因此，庇古对于国民收入和社会经济福利的整体论断是，“一个社会的经济福利，存在于使用国民所得带来的满足超过生产国民所得带来的不满的剩余部分”①。其二，影响福利变化的主要是境遇的落差和变化所导致的心理落差，而不是境遇的水平，因为无论贫穷还是富有人们都会习惯。例如，一个人如果一生都在柔软的床上睡觉，有一天突然强迫他在露天的地上睡觉，那他会感到很痛苦；但是一个一向睡在柔软床上的人却并不一定比一个一向露天睡觉的人睡得更好。其三，就边际理论而言，庇古明确指出，边际单位可以是完全一样的边际总和中的任何一个单位，而非最差的单位，边际单位的特殊之处仅在于这一单位处于（想象中的）边际的位置。② 在数学层面，庇古选择边际效用基数论，这意味着人与人之间的满足或效用，不只以排序的方式相互通约和比较，而是可以进行加减乘除等更复杂的运算。他认为，在同

---

① ［英］庇古．福利经济学［M］．朱泱，张胜纪，吴良键，译．北京：商务印书馆，2006：97.

② ［英］庇古．福利经济学［M］．朱泱，张胜纪，吴良键，译．北京：商务印书馆，2006：29，42，58，96，97，145.

一个国家中，人与人之间的满足或效用是可以比较的，可以用数字来表示。在趋势上，庇古强调了边际效用递减论：如果一个人的欲望不变，他持有的一种商品越多，他对于这种商品增加的单位所愿意支付的价格也就越少。由一种商品最后增加的单位所取得的效用，叫做边际效用。商品的边际单位所得到的效用越来越少，被称为边际效用递减规律。

（三）经济福利和国民所得的动态关系

在此基础上，庇古进一步探究经济福利和国民所得之间的动态关系，他主要考察了两个方面：（1）国民所得的数量；（2）国民所得在社会成员之间的分配方式。[①] 由此提出两个基本的福利命题：国民收入的总量越大，社会经济福利就越大；国民收入分配越是均等化，社会经济福利就越大。由于二者相互牵涉，很难通过控制变量来单独考察，庇古便形成一套整体的收入转移理论，并且提出命题：将国民所得从富人转移给穷人会提高社会的经济福利。

这是因为，除了整体上的边际效用递减外，一方面，由于必需品和便利品在富人的总消费中占比很小，所以再分配对富人收入和所得的边际减损一般落在奢侈品消费上；同时，由于福利在性质上是一种意识形态，而福利意识形态在富人这里又主要是不患寡而患不均，“人们并不想富有，而是想比别人富有……富人的收入带来的满足，较大部分来自其相对数量，而不是其绝对数量。只要所有富人的收入一起减少，这部分满足就不会消失”[②]。另一方面，穷人的生活条件从贫穷状态变为富裕状态后，因为他们的全部欲望、习惯和期望也会改变，因此短期内由于收入急剧增加而大手大脚乱花钱的可能性并不高，而从长期来看，富人和穷人之间性情和爱好的差异，可以通过在他们之间转移收入来克服。所以，如果收入从富人转移给穷人，昂贵的奢侈品将让位于更加为人们所需的物品，名酒将让位于肉类和面包，新机器和厂房将让位于衣物和经改进的小型住宅。最终，在整体上穷人增加的福利大于富人减少的部分，庇古得出结论，“只要总的国民所得不减少，在相当大的范围内，以富有阶级享有的实际收入的相等减少为代价，最贫困阶级享有的实际收入的任何增加，都几乎肯定会增加经济福利”[③]。

（四）转移所得的受众群体

在更加具体的转移所得的受众上，庇古大体区分了工人群体与穷人群体。依据工人

---

① ［英］庇古．福利经济学［M］．朱泱，张胜纪，吴良键，译．北京：商务印书馆，2006：135.
② ［英］庇古．福利经济学［M］．朱泱，张胜纪，吴良键，译．北京：商务印书馆，2006：101-102.
③ ［英］庇古．福利经济学［M］．朱泱，张胜纪，吴良键，译．北京：商务印书馆，2006：99，104，108.

的生理极限，庇古提出了最低工资标准与劳动时长标准。最低工资按计时与计日而不同，劳动时长会在不同行业中因职业条件而异，但庇古特别提出要注意其中雇主对工人的剥削因素。任何产业中正常工作的劳动时间的增加，超过某一点，都会致使工人疲惫不堪，最后将降低而不是提高国民所得。然而在 19 世纪早期的英国现实中，人们常常采用超过国民所得要求的最大利益的劳动时间。庇古分析，因为雇主只注重眼前需求，不可能采取长期观点，也没有兴趣保持劳动力的优良状态，而工人也同样缺乏先见之明；另外如果雇主成功地在工资问题上剥削工人，会导致工人为了避免贫穷而愿意做较长时间的工作。所以劳动力市场中的双方都看不到过高工时对于劳动效率和国民所得的损害。而这一损害又最不利于妇女和青少年群体，因为他们整个生命周期中的总效率可能由于青年时过度紧张而大受损伤。因此，政府有明显的理由着手干预来降低工时，直到工人最后一个小时挣得的工资，应该正好补偿他们较长时间工作的不愉快。

在此之上，还可以依据工人生产国民所得的效率，来形成一种公正的工资补贴标准。工人的工作效率可以通过此人的净边际产品与产量的乘积来衡量，而效率的高低源自工人自身的个人能力（个人的素质、特性和受到的培训等）与其工作环境。如果效率相同的工人工资相等，那么这种工资在不同工人之间的分配关系就是公正的；如果效率不同，那么工资与效率成正比就是公正的。在公正的工资关系中，不同地区与行业工资在价值上都与净边际产品相等，使国民所得最大。甚至，即便满足了公正的工资标准，国家还可以通过继续提高工资标准，用以刺激国民所得总量的增加。

此外，庇古还建议通过劳动介绍所来解决工人失业问题。由于缺乏相关信息，工人往往在一个地区或一个职业上失业，而同时其他地区或其他职业都有用工的需求，这种供需失衡极大损害了国民所得。必须有方向和有计划地将工人和岗位组织起来进行匹配，使劳动力空缺和失业工人大范围接触。“在英格兰，信息从孤立到联系形式的发展是由 1910 年劳工介绍所法实现的。显然，这种性质的有组织制度可以作为强有力的工具，为促成失去工作的工人向需要他们的空缺职位移动服务。”①

就穷人的福利措施而言，庇古先从基本层面提出全国收入最低标准，他指出这种最低标准应当是总体的、客观的和绝对的生活条件。所谓总体，是指最低标准并非单一方面，而是由“明确数量与质量的居住房屋、医药治疗、教育、食物、闲暇、从事工作的卫生与安全设施等多维度上的指标共同组成”②。客观则是说，单靠公民自身的能力，无法全面达到这些指标。而绝对是指这一标准集合对任何人都有效，并且没有任何理由可

① ［英］庇古．福利经济学［M］．朱泱，张胜纪，吴良键，译．北京：商务印书馆，2006：534.

② ［英］庇古．福利经济学［M］．朱泱，张胜纪，吴良键，译．北京：商务印书馆，2006：532，534，787.

以降低其中任一维度上的生活标准。

而在绝对的最低标准之上，庇古主张通过扶贫和扶志来使穷人自强、自立并自发脱贫，为此庇古专门讨论了进行收入转移时国家干预的具体形式。向穷人转移国民所得的制度安排，不应放纵或助长穷人懒散和浪费的习气，"'旧济贫法'的经验使人们十分害怕，任何公共基金资助的预期将引诱穷人懒散和浪费"①，而应促进和培育穷人勤奋工作与节俭持家的秉性，强调自愿努力与国家官方机构相结合以帮助穷人。对庇古而言，将富人的国民所得转移给穷人，这种转移本身不是目的，而只是手段和渠道；通过转移开发穷人潜力、增加穷人的人力资本、提高穷人的生产能力最终助益于国民所得才是目的。他从两方面提出财富在富人与穷人之间进行转移的办法。一是在富人将财产转移给穷人的方式上，庇古提出两种办法：一种是自愿转移，由富人自愿捐出其一部分收入，用于公共教育、科研、大众保健和娱乐等方面，或直接捐助慈善事业；另一种是强制性转移，由政府开征所得税和遗产税，政府将部分税入救助穷人。二是穷人获取这部分资助的方式也有两种办法：一种是由政府举办社会保险和兴建社会服务设施，帮助社会大众化解生活风险，享受一定福利；另一种是由政府对穷人最迫切需要的生活必需品（如食品、住宅）的生产部门，给予一定补贴，从而降低售价，让穷人间接受益。但是，庇古不建议直接转移，如果通过税收征集金钱，那么国民收入的损失与征集数额成正比，这种普遍化转移的预期必然破坏国民所得，而"当转移隐匿在补贴下面要比它以直接救济方式展现，对受益人要好受得多"②。

庇古用边际效用论分析了财富在富人与穷人之间进行分配的必要性，他不仅强调分配问题，而且也用边际效用论考察了社会资源的配置问题。这里，他用边际私人纯产值和边际社会纯产值两个概念进行比对分析。边际私人纯产值是指增加一个单位的投资后，投资者收入所增加的值，所以边际私人纯产值等于边际私人纯产品乘以价格；同理，边际社会纯产值指社会因增加一个单位生产要素所得到的纯产值，它等于边际社会纯产品乘以价格。如果在边际私人纯产值之外，其他人还得到利益，那么，边际社会纯产值就大于边际私人纯产值，这种生产活动给社会带来的有利影响，叫做"边际社会受益"；相反，如果在边际私人纯产值之外，其他人的利益受到损失，那么边际社会纯产值就小于边际私人纯产值，这种生产活动给社会带来的不利影响，叫做"边际社会成本"。要想对社会资源进行优化配置，就要对边际社会受益给予鼓励，对边际社会成本进行管制。

---

① ［英］庇古．福利经济学［M］．朱泱，张胜纪，吴良键，译．北京：商务印书馆，2006：747.

② ［英］庇古．福利经济学［M］．朱泱，张胜纪，吴良键，译．北京：商务印书馆，2006：769.

（五）以转移价值为依据的穷人群体划分

根据是否具有“转移价值”，庇古还在穷人内部划分出不同群体。首先，如果以教育和培植的形式将国民所得转移给儿童，那么将产生十分巨大的收益。庇古将儿童比作投资的“最肥沃土壤”，并引述了导师马歇尔的观点：“没有比听任出生在父母贫贱家庭的天才儿童，在低微的工作中虚度一生，对国民财富的增长更加有害的浪费了。”① 其次，如果以技术培训和照护医治的形式将国民所得转移给有劳动能力（至少是劳动潜力）的成年工人，那么将产生巨大的收益。对体格健全的成年工人进行工业技术训练，特别是对那些有着良好天赋但是由于不适应受雇职业而收入特别低的人，以培训形式转移资源可能让其获得巨大的回报，如果这些人得不到及时资助，他们会落得永久性健康损坏，以医疗形式和适当食物形式给他们资源转移，可能阻止生产能力的巨大损失。最后，堕落者（懒惰且浪费）和老人却被庇古视为无可救药的人群，在这里庇古明确表露了他思想渊源中一定的功利主义倾向，“当发现这些人时，能做的最重要办法，是永远地使他们没有寄生在别人身上的机会，没有传布他们道德传染病的机会，和没有繁殖像他们本人同样性格的下代的机会……抑制精神上和体格上有疾病者的增殖，从源头上切断受污染生活的流水”②。

第三节　20世纪上半叶西方近现代福利思想

一、约翰·梅纳德·凯恩斯：国家干预思想

约翰·梅纳德·凯恩斯（John Maynard Keynes，1883—1946年）是英国著名的资产阶级经济学家，长期担任政府要职。第一次世界大战结束后代表英国参加了巴黎和会，并在20世纪30年代发生世界经济危机时担任英国财政经济顾问委员会主席，还在第二次世界大战临近结束时代表英国参加联合国货币金融会议，同时担任国际货币基金组织和国际复兴开发银行董事。凯恩斯的社会福利思想是以其对资本主义经济提出的改革主张为基础的。进入20世纪以来，以构建社会主义社会为目标的马克思主义迅速传播。俄国十月革命的成功实践和世界范围内无产阶级革命运动的高涨，对比两次世界大战期间西方资本主义矛盾引发的各类问题，资本主义经济制度中曾经奉若神明的市场经济体制已

① ［英］庇古．福利经济学［M］．朱泱，张胜纪，吴良键，译．北京：商务印书馆，2006：780.
② ［英］庇古．福利经济学［M］．朱泱，张胜纪，吴良键，译．北京：商务印书馆，2006：773.

经无力满足西方垄断资产阶级的需要。资本主义亟须一剂良药用以稳定资本主义国家的“民心”。在这个背景下，凯恩斯提出一系列经济主张挽救整个西方资本主义国家于危亡。

（一）失业问题由有效需求不足造成

1929—1933 年发生了世界性经济危机，其重要的表现形式是社会出现严重的失业问题。“整个资本主义世界的失业人数最高达到 3 000 万人，加上半失业人数总计 4 500 万人左右，其中，美国失业人数从危机以前的 150 万人增加到 1 320 万人，包括半失业人员共达到 1 700 万人，德国失业人数达到 700 万人，英国和法国各有 300 多万人。”① 凯恩斯就当时西方资本主义社会的失业问题向经典经济学派提出质疑。凯恩斯认为，当时出现的大规模就业问题并不只是由于经典经济学派所提出的“摩擦的”和“自愿的”两种失业范畴。“事实上，总有一部分人愿意接受现行工资而工作，但无工可做。”② 他们的失业实际上是一种“不自愿的”失业。凯恩斯继而分析劳工不愿参与工作的原因，提出了“货币工资”和“真实工资”的概念。在某种范围内，劳工所要求的乃是一个最低限度的货币工资，而不是一个最低限度的真实工资。这意味着劳工并不像以往经典学派认为的对物价上涨、货币贬值、税收加重等具有较为强烈的敏感度，而是“劳工所要求的规定的，不是真实工资，而是货币工资——这种情况，远非仅是一种可能性，而是通则”③。而这种货币工资直接影响的是人们的有效需求。有效需求即有支付能力的需求，是人的需求基础上的可及性问题。社会有效需求是指商品的总供给价格和总需求价格达到相等时社会对商品的总需求，界定于总需求曲线和总供给曲线的焦点。有效需求不足是导致失业的主要原因，当总供给小于总需求时，则会出现供不应求现象，由此会出现生产扩大，进而增加就业机会；反之，当总供给大于总需求，则会出现供过于求现象，由此会出现生产压缩，进而减少就业机会，所以，社会实际的有效需求决定了失业问题。

（二）有效需求不足的原因

凯恩斯分析了有效需求不足的原因在于消费和投资不足。凯恩斯解释充分就业的概念，“雇主之间相互竞争，必使就业量扩张到一点，在这点时，总产量之供给，不再有弹性，即当有效需求之值再增加时，产量不再增加，这就是充分就业”④。当人们消费能力

---

① 樊亢，宋则行. 外国经济史（第三册）［M］. 北京：人民出版社，1980：9-10.

② ［英］约翰·梅纳德·凯恩斯. 就业、利息和货币通论［M］. 南京：译林出版社，2014：7.

③ ［英］约翰·梅纳德·凯恩斯. 就业、利息和货币通论［M］. 南京：译林出版社，2014：8.

④ ［英］约翰·梅纳德·凯恩斯. 就业、利息和货币通论［M］. 南京：译林出版社，2014：22.

降低，自然会出现滞销和供过于求问题，只有消费者有较强的消费能力，才能促进经济运行，从而解决就业问题；同样，如果资本家不进行投资和扩大投资，那么，产品价格就会上涨，间接导致有效需求失衡。

（三）消费和投资不足的原因

凯恩斯从三个心理因素找到了消费和投资不足的原因。一是边际消费倾向递减规律。凯恩斯假定，在影响消费的各种因素中，收入是消费的唯一决定因素，收入的变化决定消费的变化。那么就存在一条基本的心理规律：随着收入的增加，消费也会增加，但消费的增加不及收入的增加多。二是资本边际效率递减规律。凯恩斯认为，如果其他条件相同，资本家对利润率的预期将随着投资的增加而降低，即资本边际效率递减规律。如果对某种资本品的购买量越大，则其供给价格越高，他所付出的成本也就越高，因而预期利润率就越低。三是流动偏好规律。流动偏好是一种心理动机，是人们为了应付日常开支、意外开支和满足在适当时机投机牟利活动需要而愿意在手头持有现金的倾向。

（四）充分就业的实现办法

凯恩斯提出通过国家干预经济的办法实现充分就业。凯恩斯认为，既然失业源于有效需求不足，而有效需求不足又受消费和投资不足影响，那么，治理失业和危机最有效的途径是通过财政政策，由国家直接进行投资或消费来弥补私人消费和投资的不足；同时，凯恩斯主张还可以通过政府增加货币发行量来增加有效需求；鉴于人们的流动偏好问题，国家可以出台政策刺激消费、引导需求。通过各种财政政策和货币政策来实现分配上的公平合理，因为“我们生存其中的经济社会，其显著缺点，乃在不能提供充分就业，以及财富与所得之分配有欠公平合理”①。凯恩斯认为，通过收入再分配让公民手中获得财富进而提高整个社会的消费倾向；之后把利率降低到一点，可以达到充分就业。

总体来看，凯恩斯主义对于解决当时西方资本主义国家的社会问题是起到重要作用的，多个国家因采纳或参考了他所提出的理论走出了经济危机的阴霾。凯恩斯放弃了之前经典经济学派传统的自由放任政策，通过政府有效干预，实现收入再分配，促进消费；降低利率，实现充分就业。凯恩斯主义对当时西方资本主义国家而言是一剂救命的“良药”。

二、威廉·贝弗里奇：全民福利思想

经历1929—1933年的世界性经济危机，以及第二次世界大战后为了恢复经济社会发

---

① ［英］约翰·梅纳德·凯恩斯. 就业、利息和货币通论［M］. 南京：译林出版社，2014：322.

展秩序，同时改革国民保险制度出现的一系列弊端，1941 年 6 月，英国政府成立了以经济学家贝弗里奇为首的由 12 个部参加的社会保险和联合事业部国际委员会，其职责是在对英国早期的《济贫法》以及英国 19 世纪末 20 世纪初以来的《工伤赔偿法》、失业保险和失业救济、健康保险、免费的《养老金法》等一系列社会保险方案和相关服务进行调查的基础上，分析和理解社会保障出现的诸多问题，比较人们保险意愿和可获得的资源，进而尝试设计更趋完美的制度，以实现战后社会保障制度的重建计划。英国《社会保险与相关服务报告》是在部际协调委员会群策群力的基础上以一种类似于政府白皮书的形式形成的 23 项 151 条改革建议，但是由于该报告被认定为不具有任何权威，只是在各部委的技术指导下由贝弗里奇牵头完成，故而被称为《贝弗里奇报告》（简称《报告》）。

（一）《贝弗里奇报告》的前期基础

1. 国家应肩负起组织性任务

贝弗里奇认为，国家的任务在本质上是一种组织性任务，在有迹象表明自由市场不能有效运行的地方予以干预。自由市场具有自发性，而毫无计划的社会变化将会导致社会冲突，这将不利于社会团结，社会内聚力的破坏极易影响社会稳定。即使市场能够创造出足够多的财富，但是财富的增多并不必然带来社会和谐稳定，因为市场调节无法做到合理分配社会财富，所以国家要承担起组织性任务，通过建立和规范社会制度和经济制度来促进社会稳定进步，特别是社会制度与经济制度都是不断变化且不断向更高层次发展的复杂有机体。当然，这并不意味着政府代替市场。政府发挥作用的目的只是尽量减少各种措施的无效性以及清除社会进步的障碍。

2. 促进普遍性社会问题的解决

当时英国人民普遍关注的社会问题有两方面。一是 20 世纪初实行的免费的养老金制度，在实行过程中出现了一系列弊端，人们认为领取免费的养老金是理所当然的事情，个人已经把免费的养老金看作国家给予的免费礼物。所以贝弗里奇认为应该进行调整和改革，他提出实行缴费型的养老金制度，认为该制度的好处在于它使把老年问题作为众多社会问题中的独立一个而加以处理成为可能，而且可以废除一切针对老年的特殊性福利。二是对当时非常严重的失业问题，贝弗里奇认为失业基本上是一种工业的和国家的问题，而不是个人品行以及地方在供需自发调节方面的问题。从导致失业的原因来看，由于工业发展，失业者面临技能落后等困境，由工业发展所带来的失业者从失业到再就业的间隔会比较长，缺少技术、没有能力，自发地解决再就业既慢又难；从政府解决临时性失业问题的手段来看，政府仅仅发放劳动救济是不够的，救济只能作为应急性手段，而解决不了根本问题；从失业影响来看，大量无固定职业者的存在，既是对劳动力资源的浪费，也会影响经济发展。所以国家应该肩负起解决失业问题的责任，要把那些懒惰者与真正愿意工作的人区分开来，给后者提供工作，对前者不提供任何工作，迫使他们不再懒惰而成为稳定就业者。同时，建立职业介绍所制度和失业保险制度，职业介绍所为失业者再就业提供帮助，解决当下就业需求问题；失业保险制度有助于将失业带来的风险损失降到最低。

（二）《报告》中提及的改革方案及其原因

1. 在缴费模式、相近保险计划等方面实现统一

（1）统一社会保险缴费（改革 1）。每个参保人只要每周在一份专门的保险文书上贴一张印花缴费，就能享受所有保险福利待遇。理由如下：首先，统一保险文书或印花后每年可以节约管理费用方面的支出；其次，将各项社会保险缴费划入一个基金，在操作上比较方便；再次，将满足同一个参保人的各项需求统一到一个基金账户上，会增强基金的抗风险能力，能够确保各项福利待遇的发放；最后，方便经办机构针对同一参保人在养老、失业和医疗等方面记录一个总缴费额。

（2）统一工伤事故、职业病等社会保险方案（改革 4）。废除现行的工伤赔偿计划，理由如下：首先，现行工伤赔偿计划是雇主全权负责原则，工伤赔偿常常以威胁或提起诉讼为最后手段来确保执行的；其次，赔偿金无法得到完全保证的情况下，雇主和雇员矛盾重重；再次，工伤事故认定较难，交通事故、家庭意外伤害等因素与工伤事故界限不明；最后，工伤赔偿金的管理费用往往高于实际需要的费用。

（3）统一失业、伤残和退休的保险金及养老金水平，统一等待时间、统一缴费条件（改革 9~11）。统一保险待遇水平可以避免参保人倾向于申领待遇标准高的保险金，而不考虑是否符合实际情况。例如失业和伤残，这里的伤残不包括因工伤事故或职业病造成的长期伤残，如果失业保险金高于伤残保险金，则人们会不顾及实际而极力申请失业保险金及相关辅助性收入。在给失业人员、伤残人员给付保险待遇时一般会有三天的等待时间，但在实际运行过程中，有的保险严格执行绝对等待时间，有的保险实行临时等待时间，有的干脆没有等待时间，所以，《报告》建议失业和伤残保险都规定只有当工资收入中断持续时间达到四周时才补发最初三天的保险待遇。统一享受失业、伤残保险金的缴费条件，修订享受养老金的缴费条件，把正常缴费与个人利益挂钩，从而促进缴费。与此同时，《报告》提出要规定养老金领取的最低年龄，只有从工作岗位退休后，达到男性 65 岁，女性 60 岁者才能领取养老金（改革 14）。

（4）统一将专门性失业保险计划纳入普通失业保险计划（改革15）。以往对于在农业、金融和保险业人员制定的行业经办失业保险计划是经济发展特定时期的产物，历史因素造成了一些特殊行业的专门失业保险计划，新形势下任何特权都不应该违背社会保险的统一性。

2. 在组织机构、工作内容等方面实现规范管理

（1）规范管理社会保险和国民救助（改革2）。将二者全部归社会保障部管理，在地方设立分支机构，为所有参保人提供便捷服务。理由如下：首先，方便参保人与一个机构打交道；其次，避免机构之间相互扯皮和多头管理问题；再次，避免待遇漏洞、待遇交叉、重复享受、标准不一等问题；最后，节约开支，提高效率。

（2）分开管理现金待遇和医疗服务的工作内容（改革5）。建立一个由卫生部负责监管、覆盖全民、涵盖所有诊疗项目及各种伤残情形的综合性医疗服务体系。现金待遇取决于两方面因素，“一是能否在伤残时支付高额待遇，取决于国家在减少需要领取待遇的人数上做出的努力；二是就个人而言，要想享受高额待遇，应当认清自己的责任，并在各方面进行合作，以便在尚能预防阶段及早发现疾病”[①]。以保险待遇的形式公开而又直接地支付疾病和事故费用，能够突出成本费用，刺激国家采取干预手段。与现金待遇不同，医疗服务应当是对所有公民无一例外地提供治疗和预防，不设置报酬限额，在转院时也没有任何经济上的障碍。

（3）规范各级各类管理部门。将目前由地方机构管理的公共救助职能（慈善性医疗服务除外）移交给社会保障部（改革19）。救助职责移交给社会保障部，而待遇发放工作原则上仍由地方管理机构负责。将救助署的职责与劳动和兵役部管理的就业服务工作等管理职责移交给社会保障部。用社会保险法定委员会取代失业保险法定委员会，将原来商业化运作的简易人寿保险业务变为公共服务项目，由简易人寿保险委员会负责管理（改革21~23）。

3. 将家庭妇女、失去生计的人员、盲人等特殊群体考虑在内

（1）调整家庭妇女的福利待遇（改革6）。因为绝大多数已婚家庭妇女尽管没有报酬，但是如果没有他们在家的无偿劳动，其丈夫也很难从事有偿劳动，国家也会难以为继。所以，应该将丈夫的缴费看作是夫妻双方的共同缴费，让家庭妇女“在任何情况下都可享受结婚补助金、生育补助金、孀居和分居待遇以及退休养老金；对没有从事有酬劳动的家庭妇女，在其丈夫失业或者伤残期间为其提供福利待遇；对从事有酬劳动的家

① ［英］威廉·贝弗里奇．贝弗里奇报告：社会保险和相关服务［M］．北京：中国劳动社会保障出版社，2008：151.

庭妇女，不仅提供生育补助金，还提供额外的生育保险金和较低水平的失业及伤残保险金”①。

（2）为失去生计的人员提供培训保险金（改革 8）。无论其所从事的工作是否有报酬，也不用进行经济状况调查，都可以按照失业保险待遇标准发放一定的保险金，但享受者必须接受培训，以助其顺利转向新的职业。

（3）取消为寡妇无条件提供低水平养老金的做法（改革 17）。寡妇享受无条件的养老金这一做法，显然没有考虑到本人的实际需要，工作年龄内无子女的寡妇应该工作而不是领取养老金，应该根据寡妇需求发放临时保险金、培训保险金或者监护人保险金。

（4）为盲人建立一个新的生活保障和福利计划（改革 20）。盲人不但丧失了赚钱能力，而且不能从事绝大多数职业，甚至在生活方面也存在障碍，给他们提供的不应该仅仅是经济资助，而是要提供治疗和福利以及专门的服务。

4. 废除现行极其不合理的制度和政策规定

（1）废除批准社团制度（改革 3）。理由如下：一方面，批准社团制度与国家最低保障政策不一致，一些主要的批准社团仍要求保留其财务自主权和独立核算权，而国家最低生活保障制度需要国家统一经费管理；另一方面，现行的批准社团制度有很多不必要的管理费用，而且对缴费相同的强制性参保者实行了不同的福利待遇。

（2）废除特殊群体不参加社会保险的规定（改革 16）。“保险方案中存在的人与人、行业与行业之间的任何差别都会导致职责不清、相互扯皮的问题。”② 所以对于特殊职业人员和年收入高的非体力劳动人员不参保的规定，应该予以废止。要求公务人员、地方政府工作人员、警察、护理人员、铁路工作人员等参保是对公平的追求，废除年收入超过 420 英镑就不需要参保的做法也是避免了因职业变动、报酬水平变化而引起的麻烦。

5. 对部分保险制度进行扩面和改革

（1）将长期伤残保险的范围扩大到所有从事有酬劳动工作的人员；将退休养老保险的范围扩大到所有工作年龄内的人员，无论其是否从事有酬工作（改革 7）。贝弗里奇等人认为，包括小店主、佃农、渔民、小贩、外包工在内的许多独立劳动者的生活处境要比通过签订劳动合同受雇就业的人员更艰难，他们更需要健康的身体来赚钱。虽然他们已经被现行的健康保险所覆盖，但是，如果他们因残疾而无法劳动时，能有资格享受长

① ［英］威廉·贝弗里奇．贝弗里奇报告：社会保险和相关服务［M］．北京：中国劳动社会保障出版社，2008：43．

② ［英］威廉·贝弗里奇．贝弗里奇报告：社会保险和相关服务［M］．北京：中国劳动社会保障出版社，2008：56．

期伤残养老金，则会减轻其生存压力。将退休养老保险覆盖到全体工作年龄人员，是一项完整的养老保险计划所必需的。

（2）取消全额失业保险金和伤残保险金的享受期限限制（改革 12、13）。如果因失业或伤残持续了一段时间，就要减少其待遇或者通过经济调查变相降低其待遇，这似乎是不对的，如果失业者失业一段时间后到指定的培训中心或工作场所接受培训，或者伤残者符合特殊行为规定，则应该采取措施保障人们在不可避免的收入中断的情况下获得足够的保险待遇。

（三）重申社会保障计划建设目标，全面构建社会保障体系

1. 社会保障的范围

“社会保障一词在此处用于表述下列情况下对收入的保障：替代因失业、患病或出现事故而中断的收入；为年老退休者发放待遇；为抚养人死后失去生活来源者提供待遇；解决因出生、死亡、婚姻等产生的额外生活支出。社会保障主要是指达到最低标准的收入保障，但提供的待遇应尽可能让享受者不至于出现收入中断的情况。”① 社会保障的主要目标是确保每个公民只要各尽所能，在任何时候都有足够的收入尽自己的抚养职责，以满足人们的基本生活需要。

2. 社会保障的对象

根据产生伤害保障需要的失业、伤残、失去生计、退休、婚姻问题、丧葬费用、儿童养育、身体疾病或丧失劳动能力这八个主要原因，按照保障类别将人口划分为六类，每一类人口都有特殊的保障需求，由此应该提供相应的保障待遇。第一类：雇员，可以提供医疗、丧葬补助金、退休养老金、伤残保险金、失业保险金、培训保险金、工伤养老金、交通和住宿补助金、工亡补助金，其缴费条件是根据就业手册按周缴费参保；第二类：其他有收入的人群，可以提供医疗、丧葬补助金、退休养老金、患病 13 周后享受伤残保险金、工伤养老金，其缴费条件是按职业卡缴费参保；第三类：家庭妇女，可以提供医疗、丧葬补助金、退休养老金、培训保险金、结婚补助金、生育保险金和补助金、寡妇待遇、监护人待遇和分居待遇，其缴费条件是通过家庭妇女政策参保；第四类：工作年龄内的其他人口：可以提供医疗、丧葬补助金、退休养老金，其缴费条件是按保障卡缴费参保；第五类：不到工作年龄以下的人口：可以提供医疗、丧葬补助金，没有缴费条件；第六类：超出工作年龄的退休人员，可以提供医疗、丧葬补助金、退休养老金

① ［英］威廉·贝弗里奇. 贝弗里奇报告：社会保险和相关服务［M］. 北京：中国劳动社会保障出版社，2008：113.

等，其条件是以工作期间的缴费参保为准。①

3. 社会保障计划的构成部分

社会保障计划由满足基本需要的社会保险、解决特殊情况需要的国民救助和满足超出基本需要的自愿保险组成。

社会保险作为社会保障的主要方式，其方案应遵循六个原则：基本生活待遇标准统一；缴费费率统一；行政管理职责统一；待遇标准适当；广泛保障；分门别类、适合不同人群。社会保险实行缴费义务原则，强制保险缴费由个人缴费、国家缴费和雇主缴费组成。个人缴费依据个人身份而有所差异，例如，雇员就必须缴费，其应缴份额由雇主从其工资中扣除，而街道售货员和其他人可能非常贫穷，或者本身无现金收入，则可以申请豁免缴费。国家缴费是指国家财政除了支付子女补贴和国民救助全部费用外，还支付由社会保险基金支出的与各种治疗和康复成本有关的补助金。雇主缴费是指雇主需要支付购买社会保险印花的那部分费用，一些特殊行业中，雇主还需要缴纳工伤附加费。

国民救助是社会保障一个组成部分，由国家财政负担，用于满足未被社会保险覆盖的所有保障需要。因为其目的是维持人民基本生存需要，所以保障待遇较低，其条件是要进行经济状况调查。也就是说，通过国家为中断或丧失谋生能力者提供生活保障以消除贫困，这样就将最低生活保障作为社会责任而确立下来。

还有一类是自愿保险，自愿保险是社会保障的基本组成部分，可以解决那些强制保险满足不了的风险防范和保障需要问题，如通过各简易寿险公司和批准社团的业务机构发展的人寿保险。

4. 社会保障体系建构和改革中的指导性原则

在建构社会保障系统过程中，要遵循四项基本原则：普遍性原则；保障基本生活原则；统一性原则；权利和义务对等原则。在社会保障计划改革的过程中，要体现三个指导性原则：在规划未来的时候既要充分利用过去积累的丰富经验，又不要被这些经验积累过程中形成的部门利益所限制；应当把社会保险看作促进社会进步的系列政策之一；社会保障需要国家和个人的合作。

所以，《贝弗里奇报告》在社会保障发展史上具有划时代的意义。首先，《报告》建议在全国建立一个统一的社会保障制度，不分阶级、不分贫富，适用于一切人，按统一标准收费、管理并分发补助费；主张制定全国最低收入标准，标准的制定以生活需要为根据，一个人即便丧失工作能力，也应该得到最低的生活保障；它从保障对象、保障原

① ［英］威廉·贝弗里奇. 贝弗里奇报告：社会保险和相关服务［M］. 北京：中国劳动社会保障出版社，2008：116.

则、保障内容、保障机制等方面勾画出社会保障体系的全景图，尤其在医疗保险、养老金和失业保险三个项目上，基本覆盖了对该项保障有需求的绝大部分群体，为战后英国以及其他国家建设福利国家模式奠定了基础。其次，《报告》在分析中坚持了全面性与辩证性相结合的原则。在强化对社会保险和国民救助进行统一管理的过程中，又指出统一管理并不妨碍保险业或者金融业为其员工提供特殊的补充保险计划（自愿保险），工伤人员和职业病患者仍可以获得特别待遇，统一管理不意味着取消差别，只要差别是合理的，就可以予以保留；在批判批准社团制度时，既剖析了其不合理之处，也提出在建立国民保险制度时，可以借助其互助会在开拓医疗保险业务方面具有的宝贵优势，给予批准社团制度比较客观的认识。最后，《报告》运用历史与现实相结合的方法。《报告》指出，1911 年国民健康保险制度建立之初，其重要特征之一就是现金待遇由批准社团管理。而由于批准社团制度对缴费相同的强制性参保者实行不同福利待遇，而且该制度与国家最低保障政策也不一致，所以，该制度的弊端在执行过程中逐步暴露出来，到 20 世纪 40 年代，批准社团管理制度已经明显不适应时代需求了。批准社团的组织局限于一种特殊类型的互助会，它倾向于保留财务自主权的规定与国家统一的社会救助制度要求相冲突，所以才提出应该废止。

当然，贝弗里奇计划所倡导的全民保险模式带有强烈的理想主义色彩，它只适合于生产力水平极高、人口又相对较少的国家。否则，人们虽享受到了各种高福利待遇，国家却容易陷入重重危机当中。

三、卡尔·波兰尼：社会转型理论

在社会福利的思想史和发展史的研究中，卡尔·波兰尼（Karl Polanyi）的思想经常受到“冷遇”，但实际上在很多当代社会福利与公共福利议题的研究中，波兰尼的思想都具有历久弥新的经典意涵，甚至是一个“挥之不去”的关键节点，尤其是其代表作《大转型：我们时代的政治与经济起源》（1944 年）值得我们反复阅读。然而在阅读时，为了避免迷失在其庞杂而具有争议性的行文中，需要首先从波兰尼的基本预设中区分出两对重要的范畴，并以此为基本参照框架：其一是现实（实质性）的逻辑与虚拟的逻辑；其二是结构母体（matrix）与表征现象。虽然书中没有直接以社会福利为叙事核心，但波兰尼对社会福利的关切却完全可以通过反向衬托得到充分体现，即乌托邦迷思推动了社会结构转型，社会结构转型带来了非企及的灾难和危机，而灾难从反向看来就是“福利的减损”。

（一）批判性命题

在现实与虚拟的逻辑框架上，波兰尼提出了一个极其关键的批判性命题，那就是“自我调节的市场的理念，是彻头彻尾的乌托邦”[①]。这个命题可以从两个层面加以理解。

在单纯的社会福利思想史层面，这一批判直击古典学说体系中的一项最根本前提。正如前文所述，以亚当·斯密为主要标志人物[②]，人们的思维中被普遍植入了这样一种前置预设，即人类社会相比于自然界和动物世界的一个根本不同是，人性中有互通有无、以物易物、彼此交换的倾向。也就是说，如果没有这种交换的秉性，人们就不会将剩余产品拿来交换，也不会孕育出能极大增进公共福利的劳动分工和社会分工，而是一直停留在自给自足的经济状态。从还原论的人性假设出发，政权只需要尊重人性，社会中就会自发而和谐地形成一套秩序，所以无需画蛇添足地干预。与此相对，源自空想社会主义的“乌托邦”一词，将社会主义等左翼思想和不切实际之间画上等号，是这一时代未言明的另一项基本共识。而波兰尼恰恰彻底翻转了这种二元化的判断，指出其实一直以来被认为是自然的理念才是实质上的乌托邦。

而在社会变迁的现实层面，这个前置预设同样非常重要，因为在波兰尼看来，这种经济意识形态通过蒙蔽关键行动者甚至阶级集团的认知，转变甚至主导了政策的实施和制度的变迁，从而作为一种动力源在宏观层面推动了结构转型。所有方案都建立在这种虚拟基础和错误前提之上，就相当于人们不断在现世推行一种不切实际的乌托邦，当然会造成重大灾难。同时，所有对灾难和危机的诊断还是出自同一种空中楼阁，因此当然于事无补，甚至起到反作用。因为现实中的每况愈下，所以近现代时期这些“思考着的大脑”非常迷惑。并且因为想不清楚、抓不住实质，这些“大脑”还错上加错地形成了很多偏误、极端的观点，例如，汤森站在人类畜养者的角度“从动物性方面来探讨人类共同体”[③]，就是因为没有反思到这种前提下的迷思，所以只能很荒谬地从自然法则那里找原因。所有生成的观念都无法侦破这场“乌托邦实验”，而重新回落到实验中变成越演越烈的实验成分。

---

① ［英］卡尔·波兰尼．大转型：我们时代的政治与经济起源［M］．冯刚，刘阳，译．杭州：浙江人民出版社，2007：1.

② 当然，波兰尼指出，在亚当·斯密本人那里，财富还只是从属于公共生活的一个方面，这种前置预设还保持在现实与合理的范畴内。参见：［英］卡尔·波兰尼．大转型：我们时代的政治与经济起源［M］．冯刚，刘阳，译．杭州：浙江人民出版社，2007：96.

③ ［英］卡尔·波兰尼．大转型：我们时代的政治与经济起源［M］．冯刚，刘阳，译．杭州：浙江人民出版社，2007：98.

（二）观点论证

既然批评权威的观点是“彻头彻尾的乌托邦”，波兰尼就需要用充分的史料说明，在时空中的真实过程是如何发生的，以及现实的逻辑和乌托邦的虚拟逻辑差别在何处。[①] 在这个观点的论证上，波兰尼主要有两方面的证据[②]。他首先证实，在人类历史多种社会形态的经济活动中，并不存在自我调节的市场。史料证明，在这场乌托邦实验之前，市场只处于经济系统的附庸地位，并且其影响范围也非常小，人们日常的经济活动也根本不能定义成为了逐利进行的交易。此时，在人类社会中，市场在很大程度上就真的只是地理和空间意义上的“买卖的场所”，其存在来自主导政权的专门规划，例如，古希腊城邦会将其交易活动集中在一块广场上专门进行，即“集贸市场”（agora type market）。实质上组织整体经济活动的（理想型）原则主要有三种：再分配（政治集权先收集资源，再将资源在社会结构中向外辐射式分配），互惠（如特罗布里恩群岛各部落以对称的原则交换礼物）和家计（如农业家庭自给自足的，为了自身需求而生产和消费）。

既然在事实上，市场机制并不会基于人性自然发生，也没有“看不见的手”来协调组织一切，那么又是哪一只手不断扩张市场的版图，并使市场自发生成的“神话”自圆其说呢？为此波兰尼又考察了这种不自然的、充满人为痕迹的市场扩张过程。他发现，与自由主义所鼓吹的“人性倾向—交换行为—促进分工—市场扩大”的因果推断正相反，这一过程起源于远程贸易，而“西欧国内市场实际上是由国家干预所创造的”[③]。近现代席卷一切的市场体系是政治权力的外力干涉的结果，其形成过程不是自发而是强迫，是冠以“自由放任”之名的有计划的行动。经济意识形态改变了人们在经济活动中的动机，而追求特定利益的阶级集团通过政治权力在经济系统中强行推进这样一套资源生产与分配的秩序，最终使所有的经济活动都进入单纯逐利的“交易”制度，并以商品的规定性来对待经济活动中的所有对象。例如，通过“羊吃人”的圈地运动，就是以国家机构和法律强权做背书，强行剥离农民的生产资料，将农民从自己的土地上赶走。失地农民流入城市成为无产者，而制度只给他们留下两种选择，要么饿死（饥饿惩罚），要么被当做待售的商品让资本家挑选。这样，现实的人就被完全商品化了，变成随时待售的劳动力。

通过上述两个方面，波兰尼从经验的和历史的层面证伪了市场的自发演化与和谐演

---

① 实际上，由于这方面的研究非常重要，在《大转型：我们时代的政治与经济起源》的部分篇章之外，波兰尼还专门在至少两部专著中讨论过这个问题，即《达荷美与奴隶贸易》和《早期帝国的贸易与市场》。

② 其实这两方面也是连续的，只是出于方便表述而抽离出两方面。

③ ［英］卡尔·波兰尼．大转型：我们时代的政治与经济起源［M］．冯刚，刘阳，译．杭州：浙江人民出版社，2007：98.

化论。他也同样否定了在出现危机和灾难时的经济自由主义解决方案，即只有一个守夜人式的政府，仅仅在演化受到（外在）干扰的情况下，才出手行动，将状况扳回本来的自发秩序上。

（三）双向运动论

为了进一步理解波兰尼对历史真实情况的研究，我们需要借助第二个逻辑框架，即结构母体与表征现象。在波兰尼的认识论立场上，两次世界大战、经济危机等都是灾难和危机的表征和现象层面，只有自发调节的市场体系才是结构的母体和本体，同样也只有这一层面的市场扩张和社会保护才是在整体上牵涉结构运转的根本机制。社会保护是由卡尔·波兰尼最早提出的一种积极应对困境的政策框架和公共行为，其理念强调生命历程中的风险预防以及积极的社会干预，被视为应对市场脱嵌的反向保护运动。这也是他花费大量篇幅去探究市场和贸易的真实起源的另一个原因。

波兰尼的研究起始于一个过程性的异质性追问，那就是为什么在同样一套文明结构中，在 1815—1914 年西方文明基本上保持了百年和平，但是紧接着就突然爆发了两次世界大战，他给出的解释是，19 世纪西方世界政治经济发生了一种双向运动（钟摆运动），这种结构上的双向运动来自两种动力机制，无论是百年和平还是战争都是这种双向运动的一种表象和体现而已。

在结构的组成要素上，19 世纪西方文明由四套制度支撑和构成，即势力均衡体系、国际金本位制度、自我调节的市场与自由主义国家。19 世纪的文明建立在四个制度之上，首先，是一个世纪以来防止大国之间发生任何持久和破坏性战争的势力均衡体系（the balance-of-power system）；其次，是象征着一个独特的世界经济组织的国际金本位制（the international gold standard）；再次，是造就空前物质福利的自我调节的市场（the self-regulating market）；最后，是自由主义国家（the liberal state）。[①]

同时，波兰尼给出了这四套制度之间的复合架构关系，“金本位制度的源泉和基体是自我调节的市场……金本位制仅仅是想把国内市场体系扩大到国际领域的一种尝试；势力均衡体系是建立在金本位基础上的上层建筑，并且，部分地通过金本位制度来运转；而自由主义国家本身就是自我调节的市场的结果”[②]。而从近端原因和远端原因的尺度来

---

① ［英］卡尔·波兰尼. 大转型：我们时代的政治与经济起源［M］. 冯刚，刘阳，译. 杭州：浙江人民出版社，2007：1.

② ［英］卡尔·波兰尼. 大转型：我们时代的政治与经济起源［M］. 冯刚，刘阳，译. 杭州：浙江人民出版社，2007：1.

看，金本位制度的瓦解是最直接导致大灾难的决定性近因。

在考察完背景之后，波兰尼将上述结构因素串联起来，分析何种动力机制导致双向运动的转型过程在时空之中发生，并出现灾难性的结果。在最简约的意义上，19 世纪文明结构中只有两种作用力相反的机制。第一种是市场扩张机制，以经济自由主义为组织原则，自我调节的市场经济（其实也就是市场社会）为制度化目标，依仗贸易阶级的支持，主要运用不干涉主义和自由贸易作为手段。这种机制会将万事万物视作商品，即在经验性的意义上为了出售而生产出来的东西，并纳入其中。对于本质上就是商品的真实商品而言，市场机制当然迅速扩张。但对于从实质规定性上不是也不能是商品的对象，如劳动力、土地和货币等，市场机制也一律强制当作商品来处理：为其虚构出一种与本质不符的商品形象，并且按照商品的规定性来对待他们，在买卖和交易活动的发生机制上，迫使其处于“待售状态”，对其“推来搡去”“不加区分地加以使用”甚至“弃之不用”，完全用市场来自发调节。因此，劳动力、土地和货币就是在市场机制中的虚拟商品。

从后果上来看，这种机制的产出不仅是危机性的，“这种危机来自对工人体力的剥削，对家庭生活的破坏，对邻里关系的破坏，滥伐植被，污染河流，败坏行业规范，损害社会风气，使包括居住环境和艺术在内的生存状态以及不影响利润的无数私人和公共生活方式普遍堕落”，并且还是灾害性的，“在社会暴露中消亡；他们将死于邪恶、堕落、犯罪和饥荒所造成的社会混乱（dislocation）。自然界将被化约为它的基本元素，邻里关系和乡间风景将被损毁，河流将被污染，军事安全将会受到威胁，食物和原材料的生产能力也将破坏殆尽……将周期性地肃清扼杀商业企业”①。

这使得工人、农民和地主等社会中的阶级集团深受其害，自觉意识到必须在制度层面寻求对人和自然以及生产组织的保护，运用保护性立法、限制性的社团和其他干涉手段作为自己的运作手段，因此这在宏观的社会图景上涌现出一种社会保护的组织原则，“18 世纪的社会不自觉地抗拒着任何使其成为市场的纯粹附庸的努力”②。由此，第一种机制的自反性必然引发第二种机制：不可避免地，社会将采取措施保护它自己。波兰尼认为，1795—1834 年的《斯宾汉姆兰法令》（《Speenhamland Law》）正是这种机制在现象层面的制度载体，它是由 1795 年 5 月 6 日伯克郡（Berkshire）的法官们决定的，其具体

① ［英］卡尔·波兰尼．大转型：我们时代的政治与经济起源［M］．冯刚，刘阳，译．杭州：浙江人民出版社，2007：63.

② ［英］卡尔·波兰尼．大转型：我们时代的政治与经济起源［M］．冯刚，刘阳，译．杭州：浙江人民出版社，2007：67.

内容为“工资之外的津贴应该通过与面包价格挂钩的方式确定，以便保证穷人能够得到一个最低收入，而不论他们实际挣得的钱是多少”①。

这两种机制在整体上呈现出双向（钟摆）运动。但问题是，第二种机制并不能解决第一种机制造成的后果，而只能使第一种机制的扩张路径（在虚拟商品对象上）受阻，反而和第一种机制汇聚在一起涌现出新的自反性。由此，整个结构陷入结构性矛盾的两难境地，社会系统因无法承担第一种机制造成的负面后果而不能缺少第二种机制的保护，但又不能与第二种机制造成的结构性混乱共存。“这些新的保护性制度，像工会、工厂法，虽然都尽可能适应经济机制的需要，但它们仍然妨碍着市场的自我调节，并最终将摧毁这个系统。”② 包括两次世界大战和大萧条在内，就是其灾难性的意外后果。

至此，波兰尼将减损社会福利的重大灾难解释为更深层文明危机的体现，并且对这场文明危机给出了结构（机制）的分析。

总览波兰尼的社会福利思想，必须指出，相较于其思想中的批判性面向，建构性面向更值得关注。波兰尼的确证伪了古典学派的命题，并且提出了不容回避的挑战。并且从后续影响上来看，双向运动论也抓住了资本主义福利国家的两难困境。③ 但问题在于，波兰尼停留在对机制的描述上，而没有进一步建构理论去解释机制。实际上，理论对于解释机制何以可能、如何发生以及为什么发生在特定结构之中而言必不可少，例如，市场扩张机制以及推动这一机制的“乌托邦”理念。另外，既然不是和谐的演化，而是存在强迫来使过程发生，这种强迫其实必然涉及一方对另一方的支配关系和权力作用，如资产阶级对无产阶级。然而遗憾的是，虽然波兰尼的整体行文非常强烈地体现了这种不平等社会关系的现实，但他的论证中却疏于考察权力的概念，并且对于国家权力的理解也不够成功。这导致在整体上，其结构（机制）叙事无法归纳出一套与古典理论竞争的替代性理论，更无法为后续的经验研究提供框架并接受检验。

---

① ［英］卡尔·波兰尼. 大转型：我们时代的政治与经济起源［M］. 冯刚，刘阳，译. 杭州：浙江人民出版社，2007：1，67，114.

② ［英］卡尔·波兰尼. 大转型：我们时代的政治与经济起源［M］. 冯刚，刘阳，译. 杭州：浙江人民出版社，2007：66.

③ ［英］加雷斯·戴尔. 卡尔·波兰尼：市场的限度［M］. 焦兵，译. 北京：中国社会科学出版社，2016：91-92.

第四节　西方近现代社会福利实践

一、英国：现代社会保障制度建立

（一）济贫制度的出现

虽然在济贫措施上，英国近现代早期的济贫制度承袭了中世纪时期宗教慈善的遗产（如教区制与教会济贫），但从制度设计的预期功能上讲，这种所谓的“福利”实践主要肇始于一种维护社会秩序的规训与惩罚性措施，并以英国从13—14世纪便开始大量涌现的流民为对象。尤其是获得强化和边界拓展的“圈地运动”，在不列颠与爱尔兰的土地上强力推动着流民数量的激增。究其根本，这种社会变迁背后耸立着资产阶级的利益诉求，他们通过议会立法和国家机构对这种制度的强制执行与推广，将大量的自耕农从他们原来的土地上赶走，强行打破小农经济自给自足的生产方式，制度性地生产出自由流动的无产者，以便在其规模化的生产过程中向其工厂持续供给在当时必不可少的生产要素——劳动力。

因此在严格意义上，无论是英国政府在1536年颁布的亨利《济贫法》，还是在1601年颁布的伊丽莎白《济贫法》（即“旧济贫法”），或者是更早时期英国议会的一些“血腥法令”，无论是从流民遭受的实质性对待（被侮辱和被损害）还是从他们的切身感受（幸福感）上来说，人们都无法从中发掘出太多实质性的福利意涵。虽然济贫制度保证了被救济者一些最基本的生理需求①，但较之而言，即便监狱中的犯人也能得到同等水平的“福利待遇”，因此当时所流传的“穷人的巴士底狱”和“把贫穷当作罪恶”等说法对历史情况具有较强的解释力。

在17世纪初英国济贫制度实践中，执法者对流民施以鞭打、监禁、烙印，将他们抓到感化院并强迫他们进行繁重的劳动。到了17世纪中叶，例如，在1647年和1649年由英国议会所颁布的《改善现状给贫民以工作机会并惩罚市内和市郊的游民及其破坏秩序者》等法令中，依旧可以看到迫使贫民进入贫民习艺所和感化院的成文要求。而到了17世纪后期，英国济贫制度下的救济活动终于在突破固定救济场所（同时也解放了劳动力

① 实际上如果我们参考恩格斯所描述的、这一时期英格兰与爱尔兰济贫院的毫无人道的恶劣行径，被救济者能否满足吃饱穿暖等这些最基本的生理需求，这个问题其实仍要打上一个问号。参见：恩格斯．英国工人阶级状况［M］//马克思恩格斯．马克思恩格斯全集（第二卷）．北京：人民出版社，1958：564-587.

的流动性）的路上向前迈进一大步，开始以济贫院外的救济为主，主要内容有救济金、住所、衣物、医疗费、特殊伤害后的救济等。但直到1834年英国《济贫法修正案》，若以救济活动开展的场所来划分，院外救济依旧是有限的，其救济对象只能适用于患病或者年老的贫民；而作为主要救济实践的院内救济，作为接受院内救济的代价，依然要求被救济者放弃其人之为人的或其作为公民的部分必要构成要素：个人自由、个人尊严和（政治上的）选举权。

（二）现代社会保障制度的出现

在20世纪初期，英国陆续通过了有关养老金法、失业保险、国民健康保险的法案，这些法案共同组成了一套相对稳定的新型社会保障制度。

1. 养老保险

英国在1908年通过养老金法，建立了免费的养老金制度，依据领取者的年收入来决定养老金的发放标准，而“法令第一条第一款即规定，任何70岁以上老人只要符合该法所规定的条件就可以领取养老金，支付养老金所需的一切费用均来源于议会批准的拨款”①。

2. 失业保险

从英国失业保险制度的建立过程来看，产业结构的改变，使得一部分不能和产业一起转型的原有产业工人在社会变迁和制度变迁中被甩出、遗落，导致失业人口上升。同时正如这一时期资本主义国家工人运动的普遍机制，英国工人力量壮大使工人运动推进得以可能，工会组织能力的增强为其解决社会问题提升了话语权。在费边社会主义的不断渗透下，政府改良策略持续出台，英国政府建立了遍布全国的劳工介绍所。1905年颁布的《失业工人法》与1911年通过的《失业保险法》，则标志着英国正式建立了强制性的失业保险制度。

3. 国民健康保险

从英国国民健康保险制度的建立过程来看，该制度最早着眼于传染性疾病，关注居住环境，随后开始关注更多的生活方面——用水资源、居住环境与污染行为等，陆续提出关注高危职业的劳动者（1891年）和在校儿童医疗和用餐问题（1905年）以及工伤赔偿问题。1911年12月16日，英国议会出台了《国民保险法》，在参加对象的范围上，该法案规定医疗保险覆盖所有的工资收入者；在就医渠道和就医待遇上，也为就医者提供

① 丁建定．20世纪英国养老金制度的历史演进［J］．南都学坛，2002：26.

有免费就医待遇的指定医院。可以说，这一法案标志着英国近代以来国民健康保险制度的正式建立。

（三）现代社会保障制度的初步发展

1. 养老保险

从养老保险制度的发展变化过程来看，英国免费养老金的基金管理收支结构不够平衡，在缺少充足缴费来源的情况下，制度的实施已经对自身的经济基础以及可持续性造成过重负担。有人建议将领取养老金的资格降低，即把领取养老金的年龄资格降到65岁，并推行缴费型养老金制度。在权利和责任（义务）的话语体系中，缴费型养老金制度即意味着要求享受制度福利的成员以缴费的方式承担其自身义务，在有助于制度持续的同时也维护了自身在未来继续领取养老金的权利，这种“权利—责任”与“收入—支出”的双重平衡也使得英国社会保障制度自此真正具有了所谓的“现代性质”。

2. 失业保险

从失业保险制度的发展变化过程来看，1920年英国颁布的《失业保险法》，改革和扩大了失业保险制度的适用范围，收入不足250英镑的大多数劳动者可以参加，但却将农业工人、家庭佣工以及教师与公务员等群体排除在失业保险制度之外。1936年，制度适用与覆盖范围再次扩大，使得农业工人也可以参加。[①]

3. 国民健康保险

迄今仍作为世界范围内英国社会福利实践一大特色的国民健康服务体系（NHS，National Health Service），也在此历史时段开始逐渐建立，至少此时我们已经可以看到这一制度系统呈现出日趋成熟的轮廓和雏形。由于英国政府大力发展医疗服务，在整体上英国国民的医疗条件得到了改善，某些相对弱势社会群体（如妇女和儿童）的医疗保健也得以加强。而《贝弗里奇报告》后的《社会保险白皮书》则进一步提出了建立覆盖所有民众及所有风险的综合性社会保障制度。

4. 工伤保险

英国的工伤赔偿制度于1897年开始实行，并在1906年开始在制度实践层面得到全面推广。“这项制度要求，对雇员因公和在工作过程中发生工伤事故或职业病而造成的收入损失，雇主必须承担法定赔偿义务；而且，与普通法的一般原则不同，不管工伤事故或职业病是由于雇主直接或间接的疏忽造成的，还是由于雇员直接或间接的疏忽造成的，

① 丁建定．两次世界大战之间英国的失业保障制度［J］．南都学坛，2004：21.

雇主都要进行赔偿。只有那些由于雇员本人严重的故意不当行为造成的伤害，且未造成死亡或者严重永久性伤残后果的情况，雇主才不需要支付赔偿金。”① 这一制度在英国执行了40多年，第二次世界大战后遭到社会保险和相关服务部际协调委员会批判，认为单个雇主承担赔偿责任的原则不尽合理，雇主与雇员之间的冲突比较严重，雇主不能完全保证赔偿金的支付，雇员因伤因残导致无法确保基本生活所需的收入，诉讼案件不断增多，一系列问题要求必须进行改革甚至予以废除，特别是1936—1939年按照马尔科姆·德莱文涅先生等人对因骨折而住院的人的调查显示，仅仅30%为工伤，其余都是交通事故、体育运动、家庭意外事件及其他一些原因造成的，而这些受伤人群都需要治疗费用，将这些费用全部归责给雇主既不现实又不合理，所以亟须建立一个全方位的保险制度以覆盖所有事故伤残人员，由此，单纯的工伤赔偿制度走上被统一的道路。

二、美国：现代社会保障法案出台

（一）济贫制度的出现

由于美国是一个移民国家，因而作为其雏形的北美殖民地在初始阶段主要沿用了源自其宗主国（如英国和一些欧洲国家）的济贫制度。在这些殖民地对社会保障的萌芽实践中，除了在法律层面的济贫措施外，还存在着大量社会性救济，即具有济贫性质的私人慈善机构通过捐税、捐赠、遗赠及其他形式募集的慈善基金，向有救助需要的穷人提供现金及实物（如食品和衣服等）。而就慈善这一救济实践的类型而言，北美殖民地的殖民地政府同样有所参与，但其救济活动的范围和能力则受到资金来源（通过缴纳得来的济贫基金）的局限。

在美国独立战争（American revolutionary war，1775—1783年）到南北内战（American civil war，1861—1865年）时期，在援助穷人这一事项上相较之前并未发生太大的变化，从WASP② 的文化特性来看，北美社会中的普罗大众通常并不反对援助本身，然而却往往会将此类援助的合法性锁定在私人途径上。基于这种基本的社会观念取向，北美的公共援助制度实践受到了严格限制，并且这种禁锢的严格性至少在空间维度上体现为只允许公共性的援助活动发生在收容所、救济院等机构里。因此该时期美国的社会保障呈现一些相对显著的特点：（1）从福利实践的提供主体上看，私人部门是美国社会福利实

① ［英］威廉·贝弗里奇．贝弗里奇报告—社会保险和相关服务［M］．北京：中国劳动社会保障出版社，2008：31.

② 即White Anglo-Saxon Protestant的缩写，主要指移居美国的、同时具有白种人、盎格鲁-撒克逊民族以及新教徒特征及身份的欧洲族裔。

践全局中的主要依靠力量，而政府无论在参与能力（如提供资金和人员）还是在实际参与过程中都处于较低程度；（2）在一定程度上，这种观念上的不认可在福利供给中体现为伴生于公共援助的惩罚性措施；（3）从福利实践的整体效果上看，相较于欧洲各国（如德国、瑞典等），这一时期美国的福利实践不仅覆盖的人群范围较小，并且给付水平也偏低。

（二）现代社会保障制度的出现

在美国南北战争到第一次世界大战期间，美国社会开始在整体上由农业社会向工业社会转变，然而在社会变迁和转型过程中也出现了种族歧视、贫富差距大、社会相对弱势群体处境日益艰难等种种问题。针对这些问题，地方政府（如各州政府）也开始推动社会、政治、经济等诸方面的改革，以期在社会转型带来的阵痛中保障人们的基本生活。19 世纪 80 年代，美国私人与自愿性质的社会福利实践与慈善事业得到发展，在整体社会福利实践中比重增加。[①] 到了 19 世纪末，联邦政府和州政府开始在社会福利的公共性实践领域中扩大权力，地方政府先后颁布一些法令，例如，马里兰州在 1902 年通过了美国首个雇员工伤补偿法，密苏里州在 1911 年通过了美国第一批抚恤金法令，美国首个帮助盲人的地方性法案也于 1908 年被颁布。[②] 可是在整体水平上，美国的社会保障制度在 20 世纪 30 年代以前依旧大大落后于西欧诸国。

（三）现代社会保障制度的确立和发展

1935 年 1 月 17 日，美国时任总统罗斯福在国会讲话中指出联邦政府要建立社会保障制度，其基本内容与原则包括：（1）通过征收统一的联邦收入税建立和实施失业补贴；（2）老年津贴包含三个方面，针对年纪太大、无法缴费者的非缴费性养老金（所需经费由联邦政府和各州共同承担），为年轻人建立的缴费性养老金，以及建立在个人自愿缴费基础上的年金保险；（3）推行包括母亲津贴和儿童补贴的联邦补贴制度；（4）实施联邦额外补助，以促进和改善公共卫生。以此为基础在 1935 年通过的《社会保障法》“一定程度上有助于缓解贫困、稳定社会秩序，但是工作伦理、家庭机构等方面却因此受到了负面影响”[③]。

到了 1939 年，针对之前的《社会保障法》，美国又通过了《社会保障法修正案》，其

① 丁建定．西方国家社会保障制度史［M］．北京：高等教育出版社，2010：177.

② 杨玲．美国、瑞典社会保障制度比较研究［M］．武汉：武汉大学出版社，2006：11.

③ 张武汉．英国布莱尔政府社会保障立法研究［D］．上海：华东政法大学，2016：153.

得到修正的部分主要包括："（1）将养老保险的适用范围扩大到海员、银行职员和雇员；（2）将缴费型逐月养老津贴，提前开始发放；（3）将原来规定的养老津贴以累计工资为基础计算，改为平均工资为基础计算，从而保证养老金制度开始初期即已退休者的利益；（4）向年老的妻子和寡妇提供补贴，被保险人的年满65岁的妻子可以领取附加补贴，其数额相当于其丈夫养老津贴的一半，被保险人的65岁以上的寡妇可以领取相当于其丈夫原来养老津贴的3/4，有孩子的寡妇不论年龄大小都可以领取相当于其丈夫津贴的3/4；（5）向在退休前去世的被保险人的年幼孩子提供儿童补贴。"① 上述《社会保障法》和《社会保障法修正案》，标志着美国正式建立了世界上比较完整的社会保障制度。

三、德国：三大保险法律创造历史

（一）现代社会保障制度的出现

德国在西方乃至世界范围内建立了最早的社会保险制度，其《工人医疗保险法》《工伤事故保险法》与《伤残和养老保险法》这三大保险法律创造了历史。以这三大保险法律为主的保险制度体系，作为社会系统中政治过程和政治机制运作的直接后果，当然离不开其所嵌入的德国政治结构，而继续追溯其政治本质则会发现，这种"政治—合法性"结构和生成保险制度的政治逻辑，又根植于德国乃至更早的普鲁士时期的一种民族特性或国家道路取径——法团主义（corporatism，即统合主义或合作主义）传统。这种传统要求国家作为一个整体单位，减少由内部矛盾产生的内耗，由有力的政权统合全国各阶层和各利益集团，并通过集中全国力量的行动来增强国家本身的竞争力。② 在这种情况下，德国社会保险体系是贯彻法团主义传统与国家意志的合适工具。

德国《工人医疗保险法》颁布于1883年6月15日，生效于1884年12月1日。其具体内容为：第一章规定必须参加强制医疗保险的人群和职业；第二章规定乡镇保险的适用对象、给付内容、当地日平均工资的确定标准、缴费标准、提高缴费标准的情形、离职之后的继续保险、乡镇保险机构的合并以及与州法的关系等内容；第三章规定地方医疗保险的建立条件、适用对象、给付内容、缴费标准、组织管理机构、争议解决方式以及监管、合并、解散等内容；第四章是关于乡镇医疗保险和地方医疗保险机构的共同规定；第五章关于企业（工厂）医疗保险机构；第六章关于建筑业医疗保险机构；第七章

① 丁建定．西方国家社会保障制度史［M］．北京：高等教育出版社，2010：213-214.

② 有关法团主义如何在政治结构中与政治问题上发挥作用的充分阐述，参见：张静．法团主义［M］．北京：东方出版社，2014.

关于手工业同业公会医疗保险机构；第八章关于矿工保险机构以及已登记的和其他的互助保险机构与医疗保险之间的关系；第九章关于结束规定、处罚规定和过渡规定。

德国《工伤事故保险法》曾被三次提议、几经重大修改，最终颁布于 1884 年 7 月 9 日，并生效于 1885 年 10 月。《工伤事故保险法》共九章 111 条，包括一般规定、同工伤事故保险联合会的组建和改变、单一企业的成员资格企业变更、工人代表、仲裁法庭、赔偿的确定和支付、事故预防、帝国保险局、结束和惩罚等。

德国《伤残和养老保险法》颁布于 1889 年 6 月 22 日，并生效于 1891 年 1 月 1 日。《伤残和养老保险法》共六章 160 条，包括保险的范围和对象、组织、仲裁法庭、程序、监管、结束规定、罚则以及过渡规定等内容。

德国三大保险法律基本内容见表 8-1。

表 8-1　　德国三大保险法律基本内容

	工人医疗保险法	工伤事故保险法	伤残和养老保险法
参保资格	符合法律规定的工厂劳动者，年收入不超过 2 000 马克	符合法律规定的工业劳动者，年收入低于 2 000 马克	年收入低于 2 000 马克的所有工资劳动者与雇员
缴费来源	费用由雇主承担 30%，雇工承担 70%，国家予以一定的补贴	费用全部由雇主承担	雇主及雇工各承担一半，国家予以补贴，参保者服兵役期间的保费由国家担负
给付条件	患病	因工伤害，但不包括故意受伤害	老年津贴领取者需达到 70 岁，并缴费 1 200 周（30 年），残疾津贴领取者缴费 200 周（5 年）
组织管理	由各种医疗保险基金组织管理	由企业协会管理	由国家统一管理

资料来源：丁建定．西方国家社会保障制度史［M］．北京：高等教育出版社，2010：147；内容有删改。

除了在法律制度层面的保险规定之外，德国还配备“专门的社会保险医生为被保险人提供医疗服务，以及特殊情况下对家庭提供救助金。生育保险享受疾病保险待遇，一般时间为 8 周”①。

（二）现代社会保障制度的初步发展

第一次世界大战结束以后，德国进入魏玛共和国时代，政府将建立社会救助制度放在待办事项的重要位置。1918 年，德国开始实施失业救济制度；而 1920 年的《福利法》和《健康严重受损法》则正式将对（在战争中负伤的）伤兵的救助纳入整个社会保障体

① 谢圣远．社会保障发展史［M］．北京：经济管理出版社，2007：74.

系；到了1924年，德国颁布的《关于救济义务的帝国条令》和《关于公共救济的前提、方式、程度的帝国原则》等法令则推进了社会救助制度的建立，终止了以剥夺救济对象政治权利为代价和前提的制度安排，并开始以“助人自助”作为社会救助实践的基本原则。①

从1929年开始的经济危机对德国经济和社会产生了极大影响，而严重的失业问题则向德国社会保障制度施加了极大压力。1929年，德国通过《失业保险法修正案》，一边提高失业保险缴费费率，一边又不断收缩失业保险津贴领取期限并降低其领取金额。其他方面的保险制度也要么提高领取要求的门槛，如延长领取疾病保险津贴的等待期为3天；要么大幅砍掉给付额度，如工伤保险津贴、寡妇年金、儿童年金与儿童津贴等；甚至是二者兼施。②

四、瑞典：突出强调国家政府责任

（一）救济与济贫法的出现

在瑞典的社会福利实践中，对于国家政府责任的突出至少存在两个方面的渊源。一方面，18世纪的瑞典尚处于政教合一体制，这一体制甚至一直延续到19世纪中期（第二次世界大战后）才开始政教分离。在此之前，宗教的权力大于世俗的权力，或者说在权力混合中占据导向地位，而基督教教义又倡导慈善、布施，因此瑞典早期的社会救济主要由教会负责，即以有限的慈善募捐作为社会救济实践的主要形式和途径。

另一方面，瑞典虽然没有在名义上发生与英国等同的“圈地运动”，但为了利用劳动力密集型的生产方式来积累原始资本，转向规模化大生产并最终畅通工业化进程，同样进行了土地制度的变革。这就导致瑞典同样会制度性地生产出失地流民——作为社会结果副作用的社会安定的干扰因素。然而相比之下，依然停留在教会济贫模式的瑞典社会福利实践，面临激增的流浪人员，难免面临济贫资金不足的窘境。在这种情况下，瑞典政府于1763年颁布《济贫法》，这一制度允许市镇政府可以一边征收济贫税，一边为穷苦人群提供救济。1847年，瑞典（中央）政府又颁布新《济贫法》，要求各地政府必须对贫民提供必要的救济，尤其在口径上改换了一贯的“贫民乞讨行为”说法，而是将之规定为新兴资产阶级国家满足其公民合法享有的权利的政府行为。到了1871年，瑞典政

① 丁建定．德国社会保障制度的发展及其特点［J］．南都学坛，2008：47-48；孟钟捷．试论魏玛共和国的社会政策［J］．德国研究，2003：68．

② 丁建定．德国社会保障制度的发展及其特点［J］．南都学坛，2008：48．

府再次颁布新的《济贫法》，虽然减少了政府的救济义务，但鼓励健康的贫民通过自己的劳动得到报酬，如“家内佣工”的劳动救济形式，同时政府为进一步保证贫民生活水平的改善，还会对这种形式进行补贴。此时（1847 年）所减少的政府义务也在后来（1918 年）得到恢复。[①]

（二）现代社会保障制度的出现

按照权责一致的所谓“现代性质”，制度种类相对于社会问题的全面程度、制度机构的整体性，以及制度本身在政治—经济结构中的重要性而言，19 世纪末 20 世纪初瑞典现代社会保障制度开始建立。在 1884 年，瑞典国会通过了阿道夫·赫丁（Aldof Hedin）所提出的非常重要的《社会保险法案》，而该法案指出国家应建立强制性社会保险制度，并把养老金与工伤事故保险放在首位。1889 年，瑞典在全国范围内参照有关劳动安全保护的法令建立了工厂检查制度。1901 年，政府又通过了《工人赔偿法》，法案规定雇主必须对工伤事故承担责任，并且为受伤雇员提供最低生活保障。1902 年，议会又通过《儿童法》以及与此相关的领养儿童福利的立法，提高了对儿童的重视程度，改善了瑞典儿童的生存环境并向儿童提供福利。1912 年，政府颁布《劳工福利法》，13 岁以下的童工被禁止使用，女工上夜班被禁止，女工怀孕情况也被考虑在内，同时雇主必须为工作于有害健康岗位的员工提供定期体检等。1920 年这些制度的管理机构如社会保险局、社会事务局和养老金局等，最终都被内阁统合确立为社会事务部，这标志着瑞典的社会保障制度基本建立。[②]

（三）现代社会保障制度的发展

一直以来，林业、农业和矿业相对发达的独特产业结构和资源禀赋，使瑞典即便在欧洲这样颇为拥挤的地理空间、相对有限的资源占有、紧张动荡的地缘政治关系和较高强度的经济竞争中，依然占据排他性优势。更重要的是，这种偏向于第一产业的就业结构在动荡时期为国民的充分就业提供了有效保障。因此，相对其他欧洲国家而言，经济危机和两次世界大战对瑞典的经济发展水平和发展进程的稳定性影响较小。虽然较优渥的生活状况与医疗保健提高了瑞典的预期人口寿命，但当时瑞典的人口结构却又尚未趋向老龄化，对瑞典的社会保障模式来说是强调政府责任的有利条件。而从更加直接的政治力量对于社会保障制度的推动而言，倘若说在极端的左派和右派的政治光谱之间至少

---

① 丁建定. 瑞典社会保障制度的发展［M］. 北京：中国劳动社会保障出版社，2004：34.

② 丁建定. 瑞典社会保障制度的发展［M］. 北京：中国劳动社会保障出版社，2004：29-32.

存在两种“第三条道路”的话[①]，那么瑞典走得就是德国法团主义之外的另一条“第三条道路”——相对温和的社会民主主义。

在这些因素的共同影响下，两次世界大战之间瑞典的各类社会保险制度得到一定发展：如1929年，《职业病法》的通过完善了工伤保险制度；1931年，政府要求社会中的各健康保险互助团体既要接受国家资助又要受限于国家规定；1933年，政府成立社会住房委员会，该委员会在1935年对有子女家庭提供贷款；1934年，在失业情况比较严重的背景下，政府资助社会中的各失业保险团体，并通过将这些组织作为实际行动体来建立失业保险制度（但该制度的工会参与率并不高）；1938年，政府成立国家社会福利委员会，并将改革养老金制度作为其核心任务等。[②] 由于不同类属的社会保障制度发展程度各不相同，从总体上看不够均衡，尤其是很多制度在实践过程中缺少对参与成员和群体的强制性。

第五节　西方近现代福利思想与实践评价

西方历史不同时期的不同社会状况为我们昭示了社会保障对于社会稳定的重要性。最典型的是始建社会保障制度的德国，19世纪末铁血宰相俾斯麦（Otto von Bismarck）执政德国时期，德国社会矛盾极其尖锐，工人阶级深受马克思主义争取自身解放思想的影响，对德国政府所谓的社会稳定带来强大的威胁，而且成为德国实现统一的强大阻力，俾斯麦意识到一个期待养老金的人是最守本分的，也是最容易被统治的。所以，为了调和阶级矛盾，在1883—1889年，通过国会实施了《工人医疗保险法》《工伤事故保险法》《伤残和养老保险法》这三项社会保险立法，确立了社会保障的基本制度框架。

社会保障制度对当时德国的统一和稳定都起到了重要的作用，从诞生之日起就缓解了德国统治者的窘困，使危机四伏的普鲁士王朝步入了稳步发展的阶段，从而成为欧洲大陆的领头羊。所以，尽管俾斯麦建立社会保障制度的直接目的并非出于为工人争取平等生存和劳动的权利，更不是出于人道主义关怀，而是带有纯粹的政治色彩，以稳定政权为根本目的，但在客观上却保障了工人的权利，受惠的是广大群众，从而成为维护社会安定的一种政治策略，最终建立了持久的和有支持力的社会保障制度，开启了现代工业国家社会保障制度的先河。可见，通过建立社会保障制度，国家从法律上、经济上为社会成员的基本生活乃至不断发展提供相应的保障，不仅能够帮助身陷困境的社会成员

---

① 陈冠中. 法团主义政制的思想资源和历史［M］. //张静. 法团主义［M］. 北京：东方出版社，2014.

② 丁建定. 瑞典社会保障制度的发展［M］. 北京：中国劳动社会保障出版社，2004：55，57，59，65.

从生存危机中解脱出来，而且也能够保证所有社会成员安稳地从事生产生活活动。可见，社会保障能够防范与消解社会成员因生存危机而可能出现的对社会、对政府的反叛心理和行为，保障社会成员在特定事件的影响下仍可以安居乐业，从而有效地缓解甚至消除引发社会震荡与失控的潜在风险，进而保障社会稳定地向着和谐的方向发展。

但是，在西方的发展史上，曾经出现过忽视社会保障制度而导致社会濒临崩溃的状况，那就是西方20世纪下半叶的完全自由主义和垄断资本主义直至世界性经济危机爆发的时期。这一时期，西方资本主义国家的政治运作中基本没有民生原则一说，指导政策和立法的思想基础是自由放任主义。自由放任主义者认为，政府应在经济秩序中保持中立。经济领域的市场运转机制完全靠“看不见的手”——市场，去自发调节，产品的分配也按照价值规律自然地进行，政府这只看得见的手只需负有保卫国防等职责，完全不需要对资源配置和利益分配做出调整。

结果是，在完全市场机制分配机制下，个人天赋、能力以及机会的不同导致人们之间的收入差距不断扩大，这种完全自由竞争的市场机制在给社会带来效益和财富的同时，也给社会带来了竞争的风险和竞争中的落伍者和失败者。在自由主义时期，一方面，工业化增加了劳动的危险性和自然灾害发生的可能性，致使社会成员随时可能遭遇失业、疾病、工伤、贫困等社会风险；另一方面，自由主义的无政府策略又强调自发调节、优胜劣汰，结果出现各阶层之间的利益摩擦：失业、贫富差距现象严重，由此产生了底层社会成员的相对剥夺感，弱势群体的不满情绪越来越高，这就使得社会生活中潜藏着许多不安定的因素，当贫富差距扩大到较低收入者难以承受时，就会导致社会不稳定、出现危机，进而导致整个社会效率的下降，威胁着经济和整个社会的稳定。

面对经济危机的危难，统治者认识到了社会保障对社会稳定发挥作用的深刻教训和重大意义。20世纪30年代前半期的毁灭性经济危机和随之而来的剧烈社会动荡，使美国政府清醒地认识到，政府必须兼顾社会上由于各种各样原因造成的弱势阶层和群体，保证其基本权利。为了摆脱和避免危机，政府开始积极作为，社会保障临危受命而成为一种应对危机、稳定社会的工具。因为弱势群体具有很强的同质性、集中性和群体性，他们的利益如果被忽视或者处置不当，就会使他们在表达和追求自己利益的时候，可能带来更多社会动荡的因素，使社会中潜藏的风险、失序、冲突和矛盾通过非理性的方式爆发。另外，政府通过社会救助和帮助的方式对弱势群体给予社会竞争和社会参与的平等机会，还可以激发他们的才能和创造力，使这一庞大群体的智力资源和人力资源得到充分且合理的使用。所以，遍及资本主义世界的经济危机使美国民众处于生存危机之中，而罗斯福新政的成就之一就是认识到社会保障对增强社会成员的安全感、信任感，消除或减少社会不稳定因素的重要意义，从而全面实施了社会保障制度，使大萧条过后的美国民众能够得到生存保障，从而使美国经济迅速恢复和发展，创造了美国历史上著名的繁荣时期。

也就是说，现代许多西方发达国家之所以社会稳定、国泰民安，其重要的原因之一在于近现代时期不断提升的社会保障水平。美国的强大既因国内少战乱，更有社会保障制度建设的功劳。最典型的就是由英国《贝弗里奇报告》开创的由覆盖全体社会成员的社会保险、针对特困人群（弱势群体）的国民救助和针对较高收入者的自愿保险组成的福利国家模式渐渐成为各国政府效仿的模式，它突出强调国家责任，力图为社会成员提供一个“从摇篮到坟墓”的基本生存保障，从而使北欧等许多发达国家一直处于比较稳定的社会状态。

总之，在封建中世纪时期走入了两种完全不同历史道路的中国和西方世界，其发展路径至此开始交汇和碰撞，在近现代时期表现尤为明显。从各自的发展轨迹来看，如果说此前东西方文明都极大地受制于地理条件与自然环境，并且都在一定程度的科技与生产力水平条件下进行社会发展与文明演化的话，那么随着启蒙运动引发的思想解放与科学革命、工业革命带来的技术飞跃与生产力攀升，以及制度变迁确立的私有产权与自由市场，历经三个世纪（15—18 世纪）左右积累的西方文明率先跳出马尔萨斯陷阱并迈入工业资本主义阶段。借助先发优势与海上霸权，西方文明以先进殖民者的姿态将文明间的关系塑造为“宗主国—殖民地”，并利用这种“中心—半边缘—边缘”的国际关系结构支持其资本主义的下一步发展。与此同时，在全世界范围内，具有明确国家边界和民族认同的现代民族国家纷纷确立。这一时期社会福利的思想和实践，既继承着古代与封建中世纪时期的渊流与遗产——基于文明类别而具有多样性特征，又因立足工业资本主义的经济基础与社会秩序而必然回应其时代需要与问题——跨文明的在根本上和结构上趋同；不仅在长足发展中初见制度化板块雏形，还在前提追问上不断自我深化，深深卷入社会系统的各个维度，以其自身的逻辑和路径惯性直接影响了当代的社会福利思想与实践，对于人类文明社会福利发展的整体历史来说具有关键性意义。①

【关键概念】

功利主义　马尔萨斯陷阱　边际社会受益　边际社会成本　流动偏好　有效需求　社会保护

① 本章由蒲新微和博士生沙雨邦共同完成。

【复习思考题】

1. 分析亚当·斯密的福利观包括哪些方面？
2. 马尔萨斯对《济贫法》的态度以及解决贫困问题的主张是什么？
3. 如何理解亚当·斯密的政府职能观和密尔的政府干预思想？
4. 马尔萨斯、恩格斯和费边社会主义对《济贫法》制度的批判角度有何不同？
5. 马克思关于人的需要理论包括哪些内容？
6. 庇古如何在边际效用递减论基础上提出两个基本福利命题的？
7. 庇古提出的财富在富人与穷人之间进行转移的办法有哪些？
8. 贝弗里奇提出的社会保险方案应遵循的六个原则是什么？
9. 比较费边社会主义、凯恩斯、贝弗里奇关于失业问题的思想主张。
10. 《贝弗里奇报告》提出统一工伤事故、职业病等社会保险方案的理由是什么？
11. 贝弗里奇提出的社会保障体系建构和改革的指导性原则有哪些？
12. 比较19世纪80年代的德国三大保险法。
13. 近现代西方国家社会福利实践的总体特点有哪些？

【扩展阅读1】　亚当·斯密与《国富论》

亚当·斯密自小聪慧好学，14岁就进入格拉斯哥大学学习。在此期间，斯密深受哲学教授弗兰西斯·哈奇森自由主义精神的启发和影响，为后来其自由经济学的提出奠定了思想基础。后来，斯密进入牛津大学继续学业，之后在爱丁堡大学和格拉斯哥大学担任讲师和教授。

《国富论》一书出版于1776年，是斯密经过六年写作，三年修改完成的经济学巨著。《国富论》的出版标志着现代经济学作为一门独立学科正式诞生，书中不仅阐述了斯密在政治经济学方面的思想，并且也归纳总结了斯密以往在经济学方面的一些主张。《国富论》批判了当时重商主义理论和重农主义理论，崇尚通过市场的自由竞争来调节国家经济发展，反对政府干预。此外，书中有关劳动价值论很多观点被后世很多哲学家和经济学家们所学习借鉴，为当代经济学的发展奠定了坚实的理论基础。

【扩展阅读2】　杰里米·边沁与《道德与立法原理导论》

杰里米·边沁，英国法理学家、哲学家、经济学家和社会改革者。他在伦敦大学学院历史上有重要地位，被公认为伦敦大学学院的“精神之父”。

边沁出生于一个保守律师家庭，受原生家庭影响，边沁早年在牛津大学主修法律并取得了律师资格。后来由于边沁发自内心对法律工作的排斥，在征得父亲同意后，转战投入有关社会政策和法律方面的写作工作中。作为功利主义学派的创始人之一，边沁主张“凡是能将效用最大化的事，就是正确的、公正的”。这一思想也一直在边沁所写作的书籍当中反复出现。

《道德与立法原理导论》是边沁于 1789 年发表的代表作，边沁也因此书的出版闻名于世。书中详细介绍了边沁的功利主义思想，他认为功利主义应成为评价个人行为和社会立法的唯一标准。此外，边沁运用其常年在法律方面的研究成果，建议将法律与他提出的功利主义判定标准相结合。一方面将法律作为约束个人遵守功利原则的手段，另一方面，按照功利主义原则为标准对公民违反法律的行为进行分类，从而形成法律与功利主义原则两者之间的良性互促发展。

【扩展阅读 3】 托马斯·罗伯特·马尔萨斯与《人口原理》

托马斯·罗伯特·马尔萨斯出生于一个富有的家庭，父亲丹尼尔是著名怀疑论哲学家休谟和卢梭的朋友。这些条件为马尔萨斯早期可以接受到良好的教育以及接触到较为先进的哲学思想提供了条件。马尔萨斯以其人口理论闻名于世，但是追溯其思想基础，与其说马尔萨斯是一位人口学家，倒不如说他是一位经济学家。马尔萨斯是自经济学诞生以来，第一位被正式受聘的经济学教授。马尔萨斯一生有关经济学的著作颇丰，其中以《人口原理》一书最为著名且被世人所熟知。

《人口原理》首次出版于 1798 年，书中马尔萨斯提出有关人口理论的主要观点，共分四个方面展开论述。第一，马尔萨斯在书中构建了人口理论成立的两个前提；第二，提出著名的两个级数的理论：“在对人口增长不加任何限制的情况下，增长是呈现几何级数，其增长力是无限的，而相应的生活资料却只能以算术级数来增长”；第三，马尔萨斯指出控制人口的重要性以及可行路径；第四，马尔萨斯概括出其有关人口波动规律的理论。马尔萨斯《人口原理》一书对后世经济学、社会学乃至政治学等学科的发展带来了巨大影响，直至现在也一直被很多学者所讨论、学习。

【扩展阅读 4】　　　马克思和恩格斯与《资本论》

卡尔·海因里希·马克思（1818—1883 年），德国的思想家、政治学家、哲学家、经济学家、革命理论家、历史学家和社会学家。弗里德里希·恩格斯（1820—1895 年），德国思想家、哲学家、革命家、教育家、军事理论家。两位巨匠是马克思主义的创始人、马克思主义政党的缔造者、全世界无产阶级和劳动人民的革命导师、无产阶级的精神领袖、国际共产主义运动的开创者。

马克思和恩格斯这两位时代巨擘创立的马克思主义深刻影响了后世世界格局的发展和变化，并且随着时代发展马克思主义中的理论也愈发熠熠生辉。马克思主义可以概述为三方面内容：马克思主义哲学、马克思主义政治经济学和科学社会主义。其中马克思主义政治经济学的思想主要可见于其所编撰的《资本论》中。

《资本论》全书共三卷，分别出版于 1867 年、1885 年和 1894 年。马克思在第一卷出版后溘然长逝，恩格斯接过马克思的接力棒继续整理完成后两卷的内容。《资本论》以唯物史观的基本思想为指导，以马克思和恩格斯所创立的剩余价值为中心，批判性地继承了英国古典政治经济学的劳动价值论思想，对资本主义制度自身存在的矛盾进行了彻底的批判。《资本论》的著述实现了政治经济学的根本革命，为政治经济学的发展做出了划时代的贡献。

第九章　中国当代社会福利思想与实践

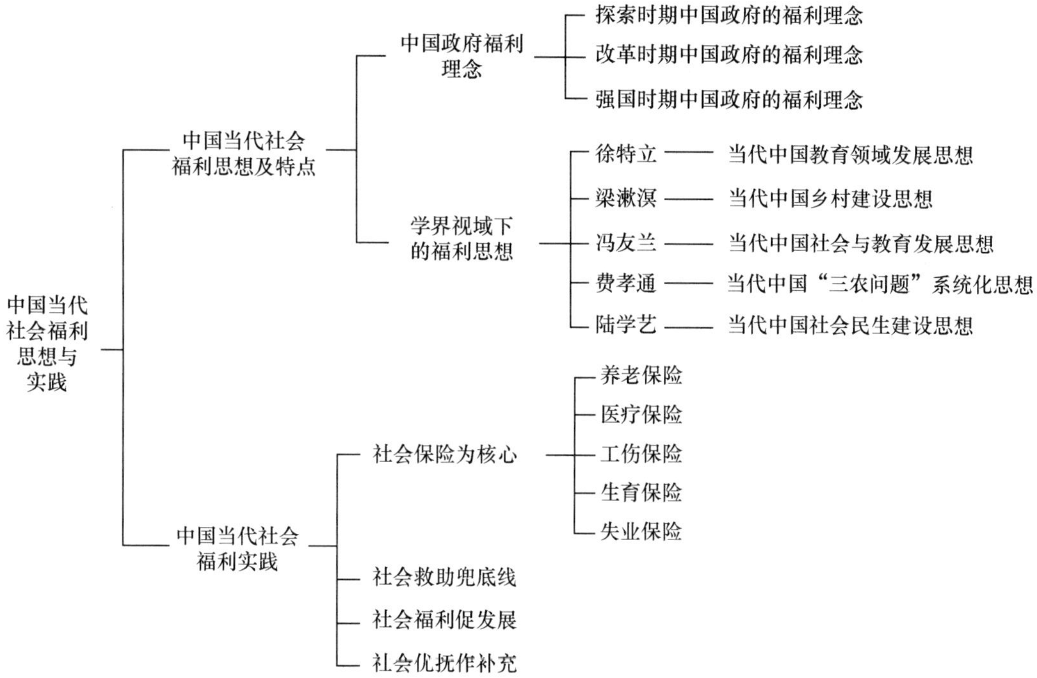

学习要点

理解代表性福利思想及社会福利内容框架；把握当代学界所关注的热点民生问题；从宏观上认识新中国成立以来中国社会保障制度的发展历程；学会运用所学社会福利思想和制度实践把握中国社会保障制度的当下发展状况与未来发展趋势。

两次世界大战后，世界格局重新洗牌，世界上绝大多数国家开始反思并探寻新时期发展路线问题。两次世界大战对人民生活的破坏，进一步激发世界人民对安定、和谐、美好生活的向往。在这样的现实背景下，中西方涌现出一批具有重大影响力的社会福利思想家，同时各国政府也根据民众诉求有针对性地进行了一系列社会福利制度的改革实践。西方在已经基本成型的社会福利制度基础上开始思考进行一系列福利国家模式的改革与转型。而中国自 1949 年以后开始步入完整意义上的当代社会，两千多年的封建社会加上一百余年反封建反侵略的近代历史，严重阻碍了中国社会保障制度的建立与发展。

自新中国成立以来，历经几代人的不懈努力，中国现代意义上的社会保障体系实现了从“无”到“有”再到“好”的飞跃。这一时期，各国纷纷开始探索符合本国国情的社会福利体系建设之路。

第一节　政府层面的中国当代社会福利思想

中国社会福利思想源远流长。历经两千多年封建社会发展过程，积淀出具有深厚文化底蕴的中国传统思想，自 1949 年新中国成立之后，中国开始着力探索适合中国国情的发展路线，随着改革开放的深入推进，在传统与现代、国际与国内的交融碰撞和兼容并蓄下，形成了有中国特色社会福利思想与实践路径。

一、探索时期中国政府的福利理念（1945—1978 年）

抗日战争结束后，以毛泽东同志为代表的中国共产党带领中国人民进入国内解放与战后重建的探索时期。毛泽东同志作为带领中华儿女夺得民族解放战争和国内革命战争胜利，以及实现新中国稳定发展的伟大领袖，提出了以“人民当家作主”为核心的思想主张，为中国从近代社会走向当代社会做出了不可估量的贡献。此外，毛泽东同志作为中国近代以来马克思主义思想在中国传播的主要贡献人物之一，善于运用矛盾分析法和阶级斗争的方法，通过结合当时中国的实际情况，揭示了社会主义社会的发展规律，创立了无产阶级专政下继续革命的伟大理论；面临新中国成立初期百废待兴、民生凋敝的情况，提出了一系列用以改善民生、增强国力的符合当时中国实际情况的社会福利政策理念，为丰富当代中国社会福利的相关政策理念和思想奠定了坚实基础。

以所处时代背景和社会环境为基础，这一时期的中国社会可以分为三个阶段：抗日战争时期、新中国成立前夕、社会主义革命和社会主义建设时期，有关社会福利的政府理念主要集中体现于后两个时期。

（一）新中国成立前夕（1945—1949 年）

在抗日战争取得胜利之后，面对国民党的步步紧逼，党中央在解放区针对土地问题和灾民救济等问题提出了主张。

1. 土地改革方面

从土地改革方面解决农民需求问题。百姓对于土地的向往是与生俱来的。自抗日战争以来中国共产党就一直在解放区实行针对当时实际情况的土地改革。“在抗日战争时期，为着同国民党建立抗日统一战线和团结当时尚能反对日本帝国主义的人民起见，我党主动把抗日以前的没收地主土地分配给农民的政策，改变为减租减息的政策，这是完全必需的。日本投降以后，农民迫切地要求土地，我们就及时地作出决定，改变土地政策，由减租减息改为没收地主阶级的土地分配给农民……中国土地法大纲规定，在消灭封建性和半封建性剥削的土地制度、实行耕者有其田的土地制度的原则下，按人口平均分配土地。这是最彻底地消灭封建制度的一种方法，这是完全适合于中国广大农民群众的要求的。为着坚决地彻底地进行土地改革，乡村中不但必须组织包括雇农贫农中农在内的最广泛群众性的农会及其选出的委员会，而且必须首先组织包括贫农雇农群众的贫农团及其选出的委员会，以为执行土地改革的合法机关，而贫农团则应成为一切农村斗争的领导骨干。我们的方针是依靠贫农，巩固地联合中农，消灭地主阶级和旧式富农的封建和半封建的剥削制度。地主富农应得的土地和财产，不能超过农民群众。"① 毛泽东同志提出针对不同的对象采取不同的办法，针对农民，在老解放区，应复查减租减息的工作，进一步巩固老解放区；在新解放区，发动大规模的、群众性的、但是有领导的减租减息运动；针对工人则酌量增加工资，使广大群众在此运动中翻过身来，成为自觉的主人翁。在这一时期，有关社会福利的主要内容就是在土地改革方面。从土地改革方面的政策可以看出，相关政策是具有针对性的，在合理评价各个时期中国共产党所面临的不同矛盾的基础上，制定出符合中国实际情况的方针政策。土地改革的效果是显著的，在经过多次针对时局的土地改革后，中国共产党取得了抗日战争和解放战争的胜利。

2. 救济方面

毛泽东同志提出群众互助救济的思想。由于从近代以来经历了百余年的战乱纷扰，特别是抗日战争的磨难，中华儿女流离失所、家破人亡已然成为普遍现象。在这种情况下，毛泽东同志提出："各解放区有许多灾民、难民、失业者和半失业者，亟待救济。此问题解决的好坏，对各方面影响甚大。救济之法，除政府所设各项办法外，主要应依靠群众互助去解决。此种互助救济，应由党政鼓励群众组织之。"② 就当时中国共产党所拥有的资源和时局的长远前途考虑，最关键的问题在于尽快取得战争胜利、夺取政权的主要矛盾。所以，在这一时期毛泽东同志在对百姓救济方面的思想主张以群众之间的互助救济为主。

这一时期社会福利的政府理念的两个方面体现出我们党致力于人民当家作主的民生思想，以人民为中心，主张建立人民民主专政的社会主义国家。对于人民是什么？

① 毛泽东. 毛泽东选集（第四卷）[M]. 北京：人民出版社，1960：1146.
② 毛泽东. 毛泽东选集（第四卷）[M]. 北京：人民出版社，1960：1072.

毛泽东同志对其进行了对象性分析，他认为当时的人民包括工人阶级、农民阶级、城市小资产阶级和民族资产阶级。这些阶级在工人阶级和共产党的领导之下，有选举权，选举产生自己的政府，人民有言论集会结社等项的自由权。“人民的国家是保护人民的。有了人民的国家，人民才有可能在全国范围内和全体规模上，用民主的方法，教育自己和改造自己，使自己脱离内外反动派的影响（这个影响现在还是很大的，并将在长时期内存在着，不能很快地消灭），改造自己从旧社会得来的坏习惯和坏思想，不使自己走入反动派指引的错误路上去，并继续前进，向着社会主义社会和共产主义社会前进。”①

（二）社会主义革命和社会主义建设时期

在解放战争取得胜利之后，针对新中国成立初期百废待兴的现实情况，以毛泽东同志为核心的中央领导集体提出了一系列当代中国社会福利体系建设的相关主张。

1. 继续深化土地改革

与以往的土地改革不同，这一时期国内的主题是发展与和谐。针对新形势下土地改革，毛泽东同志指出八条要点。（1）农忙时一律停一下，总结经验；（2）争取今年丰收；（3）依靠县农民代表会及训练班；（4）积极造成条件，凡条件不成熟者，无论何时何地不要勉强去做；（5）土改完成，立即转入生产、教育两大工作；（6）同意华东分期退押的办法；（7）劝告农民以不采非刑拷打为有利；（8）土改后，增划区乡，缩小区乡行政范围。② 从上述毛泽东同志所提出的八条土改要点可以看出，这一时期所倡导的土地改革政策鼓励通过渐进性的和平方式进行，在保障基本土地生产的前提下进行。

2. 救济帮扶方面

党兑现了对百姓的承诺。一方面，在对农民的态度上，毛泽东同志主张：“国家可以用贷款方法去帮助贫农解决困难，以补贫农少得一部分土地的缺陷。因此，我们对待富农的政策应有所改变，即由征收富农多余土地财产的政策改变为保存富农经济的政策，以利于早日恢复农村生产，又利于孤立地主，保护中农和保护小土地出租者。”另一方面，“必须认真地进行对于失业工人和失业知识分子的救济工作，有步骤地帮助失业者就业。必须继续认真地进行对于灾民的救济工作”③。

3. 文化发展方面

毛泽东同志指出：“有步骤地谨慎地进行旧有学校教育事业和旧有社会文化事业的改

① 毛泽东．毛泽东选集（第四卷）［M］．北京：人民出版社，1960：1364-1365.
② 毛泽东．毛泽东选集（第五卷）［M］．北京：人民出版社，1977：34-35.
③ 毛泽东．毛泽东选集（第五卷）［M］．北京：人民出版社，1977：18-19.

革工作，争取一切爱国的知识分子为人民服务，在这个问题上，拖延时间不愿改革的思想是不对的，对于性急、企图用粗暴方法进行改革的思想也是不对的。”① 文化的发展是必然的，但是在发展的过程中不应急功近利，亦不能裹足不前、过于谨慎。而应把握适度原则，合理推进国家文化事业发展，丰富百姓文化生活，提高人民生活水平。

二、改革时期中国政府的福利理念（1978—2012 年）

（一）1978—1989 年

这一时期中国社会福利的政府理念集中于让中国人民富起来。为此，党中央开创性地提出在社会主义国家中引入市场经济，实行改革开放；要消灭贫穷，发展生产力，满足人们日益增长的物质文化需要，不断提高人民的生活水平。为了实现这一目标，以邓小平同志为核心的第二代中央领导集体提出了一系列用以提高社会福利水平的政府理念。

1. “三农”问题方面

农业、农村和农民的“三农”问题一直是中国的核心问题之一。新中国成立初期全党工作方针是把重点放在城市，因为城市里集中了工业。中国要由农业国变成工业国，优先发展城市是必然选择。但是，经过 20 多年的发展后，中国城乡之间的差距愈发明显，尤其在实行改革开放之后，城市依靠得天独厚的区域、政策和人才等资源，发展速度加快，农村虽然也采取了一系列的改革措施，但由于产业限制，虽然有所发展但速度较慢。在这种情况下，邓小平同志提出我们国家建设的次序首先是农业，其次是轻工业，然后是重工业，也就是农、轻、重的建设方针。农业与工业相辅相成，不可分割，农业落后，工业就会受到拖累，农业得以发展，工业发展也可以得到促进。农业是基础，是发展的重中之重，食品、副食品、轻工业原料，都要靠农业。

2. 青年教育方面

邓小平同志对青年寄予了厚望：“青年本身的特殊任务就是学习。在努力进行学习的特殊任务中，学习业务，掌握技术，为创造美好的将来准备好条件。”② 对青年进行教育，引导青年坚持社会主义道路是很重要的一件事。所以，国家在教育方面下了大力气。一是加大财政支持。二是努力保证重点学校的教学质量。我们国家落后，要积极，要赶，高等教育过去偏重需要而忽视质量的提高，这是不对的，所以，“要认真解决重点学校问

---

① 毛泽东．毛泽东选集（第五卷）[M]．北京：人民出版社，1977：19.

② 邓小平．邓小平文集（一九四九——一九七四年）上卷 [M]．北京：人民出版社，2014：79.

题。两条腿走路的方针应该肯定，要贯彻执行，但这不妨碍建设一些重点学校。大、中、小学都要有重点学校，提高文化、科学水平主要靠它们，要抓好。中央、省都要抓一部分重点学校，必须保证教学质量”①。加强对高校在校生身体状况的关怀，给学生增加生活费，照顾贫苦学生。此外，其他在教育方面的政策意见，如“缩短学制，快出人才”，对于解决当时中国所面临的人才短缺问题亦不失为一条良策。

3. 救灾方面

遵循救灾工作规律，发挥政府作用，多发放救济费。中国幅员辽阔，即使在全国丰收之年，也一定会有部分地区因为地形、气候等原因受灾。邓小平同志指出，我们一定要把救灾工作的规律摸清楚，做到有计划，做到主动。国家应该承担起对于灾民的救助工作……在人民有了困难时，政府就应该帮助。对于灾民的生产自救，过去主要强调搞副业，这样的提法现在要改变。因为那时我国工业不发达，因此提倡搞副业，不仅能救灾，而且有市场。但现在情况不同，贸易部门积压着大批资金……因此不如多发些救济费更好。②

4. 共同富裕思想

首先，要创造财富。邓小平同志指出，搞社会主义，贫穷不是社会主义。我们坚持社会主义，首先要摆脱贫穷，只有到了下世纪中叶，达到中等发达国家水平，才能理直气壮地说社会主义优于资本主义。③ 所以，邓小平同志强调中国要大力发展经济，走改革开放之路，走求真务实之路，走科技进步之路。其次，要共享财富。财富的创造不是为了满足一小部分人的需要，而是要考虑绝大多数人的共同受益问题。社会主义财富属于人民，社会主义的致富是全民共同致富。所以，当前形势下，第一是探讨如何发展生产的问题，第二是探索如何共同致富的问题。最后，致富要循序渐进。“我们允许一部分人先好起来，一部分地区先好起来，目的是更快地实现共同富裕。”④ 共同富裕是社会主义最大的优越性，也能充分体现社会主义本质，所以，经济社会发展政策一方面要追求效率，另一方面要促进公平，防止两极分化现象，这一点在党的十三大正式提出的“三步走”战略思想中也被提及，即到 21 世纪中叶，人均国民生产总值达到中等发达国家水平，人民生活比较富裕，基本实现现代化。

邓小平同志的共同富裕思想体现了中国共产党人一直以来所贯彻的“为人民服务”

---

① 邓小平. 邓小平文集（一九四九——一九七四年）下卷［M］. 北京：人民出版社，2014：2.

② 邓小平. 邓小平文集（一九四九——一九七四年）中卷［M］. 北京：人民出版社，2014：95-97.

③ 邓小平. 邓小平文选（第三卷）［M］. 北京：人民出版社，1993：225.

④ 邓小平. 答美国记者迈克·华莱士问［M］. //毛泽东、邓小平、江泽民论科学发展. 北京：中央文献出版社，2009：43.

的宗旨。邓小平同志指出："我们的党史证明，只要我们不脱离群众，和群众始终保持着紧密的联系，我们就会无往而不胜。这不但在工人运动、农民运动和其他一切运动中可以得到证明，就是在我党领导最集中的革命军队的工作中，也可以得到证明。"① 在当时，中国人民最基本的吃穿问题或已解决，但是党中央也敏锐地预判了实行改革开放后人民对于生活水平将会有更高的要求，邓小平同志指出的允许一部分人先好起来，一部分地区先好起来，目的是更快地实现共同富裕。正因为如此，我们的政策不会导致两极分化，不会导致富的越富、贫的越贫。时至今日，实现共同富裕也仍是中华儿女的共同期盼。

（二）1989—2002 年

以江泽民同志为核心的第三代党中央领导集体，提出了"三个代表"的重要思想，进一步深化解决了什么是社会主义、怎样建设社会主义的基本问题。江泽民同志认为加强党的建设是进一步推进中国实现更好发展的关键所在，进而提出了"三个代表"思想：中国共产党始终代表中国先进生产力的发展要求；中国共产党始终代表中国先进文化的前进方向；中国共产党始终代表中国最广大人民的根本利益。② "三个代表"思想的最终落脚点仍是人民，总结这一时期社会福利领域的相关政策理念主要有以下几个方面。

1. "三农"问题方面

明确把农业、农村和农民的"三农"问题看作是相互关联的一个整体，并且被置于重要战略位置。江泽民同志认为，"农业是国民经济的基础，农村稳定是整个社会稳定的基础，农民问题始终是我国革命、建设、改革的根本问题。这是我们党从长期实践中确立的处理农业、农村、农民问题的重要指导思想。农业是基础的思想，是马克思主义基本原理，也符合我国的基本国情。马克思说过，人们只有在解决了吃穿住行以后，才有可能干其他事情。解决最基本的生活资料，是人们从事其他社会事业和创造性劳动的前提和基础"③。党中央十分重视"三农"问题，多次强调"三农"问题不仅是民生问题，同时也是国家战略问题。因为它关系到我国人民的吃饭问题，依靠别国来解决我们的吃饭问题，不仅靠不住，而且也会受制于人，依靠自身力量来解决才是根本出路。从历史唯物主义的角度出发，江泽民同志认为，"三农"问题的妥善处理是决定整个国家能否平稳运行的关键所在。江泽民同志指出了三个在当时"三农"方面需要尽快解决的问题："一是保证农业投入持续稳定增加的问题；二是缩小工农业产品价格剪刀差的问题；三是

① 邓小平．邓小平文集（一九四九——一九七四年）上卷［M］．北京：人民出版社，2014：273.
② 当代中国研究所．新中国 70 年［M］．北京：当代中国出版社，2019：282.
③ 江泽民．江泽民文选（第一卷）［M］．北京：人民出版社，2006：266-267.

保护粮农棉农和粮棉主产区经济利益的问题……总之，农业形势越好，我们越要保持清醒的头脑，越要善于见微知著、防微杜渐，敏锐地观察和发现新情况新苗头，并及时果断地予以处理，不断增强农村工作的预见性、把握主动权。农业是基础产业，又是社会效益大而经济效益差的比较脆弱的产业，对这个产业千万不可掉以轻心。”①

2. 社会公平方面

社会公平问题是实行改革开放后必然出现的问题：一部分人先富起来所带来的后果是容易使未富的人心中产生对社会分配不公的看法。“不患寡而患不均”，这本是人性使然。公平和正义之间的平衡也是近现代世界各国长期论战的领域，中国是社会主义国家，正像邓小平同志所说，社会主义的特点不是穷，而是富，但这种富是人民共同富裕。一味地平均主义同样也是社会分配不公的体现。江泽民同志指出，当时社会存在平均主义和收入差距过大两类分配不公的表现。他分析平均主义产生的原因，一方面与中国自古以来以小农经济为主的生产方式所产生的观念相关，另一方面也与当时中国所实行的社会主义制度下以国营事业单位为主的经济体制有关。导致收入差距过大一方面是由于少数人违法乱纪或钻政策空子的结果，另一方面也是国家当时的收入分配政策造成的。针对社会公平问题，江泽民同志指出，国民经济是一个有机整体……解决平均主义和收入差距过大问题，不能就分配抓分配，而要综合治理，从深化配套改革上找出路。要进一步搞活全民所有制企业，加快培育市场体系，健全宏观经济调节系统，搞好计划、投资、物资、财税、金融、物价等方面的改革，加强法制建设，逐步建立有计划商品经济新体制的基本框架，创造机会均等的竞争条件，形成实施正确分配政策的良好政治、经济、社会环境。应该看到，生产决定分配，只有通过改革大幅度提高劳动生产率和经济效益，才能使分配制度和政策充分发挥积极作用，才能为根本解决平均主义和收入差距过大问题创造物质基础。②

3. 教育方面

这一时期党中央提出科教兴国战略。当时的中国已经有近 12 亿人口，实现社会主义现代化建设的目标所要关注的核心问题不应是单纯的经济建设，更多的应是依靠科技进步和提高劳动者的素质。据此，我国开始实施科教兴国战略，全面落实科学技术是第一生产力的思想。一方面，要加强教育的普及，无论财政多么困难，也必须要把义务教育办好，注重于提高教育质量和办学效益；另一方面，重视人才的培养，科技创新需要培养造就大批德才兼备的科技人才。对于高等教育如何通过改革来提高教育质量和办学效

① 江泽民. 江泽民文选（第一卷）[M]. 北京：人民出版社，2006：266-267.

② 江泽民. 江泽民文选（第一卷）[M]. 北京：人民出版社，2006：52-53.

益，江泽民同志提出要大力发展各种层次的职业教育和成人教育，使大部分人的思想文化素质和职业技能得到提高。调整教育结构的关键环节，是要多办一些各类职业学校，培养大量各种初级、中级人才。这既有利于学生的分流，又能满足当前经济社会发展的多方面需要。①

4. 扶贫方面

这一时期的扶贫措施，以“八七扶贫攻坚计划”为节点实行两步走战略。第一步，提出并执行“八七扶贫攻坚计划”。中国贫困问题的重灾区在农村，即当时全国农村有8 000万贫困人口需要解决温饱问题，我国准备力争用七年左右的时间（1994—2000年）基本解决温饱问题。为实现这一目标，江泽民同志指出，要把农业生产尤其是粮食生产搞上去，这是解决贫困群众温饱问题的迫切需要，也是发展各项事业的基础；要下苦功夫，花大力气，改变生产条件，改善生态环境；积极推广各种实用技术，推动科技进步；发扬良好的社会风尚。要广泛动员全社会力量参与扶贫，这是扶贫工作的一个重要方针。从根本上说，还要依靠当地干部群众，发扬自力更生、艰苦奋斗的精神，坚持不懈地苦干实干，自强不息，艰苦创业。第二步，在2001年“八七扶贫攻坚计划”基本完成之后，江泽民同志进一步指出扶贫开发是贯彻社会主义初级阶段全过程的历史任务，并提出了八点工作要求：要继续坚持通过改革推进发展的路子；要继续发扬艰苦奋斗的创业精神；要继续贯彻发展是硬道理的重要思想；要继续积极探索加快发展的有效途径；要继续动员全社会为扶贫开发共同努力；要继续搞好东西部地区的扶贫协作；要继续加强扶贫开发的组织落实工作；要继续加强对扶贫开发的领导。②

这一时期的社会福利政府理念除了上述着重提到的外，还涉及人权、公共卫生、就业、文艺生活、社会治安等很多方面，已经较为完善。

（三）2003—2012年

以胡锦涛同志为总书记的党中央，提出了以人民为中心的“和谐社会”思想。自2002年以来，中国遭受了“非典”、汶川大地震、全球金融危机等多种天灾人祸，也是在这十年间，中国取得了两岸互动、百年奥运和经济总量跃居世界第二等一系列重要成就。党中央履行了中国共产党人将服务人民群众作为执政首位的承诺，提出了全方位、多层次的社会福利政策主张，强调以人为本、以人民为中心的社会主义和谐社会思想，坚持多谋民生之利，多解民生之忧，着力解决好人民最关心、最直接、最现实的利益问题，

① 江泽民．江泽民文选（第一卷）［M］．北京：人民出版社，2006：373.
② 江泽民．江泽民文选（第三卷）［M］．北京：人民出版社，2006：247-254.

为中国实现又好又快发展指明了道路，让中国人民的生活水平又跃上了新的台阶。

1. “三农”方面

这一时期着眼于促进农村经济繁荣，建设社会主义新农村的层面。从 2004 年到 2013 年（除 2011 年外），解决“三农”问题一直是中央颁布的“一号文件”。（1）对于农业问题，一是要挖掘农业内部增收潜力；二是要广辟农村富余劳动力就近就地转移就业的途径；三是要拓展农村富余劳动力进城务工经商的渠道；四是要完善和强化对农民的直接补贴政策。（2）对于农村问题，胡锦涛同志提出要建设社会主义新农村，并提出进一步解放和发展农村生产力，促进农村经济繁荣。一是要加强粮食综合生产能力建设；二是要加快农业科技进步；三是要加强农村基础设施建设；四是要加快转变农业增长方式。（3）对于农民问题，着力促进农民增收，提高农民生活水平。实现农民收入持续较快增长，提高农民生活水平和质量。（4）对于“三农”保障问题，加强民主法制建设，保障农民民主权利。建设社会主义新农村，必须继续扩大农村基层民主，确保广大农民群众依法行使当家做主的权利，充分调动和发挥广大农民群众积极性、主动性、创造性。一是要落实各项民主制度；二是要搞好村民自治；三是要健全村务公开制度；四是要开展普法教育。要加强精神文明建设，培育造就新型农民。推进和谐社会建设，保持农村社会稳定。全面深化农村改革，增强农村发展活力。①

2. 城乡社会保障方面

体系化、规范化、科学化的社会保障制度建设是这一时期社会福利思想与实践领域的重要飞跃。胡锦涛同志提出从四个方面开展工作：一是加快健全社会保障制度体系；二是加强社会保障统筹；三是提高社会保障水平；四是推进社会保障法制建设。② 首先，建立健全社会保障制度体系，一方面实现了制度体系的完整性，另一方面也强调了制度覆盖对象的广泛性，强调要把人人享有基本生活保障作为优先目标，既将效率和公平、统一性和灵活性、当下与长远相结合，又强调实现各类人员应保尽保；其次，强调社会保障统筹管理，实现整体设计、分步实施、积极而为、量力而行，既注重城乡统筹又关照到区域统筹；再次，强调要根据经济发展水平和各方面承受能力，加大公共财政对社会保障体系建设的投入，提高社会保障水平，做到社会保障尽力而为、量力而行的科学化发展；最后，提出完善的社会保障制度，必须有健全的法律法规作保证，表明了社会保障制度建设中的规范化、强制性道路要求，特别是强调要加快研究制定养老、医疗、职业年金、社会保障基金监督管理等配套法规，完善失业、工伤、生育等社会保险条例，

---

① 胡锦涛. 胡锦涛文选（第二卷）[M]. 北京：人民出版社，2016：420.

② 胡锦涛. 胡锦涛文选（第三卷）[M]. 北京：人民出版社，2016：211-214.

更是做到了切实维护人民群众社会保障权益。

3. 人才培养方面

强调人才强国的重要性。党中央一直十分重视人才的培养。进入 21 世纪之后，人才的作用更加凸显，国家实力之间的差异在很大程度上取决于人才的质与量。胡锦涛同志强调实施人才强国战略的重要性和紧迫性，努力实现中国由人才资源大国向人才强国转变：一是坚持人才工作指导方针，确立人才优先发展战略布局；二是坚持突出工作重点，统筹抓好各类人才队伍建设；三是坚持推进改革创新，激发各类人才创造活力；四是坚持德才兼备，全面提高人才队伍素质；五是坚持扩大人才工作对外开放，统筹开发利用国内国际两种人才资源。① 同时，对于青年人才，胡锦涛同志明确提出青年知识分子要坚定不移走同工农相结合、同实践相结合的道路。第一，青年知识分子只有深入实际、深入工农、研究社会、了解国情，才能认清历史发展趋势和时代潮流，自觉把自己的前途命运同祖国的前途命运紧紧联系在一起，确立远大抱负和坚定信念。第二，青年知识分子只有在实践中经受锻炼、增长见识、增长才干，才能更好更快成熟起来。作为科技工作者，无疑必须努力学习科学技术，在任何时候都有一个坚持理论联系实际的问题。第三，青年知识分子只有深深根植于人民群众之中，汲取营养和力量，才能不断激发为民造福、为国奉献的热情，始终保持奋发向上的精神状态，真正干出一番事业来。②

4. 医疗卫生方面

胡锦涛同志提出医疗卫生发展的目标是实现人人享有基本卫生保健服务。为了实现这一目标，需要把握几个原则，即将公共医疗卫生定位于公益性质，政府要肩负起监管责任，要深化医疗卫生体制改革，要使基本卫生保健制度覆盖到全体城乡居民。按照这个总原则总要求，解决好几个关键问题，解决群众看病难看病贵的问题，加快完善有利于人民群众及时就医、安全用药、合理负担的医疗卫生制度体系，不断提高医疗卫生服务水平和质量，为群众提供安全、有效、方便、价廉、人人享有的基本卫生保健服务。具体而言，要做到以下几点：第一，完善公共卫生和医疗服务体系；第二，加快发展农村医疗卫生事业；第三，大力发展城市社区医疗卫生服务；第四，深化医疗卫生体制改革。③ 这一时期在医疗卫生方面的理念也在 2003 年中国面临“非典”疫情时得到了充分展现。

5. 抗震救灾方面

2008 年 5 月 12 日的汶川大地震造成 69 227 人遇难、17 923 人失踪、374 643 人受伤。

---

① 胡锦涛．胡锦涛文选（第三卷）[M]．北京：人民出版社，2016：389-397.
② 胡锦涛．胡锦涛文选（第一卷）[M]．北京：人民出版社，2016：194-196.
③ 胡锦涛．胡锦涛文选（第二卷）[M]．北京：人民出版社，2016：581-583.

在全国抗震救灾总结表彰大会上，胡锦涛同志指出，我们要进一步推进改革发展，不断增强我国的综合国力和抵御风险能力；我们要进一步抓好灾后恢复重建工作，大力支持灾区人民重建美好家园；我们要进一步加强防灾减灾工作，显著提高防灾减灾能力；我们要进一步加强应急管理能力建设，大力提高处置突发公共事件能力；我们要进一步加强社会主义核心价值体系建设，切实巩固全党全军全国各族人民团结奋斗的共同思想基础；我们要进一步加强党的建设，不断提高党的执政能力。[①] 2008 年 12 月，在中央经济工作会议上胡锦涛同志指出，越是困难时刻，越是要高度关注民生。在这次会议上胡锦涛同志就有关就业、城乡社会保障体系建构、教育和医疗服务水平、食品药品质量安全和生产安全等领域作出指示，推动经济社会又好又快发展，加快物质生产和精神文明建设双向发展。

这一时期，中国的社会福利体系基本成型。

三、强国时期中国政府的福利理念（2012 年至今）

以习近平同志为核心的党中央，提出了以“人民幸福”为中心的福利理念。自 2012 年以来，习近平同志针对中国的现实情况，发表了大量治国理政的讲话，提出了很多新思想、新观点和新论断，为新时代中国的发展指明了方向。自党的十八大以来，在习近平同志的领导下，中国取得了多方面成就：在国内，从严治党获民心、扫黑除恶顺民意、脱贫攻坚重民情、生态建设为民心……十年来，习近平同志走遍了祖国的大江南北，深入各个省份与地区，一直将人民百姓放于心中，践行了中国共产党人“为人民服务”的誓言。此外，习近平同志强调思想文化建设、民主法制建设和发展理念变革，为中国人民提供了更加舒适、安全、健康的生活环境。在国际舞台上，中国十年来举办了多次具有世界影响力的会议，国防和军队现代化水平不断提升，中国梦、强军梦的实现近在咫尺，大国形象在世界面前得到展现。这十年是中国实现了翻天覆地变化的十年，也是使中华亿万儿女的生活取得质变的十年。习近平同志提出了很多与人民群众生活息息相关的社会福利理念和政策，中国的社会福利事业取得了空前的成就。

（一）“三农”问题方面

目前，我国已经解决了“三农”问题当中最基本的同时也是最重要的问题，即困扰中华民族千百年的绝对贫困问题。农村作为脱贫攻坚工作的主战场，农民作为脱贫攻坚

① 胡锦涛．胡锦涛文选（第三卷）［M］．北京：人民出版社，2016：130-133.

的主要帮扶对象，历经八年的持续奋斗，832 个贫困县和 12.8 万个贫困村全部摘帽，截至 2020 年决战脱贫攻坚取得胜利之时，全国近 1 亿农村贫困人口实现脱贫。

2012 年年底，习近平同志就提出消除贫困、改善民生、逐步实现共同富裕，是社会主义的本质要求。① 首先，他要求各级党委和政府要把帮助困难群众脱贫致富摆在更加突出位置，因地制宜、科学规划、分类指导，推动贫困地区脱贫致富、加快发展。其次，要求各级领导干部心里装着困难群众，多做雪中送炭的工作，满腔热情为困难群众办事。最后，要求基层尤其是农村基层的同志，要原原本本把党的政策落实好，想方设法尽快让乡亲们过上好日子。

自 2015 年年底，脱贫攻坚进入中期阶段以来，习近平同志提出到 2020 年确保我国现行标准下农村贫困人口实现脱贫，贫困县全部摘帽，解决区域性整体贫困，让贫困人口和贫困地区同全国一道进入全面小康社会②的发展目标。实现这一目标就要解决好“怎么扶”的问题，按照贫困地区和贫困人口的具体情况，分类施策，实施“五个一批”工程。(1) 发展生产脱贫一批，对于有劳动能力的人，发展生产脱贫，引导和支持他们依靠自己的劳动，实现就地脱贫；(2) 易地搬迁脱贫一批，对于资源贫瘠的贫困区域，采取整体易地搬迁策略，按规划、分年度、有计划组织迁出贫瘠地，进入可开发、可致富的区域；(3) 生态补偿脱贫一批，对于生态贫困，加大贫困地区生态保护修复力度，增加重点生态功能区转移支付，让有劳动能力的贫困人口就地转成护林员等生态保护人员；(4) 发展教育脱贫一批，对于缺乏劳动技能的群体，提出发展教育，国家教育经费要继续向贫困地区倾斜、向基础教育倾斜、向职业教育倾斜，帮助贫困地区改善办学条件，对农村贫困家庭幼儿特别是留守儿童给予特殊关爱；(5) 社会保障兜底一批，对贫困人口中完全或部分丧失劳动能力的人，由社会保障来兜底，统筹协调农村扶贫标准和农村最低标准，加大其他形式的社会救助力度。同时，为防止因病致贫、因病返贫，习近平同志提出要加强医疗保险和医疗救助保障能力，新型农村合作医疗和大病保险政策要对贫困人口倾斜。

2017 年，扶贫开始进入攻坚阶段，习近平同志再次强调加大力度推进深度贫困地区脱贫攻坚，并提出了八点要求：第一，合理确定脱贫目标；第二，加大投入支持力度；第三，集中优势兵力打攻坚战；第四，区域发展必须围绕精准扶贫发力；第五，加大各方帮扶力度；第六，加大内生力培育力度；第七，加大组织领导力度；第八，加强检查

① 习近平．习近平谈治国理政（第一卷）［M］．北京：外文出版社，2014：189.
② 习近平．习近平谈治国理政（第二卷）［M］．北京：外文出版社，2017：83.

督查。[1] 在脱贫攻坚冲刺期，2019年4月，习近平同志强调着力解决“两不愁三保障”的突出问题：到2020年稳定实现农村贫困人口不愁吃、不愁穿，义务教育、基本医疗、住房安全有保障，是贫困人口脱贫的基本要求和核心指标，直接关系脱贫攻坚质量。总的看，“两不愁”基本解决了，“三保障”还存在不少薄弱环节。要坚持现行脱贫标准，既不拔高，也不降低。有关部门要指导各地摸清底数，确保工作有的放矢。要加大工作力度，聚焦突出问题，逐村逐户逐项查漏补缺、补齐短板。要宣传好政策和标准，统一思想认识，引导社会各方面准确理解，不能各说各的。[2]

在2020年年底中国如期取得脱贫攻坚战胜利之后，2021年1月，国家乡村振兴局成立。国家乡村振兴局由国务院扶贫开发领导小组办公室整体改组而来，标志着中国在“三农”工作上未来新的发展目标。自此，新时代“三农”工作的总抓手是实施乡村振兴战略，该战略是关系全面建设社会主义现代化国家的全局性、历史性任务，是走中国特色乡村振兴之路的必然选择。

（二）生态保护方面

党中央多次强调为建设美丽中国创造更好的生态条件。2013年习近平同志强调，全社会都要按照党的十八大指出的建设美丽中国的要求，切实增强生态意识，切实加强生态环境保护，把我国建设成为生态良好的国家。

2016年年底，习近平同志再次重申“绿水青山就是金山银山”的生态理念，指出生态文明建设是“五位一体”总体布局和“四个全面”战略布局的重要内容。各地区各部门要切实贯彻新发展理念，深化生态文明体制改革，尽快把生态文明制度的“四梁八柱”建立起来，把生态文明建设纳入制度化、法制化轨道。要结合推进供给侧结构性改革，加快推动绿色、循环、低碳发展，形成节约资源、保护环境的生产生活方式。要加大环境督查工作力度，严肃查处违纪违法行为，着力解决生态环境方面突出问题，让人民群众不断感受到生态环境的改善。各级党委、政府以及各有关方面要把生态文明建设作为一项重要任务，扎实工作、合力攻坚，坚持不懈、务求实效，切实把党中央关于生态文明建设的决策部署落到实处，为建设美丽中国、维护全球生态安全做出更大贡献。[3]

2018年5月，习近平同志提出加强生态文明建设必须坚持的原则：一是坚持人与自然和谐共生；二是绿水青山就是金山银山；三是良好生态环境是最普惠的民生福祉；四

---

① 习近平. 习近平谈治国理政（第二卷）[M]. 北京：外文出版社，2017：87-92.

② 习近平. 习近平谈治国理政（第三卷）[M]. 北京：外文出版社，2020：159-161.

③ 习近平. 习近平谈治国理政（第二卷）[M]. 北京：外文出版社，2017：393.

是山水林田湖草是生命共同体；五是用最严格制度最严密法治保护生态环境；六是共谋全球生态文明建设。同时，坚决打好污染防治攻坚战：第一，加快构建生态文明体系；第二，全面推动绿色发展；第三，把解决突出生态问题作为民生优先领域；第四，有效防范生态环境风险；第五，加快推进生态文明体制改革落地见效；第六，提高环境治理水平。① 生态文明建设是事关中华民族伟大复兴中国梦的重要内容，也关乎十四亿中华儿女的切身利益。近年来，党中央合理平衡了经济社会发展与生态环境保护之间的关系，让中国人民生活在更加舒适卫生的生态环境中，人民幸福感显著提升。

（三）民生方面

秉持人民幸福理念和人民对美好生活的向往就是我们的奋斗目标的责任导向，新时代的民生保障呈现出更切实、更全面、更科学，向着更高质量迈进的特点。习近平同志于 2015 年 6 月提出五方面民生内容。（1）做好保障和改善民生工作，可以增进社会消费预期，有利于扩大内需，抓民生也是抓发展。要依靠产业带动和必要的政策激励，鼓励创业、扩大就业，努力增加城乡居民收入。（2）要抓住群众最关心的教育、医疗、社会保障、食品安全等问题，实打实地做，循序渐进地推。（3）要通过推进就业创业，发展社会事业，打好扶贫开发攻坚战，不断打通民生保障和经济发展相得益彰的路子。（4）要高度重视公共安全工作，牢记公共安全是最基本的民生的道理，着力堵塞漏洞、消除隐患，着力抓重点、抓关键、抓薄弱环节，不断提高公共安全水平。（5）要关心留守儿童、留守老年人，完善工作机制和措施，加强管理和服务，让他们都能感受到社会主义大家庭的温暖。② 把保障民生工作与促进发展紧密结合起来，把惠民政策与鼓励就业创业紧密结合起来，促进民生保障的科学可持续发展；切实落实好民生关键领域的保障工作，突出公共安全的重要性，使民生保障内容更丰富更合理。

（四）教育方面

全面发展基础教育和高等教育。基础教育方面，坚定不移地实施科教兴国战略。2021 年中国有 2.91 亿名在校学生和 1 844.37 万名教师，教育始终处于优先发展的战略位置上。习近平同志提出，对内要不断扩大投入，努力发展全民教育、终身教育，建设学习型社会，努力让每个孩子享有受教育的机会，努力让 13 亿人民享有更好更公平的教育，获得发展自身、奉献社会、造福人民的能力。对外将加强同世界各国的教育交流，扩大教育

---

① 习近平．习近平谈治国理政（第三卷）［M］．北京：外文出版社，2020：359-364，366-371.

② 习近平．习近平谈治国理政（第二卷）［M］．北京：外文出版社，2017：361-362.

对外开放，本国教育取得进步的同时，积极支持发展中国家教育事业发展。在重视普及基础教育的同时，习近平同志也十分重视高等教育。高等教育肩负着培养德智体美全面发展的社会主义事业建设者和接班人的重大任务，高校思想政治工作关系高校培养什么样的人、如何培养人以及为谁培养人这个根本问题。对于如何发展高等教育方面，习近平同志提出一系列系统性、全面性、关键性主张。（1）必须坚持正确政治方向，要坚持把立德树人作为中心环节，把思想政治工作贯穿教育教学全过程，实现全程育人、全方位育人，努力开创我国高等教育事业发展新局面。（2）要教育引导学生正确认识世界和中国发展大势，从我们党探索中国特色社会主义历史发展和伟大实践中，认识和把握人类社会发展的历史必然性，认识和把握中国特色社会主义的历史必然性，不断树立为共产主义远大理想和中国特色社会主义共同理想而奋斗的信念和信心。（3）教师是人类灵魂的工程师，承担着神圣使命。要加强师德师风建设，坚持教书和育人相统一，坚持言传和身教相统一，坚持潜心问道和关注社会相统一，坚持学术自由和学术规范相统一，引导广大教师以德立身、以德立学、以德施教。（4）办好我国高等教育，必须坚持党的领导，牢牢掌握党对高校工作的领导权，使高校成为坚持党的领导的坚强阵地。①

（五）就业方面

习近平同志始终关心就业这个最大的民生，他在多个领域谈到就业问题，在易地搬迁解决扶贫问题时，指出后续帮扶最关键的是就业；对于新就业形态，提出要顺势而为，补齐短板；对于高校毕业生就业难问题，提出要改变择业观、就业观，找好自己的定位。对于国家的就业政策，习近平同志强调，党和国家要实施积极的就业政策，创造更多就业岗位，改善就业环境，提高就业质量，不断增加劳动者特别是一线劳动者劳动报酬。要建立健全党和政府主导的维护群众权益机制，抓住劳动就业、技能培训、收入分配、社会保障、安全卫生等问题，关注一线职工、农民工、困难职工等群体，完善制度，排除阻碍劳动者参与发展、分享发展成果的障碍，努力让劳动者实现体面劳动、全面发展。要面对面、心贴心、实打实做好群众工作，把人民群众安危冷暖放在心上，雪中送炭，纾难解困，扎扎实实解决群众最关心最直接最现实的利益问题、最困难最忧虑最急迫的实际问题。②

自党的十八大以来，我国在百姓民生方面取得了多方面成就：解决了困扰中华民族几千年来的绝对贫困问题，保障了人民的基本生活需求，为人民提供了更加安全、美丽

---

① 习近平．习近平谈治国理政（第二卷）［M］．北京：外文出版社，2017：376-379.

② 习近平．习近平谈治国理政（第二卷）［M］．北京：外文出版社，2017：364.

的生活环境，加强了对中华民族传统文化的宣传，使人民不仅在物质上发生了翻天覆地的变化，更是在精神文化生活方面焕然一新，使人民有更多获得感也更有民族自豪感。可以说，目前我国基本建成了中华民族历史上最为完善的社会福利体系，这一体系的建成与中国共产党的不懈努力密不可分，更是亿万中华儿女长期奋斗的结果。

第二节　学界视域下中国当代的福利思想

近观20世纪以来的思想史，可以看到中国涌现了大量为人民谋幸福、为社会谋发展而进言献策的学术泰斗，他们作为学界代表，展现出了中国近当代学者求索笃行的学术态度和为祖国奉献一生的爱国热忱。

一、徐特立的教育发展思想

徐特立（1877—1968年）为毛泽东、田汉等著名人士的老师，被尊为“延安五老”之一。作为中国杰出的革命教育家，他为当代中国教育领域的发展做出了重大贡献。

（一）对当代中国青年寄予厚望

首先，徐特立先生针对青年人应该做什么，定位了青年人的本职工作在于热心求知识、认真务劳动，中国青年应该吸取人类一切文化遗产作为学习的材料，用新的方法加以批判，去掉十分之九无用的，改正十分之一歪曲的，留下一切事实的知识，做到有目的、有选择、有立场地学习。其次，对于如何学习，徐特立先生也说明了自己的观点：“一是学习要有时代性；二是学习要抓住基本的知识；三是学习要有方法和立场；四是学习要有事业和职业的目的及长期的计划；五是学习要有一定的中心对象；六是学习要抓住要领；七是学习要有批评的、革命的、实践的精神。”① 最后，徐特立先生对于青年人提出了几点希望：创业与守业，青年需要做的事情多得很，不仅要守业，而且要继续创业，创立共产主义之业；继承与发扬，青年人任重道远，要继承的不是财产，而是前辈留下的尚未完成的革命事业，发扬前辈的革命精神；老实作风，“老实”就是不自欺欺人，做到不欺骗人家容易，不欺骗自己最难；持之以“恒”，学习上光下功夫不够，还得下苦功，要刻苦钻研，要坚持，持之以恒；锻炼，一个人的身体，决不是个人的，要把它看作社会的宝贵财富，凡是有志为社会出力，为国家成大事的青年，一定要十分珍视

① 徐特立．徐特立教育文集［M］．北京：人民教育出版社，1979：71-72.

自己的身体健康。[①]

（二）对当代中国教师队伍的发展提出期望

徐特立先生认为，首先，教师要懂得教育的本质，我们的教育是革命的教育，其目的是教国民不是教顺民，在教育过程中要引导学生，应反对无理的服从及自己没有了解的盲从。

其次，教育要注意方式方法。对于破坏纪律的学生，不是惩戒而是说服，让他们做到自觉遵守纪律，而不是受到无理的外力压迫而遵守。对于知识传授，不是由教师片面灌输，而是双方讨论和研究，不是压下学生的坚强意志，而是增加对问题进一步的了解，以正确的知识来克服无知的盲动。

再次，加强小学阶段尤其是农村小学的教育。徐特立先生认为在新中国文化教育建设计划中，小学教师的历史任务是最基础、最庞大的，也是最艰难的。农村作为中国革命的主阵地，同时也是当代中国社会福利重点发展的主战场，中国小学教育的发展状况直接关乎中国农村未来的发展高度。小学教师担负着农村教育的责任，其职务是以教育服务于社会，所以要了解农村的情况，了解农村的政治活动、经济活动及其他一切文化方面的活动，这样才会避免盲目和空洞。

最后，徐特立先生也明确表示应给予小学教师与其义务相对等的权利。第一，关于小学教师的政治地位。小学教师是基层的教育工作者，是最接近基层的群众，他们的政治水平要比一般人民提高一步，应该争取爱国主义和国际主义的政治地位。小学教师在可能条件下，帮助他们（乡村基层干部）学习文化，同时和他们在一起也了解地方的工作经验。在条件可能下，这种扶助是必要的。相互批评和自我批评也是极其必要的，这是我们新社会的作风。第二，关于小学教师要参加大规模的建设。徐特立先生认为，小学教师不应离开自己的岗位去进行工业、农业和技术工作，因为教育建设是整个国家建设必要的任务之一，要加强教育为生产服务，应在科学教育中注意到与技术方面的联系。第三，徐特立先生认为，小学教师应该有专业思想。在经济建设中，使广大人民群众得到科学和技术的基本教育，这种伟大的任务就落在小学教师身上。[②]

（三）对中国教育事业未来的发展方向提出设想

徐特立先生认为当代中国教育发展应遵从科学化、民族化、大众化的发展理念，这

---

① 徐特立．徐特立教育文集［M］．北京：人民教育出版社，1979：280-281.

② 徐特立．徐特立教育文集［M］．北京：人民教育出版社，1979：121，254-255.

三种“化”是相互联系的。科学是放之四海而皆准的普遍真理，民族化是具体化和行动化的重要前提，教育科学化和民族化，就是将科学理论与具体实际相结合，由此可见，科学化和民族化是紧密相连的。而我们的科学不是少数科学家的学问，而是被大众把握着的真理事实，科学能通过大众自觉的接受而与大众紧密相连。大众化是大众基本的知识、技术和方法，其特点是去空、去杂和去孤，所以，更能真实反映大众要求。当然，科学大众化不是把科学降低而庸俗化，而是让科学依据大众特点成为有的放矢的学问，达到真正的学以致用。必须清除一切非科学的、似是而非的、俗化的、迷信的东西，才能一步一步向着坚实的真正的科学道路前进。所以，我们要用最大的力量来发展人民经济、文化教育等事业。我们不仅要向外学习，吸收资本主义国家的知识遗产，也要重视我们祖宗留下来的知识遗产，对其进行彻底的清算而吸收之，这样才能做到科学化、民族化、大众化的有机结合。

二、梁漱溟的乡村建设思想

梁漱溟（1893—1988 年）作为当代中国新儒家学派代表人物之一，被尊为“中国最后一位大儒家”，其研究广泛，涉及哲学、教育学、社会学等多个领域。梁漱溟先生见证了中华民族近代以来所经受的种种苦难，就未来中国何去何从提出了大量具有指导性的意见和建议，为之后新中国的社会重构与发展提供了十分重要的理论基础。在社会福利思想领域，早在 1937 年梁漱溟先生就中国乡村建设方面提出了自己的看法。

（一）在中国进行乡村建设的必要性

从乡村建设的战略地位角度，梁漱溟先生指出中国建设必须走乡村建设之路，中国的经济发展必须走振兴农业以引发工业的路。只有从复兴农村入手，才能获得新社会建设的成功。

从中国社会历史发展的视角审视当前乡村建设的紧迫性，梁漱溟先生说：“今日中国问题在其千年相沿袭之社会组织构造既已崩溃，而新者未立。中国文化一大怪谜，即在其社会构造（概括政治构造、经济构造等）历千余年而鲜有所变，社会虽有时失掉秩序而不久仍旧规复，根本上没有变革，其文化像是盘旋而不能进。但到今天，则此相沿不变的社会构造，却已根本崩溃，夙昔之法制、礼俗悉被否认，固有文化失败摇坠不堪收拾，实民族历史上未曾遭遇过的命运。”① 梁漱溟先生分析，中国几千年来的封建制度的

① 梁漱溟．乡村建设理论［M］．北京：商务印书馆，2015：23.

传统已经在中国人民心中打下深深烙印，当时的中国面临内忧外患，国家前途和民族命运堪忧，在中国进行社会变革已迫在眉睫。在这种情况下，梁漱溟先生指出了中国变革的命脉所在，即农村建设。这种观点也被中国共产党所认可，“三农”问题一直是中国发展的核心问题。

（二）中国乡村建设的可行之路

第一，在乡村组织方面，一方面，梁漱溟先生认为首先应依据中国传统和现实建设新的礼俗。与西方的社会秩序依靠法律维持不同，中国社会组织构造应体现中国的特点，即新时期的社会组织仍要靠礼俗形筑而成，尤其是乡村组织更离不开几千年的礼俗文化以及依据现实条件开发培养新的礼俗。另一方面，梁漱溟先生也看到了目前西方在社会构造方面偏于理性的长处，在中国社会建立在原有伦理情谊之上的基础上，中国也可以吸收西方社会构造的长处，西方的团体组织矫正了我们的散漫，团体中的分子对团体活动有力参与矫正了我们被动的毛病，西方组织对个人的尊重提高了个人的地位，他们的财产社会化增进了社会关系。这些都是中国乡村建设需要学习借鉴的。所以，在梁漱溟先生看来，中国乡村组织的发展要从本土乡村入手，结合中国乡村的实际发展情况，学习西方社会组织理性的一面并不断完善、发展。

第二，在政治问题的解决方面，要启发社会力量来稳定大局。梁漱溟先生指出：“中国问题是整个社会的崩溃，是极严重的文化失调，而其苦闷之焦点，则见诸于政治问题之没法解决。”① 当前中国政治问题主要有法律无效、政府腐败等。要解决中国当下的政治问题，就要充分发挥社会中的知识分子和乡村居民的力量，要根植于乡村农民身上，渐进式地培养新力量，理智分析、正确认识、客观评价乡村建设中的各种做法，更为重要的是要有积极目标、远大目标，做积极活动，从眼前、从脚下做起。

第三，在经济建设方面，建立社会化的新经济构造。梁漱溟先生首先就中国旧日的经济情况与西方近代以来经济发展的脉络相对比，提出未来中国经济建设的路径，“不外个人盈利、自由竞争和社会本位统制计划的两条路；两条路比较，我们似宜于后者。这不但因为我们是产业后进国，要这样才合于迎头赶上去的话；更要紧的是外围环境不许我们走前一条路”②。梁漱溟先生分析了当时（20 世纪 30 年代）中国的国情，认为当时中国的经济问题是与政治问题密不可分的，在这两者之间政府却一直没能起到正向的引导作用。中国经济与政治的发展都不能依靠政府，而应该顺着社会自然的要求，认取一

---

① 梁漱溟. 乡村建设理论［M］. 北京：商务印书馆，2015：144，178，205，315-316.

② 梁漱溟. 乡村建设理论［M］. 北京：商务印书馆，2015：348，365-366.

条路线，“就是散漫的农民，经知识分子领导，逐渐联合起来为经济上的自卫与自立；同时从农业引发了工业，完成大社会的自给自足，即建立社会化的新经济构造。分析起来，这里面包含几个要点：一，非个人盈利，也非国家统制，而是从农民的联合以达于整个社会的大组织；二，从农业引发工业，而非从商业发达工业；三，从经济上的自卫自立入手，以大社会自给自足为归，自始即倾向于为消费而生产，最后完成为消费而生产，不蹈欧美为盈利而生产的覆辙”①。

梁漱溟先生从中国乡村这一核心问题入手，所论内容涉及中国政治、经济发展和未来走向等多个方面。从当时来看，梁漱溟先生的社会构建思想是具有时代领先性的，也具有一定合理性。新中国成立前后，中国共产党的很多施政方针能发现梁漱溟先生的思想的影子。但由于当时所处环境的影响以及梁漱溟先生自身阶级的限制致使他的某些思想仍具有一定的局限性，如对土地改革的看法。

三、冯友兰的社会发展思想

冯友兰（1895—1990 年）作为中国当代新理学的代表人物、著名哲学家、教育家，其毕生著作可以概括为“三史释今古，六书纪贞元”。同时，冯友兰先生作为近代以来能够建立哲学体系的哲学家之一，被誉为中国 20 世纪最负盛名并且具有国际影响的思想家之一。“贞元六书”以在 1939 年出版的《新理学》为开端，以于 1946 年出版的《新知言》为终结，写作过程正值中国内忧外患之际。“贞元六书”中冯友兰先生结合古今中外哲学家、思想家的思想内容，经归纳概括，总结出多方面的思想内容，六本著作自成一体。在此，就冯友兰先生书中所提有关社会福利的相关思想予以阐述。

（一）社会道德方面

冯友兰先生认为，“一切道德底②行动之所同然者是：一社会内之分子，依照其所属于之社会，依照之理所规定之基本底规律以行动，以维持其社会之存在。此可以说是道德之理之内容；依照道德之理之行动，是道德底事”③。在冯友兰先生看来，社会道德是指社会成员依照道义之理从事各种活动，所有成员都能做到尽伦尽职，则社会关系和谐，社会运行规范。社会是由个人组成的，社会当中个人群体的差异导致每个社会存在不同

① 梁漱溟. 乡村建设理论［M］. 北京：商务印书馆，2015：368.

② “底”的用法是 20 世纪 30 年代常用的词法，相当于现在的“的”。本段中类似的与现代用法不同的表述还有“著”“分”等，为尊重原著，在此沿用原著。

③ 冯友兰. 新理学［M］. 南京：江苏文艺出版社，2010：101-102.

的社会道德。当社会当中的个人约定俗成出一套规定后，就应该按照规定进行自己的日常活动，否则就有违社会道德。但是，冯友兰先生也指出社会并不是与个人对立，更不是压迫个人、限制个人，社会是为个人服务的团体，个人在遵守社会道德的同时，社会也不应过分苛责、要求个人。他对判定个人的行为是否道德说明了自己的观点："尽伦尽职的行为，是道德底行为。凡道德底行为，都必与尽伦与尽职有关。所谓道德者，是随著人是社会的分子而有底。这并不是说，人可以不是社会的分子。人必须是社会的分子。既必须是社会的分子，则一个人与社会中底别底人，必有某种社会的关系，在社会中，必处某种位分。随着人是社会的分子而有底事，总不出乎此二者，所以所谓道德者，亦都必与尽伦或尽职有关。"①

（二）社会发展方面

冯友兰先生从中国近代以来的历史发展出发，分析在当时中国要实现社会发展的可行之法。他认为："中国现在最大底需要，还不是在政治上行什么主义，而是在经济上赶紧使生产社会化。至于政治上应该实行底主义是跟着经济方面底变动而来底。有许多所谓教育文化方面底事，都是这样底。与其空谈应该统一国语，不如多设几个广播电台。与其空谈应该破除省界，不如多修几条铁路。有了这些东西，'应该底'才会跟着来。没有这些东西，'应该底'是空'应该'。"② 相较于中国古代乃至近代文人在有关社会经济发展方面重形式而忽略内容的传统，冯友兰先生有关社会经济发展的思考更偏向于西方的实用主义。他有关中国社会发展的思想其实与早在明末清初思想家顾炎武的《日知录》中所提到的"空谈误国，实干兴邦"的思想有异曲同工之妙。

（三）教育发展方面

作为中国近现代时期著名的教育家，冯友兰先生曾先后执教于北京大学、清华大学和西南联合大学。在他晚年撰写的学术自传中大篇幅记载了他在大学任教的经历，足以见得冯友兰先生对中国教育发展的重视程度。他认为在生产社会化的社会里，教育制度也须工厂化。教育制度工厂化，即"在生产社会化底社会里，我们对于教育人才，亦要集中生产，大量生产，细密分工"③。可见，这里的工厂化不同于教育商业化。教育商业化是指学校或办学校底人都是以赚钱为目的，教育制度工厂化与教育商业化并不是一回

① 冯友兰．新原人［M］．北京：北京大学出版社，2014：142.
② 冯友兰．新事论［M］．北京：北京大学出版社，2014：192-193.
③ 冯友兰．新事论［M］．北京：北京大学出版社，2014：121-122.

事，是大量通过教育大量培养人才，是满足生产社会化的社会需求所必需的。冯友兰先生对待教育事业的态度对当前中国社会中教育产业的发展也具有一定的启示意义。此外，冯友兰先生一生著述的内容中蕴涵着强烈的文化信念，为中国文化复兴和中国哲学现代化事业做出了重大贡献。

四、费孝通的乡土中国思想

费孝通（1910—2005 年）被誉为中国社会学和人类学的奠基人之一，作为社会学家、人类学家、民族学家和社会活动家，他扎根于中国乡土，指出了“中国社会是乡土性的”本质。费孝通先生一生写下了数百万字的著作，其中不乏有关中国社会发展以及乡村内涵、特点和建设的研究。

（一）中国社会的内涵方面

费孝通先生解释了中国社会是乡土性的本质。费孝通先生提出了“差序格局”的概念。“在差序格局中，公和私是相对而言的，站在任何一圈里，向内看也可以说是公的。社会关系是逐渐从一个一个人推出去的，是私人联系的增加，社会范围是一根根私人联系所构成的网络，因之，我们传统社会里所有的社会道德也只在私人联系中发生意义。”[①] 所以，就中国社会人与人之间的关系来说，并不能绝对地说其行为是为己还是为公的，在费孝通先生看来这是一个相对的概念。

中国的社会是乡土社会，民风民俗和乡土人情是维系社会关系很重要的纽带，在乡土社会层级性的差序格局中，礼治秩序发挥着不可替代的作用。“礼是社会公认合式的行为规范。合于礼的就是说这些行为是做得对的，对是合式的意思。礼和法不相同的地方是维持规范的力量。法律是靠国家的权力来推行的。礼并不是靠一个外在的权力来推行的，而是从教化中养成了个人的敬畏之感，使人服膺；人服礼是主动的。礼是可以为人所好的，所谓‘富于好礼’。礼治社会是并不能在变迁很快的时代中出现的，这是乡土社会的特色。”[②] 在费孝通先生看来，中国社会传统的公序良俗正是在人与人之间逐步确立的对于“礼”的认可的基础上发展而来的。这与西方社会凭借“法”来管理社会有很大不同。这种礼治是中国历史源远流长逐步确立发展而来的，是一种更高级的社会治理规则。

---

① 费孝通．乡土中国生育制度乡土重建［M］．北京：商务印书馆，2011：31-32.

② 费孝通．乡土中国生育制度乡土重建［M］．北京：商务印书馆，2011：41-43.

（二）家庭方面

家庭是社会和个人之间的纽带。作为在中国社会组织中最小且又是最核心的单位，费孝通先生从人类学的角度对家庭进行定义，“家庭是亲子所构成的生育社群，亲子指它的结构，生育指它的功能。在西洋，家庭是团体性的社群，这个社群能经营的事务很少，主要的是生儿育女。可是在中国乡土社会中，家并没有严格的团体界限，这社群里的分子可以依需要，沿亲属差序向外扩大。构成这个所谓社圈的分子并不限于亲子，但是在结构上扩大的路线却有限制。中国的家是一个事业组织，家的大小是依着事业的大小而决定的。如果事业小，夫妇两人的合作已够应付，这个家也可以等于家庭；如果事业大，超过了夫妇两人所能担负的，兄弟伯叔全可以集合在一个大家里”①。

家庭作为社会和个人之间的纽带，在遵守社会规则和维系社会秩序方面发挥重要作用，虽然社会规则是规范人们行为的习俗或章程要义，但它有时和人类本性并不相合。如果人类生物技能能够全部合于社会生活，那么我们就可以自然地让生物规律去支配人的行为和社会关系，但是，如果生物技能不能达到这一目的，则需要用社会力量来维持集体生活了。现实情况往往是人生下来并不是一个完全适合于集体生活的动物，所以我们无法通过本能来参与社会和完成活动，因此就需要社会规则或者人们共同认同的习惯。而适应并习惯于社会是需要一个过程的，这个过程就是在家庭中，把人抚育成为社会人的过程，所以，家庭肩负着重要使命和职责。

费孝通先生在论及中国家庭问题时从生育的功能出发，他所注意的是制度本身。费孝通先生指出：“生育制度分为两部分，抚育和继替。中国社会中两者之间存在矛盾，因为继替是单系偏重的，所以孩子在抚育上多少会因性别而受到差别的待遇……可是我们也绝不应认为父系社会中，父母对于女儿的感情是特别淡漠的。凡是能得到抚育机会的，多年相依的生活中，亲子感情的联系总是很强的。因之，即在继替过程需要单系的条件下，因为抚育的双系性，单系继替的原则也总是不能贯彻，至多不过偏重于单系罢了。所以社会的秩序和团结也永远受到继替作用的威胁，社会上许多纠纷就出于这个抚育和继替的矛盾上。”② 费孝通先生在研究家庭时以生育制度为切入点的用意，是在就种族绵延的起点和制度完成的终点之间那一大段社会的与教化的文章，加以推敲分析。

---

① 费孝通. 乡土中国生育制度乡土重建［M］. 北京：商务印书馆，2011：41-43.

② 费孝通. 乡土中国生育制度乡土重建［M］. 北京：商务印书馆，2011：239，296-297.

（三）乡村发展方面

第一，要打破乡村与都市相互矛盾的观念来发展乡村工业。费孝通先生分析了当时中国社会变迁的现状是农业文化和工业文化的替易，中国是在逐渐脱离原有位育[①]于农业处境的生活方式，进入自从工业革命之后的西洋所发生的那一种方式。在这种看似矛盾的处境中，费孝通先生指出要打破乡村与都市相互矛盾的观念，大力发展乡村工业。在他看来，乡村和都市本是相关的一体，中国最大多数的人民是住在乡村里从事农业的，要使他们的收入增加，只有扩充和疏通城乡之间的往来，极力从发展都市入手去安定和扩大农业品的市场，乡村才有繁荣发展的希望。

第二，优化基层行政管理，改变基层行政僵化现状。无论哪一层级、哪一性质的政府，也无论执行的是何种政策，都要做到廉政务实，如果因为贪污和无能腐蚀了行政效率，一切政策都是无效的，一切目标都会落空，所以费孝通先生认为应该在基层自治事务中去加强启发和领导作用，加强人民和政府之间双向互利。

第三，引进现代知识和人才。目前的情况是乡土社会中培植出来的人大部分已不再留在乡村务农务工，而农村的发展同样需要人才，尤其是乡土工业的发展更需要人才来支撑，这是不争的事实。“乡土工业在劳力利用上和农业相互配合来维持农工混合的经济。也只有这种农工混合的乡土经济才能维持原有的土地分配形态。一个自己没有土地的小农场上的佃户，在男耕女织的农工合作下，勉强能达到他们生活的小康水平，同时也使传统的地主们可以收取正产量一半的地租，并不引起农民们的反抗。任何经济结构如果不能维持最低限度的民生，是决不可能持久的。”[②]

费孝通先生主要研究的群体就是中国基层最普通的农民，在他看来，这些最普通的农民所反映出的深层内涵能代表中国社会传统的世俗文化。费孝通先生终生致力于为中国农民寻求一条脱贫致富之路，为中国农业和农村经济发展做出了重要贡献。

五、陆学艺的社会建设思想

陆学艺（1933—2013 年）作为“三农”问题的专家，提出了很多有关解决“三农”问题的改革方案和对策。1988—1998 年担任中国社会科学院社会学研究所所长，他从三个维度分析了社会建设思想。

---

① 原文中解释最早见之于孔庙大殿前一个匾写着“中和位育”，意思是指人和自然的相互迁就以达到生活的目的。

② 费孝通．乡土中国生育制度乡土重建［M］．北京：商务印书馆，2011：377，415-416.

（一）“三农”问题方面

2000年，陆学艺先生分析了中国当时的“三农”状况。2000年前后，中国农产品销售不畅、市场疲软、价格下跌，乡镇企业滑坡，农民收入增长减缓等问题成为阻碍中国“三农”发展的阶段性问题。在这种情况下，陆学艺先生提出了实现农村发展新阶段的几点任务：第一，改变城乡二元社会结构，大力推进城镇化。现有的城乡分割的二元社会结构，使城乡间的生产要素，如劳动力、土地、资金和多种资源不能按市场经济的要求流动，妨碍了资源的合理配置，不利于生产力的发展。第二，户籍改革到了非改不可的地步。城乡分割的户籍制度是把农民束缚在农村的主要障碍。第三，改变“城乡分治，一国两策”的局面，建立全国统一的社会主义市场经济体系。（20世纪）50年代以来，我国逐步建立了计划经济体制，实行“城乡分治，一国两策”。在诸多方面，对城市是一种政策，对农村又是另一种政策。几十年来，逐渐固化，加上有户籍、身份制度做划分标准，就形成了“一国两策”的局面。第四，要克服目前存在的商品供需关系不平衡和城乡关系不顺这两个非良性循环，仍可借鉴80年代初首先启动农村市场、走出经济困境的成功经验。①

在当时的中国，城乡之间发展的差距不断扩大，大批农村人口为能够挣得更高额的工资选择进城打工，一时间，大批“农民工”奔走于乡村和城市之间。这种现象的出现是中国农耕社会的传统与当时追求工业发展之间的矛盾所产生的结果。陆学艺先生以当时中国农民工为分析主体，指出农民工干了工人的活，但是却没有得到工人的身份；农民工同正式工人一样劳动，但是却不能同酬、不能同权；由于户籍制度的藩篱，农民工即使在一个城市打工多年，也始终是这个城市的边缘群体；现行制度下的农民工在城市务工，却把老弱病残的家人留给农村。针对当时农民工所面临的问题以及由此带来的对中国社会和经济发展的负面影响，陆学艺先生提出了几点建议，“第一，要从全面建设小康社会、把我国建成富强民主文明的社会主义现代化国家的高度，来认识和解决农民工问题；第二，要改革户籍制度；第三，要改革现行的人事劳动制度；第四，制定规划，采取措施，逐步从根本上解决农民工的问题”②。陆学艺先生所描述的中国当时农村与农民的问题是时代的真实反映，他所提出的问题在当今已解决大半，他所提出的解决建议也为后续政府解决“三农”问题提供了思想借鉴。

---

① 陆学艺. 中国社会结构与社会建设［M］. 北京：中国社会科学出版社，2013：43-46.

② 陆学艺. 中国社会结构与社会建设［M］. 北京：中国社会科学出版社，2013：171-172.

（二）就业结构方面

陆学艺先生指出，当时中国的劳动就业形势非常严峻，“既要在保持劳动效率，并使劳动力素质不断提高的前提下达到充分就业，又要改革、调整目前城乡之间、产业之间就业不合理的状况，使之与经济社会发展的要求相协调”①。当时中国的剩余劳动力据推算约有1.5亿人（1995年），农民占当时剩余劳动力的大多数，所以导致大量农村剩余劳动力向城镇转移，农业剩余劳动力向第二、第三产业转移。这就要求中国在未来20年的时间里每年提供约1 370万个非农业岗位以满足剩余劳动力的劳动需求，在稳步推进经济发展以提供更多就业机会的同时也要积极完善农民工在城市务工的相关服务供给，采取相应的保障措施。

（三）住房方面

陆学艺先生指出，20世纪90年代的中国，城镇和农村住房呈现出程度不同的需求，农村的住房一直由农民自建、自居、自有，是符合我国基本国情和广大农民心愿的，而且已经形成传统，所以在必要的情况下，农民会自觉地改善住房，政府也会提供相应政策支持。但是城镇却不同，城镇处于从计划经济体制向社会主义市场经济体制过渡中，居民住房供需矛盾比较突出，“1994年城镇居民居住面积人均只有7.9平方米，还有400多万无房户”②。

针对这个情况，陆学艺先生提出了十三项实现向新住房制度转变的步骤和措施：“第一，要深化房改，实现向与社会主义市场经济体制相适应的住房新制度转变，第一位的工作是要选择一个适当的时机，停止福利分房，终止新房进入旧体制。第二，停止福利分房，终止住房旧体制运行以后，要做好一系列后续工作，新的住房制度才能逐步建立和运行起来。第三，妥善处理好政府、单位和已住用公房职工的关系，使这些职工在住房问题上与单位顺当脱钩。第四，关于售房价格，住房制度改革既是经济体制的改革，也是社会利益关系的调整。解决住房问题，必须考虑国家的整体长远利益，考虑社会各阶层的利益平衡，兼顾国家、单位和个人的权益，所以一定要算政治账、社会账。第五，关于售房数量和标准，解决极少数干部和特殊职工由于各种原因，多占多住公房的乱象。第六，在售房的同时加快租金改革。第七，对未住公有住房的职工实行补偿。第八，实行新人新办法，凡是在终止福利分房后新参加工作的职工，单位原则上不再负责解决他

① 陆学艺．中国社会结构与社会建设［M］．北京：中国社会科学出版社，2013：8.
② 陆学艺．中国社会结构与社会建设［M］．北京：中国社会科学出版社，2013：17.

们住房的问题。第九，建立住房开发经济管理公司，作为向新的城镇住房制度过渡的一个中介。第十，积极而稳妥地组建住房市场。第十一，全面推行和完善住房公积金制度。第十二，组织并建立住宅银行势在必行。第十三，促进住房建设和建筑产业的大发展。"①

陆学艺先生有关社会福利的思想以其深厚的理论知识为基础，以当时中国社会发展和经济建设的现实为对象，深入浅出，提供了一系列可实际操作的社会体系构建方案，为中国当代社会福利体系的建构做出了重大贡献。

第三节　中国当代社会福利实践

自 1949 年新中国成立后，开启了当代中国的建设之路。经过近代以来百余年的战乱侵扰，当时的中国社会民生凋敝，各项事业处于百废待兴的状态。以全心全意为人民服务为宗旨的中国共产党作为带领中华民族各族人民获得解放的执政党，肩负着重建社会基础设施和完善公民基本社会保障的责任和义务。进入当代以来，新中国的社会保障体系建设有两条主线：一是以时间为主线，中国社会保障制度的发展经历了从早期的初建到中期改革再到后期逐步完善的全过程，每一阶段的发展通过了解当时的历史背景都与时代的发展变化有莫大关系。新中国成立以来曾经历了三次社会主要矛盾的变化，而每一次的变化都引发了中国在社会保障领域的改革。二是以主要组成构成为主线，当代中国的社会保障制度在学习西方当代社会福利体系建设的基础上，结合中国当代国情，总结出一条以社会保险为核心、社会救助为底线、社会福利②为最高保障，并以针对社会中的特殊群体进行的社会优抚为补充的完整社会保障制度道路。当代社会保障体系建设的主要目的是为稳定社会整体形势、实现区域间的调节和发挥互助作用。中国当代在社会保障方面的改革与完善是在前文所提到的社会福利思想的基础上发展而来。下面，就将中国当代社会保障制度的两条主线合并以分析其变化和发展。

一、社会保险为核心

中国现代意义上的社会保险制度最早开始于新中国成立之后，在近代中国没有完整意义上的社会保险概念。1951 年，中国第一部社会保险方面的法律《中华人民共和国劳

① 陆学艺．中国社会结构与社会建设［M］．北京：中国社会科学出版社，2013：25-35．

② 本书对国内外社会福利发展历程进行总体概括，采用的是西方大福利的概念。中国自建立社会保障制度以来，社会福利就是小福利的概念，是社会保障体系的最高阶段，所以探讨中国当代社会福利实践实际上就是中国当代社会保障体系建设。

动保险条例》（以下简称《劳动保险条例》）正式颁布。自此，中国社会保险的建设发展之路正式启航。中国当前社会保险的种类分为五种，也就是人们常说的“五险”，包括养老保险、医疗保险、工伤保险、生育保险和失业保险。[①] 从中国当代社会保险的发展来看，这五种社会保险形式也并不是同时出现的。中国当代社会保险的发展呈现出从单一层次向多层次发展的趋势，缴费主体由开始的国家保障到后期多方共同缴费变化，保险重点人群由开始的城市居民扩展到农村居民。

（一）养老保险

作为中国社会保险当中的主要保障险种，针对退休人员按月发放养老金的保险制度在当代中国经历了多次的改革与发展。

1. 1949—1978 年

新中国成立初期，在 1951 年颁布的新中国第一部完整意义上的社会保险法《劳动保险条例》正式实施，经过 1953 年的修正后，在养老待遇方面规定，达到规定的年龄（男工人与男职员年满 60 岁、女工人与女职员年满 50 岁）和工龄（一般工龄男满 25 年、女满 20 年，本企业工龄满 5 年）条件，按月付给本人工资一定比例的养老补助费，1951 年《劳动保险条例》规定为 35%～60%，1953 年修正后提高到 50%～70%，并对艰苦危险岗位提前享受（养老补助费）及工龄折算作出规定。[②] 虽然规定较为宽泛，但是《劳动保险条例》弥补了新中国在养老保险方面的空白。

自 20 世纪 60 年代至改革开放期间，养老保险经历了多次完善和改革。根据之前以工龄年限给付养老金的规定，对不同人群划定工龄的标准进行了重新的细化。但在这一时期，新中国的发展之路经历了多重考验，例如，“三年困难时期”“文化大革命”等的冲击，社会保障在这期间没有实质性的发展。

2. 1978—1992 年

这一时期，国家将工作重心转移到经济建设上来，在社会保障领域，1978 年 6 月国务院颁布了《关于安置老弱病残干部的暂行办法》《关于工人退休、退职的暂行办法》两个法规性文件，因其文件编号为国发〔1978〕104 号，社会保障业内人士简称其为“104 号文件”。文件的颁布在中国社会保障领域的发展中具有里程碑式的意义。在“104 号文件”中就工人退休领取退休金的标准进行了细化，以连续工龄、是否拥有劳动能力、参加革命工作时期等标准加以划分工人退休后可领取到的标准工资的比例。

---

① 目前生育保险已逐步并入医疗保险。

② 胡晓义. 新中国社会保障发展史［M］. 北京：中国劳动社会保障出版社，2019：21.

20 世纪 80 年代，中国的社会保险基金统筹方式迎来重大突破。在当时全国各行各业都在向市场经济靠拢的情况下，1984 年 10 月在党的十二届三中全会上提出建立自觉运用价值规律的计划体制，发展社会主义商品经济。在社会保险方面带来的变化是由之前社会保险金只由国家负责给付转型为实行三方责任共担，开始研究在社会保险基金统筹方面国家、集体和个人各方的责任。社会保险基金统筹的变化符合当时全国从计划经济转向社会主义商品经济的变化趋势，企业开始更多地承担其所雇用工人的社会保险基金的缴纳责任，推动了全国企业的市场化进程。

3. 1993—2002 年

1993 年 10 月，劳动部正式印发《关于基本养老金计发办法改革试点工作的通知》，将基本养老金分为两个部分，第一部分称为“社会性养老金”，以职工退休时本地区上年度社会平均工资为基数计发，主要体现公平；第二部分称为“缴费性养老金”，以职工本人指数化月平均工资为基数，缴费每满一年发给 1%。[①] 该文件旨在解决以往养老保险给付办法在多年实施过程中出现的职工退休收入减少过多和养老金给付难以反映部分职工劳动贡献的问题。1997 年 7 月，国务院印发《关于建立统一的企业职工基本养老保险制度的决定》，其核心内容中最重要的贡献在于将计发养老金的两个办法合并为统一制度，明确了社会统筹和个人账户相结合的基本养老保险制度模式。

4. 2003—2012 年

这一时期内国家在养老保险方面所做的重点工作是稳固推进养老保险覆盖面的扩大以及养老金水平的提高。在之前养老保险覆盖面的基础上将农垦企业及其职工、民办非企业单位及其职工、监狱企业工人、涉军群体以及华侨农场职工纳入养老保险制度。在养老金给付水平方面，中国自 2004 年以来实现每年养老金待遇上调，直至今日从未间断。在调整过程中进一步加大对特定群体的倾斜力度。

5. 进入新时代以来

2014 年 2 月，国务院印发《关于建立统一的城乡居民基本养老保险制度的意见》，决定在实现新型农村社会养老保险和城镇居民社会养老保险制度全覆盖基础上，依照《中华人民共和国社会保险法》的规定，将两项制度合并实施，实现了城乡各项养老保险制度相互转续衔接。2015 年 1 月，国务院颁布《关于机关事业单位工作人员养老保险制度改革的决定》，决定结束以往的“双轨制”，将全国机关事业单位工作人员的退休保障制度改革为社会化的养老保险制度，实现机关事业单位与企业职工统一实行社会统筹和个

① 胡晓义. 新中国社会保障发展史 [M]. 北京：中国劳动社会保障出版社，2019：145.

人账户相结合的职工基本养老保险制度。此项决定可以称得上是党的十八大以来中国在养老保险领域所进行的最大的一项改革举措。

在基本养老保险制度初步完善的基础上，企业年金和职业年金也显著发展。2015 年 3 月，国务院办公厅印发《机关事业单位职业年金办法》，相较于 2004 年的《企业年金试行办法》，扩展了适用范围、明确了供款比例和账户模式。2017 年 12 月，人力资源社会保障部、财政部联合发布《企业年金办法》，相较于之前的试行办法实现了多处突破。

（二）医疗保险

1. 1949—1978 年

1951 年颁布的《劳动保险条例》中没有明确划分单独的医疗保险，但是有针对企业职工患病后应获得的权利的介绍，一是职工本人的诊疗费、手术费、住院费和普通药费由企业负担，但贵重药费、住院的膳费及就医路费由本人负担，如本人经济状况确有困难，由劳动保险基金项下酌予补助；二是在职工治疗停工期间，6 个月内发给本人工资 60%～100%的病伤假期工资，6 个月以上发给 40%～60%，俗称“吃劳保”；三是职工确定残疾后发给一定标准的救济费；四是职工供养的直系亲属患病的合规费用，由单位负担一半，俗称“家属半费医疗”。①

20 世纪 60 年代至改革开放前夕，国家就医疗保险相关方面颁布了《关于改进公费医疗管理问题的通知》《关于改进企业职工劳保医疗制度几个问题的通知》。上述两个通知就之前在医疗报销方面的相关规定做出调整，将原来公费、劳保医疗制度中对个人不收挂号费改为收取挂号费，营养滋补药品改为本人自费。因工负伤住院期间的膳费也从全部由单位负担改为本人负担 1/3。② 从文件内容中可以看出，这一时期在医疗保险领域国家在缩减相关开支，一方面与当时国家的发展状况无法满足之前规定所提出的较高规格的医疗给付有关；另一方面也反映了国家有意在调整之前以国家为主缴纳社会保险费的方式。与针对城市职工在医疗保险方面缩减开支不同，这一时期在农村地区的农村合作医疗实现了快速发展。毛泽东同志在这一时期多次就农村医疗保险方面作出批示，要“把医疗卫生工作的重点放到农村去”。“文化大革命”期间，农村地区的医疗保险成为唯一在这一时期实现发展的社会保障分支。这种情况的产生与当时中国上千万知识分子或主动下乡参与建设，或被“下放”到农村进行“劳动改造”有关。这种大规模的知识分子迁移为当时各方面都较为落后的农村提供了大量高质量的人才，这其中不乏从事医疗

---

① 胡晓义. 新中国社会保障发展史［M］. 北京：中国劳动社会保障出版社，2019：21.

② 胡晓义. 新中国社会保障发展史［M］. 北京：中国劳动社会保障出版社，2019：53-54.

卫生事业的专业人才。

2. 1979—1992 年

在城市，当时的职工医疗保障面临多方面的问题，一是由于经费没有稳定保障，普遍存在着企业欠费、机关挂账的现象，医疗机构也难以承受大量欠费，在 20 世纪 80 年代大都取消了合同记账单，合同医院制度已形同虚设；二是医疗费用增长过快，浪费严重，财政和企业不堪重负；三是长期以来统筹互济机制的劳保医疗此时已退化为单位自我保障，在企业走向市场的过程中，新老企业之间、不同行业之间职工医疗待遇苦乐不均，引发不少社会矛盾。[①] 面对这些问题，国务院批准由卫生部牵头探索职工医疗保险制度改革的可行之路。与当时国家在社会保险领域实行社会统筹的大方向一致，这一时期为解决上述问题在医疗保险方面开展大病医疗费用社会统筹的方式以解决医疗服务需求方的困难。同时，加强对医院的医疗费用控制的改革，一是改革医疗费用支付方式；二是制定基本药品目录和公费医疗用药报销目录；三是政府、用人单位、医院三方分担医疗的经济责任，同时提出要扩大患者对就医医院的选择权等。[②] 在农村，前文提到在“文化大革命”时期农村合作医疗迎来一枝独秀的发展时期，数据显示在 1979 年合作医疗在全国农村的覆盖率达到 90%以上。但改革开放之后，中国农村开始实行家庭联产承包责任制，农村集体经济组织的经济实力和动员实力远不如前。此外，市场经济体制下的医疗卫生体制改革也使农村医疗服务机构的收入与业务收入挂钩，使农民的医疗成本快速增高，导致当时很多农民不愿再进行合作医疗的缴费。截至 1989 年，全国行政村中仅剩 5%仍在坚持实行合作医疗，相较于 1978 年的数据呈现大幅下滑。

3. 1993—2002 年

党的十四届三中全会通过的《中共中央关于建立社会主义市场经济体制若干问题的决定》中指出，城镇职工养老和医疗保险费由单位和个人共同负担，实行社会统筹和个人账户相结合。该决定旨在建立与企业经济状况无关的社会医疗保障体系。1994 年 11 月，国务院同意将江苏镇江、江西九江作为首批试点城市。经过一年多的建设后，“两江”都建立了医疗费用统筹的新机制，提高了职工的基本医疗保障水平，抑制了医疗费用增长过快的趋势，经过“两江”实践，证明统账结合的职工医疗保险模式是可以推广的。1998 年 12 月国务院印发《关于建立城镇职工基本医疗保险制度的决定》，要求城镇所有用人单位都要参加基本医疗保险。由此，劳保医疗制度逐步废止。

---

① 胡晓义. 新中国社会保障发展史［M］. 北京：中国劳动社会保障出版社，2019：103-104.

② 胡晓义. 新中国社会保障发展史［M］. 北京：中国劳动社会保障出版社，2019：105.

4. 2003—2012 年

就农村方面，2002 年 10 月，中共中央、国务院印发《关于进一步加强农村卫生工作的决定》，再次剑指农村医疗保险制度改革。2003 年各省选择 2~3 个县（市）开始试点，建立新型农村合作医疗制度（简称新农合），采用农民适当缴费集体扶持和政府资助的方式筹集资金，保障农民享有最基本的医疗服务，缓解农民因病返贫、因病致贫的问题。当时中国农民达 8 亿人口，新农合的出台受到全国农民的普遍欢迎，参保率很快达到 95%以上。就城镇方面，在新农合取得不错成效之后，2007 年国务院印发《关于开展城镇居民基本医疗保险试点的指导意见》，并于当年在全国部分地区进行试点，面向工薪劳动者之外的城镇户籍人员。2009 年实现城镇居民医保制度全覆盖。

5. 进入新时代以来

2014 年 11 月，人力资源社会保障部、财政部、国家卫生计生委联合发布《关于进一步做好基本医疗保险异地就医医疗费用结算工作的指导意见》，指出在全国范围内部署基本医疗保险的异地就医结算工作。2015 年 7 月，国务院办公厅印发《关于全面实施城乡居民大病保险的意见》，要求各地在当年年底前，使大病保险覆盖所有城乡居民基本医保参保人群，大病保险基金支付比例达到 50% 以上，有效减轻大病患者看病就医负担。2016 年 1 月，国务院发布《关于整合城乡居民基本医疗保险制度的意见》，该意见落实了在党的十八届三中全会中提出的整合城乡居民基本医疗保险制度和党的十八届五中全会中提出的整合城乡居民医保政策和经办管理的部署。提出“从完善政策入手，推进城镇居民医保和新农合制度整合，逐步在全国范围内建立起统一的城乡居民医保制度”，首次将城镇居民医疗保险与新农合统称为城乡居民基本医保。在基本医疗保险实现普及之后，解决因病返贫、因病致贫的问题被提到日程上来。可见，这一时期，医疗保险领域相关管理逐步完善，稳步扩大医保的保障范围，改革了医保的支付方式，强化医保的监督管理，搭建了中国历史上最为健全的医疗保险体制。

（三）工伤保险

1. 1949—1992 年

1951 年颁布的《劳动保险条例》中指出，因工负伤、残废待遇包括医药费、住院费、住院期间膳费和就医路费，医疗期间照发工资，确定为残废后按月付给抚恤费或补助费。此外，无论因工或非因工死亡的，均发给丧葬费和供养直系亲属抚恤费，但标准和费用列支渠道有所不同。[1]

“文化大革命”时期，工伤保险没有实质进展。1988 年，劳动部研究提出了涉及工伤保险的三方面内容：“一是建立工伤保险基金，逐步实行社会化管理。工伤保险基金按照‘以支定取，留有储备’的原则，根据不同行业的不同事故率确定企业缴费率，并随着企业工伤事故实际发生情况定期调整。二是调整和完善工伤保险待遇项目和标准。由原来只对重度伤残职工发给退休金，改为对所有因工致残职工根据伤残等级发给定期抚恤金和一次性抚恤金，并适当提高丧葬补助金和供养亲属抚恤金标准，同时增加一次性抚恤金，并建立工伤保险待遇调整机制。三是加强和规范工伤保险管理，明确工伤认定条件、劳动能力鉴定标准以及工伤待遇支付条件和标准。”[2]

2. 1993—2002 年

1996 年 8 月，劳动部发布《企业职工工伤保险试行办法》，开始采用社会统筹的方式建立工伤保险基金。该试行办法构建出当代中国在工伤保险领域的基本框架，其意义主要表现在：（1）将工伤保险作为一个独立险种，这是对劳动保险制度的超越，也是出于对市场经济体制中职业危害风险加大的实际情况的考虑；（2）实行基金社会统筹，把在“文化大革命”中蜕变为企业“自保”的模式重新进化为社会保险，通过资金互济来分散企业的工伤风险，并确立了“以支定收、收支基本平衡”的基金筹集原则；（3）扩大了覆盖范围，突破了以往“全民企业执行、集体企业参照”的局限，把覆盖面扩大到各类企业及其全体职工，到企业实习的大中专院校学生等也参照执行，并授权省级单位制定城镇个体经济组织中劳动者的工伤保险办法；（4）建立了工伤保险差别费率和浮动费率机制，各行业的费率根据其伤亡事故风险和职业危害程度的类别确定，有高有低，并每五年调整一次；（5）规范了待遇项目和标准，明确工伤医疗费、护理费、伤残抚恤金、一次性伤残补助金、残疾辅助器具费、丧葬补助金、供养亲属抚恤金、一次性工亡补助金共八个项目由工伤保险基金支付，比劳动保险制度的保障项目有所扩大；（6）明确了管理制度及相关程序；（7）首次提出工伤预防、工伤补偿和工伤康复相结合的目标，昭示了工伤保险制度体系发展的方向。[3]

3. 2003—2012 年

2003 年国家颁布的有关工伤保险的行政法规是《工伤保险条例》，确定了全国企业工伤保险制度的基本框架和主要政策。条例中扩展了工伤保险的适用范围，完善了工伤事

① 胡晓义．新中国社会保障发展史［M］．北京：中国劳动社会保障出版社，2019：20-21.
② 胡晓义．新中国社会保障发展史［M］．北京：中国劳动社会保障出版社，2019：108.
③ 胡晓义．新中国社会保障发展史［M］．北京：中国劳动社会保障出版社，2019：133-134.

故的界定、处理和保障待遇的相关政策，细化了费率确定机制，强化了企业和职工的法律责任。该条例实施当年，参保职工就比上年猛增 2 270 万人，增幅达到 50%。条例中就农民工的工伤保险问题进行了着重强调，这也与当时大批农民工进城务工的事实相匹配。《工伤保险条例》自首次颁布之日起，后经 2010 年的修订，以完善在实施过程中出现的有关问题。

4. 进入新时代以来

在原有《工伤保险条例》基础上大力推动提高建筑业农民工和事业单位工作人员参保比例以扩大工伤保险的覆盖范围；深入贯彻《工伤保险条例》中有关政策和程序划分统一标准以实现规范化发展；完善工伤保险费率，保持工伤保险基金良性运行。

（四）生育保险

1. 1949—1978 年

1951 年颁布的《劳动保险条例》中规定，“产假期间工资照发，并发给生育补助费，后项待遇不仅支付给生育女职工，也包括男职工的配偶生育。这些待遇的费用由企业和劳动保险基金分别负担”①。20 世纪 60 年代至 1977 年，生育保险也并没有实质性的发展。

2. 1979—1992 年

在 20 世纪五六十年代出生的人口大都在这一时期进入婚育期，中国的人口面临大幅增长的压力，对当时的社会资源配置产生了巨大压力。在这种情形下，1982 年党的十二大将计划生育定为中国的基本国策。这一时期内生育保险的发展较《劳动保险条例》中的内容主要有以下几点变化：其一，面向女职工的范围更为广泛且统一了各类单位的相关政策，体现了公平性原则；其二，延长了产假；其三，保障女职工在怀孕、产期、哺乳期内的各项权利，严禁所在单位在女性职工处于上述时期内时降低基本工资或解除劳动合同，并详细规定了在上述时期内女性职工的劳动强度、劳动环境和劳动时间。面对国家针对女性职工在生育期间的相关政策，企业出现了在招聘职工时的性别歧视选择。为解决这一问题，当时提出两种解决办法，“一是‘分担式’，即女职工生育费用由夫妻双方所在单位共同分担；二是‘统筹式’，即所有企业无论男女职工多少，统一按工资总额的一定比例缴纳生育保险费，建立专项基金，实现统筹互济，所有参保单位的女职工生育后由基金支付生育期间的各项待遇”②。

---

① 胡晓义. 新中国社会保障发展史［M］. 北京：中国劳动社会保障出版社，2019：21.

② 胡晓义. 新中国社会保障发展史［M］. 北京：中国劳动社会保障出版社，2019：111.

3. 1993—2012 年

1994 年 12 月，劳动部颁布《企业职工生育保险试行办法》，开始采取社会统筹的方式征集生育保险基金。试行办法中相较于之前劳动保险制度中的规定做出了三方面的变革："一是待遇名称，由'产假工资'更名为'生育津贴'；二是支付主体，劳动保险制度规定'产假工资'由企业方面支付，新制度改为由生育保险基金支付，减轻了企业的经济负担；三是计发依据，规定生育津贴按照本企业上年度职工月平均工资计发，而不是按本人原工资计发。"[①]

4. 进入新时代以来

2015 年党的十八届五中全会决定，将生育保险和基本医疗保险合并实施，确定了统一参保登记、统一基金征缴和管理、统一医疗服务管理、统一经办和信息服务、确保生育保险待遇不变等政策。两险合并实施之后，不仅简化了百姓结算的流程，同时也降低了政府的运行成本。

中国当前的人口年龄结构中，老年人占比逐年提高，出现了"未富先老"的现象。人民对于生育观念的转变，导致中国新生儿出生率逐年下降。在这种情况下，中国于 2016 年 1 月 1 日全面放开二孩政策，2021 年 5 月 31 日实行三孩生育政策以鼓励生育。同时，降低生育保险的费率。

（五）失业保险

1. 1949—1992 年

在很长一段时间内中国并没有相关失业保险的设置。直到 1986 年 7 月《国营企业职工待业保险暂行规定》颁布，这是中国在失业保险方面首次提出的实行办法。这个现象产生的原因与新中国早期的社会制度与所进行的多项改革相关。新中国成立初期，中国实行的是计划经济体制，人民共同劳动、共同享有，也就不存在所谓的失业问题。直至 1978 年实行改革开放后，随着市场化改革的深入，劳动力资源也随之市场化，社会当中出现失业问题，国家为应对该问题，开始了失业保险相关的研究。

1986 年 7 月，国务院颁布《国营企业职工待业保险暂行规定》，作为新中国成立以来第一部就有关职工待业制定的相关规定，针对当时宣告破产企业的职工、濒临破产的企业法定整顿期间被精减的职工、企业终止或解除劳动合同的工人、企业辞退的职工，"待业救济金的发放期限按照工龄确定，并以职工离开企业前两年内本人月平均标准工资额

---

① 胡晓义. 新中国社会保障发展史［M］. 北京：中国劳动社会保障出版社，2019：137-138.

为基数的一定比例计发；但无正当理由两次不接受有关部门介绍就业的则停止发放”①。

2. 1993—2012 年

1999 年 1 月，国务院颁布《失业保险条例》，条例规定失业保险覆盖所有企事业单位及其职工，由企业和职工双方缴费构成失业保险基金，其中企业费率为 2%，个人费率为 1%。“失业保险金的标准由省级政府按照低于当地最低工资标准、高于城市居民最低生活保障标准的水平确定，而不再按当地社会救济金额的一定比例计发。”②

3. 进入新时代以来

国家从三方面推动失业保险的发展与完善：一是支持企业稳定就业岗位。2017 年 4 月，国务院印发《关于做好当前和今后一段时期就业创业工作的意见》，支持劳动者通过新兴业态实现多元化就业，与从业者签订劳动合同并参加职工社会保险的新兴业态企业，可按规定享受企业吸纳就业扶持政策；二是支持参保职工技能提升，2017 年 5 月，人力资源社会保障部、财政部印发《关于失业保险支持参保职工提升职业技能有关问题的通知》，对取得技术证书的失业职工提供更高水平的补贴；三是国家提高失业保障水平，2017 年 9 月，人力资源社会保障部、财政部提出指导意见，要求各省在确保基金可持续前提下，逐步将失业保险金标准提高到最低工资标准的 90%。

二、社会救助兜底线

社会救助是中国最先形成的、历史最为悠久的社会保障形式，其主要目的是保障国民最低的生活水平，帮助弱势群体摆脱生存危机。国家通过国民收入再分配的方式针对由于自然灾害或其他社会经济原因而陷入生存困境的人们，给予物质帮扶、生活扶助或精神救助的行为称为社会救助。作为保障和维护人们生活安全和生存权利的最后一道防线，社会救助对优化社会资源配置、实现社会公平、维护社会稳定具有十分重要的作用。当代中国的社会救助在很长一段时间内都是以社会中的失业群体为重点帮扶对象，但是随着国家的发展和社会的进步，社会救助逐渐呈现出向更高水平、更广人群和更系统化的方向迈进。

1. 1949—1978 年

新中国成立初期是救济性社会救助时期，百废待兴，社会领域中的各项事业由于受到近代以来连年战争加上自然灾害的影响，存在大量亟待救助的贫民和弱势人群。据统计，1949 年，全国需要救助的人数约占全国人数的 16%以上，这对当时刚带领人民实现

---

① 胡晓义. 新中国社会保障发展史［M］. 北京：中国劳动社会保障出版社，2019：97.

② 胡晓义. 新中国社会保障发展史［M］. 北京：中国劳动社会保障出版社，2019：188.

民族独立与国家解放的中国政府而言是一个不小的挑战。在这一时期，主要影响社会整体发展和百姓民生的问题就是全国大部分城市出现的失业问题。据统计，1949 年，全国大中城市失业人员达到 470 万人，失业率高达 23%。中国根据不同群体的不同需求提出了具有针对性的社会救助措施：对数以百万计的失业工人实施救济，首先要有钱、有物资，尤其是粮食；之后，对失业工人进行救济可不是光给粮给钱，而是多种方式结合，最主要的是以工代赈，即动员已经登记的失业工人参加政府组织的修建水坝、疏通河道、翻修道路、整理城市下水道等市政建设工程，通过获得劳动报酬来代替国家的赈济；除了以工代赈，还实行了其他多种救济办法，一是生产自救，二是转业训练，三是还乡生产；对失业知识分子，政府采取了统一登记、介绍就业、转业训练等方式帮助他们就业。旧政府遗留下来的工作人员有 900 万人之多，中共中央指示，对他们“一般地不能用裁撤遣散方法解决，必须给予工作和生活的出路”①。这一时期对于失业人口的救助有重要的政治意义、理论意义和社会意义。作为新中国第一项惠及全国的社会保障政策，为稳定新中国成立初期的全国局势起到了重要的作用，为之后在社会保险领域中失业保险政策的制定和实施积攒了宝贵的经验，也增加了整个社会的经济活力。

20 世纪 60 年代至改革开放前夕，这一时期社会救助主要针对“城市中国家—单位保障制和农村中国家—集体保障制之外的贫困和弱势群体，政策问题的根源在于因缺乏劳动能力而难以就业或参加劳动，以致陷入贫困和无保障的状态。因此，社会救助政策的主要目标是帮助国家—单位（集体）保障制难以覆盖的极少数贫困群体，以维护社会平等并体现社会主义的优越性”②。社会救助的对象主要是来自城市或农村无劳动能力、无生活来源和无法定赡养人或扶养人的“三无”人员。

“文化大革命”期间中国社会保障领域整体的发展处于停滞的状态，在这一段时期内，被救助者会被视为社会的“蛀虫”，社会救助面临被边缘化的情境。

2. 1979—1992 年

这期间继续沿用之前制定的社会救助政策。实行改革开放之后，城市中的企业在逐步走向市场化的过程中出现了因为经营效益不佳进而裁员的情况，导致社会中的失业人口数量增加，针对这部分群体除了上文提到的通过失业保险帮助再就业之外，国家开始定期定量向部分精减退职老职工和孤老残幼群体发放现金或实物救助。在农村，家庭联产承包责任制的实施在很大程度上解放了农村中的劳动力，调动了广大农民的生产经营

① 胡晓义. 新中国社会保障发展史［M］. 北京：中国劳动社会保障出版社，2019：8-10.

② 张浩森. 中国社会救助 70 年（1949—2019）：政策范式变迁与新趋势［J］. 社会保障评论，2019，3（3）：65-77.

积极性。但与此同时，个人责任的加强带来的影响使以往社队集体的保障功能被削弱，主要体现在过去以农村集体为责任主体的五保制度难以为继，直至 1985 年农村五保供养改由乡镇统筹解决，农村中的社会救助才得以延续。

3. 1993—2012 年

随着市场经济体制的发展，中国的产业结构发生巨变，许多国有企业改制停产，由此产生大批下岗失业人员。这批下岗职工在失去工作的同时，大多也丧失了与工作相关联的社会保障待遇。为解决这一问题，1993 年，政府在上海最先试点最低生活保障（即低保）制度，直至 1999 年 9 月底，全国城镇地区均建立了这一制度，2001 年城市低保基本实现了“应保尽保”。农村低保制度的建立开始于 1996 年，直到 2007 年 7 月，国务院颁布《关于在全国建立农村最低生活保障制度的通知》，对农村低保所实行的各项标准进行细化规定，至此，农村低保制度进入全面实施阶段。

总结这一时期的社会救助发展，可以归纳出以下三个特点：一是社会救助的水平较以往有所提高，但同当时经济的发展速度相比较仍然处于较低水平；二是社会救助的范围扩大，由以往“三无”人员发展到通过精准的家庭审查给予专项救助待遇；三是社会救助所涉及的领域大幅拓展，形成以最低生活保障制度为核心，以教育、住房、医疗等专项救助为补充的社会救助体系。

4. 进入新时代以来

进入新时代以来，中国的社会救助实现了更高水平的发展，建成了中华民族历史上最高水平的社会救助体系。2014 年国务院颁布《社会救助暂行办法》，这是新中国成立以来第一部统筹和规范各项社会救助政策的行政法规，不仅对保障贫困者的基本物质生活作出规范，同时就相关弱势群体的心理需求加以考虑，更多的以提升人民生活质量为目标。国家后来又陆陆续续发布了一系列有关社会救助的通知，2016 年民政部、国务院扶贫办、中央农办、财政部、国家统计局、中国残联联合发布了《关于做好农村最低生活保障制度与扶贫开发政策有效衔接的指导意见》；2017 年民政部、财政部等发布了《关于进一步加强医疗救助与城乡居民大病保险有效衔接的通知》；2019 年民政部发布《关于进一步加强生活困难下岗失业人员基本生活保障工作的通知》，为困难群众提供综合性帮扶。2017 年在党的十九大报告中提出把“兜底线、织密网、建机制”作为社会救助制度建设目标，实现“弱有所扶”的发展目标。这一目标的提出标志着中国今后的社会救助要以实现更高水平、更广覆盖为发展任务，尤其是要惠及更多的社会弱势群体，而不仅仅是绝对贫困者。民生问题是进入新时代以来国家最重点关注的问题之一，自 2012 年脱贫攻坚战打响以来，直到 2020 年年底，党和政府用 8 年时间实现近 1 亿人口的脱贫，成功攻克了困扰中华民族几千年来的绝对贫困问题。这一伟大成就的实现也为未来中国发展更高水平的社会救助奠定了坚实的基础。

三、社会福利促发展

社会福利是最高层次的社会保障制度，旨在不断改善全体社会成员的物质文化生活水平。社会福利是政府和社会向老年人、残疾人、妇女、儿童及其他社会成员提供的社会化服务、实物供给或福利津贴，以满足社会成员的生活需要并促使其生活质量不断得到改善和提高的一种社会保障形式。社会福利的供给水平与所在国家及社会的发展水平密不可分。新中国成立 70 余年来，中国的发展取得了举世瞩目的成就，在这个过程中，社会福利也呈现出阶段性的发展特征。

1. 1949—1978 年

新中国成立初期，国家的整体实力较为落后，为稳定当时的社会局势，中国政府所采取的是一种救济式的社会福利方式，福利供给水平较低，类似于前文提到的社会救助制度。

1956—1978 年，“三大改造”结束后，社会主义制度初步建立，当时的中国处于计划经济发展时期，实行“一体化”的社会福利体制，即由个人所在的单位包办个人的所有福利。其中以城镇职工的单位福利（也叫作集体福利）为主要形式，主要包含三方面内容：第一，单位福利的提供者是单位；第二，单位福利的接受者是单位成员；第三，单位提供的福利是涵盖物质支持、服务支持和情感支持等多个维度的福利范畴。[①] 职工即使脱离了工作岗位，退休之后依旧可以享受到原单位所提供的各项实物的或非实物形式的福利，包括离（退）休金、医疗卫生费、生活补贴、护理费、交通补贴费、丧葬抚恤救济金、安家补助费、书报费、洗理费、副食品价格补贴、房租价格补贴、水电补贴、少数民族补贴以及用老干部活动经费开支的旅游费用等实务性质的福利供给，也包括政治待遇、精神待遇等非实物形式的福利供给。

2. 1979—2002 年

随着中国改革开放政策的实行，计划经济体制逐步向社会主义市场经济体制过渡，单位包办式的职工福利制度逐渐暴露出其所固有的缺陷。此时，社会保障制度下的大部分保障内容的基金筹集都向社会统筹方向转变，社会福利也不例外，这一时期的社会福利开始向社区化、社会化的方向转变，实行“小政府、大社会”的社会管理模式。将以

---

① 索德钢. 单位福利的延续、断裂与对策［J］. 东岳论丛，2006（6）：21-28.

往需要国家负责的社会福利细化落实到基层社区，不仅提高了效率，而且也可做到有针对性地在社区这一小范围内提升社区居民的生活福利水平。

3. 2003 年至今

中国因 2001 年加入 WTO 后实现了自身的经济腾飞，在把“蛋糕”不断做大的同时，政府开始研究如何分好“蛋糕”，即开始更多地关注民生建设。21 世纪以来，中国迎来“强起来”的发展过程，社会快速发展。在此基础上，社会福利的水平也随之上升。但是中国是世界上最大的发展中国家的现实仍旧没有改变，保证国家财政在实现可持续福利给予的基础上尽可能地提升人民生活质量成为 21 世纪以来摆在政府面前的难题。为此，建设适度普惠型社会福利的制度体系成为国家对未来民生发展方向的一个预想。2007 年，党的十七大报告中指出“加快推进以改善民生为重点的社会建设”和“努力使全体人民学有所教、劳有所得、病有所医、老有所养、住有所居”的要求。在此背景下，结合中国仍然是一个发展中国家的现实，确立了社会福利模式从以单位福利和特定人群福利为主要特征的补缺型社会福利制度，走向以城乡统筹为主要特征的适度普惠型社会福利制度。

四、社会优抚为补充

军人优抚作为社会保障体系中非常重要的子系统之一，始终占据着重要的地位。这种主要靠中央财政拨款的社会保障制度，为军人提供了多方面保障，不仅有利于稳定军心、鼓舞士气，还有利于彰显军人为党、国家和人民牺牲奉献的精神风范和价值导向。新中国成立后，军人优抚经历了从确立到完善的制度化发展过程，已经成为一项最基本的社会制度安排。

（一）新中国成立后优抚保障的制度化发展

1. 优抚制度的确立与发展（1949—1966 年）

新中国成立初期，国家设置了优抚机构，颁布了一些优抚政策、条例，规定了优抚对象、内容及标准，从而建立了最初的优抚体系。在机构设置方面，以内务部为主体的优抚机构体系逐渐建立，1949 年成立中央人民政府内务部，内设优抚局，负责全国优抚工作，地方政府也设置民政局，内设优抚科，中央内务部、地方民政局属于常设性的优抚机构，此外还有一些地方成立了临时性的优抚组织。在政策方面，1949 年颁布的《中国人民政治协商会议共同纲领》中规定，革命烈士和军人家属中生活困难者应接受国家和社会的优待；1950 年《革命烈士家属革命军人家属优待暂行条例》区分了城市就业与农村代耕的城乡优抚政策，同年《革命军人牺牲、病故抚恤暂行条例》规定了对革命烈士家属和牺牲、病故革命军人家属的抚恤标准，《革命残废军人优待抚恤暂行条例》对基本优抚内容和标准进行了规定，这是新中国成立后第一批优待条例。在优抚对象和内容上，中央和地方相继出台了对优抚对象的医疗优待规定、代耕政策，把优待对象划分为现役军人及家属、烈属、伤残革命军人三类，优待内容主要包括物质优待和社会政治优待。由于牺牲、伤残军人对中国革命和新中国的胜利做出了重大贡献，所以这一时期整个优抚制度的核心以伤亡抚恤为主，制定了基本的抚恤法规。

1953 年抗美援朝战争胜利结束后，各项事业进入全面建设时期，优抚事业也进入发展阶段，优待政策和机构发生了重要变化，优抚体系得到巩固。在优抚机构上，全国优抚司调整为优抚局，地方（部分省）成立了优抚救济科。在优待内容和标准上，农村代耕制度被优待劳动日替代，城市优待就业政策得到扩展，伤残抚恤标准逐步提高，牺牲、死亡抚恤的范围扩大。整体上，这一时期的抚恤制度进一步保障了伤残军人、牺牲军人、烈属等抚恤对象的权益，优抚制度得到巩固。

2. 优抚制度的艰难维持（1966—1977 年）

“文化大革命”改变了整个优抚事业的局面，优抚制度的建设受到冲击，甚至有些优抚工作出现了倒退现象。例如，优抚机构受到破坏，很多优抚对象受到迫害，抚恤保障无法落实，等等。但值得庆幸的是，在困难之中也有一些优抚政策仍然被艰难维持着，例如，“向解放军学习”的拥军优属活动一直没有间断，优待劳动日制度也在农村继续实施，定量补助生活费用依旧被坚持执行，虽然实施的效果并不佳，但是也是被一直坚持下来的优待措施。

3. 优抚制度的恢复与重建（1978—2002 年）

“文化大革命”之后，国家展开了优抚制度的恢复和革新工作，重建了优抚体系。首先，国家恢复和设置了优抚机构，1978 年成立民政部，负责整顿全国的民政优抚工作。其次，对中断的优抚政策进行恢复，如 1979 年颁布《关于退伍红军老战士称号和待遇方面存在的问题与解决意见的联合通知》，对老红军待遇进行落实；此外还加强对烈军属优待政策的落实，如 1979 年民政部印发《关于城市烈属、病故军人家属定期定量补助问题的通知》，规定对生活困难的烈属、病故军人家属给予定期定量补助。最后，国家和地方颁布了一些新的优待政策，如 1984 年《中华人民共和国兵役法》规定，优抚对象在乘车、通信等方面应享受优待。这一时期，国家加强了优抚法制建设，颁布了一批重要优抚法规，优抚制度逐步走向法制化轨道。

（二）党的十六大以来优抚制度的完善

党的十六大以来，我国的优待工作大幅改善，优抚制度逐渐完善。2004 年国务院颁布《军人抚恤优待条例》，2008 年制定《关于进一步加强优抚对象医疗保障工作的通知》和《关于开展优抚对象危房调查的通知》，2009 年、2011 年又对《中华人民共和国兵役法》进行了修正。这些优抚制度完善措施主要体现在两方面：一方面，扩大了优抚对象范围，将退伍红军老战士、复员军人、红军失散人员列入定期定量补助的对象，扩大了定期定量补助的对象范围，并规定了现役军人家属具有享有优待金的权利；另一方面，在优抚内容上，调整了优待对象的各项费用减免和优先权方面的规定，在已有的优抚制度建设上继续提高抚恤标准，包括一次性抚恤标准、定期定量补助的标准，且颁布众多新的抚恤政策和法规，使伤亡抚恤体系逐步得到完善；实施优待金制度取代农村的优待劳动日方式，实施新的定期定量补助制度，且国家不断提高其补助标准。除了优待金和定期定量补助的方式，还有物质优待措施，例如，就业、住房、农村户口保留责任田和承包土地优先等。

“十三五”时期我国处于全面建设小康社会的决胜时期，优抚保障作为社会保障体系不可或缺的一部分，对提高人民生活水平、全面建设小康社会至关重要。因此，2020 年 1 月，退役军人事务部等 20 部门联合出台《关于加强军人军属、退役军人和其他优抚对象优待工作的意见》，对优待内容进行再次规范，并对优抚对象的管理和组织领导工作进行了新规定，且 2020 年 11 月《中华人民共和国退役军人保障法》正式出台，其中提出在优待抚恤保障上，坚持普惠与优待叠加的原则①，为新时代军人优抚保障制度的发展提供了依据和指导。

总结这一时期中国的社会福利实践可以看出，以改革开放为界，中国的社会保障制度经历了两个发展阶段，改革开放之前是传统社会保障制度建立阶段，计划经济体制构成了这一时期社会保障制度建设的基础，按照户籍制度和劳动人事制度进行的城乡及单位分割影响着社会保障制度的供给。改革开放后，整体经济发展水平不断提高，人们对生活质量的要求提升，社会保障制度实现了升级转型，逐步向全面性、系统性、针对性、实效性、公平性和可持续性发展方向迈进，从主要面向城镇居民扩大到全民共享，从应急性救济走向各领域的适度性保障。展望未来，我国社会保障制度的总体趋势将是：（1）建立以“美好生活”为核心的更加完备的社会保障制度；（2）强调更客观理性的政府责任，既加大政府财政投入，又推进社会福利多元化筹资；（3）注重社会保障制度运

---

① 中华人民共和国退役军人保障法［N］. 解放军报，2020-11-12（6）.

行的规范化和法制化，健全相关法规，推动社会福利法治化进程；（4）以高质量社会福利供给为导向，实现社会保障水平的全面提升，切实满足人民的全方位需要。①

【关键概念】

人民当家做主　共同富裕　三个代表　和谐社会　人民幸福　差序格局　社会道德

【复习思考题】

1. 新中国成立后中国五代领导人提出的核心思想主张是什么？
2. 新中国成立以来历届领导集体在“三农”问题方面的重要贡献是什么？
3. 胡锦涛同志提出要从哪些方面加快建立社会保障制度？
4. 《习近平谈治国理政（第二卷）》中提出哪些民生内容？
5. 梁漱溟先生从哪些方面提出了中国乡村建设的可行之路？
6. 如何理解费孝通先生的乡土中国思想？
7. 如何理解陆学艺先生有关社会建设思想的分析维度？
8. 怎样理解新中国成立以来中国社会保障制度的全面建设与发展？
9. 分析我国社会保障制度的总体发展趋势。

【扩展阅读 1】　徐特立与《徐特立教育文集》

徐特立，又名徐立华，原名懋恂，字师陶，中国革命家和教育家，湖南善化（今长沙县江背镇）人。

徐特立先生一生都在为中国的教育事业奉献光与热，“春蚕到死丝方尽，蜡炬成灰泪始干”是对徐特立先生的真实写照。徐特立先生的思想和文章由后人收集编撰著成《徐特立教育文集》一书。

《徐特立教育文集》编入徐特立先生的文章、书信和诗篇共计 58 篇，其中涉及先生自传，对于中国青年的期许、边区儿童的关切和先生作为教师的经验分享等多方面内容。该书全面展示徐特立先生对于中国教育事业发展的热切期待，展现出中国老一辈无产阶级革命家、思想家为祖国发展尽心竭力的责任担当。

---

① 本章由蒲新微和博士生姜春壮共同完成。

【扩展阅读2】 梁漱溟与《乡村建设理论》

梁漱溟，蒙古族，原名焕鼎，字寿铭。原籍广西桂林，生于北京。中国著名的思想家、哲学家、教育家、社会活动家、爱国人士，现代新儒家的早期代表人物之一，有“中国最后一位大儒家”之称。

20世纪30年代左右，梁漱溟先生就已经开始在河南和山东等地区开始他的乡村建设实践。1937年其将对中国乡村建设发展路径的分析撰写出版《乡村建设理论》一书。

《乡村建设理论》一书分为“甲部：认识问题”和“乙部：解决问题”两部分。甲部从历史学的视角分析自古以来中国社会结构和文化传统，在梁漱溟先生看来这是分析中国乡村建设的前提和基础。乙部阐明了梁漱溟先生关于未来中国乡村建设的发展途径，通过社会组织重建和在经济、政治等方面加以改革以使中国这一农业大国逐步实现工业化。

【扩展阅读3】 费孝通与《乡土中国 生育制度 乡土重建》

费孝通，江苏吴江（今苏州市吴江区）人，社会学家、人类学家、民族学家、社会活动家，被誉为中国社会学和人类学的奠基人之一。

费孝通先生为了解中国各地实际发展情况，足迹遍及中国大江南北。费孝通先生一生著作等身，不仅为当代中国社会发展提供了大量值得借鉴、参考的思想，而且也积极投身参与新中国的政治活动，为中国发展进言献策。

《乡土中国 生育制度 乡土重建》一书是为方便读者系统化了解费孝通先生有关中国乡村建设的思想而将其三本著作合订发布的版本。这三本著作于20世纪40年代先后出版，是费孝通先生早期著作的代表，从中国乡村文化入手对当时中国社会进行分析，将中国“乡土性”的特点向国人展示。其中也包含不少费孝通先生有关乡土建设的早期设想，为后来新中国社会福利制度建设提供了重要的思想来源。

第十章　西方当代社会福利思想与实践

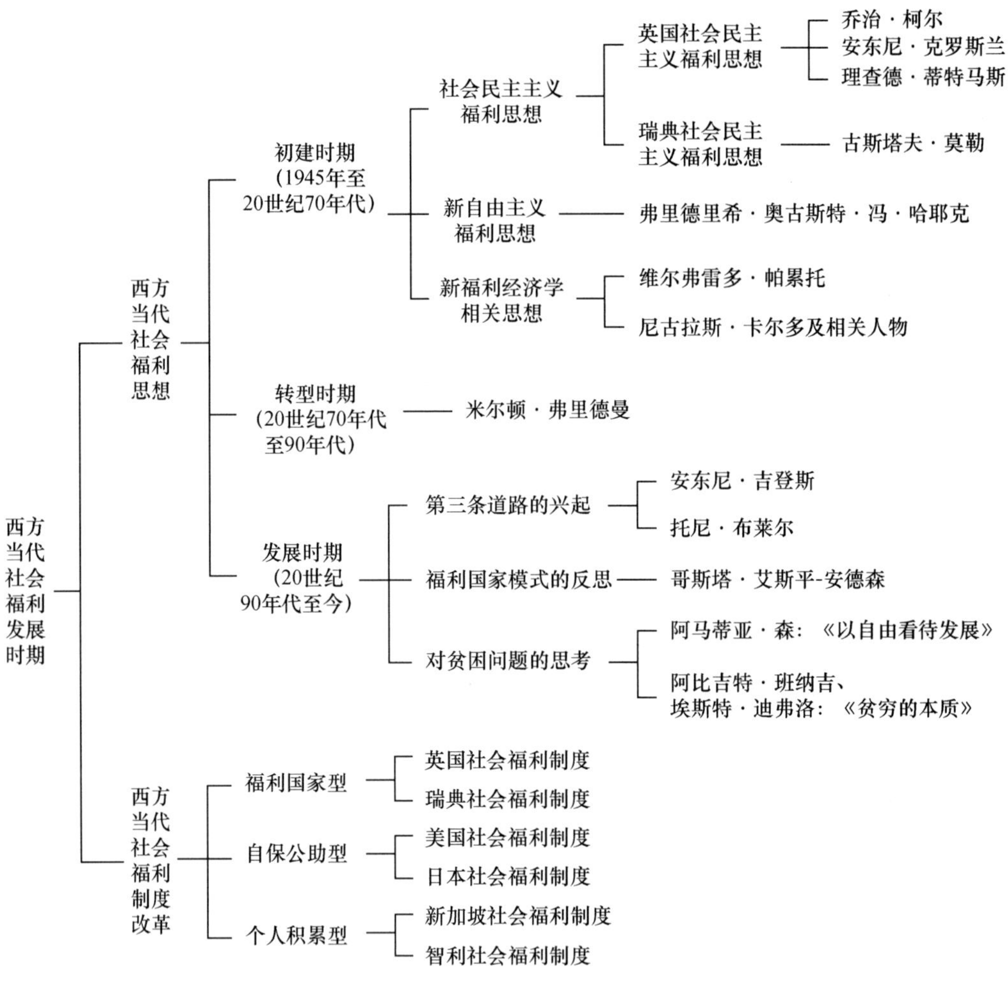

学习要点

理解西方当代各国社会福利制度走向改革的原因与特点；能够结合实际分析一些理论的现实指导意义；了解各思想流派有关政府与市场、效率与公平的关系分析；比较学习西方当代社会福利体系的三种模式。

第一节 西方当代社会福利思想初建时期

1945年至20世纪70年代是西方当代社会福利思想的初建时期。两次世界大战给世界人民带来了巨大灾难，无论战胜国抑或战败国，在战后人们对安定、美好生活的诉求都变得愈发强烈。同时，两次世界大战也引发西方经济学家、政治学家、社会学家对现存资本主义制度的深刻反思，形成了以强调政府责任、建设全面福利国家的思想为主，以新自由主义、新福利经济学等思想为辅的局面。

一、社会民主主义福利思想

1948年，英国率先向世界宣称建成“第一个福利国家”，西方国家纷纷效仿，基于自己国家的实际情况，各自忙于建设适合于本国国情的福利国家。这一时期强调国家对社会经济和生活进行强有力干预、政府对公民具有不可推卸的责任的社会福利思想发展到了顶峰，主要代表就是社会民主主义思想，这一思想成为欧洲多个国家主要的社会福利思想。

（一）英国社会民主主义福利思想

第二次世界大战以后，即使身为战胜国的英国也付出了因为战争几乎将国库“打空”了的代价。近代以来持续了近300年的世界霸主地位也因两次世界大战不得不拱手易人。英国作为社会民主主义福利思想的发源地，其思想基础深厚。两次世界大战对英国国际地位的打击是致命的，反观苏联，战时共产主义、计划经济等一系列国有化政策，使战争结束后在西方资本主义国家中只有美国可以与其匹敌，可以说第二次世界大战“成就”了苏联。这也让英国很多思想家开始思考英国社会未来的发展该何去何从。

1. 乔治·柯尔

第二次世界大战期间，英国费边社领导人乔治·柯尔（George Cole，1889—1959年），从资产阶级改良主义立场出发，呼吁人民唤起内心的社会主义政治意识，即使在战争期间也要宣传好社会主义，甚至要把社会主义思想作为战后重建的指导思想，指出“英国人民的政治精神减弱了，但我确信，在很短时间内，它定将重新振作起来”①。他强调人们应该在政治思想和政策主张方面保持清醒的头脑，要通过社会主义运动和社

① ［英］乔治·柯尔．费边社会主义［M］．夏遇南，吴澜，译，柴金如，校．北京：商务印书馆，1984：14.

会主义道路实现人们对自身需求的满足，即人人有同等机会，人人享有基本的生活水平、实现充分的民主自由。可见，柯尔所说的社会主义不是生产资料公有制和实行按劳分配意义上的社会主义，更不是建立在阶级立场上的社会主义，而仅仅是每个人自由平等地获得应有之福利的社会主义，生产资料公有制只是实现社会主义的一种手段，工人只是为所有的人谋福利的公有事业的合伙人。“我们必须重新创立社会主义运动，把这种运动作为一种道德信仰，而不仅是作为经济上喜爱这种社会组织形式甚于另一种社会组织形式的表示。”① 在实现社会主义的过程中，要关注普通民众的利益，柯尔提出政府应针对工人建立最低工资标准，提出最低工资总条例是达到这个目的的最好方法，同时针对家庭制定最低生活标准，“给予家庭补贴，即为每个学龄前儿童或学龄儿童付给母亲一种额外收入，是我一直欣赏的解决这个问题的方法”②。

柯尔提出建立普遍的社会保险制度。他针对社会当中的不同群体目前所拥有的社会保险进行了一系列发问，例如，为什么一个有疾病保险的工人，其妻子和孩子却得不到保险？为什么失业者有补助费，而生病者却没有？为什么疾病津贴比失业津贴要少得多？针对这些问题，他提出要面向所有有疾病的人、失业者、弱势家庭建立普遍的社会保险制度，每一个人都有面临风险的可能，每一个人都有参保的机会，每一个人都有通过保险化解危机的权利。所以，社会保险条件不应当只运用于赚取工资者，任何需要这些社会保险的人都应有资格得到它们。

柯尔强调福利供给要避免福利依赖问题。他在提出政府对于公民应尽的责任的同时，也指出“任何人都没有权利在能干工作时不去工作而靠公费维持自己的生活，也没有任何人有权利、在有非常好的工作维持生计时要求社会供养”③；强调国家在提供福利救济的过程中也应适当设立门槛，防止出现“养懒汉”的现象。从总体而言，柯尔的社会福利思想是具有远见的，分析了当时仍处于战争中的英国社会的处境，为战后英国建立“第一个福利国家”提供了理论基础。但是，他的思想主张不是用社会主义制度代替资本主义制度，他所倡导和追求的充其量不过是对资本主义制度做点点滴滴的改良。

2. 安东尼·克罗斯兰

继柯尔之后，英国工党著名的社会民主主义者安东尼·克罗斯兰（Anthony Crosland，1918—1977 年）更具体地提出了社会改革的关键之处和着力点。

克罗斯兰认为，首要的就是消除贫困和构建一个社会服务型的政府，提高社会公共

---

① ［英］乔治·柯尔．费边社会主义［M］．夏遇南，吴澜，译，柴金如，校．北京：商务印书馆，1984：21.
② ［英］乔治·柯尔．费边社会主义［M］．夏遇南，吴澜，译，柴金如，校．北京：商务印书馆，1984：72.
③ ［英］乔治·柯尔．费边社会主义［M］．夏遇南，吴澜，译，柴金如，校．北京：商务印书馆，1984：77.

服务质量。消除贫困是政府为民所肩负的使命，政府应该转变观念，从管理型政府走向社会服务型政府，扩大公共服务领域，加强公共服务能力，提高公共服务质量，具体领域包括“使我们的公立学校和公立医院以及相应的所有社会服务设施都能在质量上达到私人财富所能购买到的最好水平”①。

要进一步促进财富平等。克罗斯兰重视追求社会平等，期望建立更加“同质化”的社会，将社会阶级“模糊化”。在教育、住房和医疗这些与公民生活息息相关的领域，克罗斯兰提出“实现社会平等，关键是要提供高水平的公共医疗、教育和住房，使公共服务和私人服务在质量上不再存在明显差距”②。重点强调社会“平等”，在对一些亟待帮助的公民进行服务时应避免无意识地将这部分群体区分出来。

要推行经济计划，实现充分就业和社会稳定。克罗斯兰强调通过一系列经济措施促进国家经济增长进而提高社会福利，建立一个平等的社会，同时在促进社会平等的过程中，保证公民在社会中实现机会平等，而不是追求极端的结果平等。

3. 理查德·蒂特马斯

英国社会学家理查德·蒂特马斯（Richard Titmuss，1907—1973 年）的社会民主主义福利思想是宏观性的，主要讨论的是在福利国家建设过程中存在的问题以及如何加以解决。

蒂特马斯提出社会福利包括既相互关联又相互区别的三种类型。他认为福利国家并不是一个抽象的概念，提出应该从如下三个类型或体系的角度来思考社会福利的发展，即职业福利（雇员福利）、财政福利和社会服务福利。职业福利是依据就业状态、工作业绩和记录提供的，可以采取以现金或实物提供的社会保障形式。财政福利主要是由政府通过立法批准的，在个人之间和群体之间调配资源方面出现的再分配情形。而社会服务福利则相对于私人市场而言，他们关心的不是牟取利润和控制价格，而是服务的分配和供应，使之满足公众认可的需要。“绝大多数的社会福利服务（除国家救助和大学高等教育之外）是普惠性和全民性的，并且是以公民权利为基础提供的；它们是面向所有人提供的，而且没有收入审查。因此，获得这些服务并不取决于成就、业绩或是所继承的身份。财政福利涉及更少的人群，只针对那些缴纳直接税的人群，而不针对那些缴纳财产税和社会保障供款的人群。职业福利针对的是就业人群，而且现在主要是针对白领和中

---

① ［英］安东尼·克罗斯兰. 社会主义的未来［M］. 轩传树，译. 上海：上海人民出版社，2011：88.
② ［英］安东尼·克罗斯兰. 社会主义的未来［M］. 轩传树，译. 上海：上海人民出版社，2011：87.

产阶级人群。因此，福利津贴的多少取决于业绩、成就的高低。”① 就相同之处而言，蒂特马斯认为这三种福利类型的目的是相同的，都是在不同程度上，为不同的群体解决或者是缓解不平等状况。他们都关注与改变现行的个人模式和家庭模式，改变由市场决定的福利供给模式，而且其中相当多人群可以有资格同时享受这三类福利。

蒂特马斯主张实施具有普遍性的社会福利体系。他指出，英国 1954 年的财富集中程度几乎为美国的两倍，远高于 20 世纪 20 年代早期美国血腥资本主义鼎盛时期的比例。这表明当时英国的收入与财富分配存在显著的不平衡。他认为这一现象有悖于福利国家的建设初衷。反思这一现象造成的原因，蒂特马斯指出，当前“英国税收体制对财富拥有者在住所、信托、赠与，以及对收入与财富的再分配、重新安排上的慷慨大度，几乎是西方世界中独一无二的。这种状况反映在以下这一典型的事实中：在 20 世纪 50 年代中期，财富集中于少数人手中最为显著的趋势是其向着年轻的成年人群集中”②。所以蒂特马斯认为当前的福利国家建设仍存在较大问题，政府应加大宏观调控的力度解决贫富差距过大且程度日益严重的问题，从而实现以结果为导向的普遍的社会福利体系目标，保证社会公平。而在这个过程中，他强调要严防市场制度的再次冒头，稳固政府对国家整体发展的主导作用，构建成熟完善的福利国家体系。

蒂特马斯强调通过国家福利制度去建设福利国家。社会福利服务和国家福利制度能够对社会收入实施再分配，而且能够有效推动社会紧密结合与协调。社会福利服务有助于解决社会问题，国家福利制度可以促进个人与社会福利的发展，还是一种投资方式，国家福利制度的这些职能都是市场制度难以做到的。

蒂特马斯是这一时期在英国将社会民主主义推至巅峰的人物，他直接参与了英国社会保障制度的制定和管理工作。作为费边社会主义的集大成者，蒂特马斯终生都在努力实现费边社会主义的平等和民主的思想，而费边社会主义也因为蒂特马斯的宣传成为英国最具影响力的福利理论。可以说，费边社会主义成就了蒂特马斯，而蒂特马斯也成就了费边社会主义。

（二）瑞典社会民主主义福利思想

瑞典由于地理位置相对闭塞，并且纬度较高、冬季较长、人口稀少，近代以来欧洲发生的几次划时代的事件大都没有第一时间参与其中。直到 19 世纪 60 年代，瑞典才逐步

① ［英］理查德·蒂特马斯．再分配在社会政策中扮演的角色［J］．徐明明，刘晓东，译．社会工作，2018（2）：4-10，110.

② ［英］理查德·蒂特马斯．社会福利和给予的艺术［J］．徐明明，译．中国社会福利，2015（10）：1-6.

有意识地加强与欧洲国家的各方面往来。“随着资产阶级经济地位的极大提升，公民个体意识不断觉醒，人们要求在政治上获得相应权力。而议会制在形式上确立了普通民众对国家权力施加影响的途径，从而强化了公民作为参与主体介入国家事务的意识。”① 19世纪80年代，在瑞典相继爆发工人运动，社会民主主义思想开始被人们所了解。1889年社会民主党成立，它作为独立政治力量登上瑞典的历史舞台。

瑞典作为欧洲为数不多没有参与两次世界大战的中立国家，其社会福利思想的发展相较于其他西方国家更平稳。虽然瑞典也遭受了20世纪30年代全球经济危机的影响，但相较其他西方国家而言并没有遭受过多战争给其社会带来的灾难。

战后瑞典社会民主主义福利思想的代表者古斯塔夫·莫勒（Gustav Moller，1884—1971年），被公认为是瑞典福利国家的主要建筑师。与其他社会民主主义福利思想家的想法类似，莫勒也强调政府的主体责任，国家应按照普遍性原则为全体公民提供完善有效的社会保障。莫勒指出了自20世纪以来瑞典福利体系建设的不足，主要体现在保险方面，包括养老金制度、疾病保险、失业保险和工伤保险等。针对目前瑞典现存的社会保障制度，莫勒提出了七点改革主张：（1）有效的社会保障制度需要相应的中央集权化，以便各种制度紧密配合；（2）好的社会保障制度应该避免给津贴领取者带来侮辱性感觉；（3）儿童是社会最有价值的资源，理应受到保护、教育和关怀；（4）职业病和工伤事故所需的费用应该由厂主承担；（5）理想的养老金制度应该通过税收为其提供财政来源，不应个人缴费；（6）应该扩大孕妇和儿童补贴，并为寡妇母亲提供经济帮助；（7）实施社会保障制度应防止依赖性意识的形成和欺诈行为的出现。② 在重建瑞典福利体系的过程中，莫勒也预见到了实行全民社会保障将会给国家的财政带来巨大压力。所以，莫勒补充到应避免实行超过国家经济实际发展水平的福利供给，实现瑞典福利社会的可持续良性循环发展。

这一阶段，社会民主主义思想也在德国和法国获得了政府的认可，国家相继颁布多条法令和纲领，相关内容将在“当代西方社会福利制度改革”一节中详细论述。

二、新自由主义福利思想

与崇尚政府干预、打破只依靠市场自发调节的社会民主主义福利思想和凯恩斯福利思想不同，自第二次世界大战结束后，继承早期自由主义思想的新自由主义福利思想开始萌芽。

---

① 王长江. 政党论［M］. 北京：人民出版社，2009：29.

② Tim Tilton. The political theory of Swedish social democracy：through the welfare state to socialism［M］. Oxford：Oxford University Press，1990：115.

（一）哈耶克的基本观点

20世纪40年代以来，“社会主义已经取代自由主义成为绝大多数进步人士所坚持的信条，这不只意味着，人们已经忘记了以往伟大的自由主义思想家们有关集体主义后果的警告”①。这是新自由主义奠基人弗里德里希·奥古斯特·冯·哈耶克（Friedrich August von Hayek，1899—1992年）就对当时社会民主主义思想和凯恩斯主义盛行的时代评语。作为“在经济学界自亚当·斯密以来最受人尊敬的道德哲学家和政治经济学家至高无上的地位”② 的哈耶克，就有关自由主义与社会民主主义的区别，认为自由主义是一种关于法律应具备哪些内容的学说，而社会民主主义则是一种关于法律制定方式的学说。哈耶克批判社会民主主义，他认为不能将民主的每一步扩大都看成是一种收益，“无论赞成民主的理由多么有力，民主本身不是一种终极的或绝对的价值，必须根据它所获得的成就来对其进行评价”③。从某种意义上说，哈耶克对社会民主主义诘难的深层原因在于他认为大多数人通过所谓“民主”的方式做出的决定不能确保社会总体效能最大化，从功利主义的角度来看，既然通过“民主”手段不能确保其决定的“正确性”，那么我们就不应该“盲目地”将民主奉为最终标准。哈耶克也对自己认定的自由做了解释：所谓自由行动，乃指一人依据自己的知识所确定的手段而追求自己的目标，因此，这种自由行动所必须赖以为基础的各种基本依据，是不能由他人依其意志所形构的。这种自由行动还预设了一个众所周知的领域的存在，在这一领域中，他人不能对其间的那些情景加以安排，亦不能迫使行动者按他们所规定的选择行事。④ 哈耶克以上有关对社会民主主义和自由主义的矛盾、公民的民主与自由的相关论断决定了其有关社会福利的思想。

（二）哈耶克的政治经济主张

1. 未来福利国家建设的总体目标

哈耶克对于建设福利国家的看法并不像新自由主义后期人物那样持绝对否定的态度，他将福利国家的建设对个人自由的影响分为三个层次：某些福利国家的目标是可实现的，同时又会对个人自由丝毫无损，而且为此人们并非必定要采用似乎是理所当然的，因此

---

① ［英］弗里德里希·奥古斯特·冯·哈耶克．通往奴役之路［M］．北京：中国社会科学出版社，2020：50.

② ［英］马克·布劳格．20世纪百名经济学巨匠［M］．吴亚杰，等译．北京：中国经济出版社，1992：106.

③ ［英］弗里德里希·奥古斯特·冯·哈耶克．自由宪章［M］．杨玉生，冯兴元，陈茅，译．北京：中国社会科学出版社，2012：152.

④ ［英］弗里德里希·奥古斯特·冯·哈耶克．论自由文明与保障［M］．石磊，编译．北京：中国商业出版社，2016：13.

也是最受人欢迎的方法；另有一些福利国家目标在某种程度上也是同样可以实现的，不过人们必须付出的代价要比他们所想象的或者愿意承担的大得多，或者他们只能随着财富的增长缓慢和逐步地得以实现；而且最后还有一些其他的福利国家目标，它们是那些社会主义者最上心的目标，但是在一个想维护个人自由的社会里是不可实现的。①

在哈耶克看来，社会主义者的信条根本就是错误的，社会主义不能实现社会主义者想要实现的东西，它会威胁公民权利的实现，甚至带来他们所不喜欢的其他后果。哈耶克对第二次世界大战结束以来西方国家以社会民主主义和凯恩斯主义为指导思想而制定的国家对于市场经济的调控政策持反对态度。哈耶克认为，福利国家事实上只是一种追求传统社会主义目标的新方法而已，通过一些在大多数人看来微不足道的技术调整，使之前以济贫为目标的政策措施变为现在以实现收入再分配为目标的福利制度。而对于收入再分配哈耶克是持坚决反对的态度，因为在他看来收入再分配的实现是以牺牲社会“公正”和个人自由为代价的，所得不抵所失。哈耶克以累进税制为例指出政府为实现收入再分配应“受到一般性原则的指导，个人行动必须受原则指导，集体行动也不能不受原则指导，这是因为多数较之个人，可能更难做到明确把握其决策的长远意义，从而也就更需要用原则来指导其行动”②。

顺着这个逻辑，哈耶克认为，传统的在社会民主主义思想和凯恩斯主义思想指导下，为建设福利国家所实行的对养老金、医疗保险和失业保险等所推进的以国家为主导的行为都是得不偿失的。但是，哈耶克并没有完全反对国家建设社会保障制度的必要性。正像上文哈耶克就福利国家建设对个人自由影响的三类划分中的第一类划分所说，某些福利国家的目标是可实现的，他们可以运用最受人欢迎的方法做到既实现收入再分配的调节又不会对个人自由带来影响，这样的话，建设社会保障制度就有了合理性，尤其是必须由国家发挥主导作用的领域，如公共设施和重要的安全问题，都要求政府积极发挥作用，但是政府在实施保障国家安全方面也应把握适度原则，因为如果“动用政府的强制权力以保障特定的一部分人得到特定的东西，它就要求歧视性地和不公平地区别对待不同的人，而这是与自由社会水火不容的”③。

2. 政府与市场的关系

哈耶克反对政府强力干预，认为计划性的调整容易摧毁繁荣和民主，进而提出市场

---

① ［英］弗里德里希·奥古斯特·冯·哈耶克. 自由宪章［M］. 杨玉生，冯兴元，陈茅，译. 北京：中国社会科学出版社，2012：404.

② ［英］弗里德里希·奥古斯特·冯·哈耶克. 论自由文明与保障［M］. 石磊，编译. 北京：中国商业出版社，2016：227.

③ ［英］弗里德里希·奥古斯特·冯·哈耶克. 自由宪章［M］. 杨玉生，冯兴元，陈茅，译. 北京：中国社会科学出版社，2012：404-405.

抉择的分配是最公正的。哈耶克否认政府干预市场对社会长期发展的正向作用，认为政府计划得越多，个人计划就变得越困难。哈耶克从其新自由主义的视角出发，将政府的行为划分为强制性措施和服务型活动两类。政府在服务型活动中应明确自身责任，不应对市场的正常经济秩序过多干预，在经济领域，应维持市场的主导地位。当然哈耶克并不是全面否认政府，就政府所应执行的强制性措施方面，他承认每一个政府必须有所行动，但是政府在行动的过程中必须让个人能够预见或者知晓政府的措施，以使个人在制定行动计划时能够以政府政策为依据，政府应该为个人行动提供服务，而不是成为阻碍因素。哈耶克指出，“集体主义类型的经济计划必定要与法制背道而驰。计划当局不能约束自己只限于给事先未知的人们提供机会，使他们能够随心所欲地利用这些机会。它不能事先用一般性的形式规则约束自己以防专断”①。哈耶克强调市场分配是最公正的，任何人为的操纵都会破坏原有的公正平衡。在哈耶克看来，要充分发挥市场当中竞争的作用，保持市场的主体地位，使社会的经济在市场规则下发展，是避免权力集中和权力滥用的有效手段，也是保护个人权利不被侵犯所采取的必要措施。

3. 自由与平等的关系

哈耶克认为，社会民主主义和凯恩斯主义所提出的通过政府干预实现再分配以达到社会公平是行不通的，通过这种方式所实现的平等一方面是不能长久的，另一方面也使人们放弃了自由主义的精神。在民主之下，个人自由的保障并不是完全可靠的，多数人的意志并不能保证其正确性或长期正确性，“一时的多数人之权利应受到长期性原则的限制”②。并且哈耶克极力反对平均主义，他认为每个人生来所具有的潜质和后天所学的知识都是不同的，一味要求物质上的平等是不合理的，实现结果平等的过程必然会侵犯到部分公民的合法权益。在法律面前的形式上的平等，是和政府有意识地致力于使各种人在物质上或实质上达到平等的活动相冲突并在事实上是不相容的，并且任何旨在实现公平分配的重大理想的政策，必定会导致法治的破坏。③

哈耶克认为，个人权利的实现要与义务的履行对等，当公民将自己应尽的义务转嫁于政府或集体时，这时个人权利的实现必将受到侵害，个人自由的实现也就无从谈起。如果社会中每位公民都能承担起自身的责任，就能维护自己的自由，而不应强调所谓的集体责任。当公民将自己所应该履行的责任推诿于集体时，公民也必将让渡自身的部分

---

① ［英］弗里德里希·奥古斯特·冯·哈耶克. 通往奴役之路［M］. 北京：中国社会科学出版社，2020：102，95.

② ［英］弗里德里希·奥古斯特·冯·哈耶克. 自由宪章［M］. 杨玉生，冯兴元，陈茅，译. 北京：中国社会科学出版社，2012：152.

③ ［英］弗里德里希·奥古斯特·冯·哈耶克. 通往奴役之路［M］. 北京：中国社会科学出版社，2020：100.

权利于集体，而集体关于维护众人权利的一般性原则是相对单一的，不可能做到针对每个人做出单独的划分依据。而标准“一刀切”的做法就必将牺牲部分人的权益。哈耶克提出：“政府的政策必定有所偏袒，把它的评价强加于人民，并且，不是帮助他们实现自己的目标，而是为他们选择目标……法律就不再仅仅是一个供人民使用的工具，反而成为立法者为了他的目的而影响人民的工具。政府不再是一个旨在帮助个人充分发展其个性的实用的机构，而成为一个‘道德的’机构。”①

（三）哈耶克对社会保障制度的批判

第一，社会保障制度破坏市场机制。哈耶克指出，人为的、政府干预的收入分配，也可以理解为再分配，是对自由市场的破坏，也是对社会发展动力的破坏。第二，社会保障制度造成政府垄断。社会保障制度是由政府主导的，政府具有公权力特征，极容易带来垄断性和排他性。第三，社会保障制度与个人职业选择的自由性相冲突。如果一个人过于依靠保障而生活，其选择职业的意愿和行动会大大降低。第四，社会保障可能导致社会对立和社会价值标准的扭曲。因为它涉及再分配领域的两端，持续增加的供给会增加主客体之间的对立意识，而且过于依赖保障待遇，人们的自立意识和行为容易发生偏颇。具体而言，哈耶克从养老金、医疗保险和失业保险三方面阐述了他的具体主张。

1. 养老金

哈耶克指出，当前政府对老年人发放养老金的制度是超过一定年龄的人所获得的正常收入，这是一种从政治层面制定的养老金政策，而养老金的来源又是即时税收，这种制度注定会影响当下的发展甚至导致一系列支配未来政策的问题。也就是说，当下多数西方国家所采取的养老金的给付是以代际的收入转移来实现的。而这种给付制度将会产生非常严重的问题：第一，国家不仅会给予那些凭借其贡献而获得了对这种保护的要求权的人以保护，而且还会给予那些还没有来得及做出这种贡献的人以保护；第二，当退休金应予以支付时，这笔退休金并不是从为此目的而积累起来的资金所带来的收益中支出的，从而也不是从受益人因努力而获得的额外收入部分中支出的，相反，它们乃是从那些当前正在从事生产的人的正常工作收入中转移出来的一部分。②

这一向所有人都提供适当的退休金的方案还存在若干问题：第一是提前退休问题，如果人们凭借自身储蓄来保证晚年生活，那么，为了安度晚年，人们的工作积极性会比

① ［英］弗里德里希·奥古斯特·冯·哈耶克. 通往奴役之路［M］. 北京：中国社会科学出版社，2020：98.

② ［英］弗里德里希·奥古斯特·冯·哈耶克. 论自由文明与保障［M］. 石磊，编译. 北京：中国商业出版社，2016：205.

较高，工作年限会倾向于到退休时，但是一种提供高额养老金待遇的制度会使很多本可以自立生活的人倾向于依赖政府，那些未达到退休年龄，但是收入基本相当于退休金的人会想方设法提前退休而成为退休金的领取者；第二，如果一个社会富裕到有足够能力支付高额养老金，又不会受到通货膨胀的侵袭，那么大多数退休者通常要比那些仍在工作的人过得更舒适；第三是代际公平问题，随着老年人退休后有更多的时间花费金钱，而要保证其退休后的生活水平与退休前无异，那么将要付给退休老年人较那些仍在工作的人士的工资更多的退休金，这不仅增加了政府的财政负担，而且也严重损害了社会的基本劳动回报原则；第四，就近些年各个西方国家政党在竞争中所提出的对于构建社会保障福利体系的“愿景”来看，这一制度长此以往“必定会使整个保险制度演变为一种政治工具，亦即蛊惑民心的政客为拉选票而使用的一种筹码”①。所以，在哈耶克看来，养老金的给付不应只由政府来主导和把控，而应将私人保险机构提出的各类退休金方案引入养老保险系统中，取代以政府为主导的养老金制度。

2. 医疗保险

哈耶克明确反对目前所实行的医疗国有化。首先，在哈耶克看来，当前所实行的免费健康服务的前提是错误的。传统免费健康服务基于以下两方面基本认识：一方面，相信医疗需求通常都具有一种可在客观上加以确定的特征，因此这些需求在每一个案中都能够而且也应当得到充分的满足，而无需考虑经济因素；另一方面，满足这种医疗需求在经济上也是可能的，因为业经改善的医疗服务通常会导致经济效益的提高或盈利能力的恢复，从而也就能够使医院自负盈亏。② 但是就第一方面来说，疾病问题的解决并不像上述养老问题的解决那样可以划分统一标准来进行完善，每个人所患的疾病是特殊的，并没有什么绝对的标准可以依循。就第二方面来说提供医疗服务所要花费的资金量是没有上限的，随着人们对于医疗卫生的需求日益提高，国家花费在免费医疗服务的成本必然会提高，实现医院的自负盈亏也就无从谈起。

其次，在哈耶克看来，当下医疗服务的目的并不旨在恢复病人的工作能力，而是越来越倾向于减轻病人的痛苦和延长病人的生命。而单纯为了延长生命而提供的医疗服务是一项无尽的任务，这一任务的实现不仅会让政府的财政压力逐年扩大，并且也不利于社会的发展。因为哈耶克认为：“在自由的制度下，那些具有充分工作能力的人所得的不

① [英] 弗里德里希·奥古斯特·冯·哈耶克. 论自由文明与保障 [M]. 石磊，编译. 北京：中国商业出版社，2016：206.

② [英] 弗里德里希·奥古斯特·冯·哈耶克. 论自由文明与保障 [M]. 石磊，编译. 北京：中国商业出版社，2016：208.

具危险的暂时伤病，通常都会得到迅速的医治，并在一定程度上以忽视老年人的疾病和绝症的医治为代价。这种做法看上去颇为残酷，但却很可能会符合所有人的利益。在实行国家医疗制度的地方，我们通常都会发现，那些本能够通过及时医治而使全部工作能力得以迅速恢复的人不得不等待很久而无法工作，其原因只是那些不可能再对所有其他人的需求做出贡献的人占用了医院设备。"① 在哈耶克看来，这种现象不仅损害了社会的发展效率，而且也让人们在彼此冲突的目标之间做出痛苦的抉择。

最后，医疗国有化将会导致个人相关身体情况的信息泄露。在哈耶克看来，如果推行医疗国有化的道路，那么就需要吸纳大批医务人员进入国家机构中，在扩充医生队伍过程中，必然考虑他们是否会听命于当局，事实是这些医务人员属于领薪的公务人员，也是服从安排的医务人员，他们有义务将医疗服务信息上报给当局，这些医疗服务信息必然包括患者的一些基本信息。经验表明，此一方面的发展所具有的最大的危险很可能在于，"每当医学知识的发展趋向于赋予那些拥有这种知识的人以越来越多地支配他人心智的力量的时候，国家便会把他们归属于某个单一指导的统一组织之中，并根据国家用以决定政策的理由来指导或命令他们。这种制度的前景实在令人可怕，医生一方面是个人不可或缺的帮助者，另一方面又是国家的代理人员。这种制度既使医生可以洞察到病人最具隐私性的事情，同时也规定了种种条件，迫使医生不得不将他知道的事情泄露给上级领导并且将这些情报用于实现当局所决定的目标"②。

3. 失业保险

哈耶克评价，当前所实行的强制性的失业保险方案只可能恶化它原本力图救治的弊病，而不可能对这种弊端做出整治。从表面上看这种制度能够缓解社会中的所有成员因为失业而感到的忧虑，至少该制度能够确保其温饱问题得以解决。但是，该制度忽视了至少两方面问题。

第一，失业保险限制了劳动供给。哈耶克先提出质疑，失业是失业者自身存在的特殊问题，谁应该依据失业者的正常收入而对他们提供额外的援助？应当以什么样的方法负责援助？除此之外，人们还可以追问，这种强制性再分配的做法是否正当。针对现行失业保险政策下承担失业补助的主体和时间是不好控制的，哈耶克举出一类随季节变化对失业影响程度较大的行业来阐述自己的观点和措施：一方面限制劳动供给，从而使一

---

① ［英］弗里德里希·奥古斯特·冯·哈耶克．论自由文明与保障［M］．石磊，编译．北京：中国商业出版社，2016：210.

② ［英］弗里德里希·奥古斯特·冯·哈耶克．论自由文明与保障［M］．石磊，编译．北京：中国商业出版社，2016．210-211.

个工人的季节性收入能够维持其一年的生活；另一方面是通过职业间的周期性流动来维持劳动力的流动。但是，要想通过这两种措施消除失业，还必须有两个重要前提：一个是工资必须具有弹性；另一个是工人本身也必须具有流动性。但是遗憾的是，那种为所有失业者都提供能够根据其原有所得获得一定比例的足额救济的制度，却降低了工资的弹性，而且阻碍了工人的流动性。在这里，哈耶克认为，如果没有政府的失业金供给，在正常的市场秩序下，每个个体都是理性的“经济人”，都会尽最大努力去劳动，都会想方设法寻找就业机会，正是由于政府失业保险金的供给导致人员的流动力下降，进而影响经济的正常发展。

第二，哈耶克认为现行的失业金供给破坏了社会公正。哈耶克指出，现行的对失业者发放的失业金“是运用从其他领域的工人那里征集到的款项或从大众那里课征到的一般性税收来救济这些领域中的失业者的”①。这一款项的征集反映出身处不同行业的人群之间的不公正。哈耶克也给出了为什么会出现这一现象的解释，认为处于被救助行业的失业者之所以会失业，是由于这些行业的扩展已超出了其在经济上可达到的程度。这从哈耶克新自由主义的逻辑来看也是说得通的。哈耶克认为，这些行业目前之所以存在失业问题是由于过于饱和，市场无力满足该行业如此多的从业者的劳动需要，在市场的调控下，这个问题仍能被解决。哈耶克对当前实行的失业保险制度的总体看法是，这种制度强化了政府责任，降低了工会的责任意识，它迫使政府承担起维续那些因工会的缘故而失业的工人的生活，失业工人的生活依赖和再就业意识不是来自工会政策和服务，而是源于政府能力，而政府责任又有限，所以从长期来看，这种制度只能使就业问题更趋尖锐复杂。所以，在哈耶克看来，要解决当前存在的失业问题仍应发挥市场的主导作用，“一方面，国家为所有因失业而无法自食其力者只提供统一的最低限度的补贴，并且努力通过采取恰当的货币政策尽可能地减少周期性失业；而另一方面，维持通常生活水平所需要的进一步的补贴，则应当交由那些竞争性企业和自愿提供救济的企业来实现”②。

哈耶克的思想深受古典自由主义的影响，他摆脱了早期自由主义主要从经济学角度论证社会发展之路的视野局限性，他所掀起的新自由主义思潮涉及哲学、政治学、社会学等多个学科视角，为20世纪下半叶新自由主义的风靡奠定了理论基础。哈耶克的思想

① ［英］弗里德里希·奥古斯特·冯·哈耶克. 论自由文明与保障［M］. 石磊，编译. 北京：中国商业出版社，2016：212.

② ［英］弗里德里希·奥古斯特·冯·哈耶克. 论自由文明与保障［M］. 石磊，编译. 北京：中国商业出版社，2016：213.

可以说是具有预判性的，事实上，当时西方国家的社会福利制度确实也正像哈耶克所说存在较多的问题，例如，政府所承担的责任过重、公民的主体积极性被打压等问题，这些问题也直接导致 20 世纪 70 年代西方福利国家无法为继的结果。但是，哈耶克的思想带有明显的功利主义色彩，其主要的社会保障观点并不是站在社会弱势群体的立场来考虑，而是以实现整个社会利益最大化为目标。从其思想内核来看，哈耶克仍是站在资产阶级的视角，提出了以实现他所在的资本主义社会政权稳固和经济快速发展为主要目的的观点，带有一定的阶级狭隘性。

三、新福利经济学相关思想

福利经济学起源于 19 世纪末 20 世纪初，发源于西方古典政治经济学。在早期亚当・斯密、大卫・李嘉图和马尔萨斯的经济学著作中都能找到有关财富增长和财富分配的讨论。近代西方科技革命的开展，推动了社会生产力的极大提高，促进了社会经济的迅速发展。在这个过程中，也催生了有关社会财富分配和如何实现社会效用最大化等问题的思考，各国经济学家就相关问题展开讨论。早期的福利经济学家马歇尔和庇古等人提出“边际效用理论”“消费者剩余”等理论，也展开了关于“经济福利”的衡量和社会福利何以实现最大化等问题的讨论。

在旧福利经济学基础上，以帕累托、卡尔多—希克斯、西托夫斯基等为代表的经济学家开始了新福利经济学的探索。新旧福利经济学都是在功利主义这一哲学理念基础上建立的，都在追求实现社会效用的最大化和社会物质财富生产与分配的最优化。旧福利经济学更加重视分配的公平，强调通过二次分配实现分配的公平。而新福利经济学则更加重视市场主体的功能和资源配置的合理化，认为市场会按照其内部的运行规律实现其效率最大化。新福利经济学家的思想也不是完全统一的，就政府是否应当对市场适当干预的问题上也存在着较大分歧。

（一）最优理论体系

作为从旧福利经济学向新福利经济学转变的跨越性人物，意大利经济学家、社会学家维尔弗雷多・帕累托（Vilfredo Pareto，1848—1923 年）为了满足新的社会经济形势发展的需要，就以往的旧福利经济学的内容提出了自己的见解，其贡献主要体现在两个方面。

1. 效用序数概念的提出

效用序数是相对于效用技术而言的，指效用可以用数量单位来衡量，表明一个人对一组物品的偏好对比另一组物品较高、较低或无差异，但不要求表明一种物品的效用比另一种物品的效用大多少倍的一种衡量指标。这是作为新旧福利经济学划分的重要标志。旧福利经济学的“效用基数”理论在分析物品对人的效用时将“效用”类比于例如长度、重量等可以被量化的指标，这种划分标准的个人主观性较强。一方面，每个人因为不同物品所能带来的“效用”是无法准确计得的；另一方面，不同个人对相同物品产生的“效用”满足感也是不同的，而且，即使同一个人的不同时期，同样的物品对其效用满足也是不同的，更不必说不同个人对不同物品所产生的“效用”获得感更是千差万别。因此，帕累托提出“效用本质上是消费者对某种商品的心理感受”①。所以，对于“效用”的感知，数量上的比较是不足以体现科学性标准的，但是物品对于人们所产生的“效用”偏好却是能准确感知的，即人们可以评价物品对于自己效用的大或小的质的差别，而不能准确比较不同物品所能产生“效用”的多与少的量的关系。

2. 帕累托最优概念的提出

帕累托最优是帕累托思想体系的核心。在提出帕累托最优概念之前，帕累托进行了两个前提性研究：效用序数和帕累托改进。帕累托最优概念是承接上述“效用序数”的概念发展而来的。在旧福利经济学以“效用基数”作为理论基础的前提下，一定量的物品对于特定人群的“效用”多少是可以计量的，在这个过程中通过一定的再分配方式即使少部分人的“效用”缩减，但是如果可以实现该特定人群总体效用的提高，那么这种再分配方式就是合理的。但正像上文提到的，帕累托否决了个体对物品的“效用”可以进行量化计算的过程。帕累托改进则贡献了第二个前提，帕累托改进（PI）是指这样一种状态，即一项社会变革使得一部分人的社会福利增加的同时，并不减少其他社会成员的福利。如果一项社会政策变革使得所有社会成员的福利都有所改善，则该项改革是最理想的，是可取的。如果一项社会政策变动，在增加一部分社会成员福利的同时，给另一部分社会成员的福利造成不利的影响，则该项改革是否可取，就很难确定了。

在效用序数和帕累托改进这两个理论前提下，帕累托提出了帕累托最优概念：资源配置达到这样一种社会经济状态，即不论实行何种社会经济政策变动，在使一部分人福利水平上升的同时，必然使另一部分人的福利水平下降。换言之，此时达到了最优状态，不需要作任何政策变动，否则就会偏离资源配置的最佳状态。帕累托最优理论指出了集体福利的评价和比较，要设计两方面的标准：一方面与生产和交换有关，可以通过分析予以确定；另一方面则与分配有关，无法通过分析予以确定。② 帕累托最优体现在生产和

① 丁建定．社会福利思想［M］．武汉：华中科技大学出版社，2019：217．

② 张旭昆．从亚当·斯密到凯恩斯西方经济思想史论［M］．杭州：浙江大学出版社，2016：472．

交换两个领域中，在生产领域，帕累托最优状态是指，在一定技术水平和资源禀赋下无论如何改变投入要素组合，要使一种产品产量增加，就必然使另一种产品产量下降。在交换领域（不考虑生产方面），帕累托最优状态是指，在现有消费方式和商品总量下，无论如何改变交换比例，在增加一部分社会成员福利的同时，必然使另一部分社会成员的福利水平下降。无论生产领域还是交换领域，都是在满足苛刻的前提条件下达到的目标最大化。

在不断思考并经过现实验证的基础上，帕累托发现当最优所要求的严格的条件无法得到满足时，在政策或行为中的帕累托最优就会出现失灵，由此他发展和丰富了自身的理论内容，提出了次优理论。也就是说，由于现实生活中不可能像理论中那样使所有条件都能实现"最优"的资源配置，所以在现实条件的基础上确定已有资源的最佳组合，这个过程的结果就是次优条件，它是在帕累托最优条件不能全部满足的情况下求解目标函数最大值的结果。而次优准则规定的次优条件极为复杂，需要大量的经济社会信息。如果搜集这些信息的成本可忽略不计，则按照次优准则行动；如果信息成本和其他成本较大，不可忽略，则需要按照第三优准则行动，即在部分符合帕累托最优条件下，同时信息成本、行政成本不可忽略的情况下的经济状态。

马克思对帕累托的思想进行了高度概括和总结，并给予很高的评价。他认为帕累托的"最大贡献在于对生产理论和福利经济学的创新。帕累托最优就是以他的名字命名的概念，其中有三个基本假定：只有自我选择的偏好才被当作个人福利的尺度，社会福利由社会的每一个成员的福利组成，只有对资源一致的重新配置才被当作是社会福利的改善"①。在帕累托理论体系中，我们的理想是在政策和行为上都实现帕累托最优状态，但苛刻的满足条件导致我们只能退而求次优，如果信息成本和行政成本不可忽略，就只能按照第三优行动，事实上，只要我们实现了帕累托改进，则该项行动和政策就是可取的，这也是比较现实可行的政策和行为选择。帕累托改进、帕累托最优、帕累托次优、帕累托第三优所构成的帕累托体系成为判断任何政策或行为能否合理推进的理论依据。

（二）补偿原理及其依据

在帕累托提出"效用序数"理论和帕累托最优理论的基础上，后续的新福利经济学家一方面对帕累托所提出的个人之间的效用比较不具有可比较性的观点表示赞成，另一方面也在思考在此基础上通过某些补偿性手段来使相同模型下采取不同社会政策的效用

---

① ［德］卡尔·马克思．资本论［M］．曾令先，等译．南京：江苏人民出版社，2011：68.

可以加以比较的方法。

尼古拉斯·卡尔多（Nicholas Kaldor，1908—1986 年）和约翰·R. 希克斯（John R. Hicks，1904—1989 年）都提出了用以比较效用的补偿原则。卡尔多提出：虽然经济的每一变动和社会的每一次进步，对不同的人有不同的利害关系，例如，一方得益，而另一方受损，但如果通过税收或价格政策，使那些得益者从自己新增的收益中拿出一部分，支付给受损者作为补偿金，使后者能够保持原有的社会地位，而得利者提供补偿后还有剩余，这样，前者变好了，后者维持原状，社会福利得到了增长，由此就可以认定这一经济政策是正当的。而如果得不偿失，受益者的所得补偿不了受害者的所失；或者所得等于所失，受益者在向受害者补偿之后自己没有剩余，那么，这种经济变动便是不足取的，这就是卡尔多所提出的“假想补偿检验”原理。经济政策制定和执行过程中，很难达到帕累托最优状态，政策运行总会涉及各方利益，在难以让所有人都满意的情况下，必然会出现支持者和反对者，反对的声音多源于对自身利益受损的担忧，但由此就阻碍或否定政策的执行，社会难以发展和进步。所以，卡尔多提出通过税收和价格政策进行补偿，这无疑对于推动政策执行是有意义的。但是，问题的关键在于，有些政策在评估的过程中无法准确研判和评估损益程度，有些损害具有滞后性，由此，卡尔多的补偿原理遇到了瓶颈。

希克斯发展了卡尔多的福利检验标准，他指出，实际上，不必要求每一次经济变动之后受益者都要向受害者作出补偿，补偿可以自然而然地进行，这一次经济变动中的受益者可能在下一次变动中成为受害者，反之，这次的受害者下次则可能成为受益者。因此，在长时间的一系列政策改变之中，人们的受益与受害彼此可以相互抵消，所以补偿不必次次进行，只要假定损失终会得到补偿就可以了。

两人的理论统称为卡尔多—希克斯补偿原则，两人的观点大致上是相同的，其理论前提都将收入分配的问题撇开了，两人所提出的补偿原则在现实经济生活中是不具有操作性的。资产阶级经济学家鲍莫尔曾指出，无论是当即补偿还是事后弥补，这种理论都容易使富者愈富、贫者越贫。

提勃尔·西托夫斯基（Tibor Scitovsky，1910—2002 年）在卡尔多—希克斯补偿原则的基础上提出了福利检验的“双重标准”。在西托夫斯基看来，“卡尔多—希克斯的福利标准只是片面地考虑原来的收入分配，而没有考虑到情况改变以后的收入分配”[①]。西托夫斯基认为，卡尔多—希克斯的补偿原则一是无法确保由既得利益者向受损者补偿的实

① 厉以宁，吴易风，李懿. 西方福利经济学述评［M］. 北京：商务印书馆，1984：107.

际操作性；二是在判断标准上，补偿后的价值判断延用原来的收入分配和价格来判断福利是否增加，这本身就是存在问题的，因为补偿前后的收入分配和价格已经发生了改变。

在发现了卡尔多—希克斯补偿原则的问题之后，西托夫斯基提出福利检验的“双重标准”——顺检验和逆检验。顺检验就是卡尔多—希克斯标准，即经济状态改变后是否可能通过收入再分配使每个人的情况比改变前更好；逆检验则要看经济状态改变前是否有可能通过收入再分配使每个人的情况比改变前好。

伊恩·M. 大卫·李特尔（Ian M. David Little，1918—2012 年）作为这一时期后起的新福利经济学家对以往新福利经济学家们的思考进行了“反思”。继卡尔多—希克斯补偿原则和西托夫斯基的“双重标准”福利检验之后，李特尔提出了福利检验的第三重标准——收入再分配的判断标准，即关于分配的价值判断。李特尔认为，“对于福利经济学来说，价值前提是根本的，因为福利结论就是价值判断，并且因为价值结论需要有价值前提。因此，我们对可取的经济变革提出的标准，是把有关福利分配的价值判断引进卡尔多—希克斯—西托夫斯基的‘情况’或‘局部’分析的结果”①。

李特尔在讨论如何实现社会福利“最大化”的问题上提出，首先应明确个人社会福利增加的标准。李特尔认为，在资本主义社会中当一个人处在一条比较高的行为线上时，他也许得到更大的满足。

李特尔的福利经济思想集中在对以往福利经济学家们的“反思”上，并在此中发展。但追究其思想内核，李特尔依旧没能摆脱资产阶级的束缚，他所提出的第三重福利检验标准，可以看作是对庇古“两个基本的福利命题”的回应。但是李特尔所要完成的日标并不是实现较为平等的分配，而只是实现所谓的“经济体系的一种形态比另一种是好还是坏，以及一种形态是否应当转变为另一种形态的问题”②。而对于李特尔所提出的个人社会福利增加标准的问题，可以看出他资产阶级利己主义的本质。李特尔的福利经济思想虽然对以往福利经济学家的思想做出了很多回应，但却并没有提出可以有效提高社会福利的理论，其实质也只是在维护资产阶级所谓的“财产所有权”。

第二节　西方当代社会福利思想转型时期

20 世纪 70—90 年代是当代社会福利思想的转型时期。“经济基础决定上层建筑”，第二次世界大战结束后世界格局发生改变。两次世界大战给欧洲国家带来了巨大灾难，而

① ［英］伊恩·M. 大卫·李特尔. 福利经济学评述［M］. 陈彪如，译. 北京：商务印书馆，2014：152.

② ［英］伊恩·M. 大卫·李特尔. 福利经济学评述［M］. 陈彪如，译. 北京：商务印书馆，2014：334.

美国却一跃成为世界两个超级大国中的一极、西方资本主义国家的代表。在这个过程中美国涌现出很多引领西方资本主义国家福利思想的经济学家、社会学家。20 世纪 30 年代经济危机以来，以英美为代表的西方国家推行凯恩斯主义，通过国家有效干预扩大有效需求，对于促进国内生产、短时解决经济危机起到了一定的作用。但与此同时带来的是国家的通货膨胀，直到 1973 年，在石油危机的冲击下，以美国为代表的西方国家出现严重的经济滞胀，随即西方国家奉行近 40 年的以社会民主主义思想和凯恩斯主义为主流的社会福利思想宣告破产。国家无力继续承担高昂的国民福利成本，以强调恢复市场的主导作用，弱化政府对国民的福利责任的新自由主义和用于调控经济的货币主义成为主流，同时仍存在对社会民主主义的讨论。在新自由主义者看来，市场是解决任何经济和社会问题的最好工具。这期间西方新自由主义的代表人物为美国经济学者弗里德曼。

米尔顿·弗里德曼（Milton Friedmann，1912—2006 年）曾担任美国经济学会会长，1976 年获得诺贝尔经济学奖，被誉为 20 世纪世界最具影响力的经济学者之一。弗里德曼的声誉主要来自三方面研究：第一，弗里德曼是西方货币学派的创始人，提出通货膨胀根本上源自货币供给量的增加；第二，在消费函数上提出永久性收入理论，对“平均消费之谜”作出了解释；第三，作为这一时期新自由主义的代表人物，根据其自身的经济学基础，提出关于社会福利的相关思想，引领了这一时期西方资本主义国家社会福利的理念发展。所以，弗里德曼的社会福利思想主要源于他的相关经济主张，他试图以经济学理论为依托寻找提升社会福利的发展之路。

一、政府与市场的关系

与以往的新自由主义者的观点类似，弗里德曼也崇尚减少政府对于市场的影响，认为在一个自由社会中政府的基本作用是提供我们能够改变规则的手段，调解我们之间对于规则意义上的分歧，以及迫使否则就不会参加游戏的少数几个人遵守的这些规则。[①] 在这个过程中，政府只是起到了决定、调节和强制执行游戏规则的作用，弗里德曼认为也正是因为政府没有执行好其对“游戏规则”裁定的责任才导致 20 世纪 30 年代的世界经济危机。解决经济危机的办法并不应该是增加政府对市场的干预，而正好相反，应进一步减少政府的干预，强化市场的主体性地位。这一观点与弗里德曼对于自由尤其是政治自由的追求密不可分。弗里德曼认为，如果要实现公民个人的政治自由，要以实现公民的经济自由为基础，而发挥市场的主导作用就是实现公民经济自由的基础。弗里德曼提

① ［美］米尔顿·弗里德曼. 资本主义与自由［M］. 张瑞玉，译. 北京：商务印书馆，1986：27.

出，减少政府的参与也并不是极端地取消政府的所有参与，在他看来“政府的必要性在于：它是‘竞赛规则’的制定者，又是解释和强制执行这些已被决定的规则的裁判者。市场所做的是大大缩小必须通过政治手段来决定的问题范围，从而降低政府直接参与竞赛的程度”。因为“假使经济力量加入政治力量，权力的集中几乎是不可避免的”①。而权力的集中在弗里德曼看来也必将有损公民的政治自由。

二、西方资本主义社会劳工的就业现状

作为新自由主义的代表人物，上文提到弗里德曼支持尽可能减少政府对于社会运行的干预，他首先从批判国家垄断所带来的劳工垄断入手，认为第二次世界大战结束后的西方国家不少都已经实现了像马克思所说的由“私人垄断”向“国家垄断”的转型，无论国家垄断还是私人垄断，都会带来劳工垄断问题，影响劳工的自由就业选择。国家垄断会引起两类问题，一是国家垄断破坏了市场的自由环境，限制了个人自由自愿交换的原则，大幅减少了个人可供选择的办法；二是垄断的存在引起逐渐被称为垄断者的‘社会责任’的问题，垄断不仅包括政府造成的垄断，也会带来企业垄断、劳工垄断。也就是说，在长期的垄断背景下，影响市场主体自由的因素已不单单是政府，而是会进一步扩展到企业和劳工。所以，可以看出弗里德曼对于政府应减少对市场的干预并不是针对政府的行为，更多的是从保护市场自由主体的角度出发。任何有损市场自由的主体都应当尽可能地减少其对市场自由的干预。

在此基础上，弗里德曼指出，在当前“国家垄断”的社会环境中对劳工就业自由的影响。与以往“自由”的主张相一致，弗里德曼对于劳工就业同样认为应实现他们就业的自由。就西方国家自20世纪以来逐步在各行业实行的对从事某些特殊职业的个人加以限制，要求由国家机关颁发营业执照的做法，弗里德曼提出了反对意见。弗里德曼以看起来最为合理的国家对医药行业从业资格的限定为例，指出即使在医药领域，由国家机关颁发执照也是不可取的。弗里德曼也给出了解释，“不管它是注册、发给证明还是执照，这些措施的任何一个几乎不可避免地要成为牺牲其他公众利益而取得垄断地位的特殊生产者集团手中的工具”②。换言之，在弗里德曼看来对于就业自由的干预，会使社会权益越发集中在少部分既得利益者的手中，从而造成新的垄断，不利于自由的市场发挥其主体地位作用，更不利于劳工自由自主地择业。

---

① ［美］米尔顿·弗里德曼．资本主义与自由［M］．张瑞玉，译．北京：商务印书馆，1986：16，17.
② ［美］米尔顿·弗里德曼．资本主义与自由［M］．张瑞玉，译．北京：商务印书馆，1986：131，141.

三、收入分配和消除贫困

弗里德曼批判了20世纪以来西方国家的平均主义思潮，普遍地分享财富会使文明世界不能存在。在弗里德曼看来，“在一个自由市场的社会里，收入分配的直接的道德原则是，‘按照个人和他拥有的工具所生产的东西进行分配’”①。如果通过政府的干预强制走向收入平均，这不仅有悖于基本的分配道德原则，而且也是对个人选择的权利所产生的结果的侵犯。因为个人部分地根据他们对风险看法的不同，而对各种职业、投资以及类似的东西加以选择，这是他们的权利。弗里德曼举了彩票的例子，购买彩票的人在购买彩票之前就已经对彩票的风险与收益进行过评估，买与不买是他们的选择，但是选择之后极少数人获得了彩票的收益，绝大多数人只是参与过，那么最终开奖的结果就不能说是不公正的。假如一味地追求结果平等，在弗里德曼看来毋庸置疑是对人权和分配道德的侵犯。弗里德曼也对自19世纪以来马克思主义者认为资本主义制度是造成收入不均等的主要原因这一观点进行了回应，指出一个国家的资本主义化程度越高，由资本带来的收入部分会越来越少，而被用来支付给人类劳务的部分就会越来越大。对政府所采取的累进所得税和遗产税用以改变收入分配的方式，弗里德曼认为，“作为一个自由主义者，我很难看出任何单纯地为了再分配收入而施加累进赋税的理由。这种赋税似乎是一个显著的事例来使用强制手段从某些人那里拿取一些东西，把它们给予别人，因而，和个人自由发生了正面冲突”②。

而对于贫穷的问题，在弗里德曼看来，西方国家在近两个世纪的快速发展过程中已经极大降低了贫困的程度，目前西方资本主义国家存在的贫困问题主要是相对贫困问题。弗里德曼指出，在许多方面解决贫困问题最理想的途径便是私人慈善事业，他认为在市场的自发调节下，私人慈善机构和组织会急剧增加，反而当有政府参与解决贫困问题时，私人慈善活动会相对下降。弗里德曼用这一现象证明政府的参与对于解决贫困问题的负面作用。弗里德曼也提出两个用以解决国家贫困问题的措施。一是明确方案针对的对象。建立一个旨在帮助贫困人口的方案，该方案的对象不是特殊职业集团中的人，也不是不同年龄集团中的人，更不是某种工资率标准下的人，抑或某种劳动组织中的人，而是作为一般人的人，帮助这些一般的人，而实行这一方案的前提仍是以作为主体的市场的正常运行为主。二是建议安排一种负所得税。负所得税是政府对于低收入者，按照其实际收入与维持一定社会生活水平需要的差额，运用税收形式，依率计算给予低收入者补助

---

① ［美］米尔顿·弗里德曼. 资本主义与自由［M］. 张瑞玉，译. 北京：商务印书馆，1986：154.
② ［美］米尔顿·弗里德曼. 资本主义与自由［M］. 张瑞玉，译. 北京：商务印书馆，1986：167.

的一种方法，其计算公式是：负所得税=收入保障数-（个人实际收入×负所得税率）。个人实际收入是个人可支配收入与负所得税的差额。这一措施是试图将累进税制度扩展到低收入群体中，它可以通过收入和享受上的差别来鼓励低收入者的劳动积极性。在弗里德曼看来这种形式是专门针对贫困问题的，它向个人提供最有用的形式的帮助——现金。它是一般性的，从而能够代替现在已经实施的很多特殊措施，它明白地表示出社会所负担的费用。它在市场之外发生作用。①

四、养老保险制度

弗里德曼将养老保险分解为三个部分：（1）要求广大阶层的人们必须购买被具体规定的养老金，即对老年时期的生活来源作强制性的准备；（2）要求必须从政府那儿购买养老金，即提供这些养老金机构的国有化；（3）将养老保险制度作为一个收入再分配的办法，其原因在于参与这个系统的人所应得到的养老金的金额并不等于他们将为之而缴纳的税款。②

对于这三方面的解读弗里德曼一一给出了自己的反驳意见。首先，针对强制人们购买养老保险的行为，弗里德曼认为强制购买养老金的目的性太强，它要求人们把资金用于特殊目的，无形中剥夺了人们对部分收入的控制。

其次，人们在参与过程中，必须以特殊方式从政府机构那里购买退休养老金，阻止了出售养老金和发展退休安排的竞争。不仅限制了自由，而且产生了巨大的官僚机构，而这种官僚机构随着养老金业务的扩大而呈现出不断扩大的趋向，把它的范围从我们生活的一个领域延伸到另一领域。所以，不仅按自由主义的原则而论，甚至按福利国家支持者的价值观来看，反对养老金机构国有化都是十分有力的。③ 因为在弗里德曼看来，养老金机构国有化的前提假设就是政府可以比市场为人们提供更好的养老保险业务，这一前提首先就存在问题。然而即使这一前提是正确的情况下，将市场中的私人企业排除在养老保险供给者的竞争之外，也不利于养老保险所制定的规则长期向好。

最后，对于将养老保险制度作为收入再分配手段，弗里德曼指出："我看不出任何理由可以作为这个特殊的再分配的根据。对受益者的补助和他们的贫穷或富有没有关系，有钱的人获得的补助和贫穷的人一样多。用作补助的税是一种在一定定额下对收入所征的统一税率的税。有什么样的可以设想出的理由来要求青年人负担老年人的补偿金，而

---

① ［美］米尔顿·弗里德曼. 资本主义与自由［M］. 张瑞玉，译. 北京：商务印书馆，1986：183，185.
② ［美］米尔顿·弗里德曼. 资本主义与自由［M］. 张瑞玉，译. 北京：商务印书馆，1986：175-176.
③ ［美］米尔顿·弗里德曼. 资本主义与自由［M］. 张瑞玉，译. 北京：商务印书馆，1986：180-182.

不论老年人的经济情况如何；有什么理由为此而对低收入而不是高收入的人施加较高的税率，或者为此而对工资抽税以便提高预算收入得以支付补助金呢?”① 弗里德曼进一步指出，这种所谓的收入再分配的制度是毫无原则的。只是形式性地实现不同年龄段之间的再分配，却没有关乎老年人的实际生活状况。不仅有悖于基本的分配原则，并且也是没有效率的。

五、其他福利措施

弗里德曼对公共住房、最低工资法、农产品价格支持、特殊集团的公费医疗、特别援助方案等都提出了自己的看法。比较有代表性的是弗里德曼对公共住房和法定最低工资的看法。

就公共住房来说，弗里德曼分析支持建设公共住房的人们的想法，一方面是当公共住房的方案确定之后会让既得利益者将之前手中的破烂地区加以清除和在建，不仅可以让他们的“不佳资产”变为“优质资产”，而且也可改善他们所拥有的中心商业区的环境，从而获得资产增值。另一方面，赞成公共住房的人希望通过改善住房条件来减少青少年的犯罪行为。但从实际效果来看成效不大。弗里德曼指出，公共住房并没有真正改善穷人的住房问题，而在建造公共住房的过程中，往往需要拆毁原有的房屋，现实情况是，被拆毁的居住单位的数量远远超过新建造的居住单位的数量。所以，与提供公共住房相比，给他们现金也许会更好。

就最低工资法而言，弗里德曼指出最低工资法的显著影响是增加贫穷。弗里德曼解释道，在没有实行最低工资法之前，在最低工资率以下被雇佣的人会提高收入，这对雇主来说是收益的损失，因此雇主为了降低成本会选择减少雇佣人数，从而导致更严重的失业问题。弗里德曼也分析了最低工资法为何能提出的原因，其本质仍是既得利益者之间竞争的产物。

弗里德曼作为20世纪70年代至90年代西方社会福利思想占据主流地位的新自由主义的代表人物，其社会福利思想以他的经济学思想为基础，反映了当时西方社会福利思想转型的需要。从上述对弗里德曼社会福利思想的总结中可以看出，弗里德曼自始至终认为资本主义社会市场的主体地位是不容侵犯的，政府对市场的干预也应控制在尽可能小的范围内。弗里德曼也对当时资本主义国家的垄断现象进行了反思，但却一直在有意回避引起垄断的根本原因在于资本主义制度本身这一客观事实。弗里德曼也一直以资本

---

① ［美］米尔顿·弗里德曼．资本主义与自由［M］．张瑞玉，译．北京：商务印书馆，1986：176-177.

主义社会所宣传的“自由”概念为其所提出的理论的基石，表面上一直站在劳工的角度思考社会福利制度对他们生活的影响，但实质上却一直站在广大劳动者的对立面上，并没有提出改善当前劳工生活状况的具有操作性的社会福利理念，而只是一味地为资本主义社会本身辩解。把当时存在的社会问题推诿给政府的干预、工厂主的不仁和劳工的不智。尽管弗里德曼的思想内核是错误的，但也有一定的价值。弗里德曼从表面上针砭当时西方资本主义国家某些既得利益集团为实现更高额利益破坏市场秩序、压迫底层人民的丑恶现象，为后续社会福利的研究奠定了理论基础。

第三节　西方当代社会福利思想发展时期

一、第三条道路的兴起

在经历了以社会民主主义为主的社会福利思想初建时期和以新自由主义为主的社会福利思想转型时期的尝试之后，左派的国家干预政策和右派的新保守主义的实践均宣告失败。以英国为代表的西方国家的思想家开始反思未来社会福利体系建设该何去何从的问题。

自 20 世纪 90 年代以来，世界格局和形势又发生了新变化。1991 年苏联解体，持续了 44 年的冷战宣告结束，这打破了不少西方社会思想家对于建设社会主义国家的向往。与此同时，西方资本主义国家也面临着政府财政压力过大、民众失业率居高不下和通货膨胀等一系列问题。纯粹的社会主义道路和资本主义道路都让民众看不到希望。福利国家的建设在经历两条极端道路尝试失败后，引发处于两极的社会福利思想家面向对立面的尝试，产生了以强调市场机制和政府作用协调，争取国家、个人与社会共担责任为主的“第三条道路”社会福利思想。

“第三条道路”是指 20 世纪初在英国提出的，将社会公正引入发展理念中，强调市场机制和政府作用的相互协调，把国家、社会与个人责任有机结合起来的一条非左非右的福利国家建设道路。它经历了 20 世纪中期的发展，在 20 世纪 90 年代成为西方国家社会福利思想的主流。这一时期关于“第三条道路”的实践每个西方国家都有自己的特色，但是在思想方面，以英国的吉登斯和布莱尔为标志的“第三条道路”社会福利思想家做出了突出贡献。

（一）安东尼·吉登斯

安东尼·吉登斯（Anthony Giddens，1938—）作为 20 世纪 90 年代以来享誉全球的英国知名学者，其主要贡献在于当时西方国家面临发展道路困境时，他提出了建设“第三条道路”的福利思想主张。20世纪末，作为宣称建成世界上“第一个福利国家”的英国在经历了左派社会民主主义道路和右派保守主义道路的尝试失败后，开始探索新的符合英国实际情况的社会发展之路。

吉登斯作为这个时期英国社会福利思想的代表人物，在分析了左派与右派的相关社会福利思想后指出，传统左派社会民主主义思想和右派的保守主义思想，以及与之相关联的新自由主义思想都已经不再适合新形势下英国的发展要求。在吉登斯看来，在经历第二次世界大战以及福利国家的建设和转型之后，当时社会中的左派和右派思想已经不是传统的、单纯的激进与保守，而是“已经变得激进的保守主义遇到了已经变得保守的社会主义”①。吉登斯在分析了当时社会存在的五种两难困境，即“全球化、个人主义、左翼和右翼、政治机构和生态问题”② 后，提出当前对于社会福利体系建设的探索不应只停留在对于两极思想的抉择上，而应该寻找介乎左右两派之间的中间道路的福利思想主张，即“第三条道路”。吉登斯“第三条道路”中有关社会福利的思想可以概括为以下两个方面的内容。

1. 建设“积极的社会福利”

吉登斯首先追溯了福利国家建设的历史过程，指明最初福利国家的建设并不是现在意义上的给予国家公民更好的生活水平或是发展国民经济的手段，而只是用以驱散社会主义的威胁。欧洲国家的很多福利国家模式其实是在战争中，并且在战争的促使下产生的。所以，在吉登斯看来没有必要一直标榜左派社会民主主义的高尚与节操，应多听取右派保守主义和新自由主义者对于福利国家的批评。“这种依赖与自上而下的福利分配制度，从根本上说是很不民主的。它的主要动机是保护和照顾，但是它没有给个人自由留下足够的空间。某些类型的福利机构是官僚化的、脱离群众的、没有效率的，而且，福利救济有可能导致违反设计福利制度之初衷的不合理结果。但是，‘第三条道路’政治并不把这些问题看成是应剔除福利国家的信号，而把它们视为重建福利国家的理由。”③ 在这里，吉登斯用简短的几句话表明了自己的态度，当下福利国家的建设过程确实存在像右派人士攻击的那样有较多问题，但是这些问题随着他所提出的“第三条道路”的实施

---

① ［英］安东尼·吉登斯. 超越左与右：激进政治的未来［M］. 李惠斌，杨雪，译. 北京：社会科学文献出版社，2009：2.

② ［英］安东尼·吉登斯. 第三条道路：社会民主主义的复兴［M］. 郑戈，译. 北京：北京大学出版社，2000：30.

③ ［英］安东尼·吉登斯. 第三条道路：社会民主主义的复兴［M］. 郑戈，译. 北京：北京大学出版社，2000：117.

将被解决。在此基础上，吉登斯提出“福利系统如同其他政府部门一样，需要既积极又负责地回应更广意义上的社会发展趋势”①。吉登斯提出，在进行福利改革时，应充分发挥风险的积极而富有活力的方面，倡导一种积极的福利。在福利供给中不能单纯依靠政府，公民个人和政府以外的其他机构也应当为这种福利做出贡献，而且，多元参与还将有助于财富的积累。从这里可以看出，一方面，吉登斯吸取了右派保守主义的思想，强调个人在风险承担中的作用，政府不应一直担当一个使人们免受风险的保护伞的角色。适当地使公民个人参与到福利建设当中并承担一定的风险，可以更好地调动整个社会的活力与积极性，让公民在享受社会福利权利的同时承担一定的社会责任。另一方面，吉登斯与以往大多数社会福利思想家从经济学角度出发探讨福利国家建设所不同，他认为让人们能够切实感受到的福利和幸福并不是仅仅依靠所谓的经济帮扶就可以解决的。福利制度的建设体现在人们日常生活的方方面面，重点是要让公民从心底感受到社会的温暖和生活的幸福。

2. 用“社会投资国家”的概念替代“福利国家”的概念

社会投资国家的概念是在吉登斯“积极的社会福利”的主张基础上发展而来的。社会投资国家是指“在可能的情况下尽量在人力资本上投资，而最好不要直接提供经济资助”②。他认为贝弗里奇所提出的每一个概念都有消极色彩，应该用积极的“社会投资”来启发人们提高能力、建设国家。“被理解为‘积极福利’的福利开支将不再是完全由政府来创造和分配，而是由政府和其他机构（包括企业）以期通过合作来提供。这里的福利社会不仅是国家，它还延伸到国家之上和国家之下。在积极的福利社会中，个人与政府之间的契约发生了转变，因为自主与自我发展——这些都是扩大个人责任范围的中介——将成为重中之重。这些基本意义上的福利不仅关注富人，而且也关注穷人。”③

据此理论，吉登斯以老年人和失业者两类人群为例讨论社会投资国家应如何建设。就老年人群的养老金支付问题，吉登斯指出，国家提供适当水平的养老金是非常必要的，支持强制性储蓄也有充分的理由，但是在养老金领取的过程中应消除“养老金领取者”“有资格领退休金的年龄”等一些概念。其意义在于可以使公民弱化对养老金的依赖，更加积极有效地使用这笔储蓄。“人们应当可以自行选择使用这笔资金的时间，这不仅使他

① ［英］安东尼·吉登斯．第三条道路：社会民主主义的复兴［M］．郑戈，译．北京：北京大学出版社，2000：120.

② ［英］安东尼·吉登斯．第三条道路：社会民主主义的复兴［M］．郑戈，译．北京：北京大学出版社，2000：121，122.

③ ［英］安东尼·吉登斯．第三条道路：社会民主主义的复兴［M］．郑戈，译．北京：北京大学出版社，2000：132.

们可以在任何年龄上停止工作，而且可以为他们提供教育经费，或者在需要抚育幼儿时减少工作时间。”① 吉登斯认为应摒弃以往公民步入老年就成为社会弱势群体的有色眼镜。随着各个国家人口老龄化的加剧，老年人群体是影响社会发展的一股不可忽视的力量，老年不应当被看成是一个只享受权利而不承担责任的阶段。换个角度、以积极的态度面对老年人不仅可以缓解政府养老金的发放所面临的困境，而且也为社会提供了更多的生产力可能性，同时也能让更多老年人积极参与到社会的发展建设中去，实现自身价值，有更多的机会与年轻人建立联系。

就失业问题，吉登斯认为，“推行取消管制的政策不是解决失业问题的有效措施，应当把支出主要引向人力资源的投资上。如果福利制度诱发了道德公害，那么这种制度理应得到改革；同时，新的承担风险的态度应当得到鼓励。这种鼓励在可能的情况下可以通过设立激励机制来实现，在必要的时候也可以通过设定法律义务的方式来实现”②。在吉登斯看来，对于当下所采取的用以解决失业问题的投资治标不治本。如果要有效解决目前存在的失业问题，关键在于提升人力资源的就业能力，防患失业问题于未然。在进行改革的过程中可能会面临一些阻碍和风险，但是应抱着不破不立的心态大胆尝试，从根本上解决当前社会严重的失业问题。

吉登斯的思想从内核来讲依然是左派思想，但是它不是原来意义上的激进主义，而是认识到保守主义的重要性而变得温和了的激进主义。也就是说，吉登斯“第三条道路”的思想可以被看成是其站在左派立场听取右派呼声、针对当时社会现实所提出的折中思想。可以说吉登斯的社会福利思想是具有阶段性成就的，是在总结当时英国所面临的现实困境提出的可供实践参考的思想理论，这也在后来吉登斯的理论成为英国工党的指导思想上得到了证明。但是，吉登斯的思想也存在局限，一方面就吉登斯所撰写的书籍来看，他试图寻找一条超越左派和与右派的“第三条道路”，但是就其思想来看，他依旧没有摆脱传统的左派与右派的思想内容，而只是在两极之间努力寻找一条折中的道路；另一方面，吉登斯与西方很多“进步人士”持相同观点，认为关于社会主义未来发展之路渺茫。苏联的解体代表着社会主义的失败，而随着当今以中国为代表的社会主义国家蓬勃发展，为很多国家提供了国家发展的“中国道路”。很多西方人士也发现，苏联的解体并不能代表社会主义是行不通的，而只能表示苏联共产主义尝试的失败。

---

① ［英］安东尼·吉登斯. 第三条道路：社会民主主义的复兴［M］. 郑戈，译. 北京：北京大学出版社，2000：123，124.

② ［英］安东尼·吉登斯. 第三条道路：社会民主主义的复兴［M］. 郑戈，译. 北京：北京大学出版社，2000：125，127.

（二）托尼·布莱尔

托尼·布莱尔（Tony Blair，1953—）是继吉登斯之后“第三条道路”思想的又一位英国代表人物，同时，布莱尔也是一名政治家，于1994—2007年任工党党魁，并于1997—2007年任英国首相。布莱尔在其执政期间一直以将英国现有福利体系推向“第二代福利”社会为目标，建成他所代表的工党期望达到的“新英国”的发展目标。布莱尔指出通过四个基石实现新英国建设：“首先，我们想通过投资于人民、基础设施和工业科研的经济战略，来改善所有英国家庭的生活水平；其次，我们需要在英国建立一种新的秩序，一种基于德才、责任和包容的真正属于我们这个时代的文明社会；再次，我们寻求将英国政治机构的权力下放并使之负起责任；最后，英国国内的状况同我们在国外的影响力密切相关。”① 下面，就布莱尔对他所期待建立的“第二代福利”社会的目标予以阐述，之后就一些具体方面的福利问题来了解布莱尔所代表的英国工党的态度。

1. “第二代福利”的总体思路

布莱尔的“第二代福利”的设想是在贝弗里奇于1948年创造的“第一代福利”社会的基础上提出的。布莱尔首先对之前以撒切尔夫人为代表的两任保守党首相没有带领英国社会走向更好，反而使英国的失业率较以往不降反升的现象提出质疑，继而提出保守党不信奉福利国家的政策而只是希望通过市场调节社会的政策所带来的结果是不容乐观的，因此，布莱尔所代表的英国工党会接过贝弗里奇的接力棒继续构建新形势下的“新英国”福利体系。布莱尔指出，他所想要建立的“第二代福利”主要包括三个特点。（1）“第二代福利”是要给人以扶持，而不仅仅是施舍。它意味着多种服务，而不仅仅是现金，包括子女抚养和子女补贴、培训和失业救济金、老年人赡养和养老金。（2）“第二代福利”能适应家庭生活方式的改变。在这种家庭生活里，工作和照料孩子是共同承担的，而且退休时间长达二三十年。福利必须使这种改变朝好的方向发展，用安全感来替代恐惧感。“第二代福利”承认，公民身份是建立在权利和义务基础上的。（3）“第二代福利”不会通过高高在上的政府来发号施令，而是鼓励地方决策，鼓励公共或私人开展合作，鼓励地方人民的革新措施。总之，“第二代福利”是要消除英国中等收入阶层的不安全感和低收入阶层的贫困。② 从布莱尔就他所期望构建的“第二代福利”社会的特征可

① ［英］托尼·布莱尔．新英国：我对一个年轻国家的展望［M］．曹振寰，译．北京：世界知识出版社，1998：5.

② ［英］托尼·布莱尔．新英国：我对一个年轻国家的展望［M］．曹振寰，译．北京：世界知识出版社，1998：168-169.

以看出，布莱尔的思想也是不同于传统的左派与右派的“第三条道路”，在传统左派社会福利主张基础上也强调公民自身的责任，提出使福利制度能真正改善人民的生活，而不是加重人民的依赖性。同时，改变过去单纯的以政府或以市场为主体的发展路线，提出鼓励公共或私人机构共同发力建设“新英国”福利体系。针对新形势下英国不同收入阶层人数的变化，布莱尔更加侧重于提升中等收入阶层和低收入阶层的生活质量。

2. “第二代福利”的具体实践路径

在了解了布莱尔对于建设“第二代福利”的总体思路后，我们继续关注他在一些具体领域有关社会福利问题的看法。

（1）养老金。布莱尔首先指出当前所面临的形势是超过 300 万名养老金领取者生活在贫困中，近 2/3 的养老金领取者收入太少，不用付所得税，而另 1/3 或者更多的养老金领取者收入自 1979 年以来大量增加。所以，布莱尔提出他所代表的工党目标是建立一个面向所有人的国家基本养老金。这个过程中面临两个问题：第一，在养老金增长的同时，收入补贴也在减少，一进一出，这种增长对最贫困的养老金领取者来说毫无用处；第二，政府所要花费的费用可能很高。[①] 为了解决这些问题，布莱尔提出一系列主张。一是可以设立一笔养老保险金，以便在可控制的费用下提供较高的养老金。它把公共和个人提供的资金合并起来，消灭养老金领取者的贫困。但是这个方法也要通过实际检验确实有效后再来确定是否要大规模推广。二是可以以捐款为基础建立一笔资金作为养老金来源，即在社会公平委员会制定的国家养老公积金计划下，用公共部门的有效捐款为退休者提供养老金支持。

（2）儿童的福利和教育。首先布莱尔指出儿童贫困领域需要考虑三个问题：第一，儿童贫困的损失很大，它会使我们国家的希望破灭；第二，子女补贴是把钱交给母亲们的一种有效方式，但要根据父母的贫富程度给予差别对待；第三，儿童贫困表现在时间、照料、教育和金钱等诸方面。布莱尔支持把子女补贴作为儿童投资的一种重要手段，而关于这部分补贴的来源布莱尔采取了一种再分配思路，建议让最高税率的纳税人为子女补贴缴税，用所筹的款项来改善其他所有孩子的生活。在满足儿童基本生活的基础上布莱尔也十分重视下一代的培养，因为“教育改革能促进经济繁荣和社会公平。我们必须使每所学校都达到高标准，来保证每个儿童的天赋之权得以实现，使他们具备良好的纪

---

① ［英］托尼·布莱尔．新英国：我对一个年轻国家的展望［M］．曹振寰，译．北京：世界知识出版社，1998：170-171．

律和崇高的理想，与父母能和谐相处”[①]。而在教育改革过程中布莱尔提出一条原则：教育应建立在救济能力而不是支付能力的基础上。

（3）就业。布莱尔提出三点主张。第一，应明确最低工资制度的合理性。因为就其社会原因来看，最低工资制度可以防止劳动中的剥削现象。从其经济方面看，实行最低工资制度可以使纳税人不必再为剥削性的低工资提供补助；从其劳动关系来看，低工资增加了雇员跳槽的现象，通往成功的关键是让劳动者与公司利益息息相关，建立和谐的劳资关系，激发他们认真工作的积极性。第二，应破除之前男女两性在就业福利制度中的不平等地位，以往的政策不仅带有歧视色彩，而且也会导致社会中有效生产力的丧失。第三，“增加对劳动力的需求，创造更公平的劳动分配，提高劳动报酬”[②]。以往传统左派和右派针对失业人口的政策都具有极端性，布莱尔指出应对原有的救济金制度实行改革，重点解决长期失业人口的就业问题，在资金许可的范围内消除救济金制度给劳动带来的阻碍。以此来鼓励失业人口重新就业，一方面可以减少政府的救济金给付压力，另一方面也为社会生产提供了更多的劳动生产力。

3. 布莱尔福利制度改革的特点

在政治思想和意识形态方面，突出观念更新和执政党的改造；在经济和社会发展方面，强调效率与平衡，注重转变政府职能，寻求政府调控与市场机制之间的平衡，鼓励新的企业精神——合作，改革权责思想；在国家利益和国际关系方面，强调合作与协调。布莱尔的社会福利思想承接吉登斯“第三条道路”的福利思想，由于其党魁和首相的政治身份，布莱尔的思想更具有现实的实践意义。从当前西方国家福利思想的发展来看仍具有现实价值。但是布莱尔所提出的建设“新英国”的四个基石当中的第四点“英国国内的状况同我们在国外的影响力密切相关”的想法确实在他后来执政期间落地实施了。布莱尔对 2003 年美英联军入侵伊拉克并对以美国为首发动的阿富汗战争的支持都将他的想法变成了实际，这一决定导致了无数无辜平民和军人的死亡。2022 年 1 月 1 日英女王授予布莱尔英格兰历史上最悠久、级别最高的嘉德骑士勋章，而这一决议被英国百万民众联名反对，可以看出布莱尔执政期间的相关行为积攒了不少英国民怨。

二、福利国家模式的反思

自第二次世界大战结束以来，西方福利国家依次经历了社会民主主义福利思潮、新

① ［英］托尼·布莱尔．新英国：我对一个年轻国家的展望［M］．曹振寰，译．北京：世界知识出版社，1998：175.

② ［英］托尼·布莱尔．新英国：我对一个年轻国家的展望［M］．曹振寰，译．北京：世界知识出版社，1998：173.

自由主义福利思潮和在左、右两派之间寻找“第三条道路”的福利思潮。但是思想的发展并不是简单的由一个思想取代另一个思想的过程，而是具有相互影响的。西方国家进入当代社会以来的这70余年的过程中，很多思想家开始总结福利国家发展模式问题，也开始反思当前社会福利国家建设路径的可行性，以及依据本国国情探索最佳路线问题。

著名丹麦社会保障学者哥斯塔·艾斯平-安德森（G. Esping-Andersen，1947—）可谓是对当代以来福利国家模式总结反思的代表人物，其对西方国家福利模式的归纳分析主要集中于其1990年编写的《福利资本主义的三个世界》一书中。自这本书出版以来，西方各国思想家开展了有关福利国家模式的比较研究。而艾斯平-安德森撰写这本书主要试图解决两个方面的问题：第一个是现有的针对福利国家的理论模型是不充分的，我们就是要根据我们对福利国家的认识，把比较重要的内容进行重新概念化和理论化；第二个是只有比较实证研究才能充分揭示出福利国家统一或分割的根本性特点。①

（一）对“福利国家”基本概念的研究

传统教科书中把福利国家定义为国家承担保障其公民享有某些基本福利的责任。在艾斯平-安德森看来，如果要判断一个国家是否可以算得上是福利国家主要有三个方式：第一，在一个真正的福利国家，大部分日常活动必定是服务于所有家庭的福利需要；第二，来自蒂特马斯对补缺式与制度式福利国家的经典分辨，包含着制度化的福利承诺，这个方法迫使研究者从支出的黑箱转向福利国家的内容；第三，从理论上选择出评判标准，再据以判断福利国家的类型。② 在他看来，一个福利国家必然以满足人们的福利需求为己任，通过制度性安排实现国家对社会权、收入保障、平等化和消除贫困的目标，这也是动员和团结集体力量所需要的必要先决条件。

（二）划分福利国家类型的标准

艾斯平-安德森提出了自己关于划分福利国家类型的标准——一个国家的“去商品化”程度。这一标准可以说是艾斯平-安德森编写《福利资本主义的三个世界》的核心概念。“去商品化”的概念是艾斯平-安德森在马克思和波兰尼所提出的“商品化”的相关概念基础上提出的，是指“公民在自认为必要的时候，能够自由地选择退出工作，而不

① ［丹麦］艾斯平-安德森. 福利资本主义的三个世界［M］. 苗正民，滕玉英，译. 北京：商务印书馆，2010：6.

② ［丹麦］艾斯平-安德森. 福利资本主义的三个世界［M］. 苗正民，滕玉英，译. 北京：商务印书馆，2010：29-30.

会丧失工作、收入或一般的福利”①。艾斯平-安德森同意 T. H. 马歇尔所提出的社会公民权构成了福利国家的核心概念。在艾斯平-安德森看来，社会公民权利的核心概念正是公民作为劳动力的“去商品化”程度，其所反映的是在制度保护下劳动力所表现的生存状态，当服务被视为一种权利，并且一个人不必依赖市场就能维持生活时，就出现了“去商品化”。根据“去商品化”这一核心概念标准，艾斯平-安德森将西方国家的福利类型划分为三类：自由主义体制（盎格鲁-撒克逊国家②，以美国为代表），社会民主体制（斯堪的纳维亚国家，以瑞典为代表）和保守主义体制（欧洲大陆国家，以德国为代表）。三类福利国家的分类标准主要就是以“去商品化”程度提出的，表现为社会民主体制的“去商品化”程度最高，其次是保守主义体制，最后是自由主义体制。除了以“去商品化”为主要标准来划分西方国家的福利类型之外，从上述划分中我们也能看到艾斯平-安德森在划分时也加入了地缘、政治和文化等因素的标准。艾斯平-安德森解释道：“具有较长保守主义和/或天主教改良主义历史传统的国家，在较早时候有可能会开发出相当程度的去商品化社会政策。具有强大自由主义传统的国家根据政治权利的结构而出现两个分支。社会民主在政治上占优的国家，如丹麦、挪威、瑞典等，其自由模式已遭到破坏，并用高度的去商品化社会民主福利国家体制来取代。在工人未能重组国家政治经济并确定主导地位的国家中，则是持续低水平的或至多为中等水平的去商品化。一端的例子是英国，另一端是加拿大与美国。”③

（三）养老金问题

艾斯平-安德森就社会福利领域中养老金的问题提出了自己的看法。其一，养老金在福利国家中发挥着重要作用。艾斯平-安德森认为，养老金有助于阐明一系列长期以来相互冲突的原理，因为“在许多当代国家中，养老金占了国内生产总值的10%以上；养老金是连接工作与休闲、工资收入与再分配、个人主义与团结、金钱交易与社会权的核心纽带”④。其二，究其类型而言，养老金可以被划分为五小类、三大类。五小类即公共养

① ［丹麦］艾斯平-安德森. 福利资本主义的三个世界［M］. 苗正民，滕玉英，译. 北京：商务印书馆，2010：33.

② 盎格鲁-撒克逊是一个民族的名称，通常是指公元五世纪初到1066年生活在大不列颠岛东部和南部地区的文化习俗上相近的一些民族，属于日耳曼人的一支。近代由于航海大发现和殖民扩张，盎格鲁-撒克逊民族遍布世界各处，当今世界比较知名的盎格鲁-撒克逊国家有美国、英国、澳大利亚、加拿大和新西兰等。

③ ［丹麦］艾斯平-安德森. 福利资本主义的三个世界［M］. 苗正民，滕玉英，译. 北京：商务印书馆，2010：71.

④ ［丹麦］艾斯平-安德森. 福利资本主义的三个世界［M］. 苗正民，滕玉英，译. 北京：商务印书馆，2010：106.

老金、私人养老金、政府公务员养老金、职业养老金和个人年金。按照大类划分，第一类是公共养老金与私人养老金，公共养老金即由国家直接立法与管理或者存在清楚明确的政府指令，要求私人部门提供某种形式的养老金。如果没有明确的政府指令，不受政府管理，单纯的劳动力市场养老金就不属于公共养老金，而属于私人养老金。第二大类是特殊类型即“政府公务员养老金”，他们是国家本位主义与法团主义特权的遗产。第三大类是职业养老金和个人年金，因为它们所遵循的逻辑不同，所以有必要将这两种私人养老金分开。之后艾斯平-安德森通过对 1980 年 18 个国家各个类型养老金支出占养老金总支出的百分比比较后得出三类养老金体系：“第一类是法团主义，以由国家主导的保险体系为主。在这个体系中，地位是养老金结构的重要要素。一般而言，私人市场在这个体系中是处于边缘地位的，而社会保障则倾向于根据职业差别高低分隔。第二类是补余式体系。在这个系统中，市场为主导，取代了社会保障或公务员特权，甚至同时取代了二者。第三类普遍主义是由国家主导的体系，其中包括全部人口的社会权，消除了地位特权与市场。”①

（四）福利国家影响就业的方式

艾斯平-安德森从三个方面考察不同类型的福利国家影响就业的方式。第一，探讨不同类型福利国家和一般劳动力市场行为之间的关系；第二，研究战后时期国家在保持充分就业方面的能力是如何受到福利国家的影响的；第三，追寻福利国家对后工业社会的就业变迁和社会分层的影响。

就不同类型福利国家与一般劳动力市场行为之间关系的整体性变化而言，福利国家模式下的充分就业导致就业性别结构发生了变化，女性被纳入就业群体中，福利国家模式下的充分养老金待遇导致就业年龄结构发生了变化，提前退休成为退出劳动力市场的一种行为模式。“战后资本主义最令人惊叹的事件是把充分就业的基础扩大到包括所有妇女，实际上是任何想要工作的人。这意味着充分就业保障所包含的人口得到了巨幅增加，政治上的管理责任也显著增强了；以往的退休计划没有得到更新，但是却被大大地拓展了，提前退休成了对失业增加的一种反应，导致人才得不到充分使用，公共预算也出现赤字；现代福利国家不再仅仅作为社会提供的体系，实质上它们在很多国家中都成为就

① ［丹麦］艾斯平-安德森．福利资本主义的三个世界［M］．苗正民，滕玉英，译．北京：商务印书馆，2010：108，114．

业机器，往往是唯一重要的就业增长来源。"① 就不同类型的福利国家而言，通过对第二次世界大战结束以来西方国家有关就业的数据进行分析，认为不同类型的福利国家有不同的做法，挪威和瑞典强烈偏重于劳动力供给最大化，特别是这些国家较大年龄男子的退出率较低，同时妇女的参与率又很高。相比之下，德国、荷兰、意大利和法国则强烈支持退出劳动力市场和降低劳动力供给。而美国和加拿大不论在劳动力退出还是妇女参与方面都做得不多。福利国家政策可能解释不了所有的方面，但是提供儿童照顾和相关的服务会影响妇女的劳动供给。在研究战后时期国家在保持充分就业方面的能力如何受到福利国家的影响时，艾斯平-安德森用实证分析的方法分析了战后 40 余年不同国家在不同时点为了保持充分就业所面临的情况，得出的结论是尽管在制度调整和政策选择方面存在根本性差异，但是发达的资本主义民主国家似乎在一个方面呈现出趋同性，那就是它们都没有能力同时确保充分就业和平衡经济增长。

在追寻福利国家对后工业社会的就业变迁和社会分层的影响的过程中，艾斯平-安德森认为后工业社会呈现出一些新的变化特点：新的职业正在出现；以前稀缺的工作现在变得多了起来；体力和手工劳动正在走向消亡，不同复杂性和层次的脑力劳动正在成为规范。艾斯平-安德森提出三种走向后工业化就业的路径，与他所划分的三类福利国家的类型一致。"德国基本上是一个传统的工业化社会，私人和公共服务领域相对发展较为缓慢。从社会分层的角度看，这个结果是'混合'的。德国所面临的主要前景是将继续保持工业经济为主的状况，但是参与生产的人会有所减少，不工作却要依赖福利国家的家庭妇女、青年人和老人的数量增加。瑞典的后工业化则是由社会福利服务作铺垫的。福利国家非常有活力，尽管经济有些低迷。其结果是经济存在较高程度的专业化。美国的轨迹看上去很像'不受约束'的市场。总体上就业机会的扩张很引人注目，即使在传统经济中也是如此。但是美国的经历有其自身的发展偏向性。"② 可见，不同类型的福利国家对就业的影响方面和影响程度是不同的。但是在福利国家运行过程中，充分就业和充足养老金待遇也给福利国家带来困扰，例如，民众的政府依赖意识过强，管理机构臃肿复杂，财政赤字居高不下等。"战后各国的一个共同特点是管理的能力由于充分就业带来的权力关系变化而不断下降。基本的困难在于找到可接受的发泄口和解决矛盾的渠道。正如我们注意到的，产权的神圣不可侵犯意味着国家才是唯一的出路。因此，政治上的

---

① ［丹麦］艾斯平-安德森．福利资本主义的三个世界［M］．苗正民，滕玉英，译．北京：商务印书馆，2010：197-198.

② ［丹麦］艾斯平-安德森．福利资本主义的三个世界［M］．苗正民，滕玉英，译．北京：商务印书馆，2010：284.

交换有两个意义：递延权力报酬的能力，以及在管理分配权力上对政治的依赖。”①

三、对贫困问题的思考

如果建设福利国家的目标是为了实现公民更高质量的生活品质，那么贫困问题一定是一个国家在建成福利国家道路上最重要的也是首先要解决的问题。贫困的现象“各色各异”，但贫困的原因以及解决方案却有可能找到共通之处。

（一）阿马蒂亚·森：贫穷与可行能力

阿马蒂亚·森（Amartya sen，1933—）出生于印度，在印度完成大学学业后赴剑桥大学就读，毕业后曾在伦敦经济学院、牛津大学、哈佛大学、剑桥大学等多个学府执教。森被学界誉为“经济学良心的肩负者”“穷人的经济学家”。1998 年森获得诺贝尔经济学奖，次年出版了《以自由看待发展》，其对于贫困问题的思考我们可以从这本书中获得。

森所讨论的问题囊括贫困问题，但却不止于贫困问题。他所要回答的是“发展”的问题，发展的概念超越了单纯的贫困问题，追求的是更高质量、更优框架的目标。所以假如森所提出的发展可以实现，贫困问题也早已解决。森讨论的发展问题之前很多学者也都对此有过很多研究，但是森却从“自由”的视角考察发展何以可能，这正是他的创新之处。

阿马蒂亚·森开宗明义地指出：“发展可以看作是扩展人们享有的真实自由的一个过程，聚焦于人类自由的发展观与更狭隘的发展观形成了鲜明的对照。狭隘的发展观包括发展就是国民生产总值（GNP）增长、个人收入增长、工业化、技术进步或社会现代化等的观点。”② 正像上文提到的，在森看来，发展并不只是实现一些经济上直观数据的增长，它们可以作为公民实现自由的手段，但更为重要的是“社会的和经济的安排以及政治的和公民的权利”。所以，森认为自由不仅是发展的首要目的，也是发展的主要手段。

1. 澄清自由的概念

森所强调的自由并不是表面的形式自由，而是一种“实质自由，包括免受困苦——诸如饥饿、营养不良、可避免的疾病、过早死亡之类——的基本的可行能力，以及能够识字算数、享受政治参与等的自由”③。在森看来，个人能够实现按照自己的愿望生活的

---

① ［丹麦］艾斯平-安德森. 福利资本主义的三个世界［M］. 苗正民，滕玉英，译. 北京：商务印书馆，2010：217，249.

② ［印度］阿马蒂亚·森. 以自由看待发展［M］. 任赜，于真，译. 北京：中国人民大学出版社，2013：1.

③ ［印度］阿马蒂亚·森. 以自由看待发展［M］. 任赜，于真，译. 北京：中国人民大学出版社，2013：30.

自由就是一种“可行能力”，指的是“人有可能实现的、各种可能的功能性活动组合”①。森强调自由的建构性作用，发展要实现的目标就是提高人们的可行能力，获得实质自由。而在实现发展的过程中，“政治权利”是一切的基础，是追求发展的一个重要方面。

2. 验证“作为自由的发展”

阿马蒂亚·森通过与当时关于社会伦理和正义的一些标准作对比来验证自己提出的“作为自由的发展”的观点。当时学界盛行功利主义、罗尔斯的正义论和自由至上三种价值观，为了比较并清晰把握三种价值观，森先以信息基础为特征设置了一个判断标准，以此对三种价值观做出评价，评价的结果是这三种价值观的信息基础都各有不足，而只有自己所提出的“实质自由”拥有更为广泛而深刻的信息基础。森认为，虽然在许多实际问题中直接应用以自由为基础的方法的可能性比较有限，但是我们仍然可以利用以自由为基础的方法的洞察力以及对有关自由的信息的兴趣，某些特定场合下，有些方面也许有其合理性，也不必要持完全忽略的态度，只要坚持好自由的建构性作用即可。

3. 自由促进发展

阿马蒂亚·森着重论证了自由对于促进发展的实质性作用。在提出自由的建构性作用基础上，森进一步指明了自由对于发挥市场与政府的作用，对于贫困、民主、饥荒、妇女、人口和粮食、文化传统等问题解决方面的实质性作用。森大量运用了实证比较的方法验证当自由得以实现时发展的情况，以及当缺乏自由时发展又是如何被阻碍的。在这里，我们着重了解一下森是如何论证自由促进贫困问题解决的思路的。在森看来，处于贫穷就是他所提出的基本的“可行能力”被剥夺的状态。“可行能力视角对贫困分析所做的贡献是，通过把注意力从手段（而且是经常受到排他性注意的一种特定手段，即收入），转向人们有理由追求的目的，并相应地转向可以使这些目的得以实现的自由，加强了我们对贫困和剥削的性质及原因的理解。”② 但是，“贫困”与“可行能力弱”并不是相等的。森认为，贫困一般意义上指的仅仅是收入的低下，收入低下确实是可能导致可行能力弱的一个重要原因，但不是唯一原因，因为收入对于可行能力的影响只是一种手段。但是，反过来说，可行能力弱很可能并不是由于贫困。两者之间既存在联系又有很大区别。所以，森指出，“仅仅减少收入贫困绝不可能是反贫困政策的终极动机。存在这样一种危险，即按照收入剥夺的狭隘观点来看待贫困，然后以教育、医疗保健等是减少贫困的良好工具为理由，来说明在这些领域投资的正当性”③。所以，在森看来，我们不

---

① ［印度］阿马蒂亚·森．以自由看待发展［M］．任赜，于真，译．北京：中国人民大学出版社，2013：63.

② ［印度］阿马蒂亚·森．以自由看待发展［M］．任赜，于真，译．北京：中国人民大学出版社，2013：87.

③ ［印度］阿马蒂亚·森．以自由看待发展［M］．任赜，于真，译．北京：中国人民大学出版社，2013：89.

能简单地将贫困问题归咎于收入低下，这会让我们忽略了与贫困相关的其他因素，例如，失业、缺少医药、缺乏教育以及受社会排斥等问题，进而导致国家在制定减贫政策时的方向性错误。所以，这时以“可行能力”所表征的自由为标准来制定减贫政策是一种更为广泛的要求，也是从根本上解决贫困问题的可行办法。

阿马蒂亚·森从非常独特的视角分析何以实现发展的问题，提出实现公民“实质的自由”是发展的核心。在论证的过程中，森用大量数据进行实证分析，提出自由是发展的首要目的，也是发展的必要手段。森的观点从人道主义关怀的角度讨论发展何以可能的问题，否定了从传统经济学角度出发认为的发展是社会经济总量增长的观点，更多地关注作为个人的公民的实际福祉，对于政府建设更为完善的福利制度具有一定的指导作用。但是，森的观点具有一定的阶级狭隘性。森十分崇尚自由市场，他的想法与很多新自由主义思想家的观点相仿，认为目前市场经济之所以存在问题是因为对市场的控制过多。在森看来市场通常增加收入和财富以及人们拥有的经济机会。任何限制市场机制，通过丧失市场所产生的后果性效应，都可导致自由的减少。当不允许人们得到市场所提供并支持的经济机会和有利的后果时，其结果就是一种剥夺。森没有看到在当前经济全球化的背景下，从全球视角看，市场的作用较以往起到了更为重大的作用，但与此同时全球性的经济危机却较以往更加频繁地发生，这本身就存在矛盾。一面是代表自由的市场，一面是象征发展的经济增长，但两者之间却出现了“负相关”的情况。森的阶级狭隘性或许是森内心对于资本主义社会的执拗造成的。

（二）阿比吉特·班纳吉和埃斯特·迪弗洛

阿比吉特·班纳吉（Abhijit Banerjee，1961—）出生于印度孟买，目前担任美国麻省理工学院福特基金会国际经济学教授。埃斯特·迪弗洛（Esther Duflo，1972—）出生于法国巴黎，在美国麻省理工学院担任发展经济学教授。两人在工作上是搭档，在生活上是夫妻。凭借《贫穷的本质》两人斩获 2019 年诺贝尔经济学奖。班纳吉和迪弗洛聚焦世界上最贫困的人，以连续 15 年在世界五大洲 18 个发展中国家的实地调查结果为基础，剖析引起贫困的本质原因并探索逃离“贫困陷阱”的可行之路。

1. 饥饿、健康、教育与人口

班纳吉和迪弗洛先抛出了他们所了解到的当前很多国家慈善组织为贫穷者提供的帮助并没有对改善穷人的生活起到很大实际作用的观点。“我们难以将自己的所见所闻与那种（西方或受过西方教育的）专业发展经济学家及政策制定者对于穷人生活的看法联系起来。”① 说明在班纳吉和迪弗洛的实际走访过程中所了解到的贫穷者的实际情况与经济学家们所说的理论并不相同，并引出他们的调查结果。他们用穷人有关饥饿、健康、教育以及人口的观点，来表达穷人思维的表现形式。

（1）关于饥饿。我们常规所认为的贫困者是那些吃不饱饭的人，但是班纳吉和迪弗洛调查得出，穷人的钱未必都需要用来买吃的，他们似乎可以有更多的选择，至少就食品储量来说，我们今天生活的这个世界有能力让每一个人都吃饱饭。所以真正的问题并不是穷人吃不饱饭的问题，更大的关于食品的问题在于食品的营养方面。“营养不良会影响人们未来的生活机遇，这种影响在他们出生之前就开始了。”而这种食品方面的营养不良对于穷人下一代的智商发育和身体成长都带来了巨大的隐患，导致穷人家庭的孩子仍旧无法摆脱贫穷。

（2）关于健康。班纳吉和迪弗洛发现穷人常常把钱花在昂贵的治疗上，而不是廉价的预防上，在穷人看来其实他们并不是不在乎健康，而只是没有意识到预防对他们健康所能产生的重大作用。在这里两位学者抛出了一个观点：其实我们与穷人的差别并没有很大，我们的真正优势在于很多东西是我们在不知不觉中得到的。健康与不健康都是在预防与不预防的基础上渐渐暴露出的结果。“我们应该认识到，谁也没有那么明智、耐心或博学到能够为自己的健康做出正确的决定。同样，对于那些生活在富裕国家的人来说，他们周围充满了无形的助推力，而贫困国家保健政策的首要目的应该是，让穷人尽可能容易地获得预防性保健，并规范病人所能享受的医疗服务的质量。鉴于人们对价格的高度敏感性，这些国家的政府应免费提供预防性服务，或是奖励那些利用这种服务的家庭，使其尽量成为自然的‘默认选择’。”②

（3）关于教育。班纳吉和迪弗洛指出，穷人不是上不起学。在大多数国家，上学是免费的，至少上小学是如此。两位学者发现，贫穷家庭孩子的教育问题并不是一个方面导致的，学校教师的不负责任、家长的无知以及孩子的厌学心理等都导致贫困地区孩子的教育水平低下。

（4）关于人口。班纳吉和迪弗洛发现，贫穷地区的人们普遍喜欢多生孩子，并且有意识地选择生育男孩，这就导致贫穷人口陷入越穷越生、越生越穷的怪圈，并且导致该国家或地区男女比例的严重失调。两位学者还举了一个发达国家与发展中国家在人口生

① ［印度］阿比吉特·班纳吉，［法］埃斯特·迪弗洛．贫穷的本质［M］．景芳，译．北京：中信出版社，2018.

② ［印度］阿比吉特·班纳吉，［法］埃斯特·迪弗洛．贫穷的本质［M］．景芳，译．北京：中信出版社，2018：80.

育方面对比的例子：埃塞俄比亚妇女的总生育率为每个妇女生 6.12 个孩子，其贫困程度是美国的 51 倍，而美国的总生育率仅为 2.05。贫困国家的人们在生育孩子的质和量之间明显选择了后者。“对于很多父母来说，孩子就是他们的经济未来：一种保障政策、一款存储产品，也是某种福利彩票，这些东西被统统装进了一个大方便袋。”①

2. 梳理贫穷者困境

班纳吉和迪弗洛就他们所走访了解到的穷人目前所遇到的困境给出了说明，两位学者梳理了穷人目前所面临的问题主要包括：贫穷的风险过大和扭转贫困现状的条件缺乏。

第一，当前穷人所面临的导致贫穷的风险一直不减。一方面，没有机构或企业愿意为穷人的贫穷风险买单。在保险公司看来主要有三个原因：“一是道德风险，一旦人们知道自己无须承担全部后果，他们就可能会改变其行为（不那么认真耕种、在医疗方面花更多的钱）。二是逆向选择，如果保险是非强制性的，那些知道自己将来可能会出问题的人，参保的概率或许更大。如果保险公司并不能确定人们是否因目前需要而参保，他们所能做的只是提高每个人的参保费，而这种行为却将原本只想正常参保的人们拒之门外。三是明目张胆的欺诈行为，投保的穷人会想尽办法刻意骗保，导致保险公司会选择将这一群体排除在外。”② 另一方面，贫困地区所在政府的不作为导致穷人无法脱困。在班纳吉和迪弗洛看来，穷人目前的思考方式是存在问题的，但为了解决贫困问题，不能过分苛求穷人按照我们的思考方式从事日常行为，政府应该担负起应该承担的责任。政府需要扮演一个明确的角色，这并不意味着政府必须取代私人保险市场，但就目前来说，政府应为穷人支付部分保险费。

第二，穷人如想扭转当前的贫困状态，面临太多阻碍。一方面，穷人可以获得的贷款渠道受限。据两位学者的调查，穷人很少向正常贷款机构借钱，而从非正规渠道借钱所支付的利息一般都很昂贵。银行方面也存在不支持的问题，银行大多不愿意借钱给穷人，因为在银行看来，穷人所借的钱的金额普遍都不是很多，而银行在向借款人提供贷款前需要核查借款人的基本信息，监督借款人的诚信程度，借款人一旦无法还款，也会出现一些过激行为。以上原因导致：一是放贷给穷人所带来的监督成本和管理成本限制了银行对穷人的借贷行为；二是穷人贷款的违约率过高也导致银行不愿借钱给穷人；三是为了避免穷人因为还贷款问题而出现过激行为给银行带来负面影响，银行也不愿意贷

---

① ［印度］阿比吉特·班纳吉，［法］埃斯特·迪弗洛．贫穷的本质［M］．景芳，译．北京：中信出版社，2018：122-123，137.

② ［印度］阿比吉特·班纳吉，［法］埃斯特·迪弗洛．贫穷的本质［M］．景芳，译．北京：中信出版社，2018：168-169.

款给穷人；四是在贷款利率比较高的情况下，穷人也不愿意向银行借钱。而与银行相比，向民间高利贷者借款似乎更加方便，但是高昂的贷款利率很可能将穷人拖入终生无法还清贷款的深渊。在这种情况下，小额信贷机构看到了这部分市场，“小额信贷是一种基于社会目的的变相放债，依赖的是其紧密监督客户的能力，但其中会涉及借款人碰巧认识客户的情况”①。小额贷款的合理性在于综合了银行借贷和民间借贷的优势，既降低了贷款的成本，同时也不会像民间高利贷者似的暴力催债，是具有显著成就的。但是，小额信贷也面临着贷款人少、贷款利率高、违约率高和丑闻不断的问题。

另一方面，穷人储蓄困难。在常人看来穷人储蓄本就不大可能，因为穷人本身就不会有余钱。但其实穷人也会有忧患意识，穷人实际上始终在担心未来（特别是潜在的灾难），所以，他们会巧妙利用所有能利用的预防措施，降低他们可能会遇到的风险。例如，将钱换成一块块的砖，待到攒到足够的砖可以砌出一堵墙时开始动工，直到盖好整栋房屋。造成这种现象的外因是银行的取款手续费较高，导致穷人普遍不愿将钱存进银行，而选择将钱实物化；内因是穷人的自我控制能力不足，这也是导致穷人储蓄困难最主要的因素。班纳吉和迪弗洛分析了人们自我控制困难的逻辑，“由于自我控制很难实现，自觉的决策者们会采取其他行动，减少自己将来受到诱惑的可能性。一个明确的策略就是，不存那么多钱，因为我们知道，明天我们就会把钱花掉，可能我们今天就经不住诱惑，这种关于诱惑的逻辑对于穷人或富人都一样，但后果对于穷人来说或许更为严重。”② 因为穷人并没有那么多钱可供选择，对他们来说满足当下的需求是合理的。上述梳理的穷人目前所面临的问题显示，穷人目前所能做到的可以摆脱困境的条件十分缺乏。班纳吉和迪弗洛在书中也提到了穷人创业的困难，都是由外部环境的不利与内部自我控制能力不强综合导致的。

3. 改善穷人生活的建议

班纳吉和迪弗洛总结了五个方面用以改善穷人生活的建议。第一，加强信息宣传。穷人通常缺少信息来源，相信那些错误的事情。有很多事例可以说明，一条普通的信息可以带来巨大的变化。所以，作为想要帮助穷人们的我们应加强对他们的信息宣传，告知他们哪些事情是值得去做的。第二，政府为穷人减负。穷人肩负着生活中的多种责任。所以，在穷人的日常生活中，政府和福利机构应该承担起肩上的责任，为穷人减负。第

① ［印度］阿比吉特·班纳吉，［法］埃斯特·迪弗洛. 贫穷的本质［M］. 景芳，译. 北京：中信出版社，2018：184，187-188.

② ［印度］阿比吉特·班纳吉，［法］埃斯特·迪弗洛. 贫穷的本质［M］. 景芳，译. 北京：中信出版社，2018：221.

三，规范针对穷人的服务。一些服务于穷人的市场正在消失，或是在这些市场中，穷人处于不利地位。而对于市场的调节主要在于政府的调控。在书中我们可以发现，班纳吉和迪弗洛对于贫困地区政府的腐败行为也阐述了很多，腐败或是玩忽职守都会造成大量的效率低下。第四，改进管理，优化政策。贫穷的国家不会因为贫穷或其不堪回首的历史而注定失败。在不改变现有社会及政治结构的情况下，有可能对管理和政策加以改进。即使是在“良好的”制度环境下，改进的空间仍是巨大的。第五，引导穷人改变思维。对于人们能做什么或不能做什么，最终常变为自我实现的预言。① 这一点也是最重要的一个方面，即从穷人的内因下功夫。在上文两位学者曾多次提到有关穷人生活方式、思想观念和行为习惯等方面的缺点和不足，穷人如果想要获得改变，最重要的还是要从自身开始做起。让他们相信自己能够脱贫，坚定他们脱贫的信念。另一方面，作为想要帮助贫穷者的我们而言，不能固守己见。“如果我们倾听穷人的心声，理解他们的逻辑，那么我们就能制定一套有效的政策，也能更理解穷人的生活方式。基于这种理解，我们可以发现贫穷的原因，并找到解决的办法。”②

第四节　西方当代社会福利制度改革时期

1945 年 9 月 2 日，第二次世界大战结束，西方自此进入当代社会发展时期。与战前西方社会福利制度建设是为缓和资本主义制度下的劳资关系冲突的目的不同，由于两次世界大战的破坏，不论在战败国抑或战胜国，亚欧大陆多个国家遭到严重损毁，战后西方国家对以往福利制度进行了改革和重建，其主要目的是修复战争对社会的创伤、恢复民生和经济以实现社会稳定。西方国家基于自身不同国情各自开启了建设社会福利制度的探索与实践。按照福利制度建设过程中的筹资和给付方式的不同，可以将当代西方社会福利制度模式划分为三种：福利国家型、自保公助型和个人积累型。

一、福利国家型社会福利制度改革

福利国家型社会福利制度在以建设福利国家为目标的国家中产生并发展，主要代表国家有英国和瑞典。福利国家型社会福利制度的建设初衷是尽可能实现国家公民权益的

---

① ［印度］阿比吉特·班纳吉，［法］埃斯特·迪弗洛．贫穷的本质［M］．景芳，译．北京：中信出版社，2018：294，295，262，296-297.

② ［印度］阿比吉特·班纳吉，［法］埃斯特·迪弗洛．贫穷的本质［M］．景芳，译．北京：中信出版社，2018：298.

高水平平等，国家每年在社会福利方面的开支占国内生产总值的比重相较于其他模式为最大。强调国家和政府责任，由国家财政为主要资金来源。福利国家型社会福利制度对于国家公民的保障以范围广、项目全、水平高为主要特点。

（一）英国社会福利制度

英国是福利国家模式的创始者。作为近代时期的世界中心，英国是第一次工业革命的发起者，具备优越的社会经济基础，一直到19世纪，英国是当时世界唯一的超级大国。此外，英国在近代还涌现了如亚当·斯密、庇古和凯恩斯等一众优秀的经济学家和福利思想家，为英国建设福利国家提供了思想基础。第二次世界大战给英国带来了极大的灾难，虽然取得了战争的胜利，但国库几乎耗尽，并且战争也使英国从战争开始前的世界债权国变为债务国，往昔世界霸主的风采已然不在。为稳定国内社会局势，抚平因为战争对民众的创伤，第二次世界大战结束之后，英国在贝弗里奇的建议下加紧建设福利国家，并于1948年率先宣布建成了福利国家，福利国家模式后来也被世界很多国家纷纷效仿，对战后世界社会福利的发展产生了重大影响。

1. 英国社会福利制度的成就

广覆盖、高层次、全方位、高水平的福利保障待遇是英国作为福利国家的典型特点。英国社会福利制度覆盖项目达40余种，“全社会的国民保险有七个方面：儿童补助、残疾津贴、失业救济、失业生活来源救济、医疗保险、养老保险和家属津贴”①。战后英国社会福利制度实行全民免费医疗；大学阶段以前的教育均免费，并且大学阶段也有90%的大学生可以获得政府津贴；政府还会为所有在英国居无定所的人提供福利住房并配以基本的生活设施。英国政府也不断加大对社会保障方面的投入力度，1951年，英国的社会福利开支占政府总开支的36%，到了1978年这一比例提升至53%。在20世纪后半叶，英国的社会福利支出一直保持较大增长，1970—1995年，英国社会福利支出占GDP比重增长了11.4%，社会收入再分配的程度较高。

2. 英国社会福利制度的弊端

（1）出现福利依赖问题。高福利模式可能滋生福利依赖心理，这一潜在风险在福利国家运行过程中渐渐暴露出来。在福利国家建设的过程中，对于战后失业人群的帮扶是政府制定政策过程中重点考虑的问题之一。由于政府为失业人员提供了高水平的生活补贴，部分民众宁愿选择失业领取补助也不愿从事工作，致使在英国出现政府“养懒汉”的

① 穆怀中．社会保障国际比较［M］．3版．北京：中国劳动社会保障出版社，2014：46.

现象。英国国家统计局数据显示，2020 年因全球新冠肺炎疫情影响，英国的失业救济金申请数量增加了 52.9 万人，总计申领人数高达 280 万人，而当年英国全国人口是 6 720 万人。这一结果导致国家劳动力资源的极大浪费，阻碍了英国经济的发展。

（2）经济发展动力不足、效率低下。英国社会福利制度的建设是以牺牲效率换来的“平等”。英国社会福利制度的建设由于需要大量资金投入，致使国家财政面临极大挑战。政府为维持福利水平不得不通过提高英国纳税人的税率来补足福利支出空缺。税率的提高打压了正在努力工作的民众劳动积极性，同时也让在英国经营的企业面临严峻的挑战。进而导致英国出现储蓄率降低、国内企业纷纷外流的现象。

（3）收入分配不合理，福利供给成效下降。英国社会福利制度具有高度的社会收入再分配的特点，即从有钱人手中转移资金至穷人手中。但是在这一过程中，英国实现的是对全体英国公民的福利供给，涉及公民生活的方方面面。在政府向公民提供福利待遇时会出现大量可能不需要国家帮助的人民也享受到了国家高水平的福利，导致资源没有有效地分配到需要的群众手中，严重影响了福利供给的效果和效率。

（4）机构臃肿，行政效率低下。名目繁多的福利保障项目都需要相应的机构设置和管理人员，福利供给从审核到发放的全流程也涉及多个部门，导致福利保障方面机构庞杂臃肿，工作人员队伍庞大，冗员增多，管理效率低下。

3. 英国社会福利的改革实践

当代英国福利制度的转型和改革实践呈现出与其此时期政府主导思想高度关联的特点，因为无论是撒切尔夫人还是布莱尔，都极其关注英国福利制度何去何从的问题，对此提出了改革思路并加以实施。以撒切尔夫人为首的保守党政府从以下方面对社会保障制度进行了改革：（1）直接降低一些社会保障项目的津贴标准，以达到明显减少英国政府用于社会保障方面支出的目的；（2）对社会保障制度的一些惯例实施改革，以配合实现社会保障支出有效降低的基本目标；（3）改变英国社会保障制度普遍性原则，实施选择性原则；（4）积极推行部分社会保障项目的私营化。以布莱尔为首的工党虽然对撒切尔夫人改革的某些方面不认同，但是绝大部分领域的社会保障制度改革与撒切尔夫人保守党的改革具有一致性和连续性，都认为英国社会保障制度经过长期发展已经存在很多问题，必须要进行改革，改革的目标应该是增强英国社会保障制度的实际效果，提高社会成员的责任感和进取意识。实现社会保障改革目标的主要途径是协调社会保障中国家、雇主与雇员的责权关系，由此践行了“第三条道路”的主张并在诸多领域实施了改革实践，具体参见前面分析的布莱尔的福利改革思想。

（二）瑞典社会福利制度

瑞典在两次世界大战期间保持中立，自 1814 年以来，瑞典就未再卷入国际战争中去。相较于其他欧洲国家在两次世界大战期间遭遇到的严重打击，瑞典社会受到世界战争的影响不大。瑞典社会福利制度确保了公民“从摇篮到坟墓”的高水平保障待遇，被视为全民福利国家的典型代表。

1. 瑞典社会福利制度的成就

瑞典社会福利制度的建设主要体现为“国家根据统一的规则，承担起全国所有人口、所有年龄段的公民津贴和服务，即国家提供普遍可得的诸如卫生保健、基础教育、关爱子女、照顾老人以及公开监管、住房补贴等公共服务；按照公民资格实施统一费率的普遍福利，如对基本养老金和儿童津贴进行全民分配；由国家主导的强制性社会保险体系，为全民提供一个较高水平的收入保障”[①]。瑞典社会福利制度提供一种普遍性的福利政策，福利支出由国家税款拨出。社会保险基金的收缴主要来自企业雇主，个人缴费很少，国家负责发放。瑞典社会福利制度具有实现全民福利、公民平等化程度较高且福利水平也较高的特点。

2. 瑞典社会福利制度的弊端

瑞典社会福利制度的弊端与英国类似。一方面，瑞典同样作为一个高税收、高福利的国家，政府为满足对全体公民的福利供给需要向公民征收高额税款。经济合作与发展组织（OECD）在 2017 年发布的数据显示，瑞典的税收收入占 GDP 的比例为 44%，而个人所得税占税收收入的 30%左右，所占比例最大。瑞典社会福利制度也会造成类似英国出现的公民工作热情不高、阻碍社会经济发展等问题。

另一方面，瑞典相较于英国还存在一个关键性的社会问题，即人口老龄化严重。瑞典作为世界上人口老龄化程度最高的国家之一，在 1988 年 65 岁以上的老年人比例达到全国人口的 18%，位居当时世界第一；2020 年 65 岁以上的老年人比例占 20%。虽然近些年来比例没有大幅度的增长，但也为社会福利制度造成了很大的压力。正如前文提到的，瑞典社会福利制度的运行是建立在公民高额纳税的基础上完成的，瑞典当前生育率持续走低，并且也是老年人预期寿命最长的国家之一，这就导致了当前瑞典的年轻人努力工作所挣得的工资被拿出很大一部分来供养老年人的生活，造成瑞典社会代际矛盾。

3. 瑞典社会福利制度的改革

改革的内容不仅包括紧缩社会保障支出、压缩健康保险津贴、提高退休年龄、在社

① 靳继东. 瑞典全民福利国家的政治和道德逻辑［J］. 宏观经济研究，2015（6）：15-22，38.

会保障制度中引入竞争机制，而且推行了名义个人账户制度，即在原有的现收现付养老金筹资模式的基础上引入个人账户，个人所缴纳的养老费用计入个人账户，雇主缴费与国家财政补贴计入现收现付基金，养老金制度参与者退休时所领取的养老金津贴标准与其个人账户上所存个人缴纳的养老费用的记录与数额有关。

二、自保公助型社会福利制度改革

自保公助型社会福利制度的发展模式最早起源于19世纪80年代的德国，当时俾斯麦政府相继颁布一系列有关社会保险制度建设的法令，标志着世界上第一个完整的社会保险体系的建立，之后被美国、日本和西欧多个国家所效仿。自保公助型社会福利制度遵循效率和公平有机结合的原则，采取强制性筹集社会保险基金的方式，资金筹集多来自个人和雇主，弱化国家责任。其覆盖范围较为广泛，几乎可以覆盖社会中的全部公民，为公民提供基本的生活保障。

（一）美国社会福利制度

美国社会福利制度初步建成的标志是1935年《社会保障法》的颁布。美国社会福利制度的建成是在“小政府、大社会”的思维逻辑下发展而来的。经过半个世纪的发展，美国建成了相对完善的社会福利制度体系，但由于20世纪70年代经济危机之后，西方福利国家纷纷走上福利转型的道路，美国也进行了一系列改革，美国在福利制度转型的过程中，主要呈现出以下几方面的特点。

1. 强调个人责任，弱化政府干预

美国政府作为社会福利制度运行的推动者和监督者，但却并不是公民社会福利基金的主要提供者。美国社会福利基金的筹集绝大部分来自公民个人提供。公民在老年退休后所能获得的养老金的数额与自己在年轻工作时所缴纳的社会保险费用直接挂钩。

2. 强调运行主体多元化

美国社会福利制度运行的资金由联邦政府、地方政府、个人、企业及社会团体共同出资提供，并且每种类型的社会福利供给的出资方各有不同。职工的养老金和医疗保险基金的筹集由个人和企业各承担一半；企业还负责筹集失业救济金、私营企业养老金、补充失业津贴和残疾保险等。“有的项目由联邦政府支付，如退伍军人津贴和低收入家庭的‘补充保险收入’以及‘食品津贴’；由州和地方政府支付的项目有公共救济、医疗补助、对抚养儿童家庭的补助等。此外，社会组织、工会组织、慈善机构、宗教组织等也负担一些小规模的局部社会保障和社会服务项目。”①

3. 建立多层次的福利体系

美国社会福利制度所覆盖的人群范围逐渐扩大，并且制度内所包含的社会保障项目日益增多。20 世纪 70 年代，美国政府由早期只向劳动能力缺失的人群（如老年人、儿童、残障人士等）提供社会保障扩展到近 95% 的公民均享受到了福利供给。“20 世纪 80 年代，美国的社会保障项目达 300 多项，已建立起全方位的社会保障体系。”②

4. 关键领域的改革要慎重

2001—2009 年小布什总统执政期间，明确提出制定社会保障改革方案必须坚持六条原则：（1）制度变革不能改革退休或行将退休人员的给付水平；（2）全部社会保障盈余不能挪作他用；（3）不能提高社会保障税；（4）政府不能将社会保障基金投资股市；（5）新制度必须保留伤残和遗属保障项目；（6）新制度应包括个人控制的、自愿的个人退休账户，以便增大社会保障安全网。

（二）日本社会福利制度

作为第二次世界大战的发动国，同时也是战败国，日本的社会经济本应遭遇重创，但由于第二次世界大战之后国际形势的变化，美国开始扶植日本，日本的经济反而实现了飞跃，并在 20 世纪 80 年代超越了当时的“超级大国”苏联，成为世界第二经济大国。在社会福利制度建设方面，日本也在一定程度上受到了美国的影响，但在一些具体内容上也存在很多不同。

日本是亚洲第一个推行社会保险的国家。日本的社会福利制度主要包括两方面：社会保险和社会救助。具体实行的是以社会保险为主、社会救助为辅的发展模式。日本的社会保险包括养老保险、医疗保险、失业保险和工伤事故保险，社会救济主要针对战后日本出现的大量孤儿和残疾人群。当代日本社会福利制度具有以下几方面特点。

1. 社会福利法制化

第二次世界大战之后，在美国占领军的指导下，在战后近 20 年的时间内，日本就逐步推出一系列建设社会福利制度的相关法律法规。日本十分重视依法治国，在较为完善的相关法律的规范下，加之战后日本经济的迅速腾飞，使日本在战后不长时间内就完成了社会福利体系的建设。

---

① 穆怀中．社会保障国际比较［M］．3 版．北京：中国劳动社会保障出版社，2014：44.

② 王楠．美国社会保障制度的发展经验与启示［J］．中国国情国力，2017（8）：68-70.

2. 福利基金由三方共筹

与美国社会福利制度中强调公民个人责任不同，日本社会福利制度的基金筹集政府承担大部分支出，之后是企业雇主，最后是个人。“公共救助部分依据的是必要原则，由政府承担保证最低生活水平的责任；养老保险和医疗保险部分主要依据贡献原则，其社会保险资金来源采取投保人、雇主、政府三方分担的原则，其中，政府负担占有较高比例。”①

3. 收入再分配功能凸显

日本作为当今世界人口老龄化最为严重的国家之一，截至 2020 年，65 岁以上老年人口比例高达 28.9%，预计到 2065 年将达到 38.4%。并且根据日本厚生劳动省 2020 年发布的信息，日本的生育率已经连续五年下降。这就使处于劳动年龄的日本公民承担了巨大的社会养老负担。日本社会福利制度有很强的收入再分配功能。“通过缴费和给付两个环节进行收入再分配调节；通过保险制度之间的资金调剂，消除制度之间由于风险不均所造成的财政负担失衡，促进收入再分配调节功能的发挥。”②

除了美国、日本之外，最早建立自保公助型福利国家模式的德国也进行了改革，德国总理施罗德在执政期间也对社会津贴进行了优化完善，包括调整和降低社会保障项目津贴水平；养老保险制度改革方面首先是提高退休年龄；医疗保险制度改革的主要内容是增加法定医疗保险参加者自己付费的部分；失业救济金降到社会救济金的水平上，并最终将失业救济金和社会救济金合并，促使失业者尽快找到工作。

三、个人积累型社会福利制度改革

个人积累型社会福利制度是第二次世界大战结束后一些新兴工业国家和发展中国家独立探索出的一条新型社会福利制度，主要代表国家有新加坡和智利。个人积累型社会福利制度“体现效率和激励原则，由国家立法强制规定雇主雇员的一方或双方必须缴纳社会保障费用形成基金积累，应对养老、医疗等支出的一种制度安排”③。个人积累型社会福利制度强调公民个人责任，资金筹集多来自个人储蓄，建立个人账户，实行强制性储蓄，国家负责立法和监督。个人积累型社会福利制度改变了西方传统的社会保障模式，强调公民自我保障。国家或私营机构负责管理基金，保证个人账户基金随国家经济增长

---

① 黄安余．国外社会保障制度典例［M］．上海：上海人民出版社，2020：107.

② 王伟．日本社会保障调节收入再分配的路径与效应分析—以社会保险为中心［J］．日本学刊，2020（6）：81-108.

③ 穆怀中．社会保障国际比较［M］．3 版．北京：中国劳动社会保障出版社，2014：49.

不断提高。个人积累型社会福利制度的保障水平由个人账户储蓄额决定，有效地对公民储蓄进行激励，有利于调动个人的积极性。

（一）新加坡社会福利制度

新加坡社会福利制度的建设开始于 1955 年 7 月，以《中央公积金法》的颁布为标志。当时新加坡仍是英国的殖民地，该法令是由当时的英国殖民政府所制定的。1965 年，新加坡获得独立后仍然延续《中央公积金法》的主要内容，根据之后新加坡社会福利制度发展的实际状况进行过的修改也只是在原有基础上的健全和完善。新加坡社会福利制度作为当代新兴的社会福利模式，为其他国家提供了很好的借鉴价值，其主要包括以下特点。

1. 强调公民自我负责

《中央公积金法》中内容的本质就是“强制雇主、雇员共同缴费，建立个人储蓄账户，政府确保支付的个人储蓄积累制度”①。在这一制度实现的过程中，重点强调公民对自己负责，每位公民都有一个属于自己的个人账户。个人账户被划分为普通账户、医疗救助账户和专门账户。个人账户中的资金都来自公民的个人储蓄。政府在这期间只起监督和管理的作用，有效减轻了政府的财政负担。

2. 具有较强的激励作用

由于公民所能享受到的福利水平与向个人账户储蓄的数额直接相关。新加坡政府积极引导“工作至上”的社会氛围，政府不“养懒汉”，也没能力“养懒汉”。公民如果要想在失去劳动能力时享受还不错的社会福利待遇，就要在劳动年龄期间努力工作。

3. 体系不够完善

新加坡社会福利制度采取的中央公积金制度为公民提供的社会保障仍存在缺失，而有些制度缺失并不是新加坡政府没有发现问题，而是根本不想加以解决。例如，新加坡社会福利制度中没有失业保险的相关内容，这与前文提到的新加坡政府所提出的“工作至上”的倡议有关。另外，由于过于强调公民个人责任，致使新加坡的社会福利制度缺失了相互帮助、风险共担的初衷，不具备全社会共担风险的机制。

（二）智利社会福利制度

智利当代社会福利制度的建设起步较晚，开始于 20 世纪 80 年代，以当时智利政府颁布的《养老保险法》为标志。1973 年，以皮诺切特为首的军人发动军事政变，推翻了之

① 黄安余. 国外社会保障制度典例［M］. 上海：上海人民出版社，2020：244-245.

前的智利政府，开启了智利当代社会福利制度的建设时期。皮诺切特军政府基于“芝加哥学派”的新自由主义学说，建立了基金制的养老保险体制。而智利新的养老保险制度作为智利社会福利体系中的核心，被誉为“智利模式”，被世界上多个国家纷纷效仿。智利社会福利制度具有以下特点。

1. 强制的个人储蓄

类似于新加坡所实行的中央公积金制度，智利的每位公民也会建立自己的养老金储蓄账户，国家规定个人强制缴费。与新加坡中央公积金的筹集方式不同，智利规定个人储蓄账户完全由雇员个人积累，雇主并不为雇员缴纳养老保险。

2. 私营机构运作

与传统社会福利制度的基金管理方式不同，智利社会福利基金的管理交由政府授权认定的养老金管理公司进行私人管理经营。“几十年来，智利已建立了 20 多家私营性质的养老金管理公司，法律授权这些公司管理养老金，并代表投保人使用这些基金参加生产性投资，以及法律允许的股票、债券和金融证券投资，收益均归投保人，以后随着养老金一并支付给退休者，公司不得留用和分享。”① 投保人选择基金管理公司的过程按照市场原则由投保人自由选择，这一规定一方面可以实现各个基金管理公司之间的良性竞争，以保证公民养老保险基金效益的稳定；另一方面也可以让投保人自行选择效益更好的管理公司。

3. 支付方式多样

智利社会福利制度规定，当投保人达到养老金领取条件时，有三种支付方式可供选择。“一是计划计提。缴费者可将个人账户储存的养老金继续存在养老基金管理公司，并由该公司为其制订领取计划，按月领取养老金。二是终身年金。由养老基金管理公司负责将个人账户中储存的养老金转入一家人寿保险公司购买终身年金。三是临时提款加终身年金。个人可以将个人账户中的养老金储存额在养老基金管理公司保留一部分，然后将余额转入一家人寿保险公司购买终身年金，再由人寿保险公司支付终身年金。”②③

【关键概念】

效用序数　帕累托改进　假想补偿检验　负所得税　第三条道路　社会投资国家　名义个人账户制度

① 黄安余．国外社会保障制度典例［M］．上海：上海人民出版社，2020：277.

② 穆怀中．社会保障国际比较［M］．3 版．北京：中国劳动社会保障出版社，2014：52.

③ 本章由蒲新微和博士生姜春壮共同完成。

【复习思考题】

1. 蒂特马斯提出的社会福利的三种类型是什么？
2. 莫勒针对瑞典的社会保障制度提出的改革主张有哪些？
3. 哈耶克是如何批判社会保障制度的？
4. 如何理解生产领域和交换领域的帕累托最优？
5. 用实例分析卡尔多–希克斯的补偿原理。
6. 弗里德曼对于贫困问题的理解是什么？
7. 如何理解吉登斯提出的积极的社会福利？
8. 布莱尔“第二代福利”的主要特点是什么？
9. 如何理解艾斯平–安德森对西方国家福利类型的划分？
10. 阿马蒂亚·森如何用发展的视角理解贫困问题？
11. 阿比吉特·班纳吉提出的穷人思维的表现形式有哪些？
12. 阿比吉特·班纳吉提出的用以改善穷人生活的建议有哪些？
13. 比较当代西方社会福利制度的三种模式及其特点。

【扩展阅读 1】　哈耶克与《通往奴役之路》

弗里德里希·奥古斯特·冯·哈耶克是在奥地利出生的英国知名经济学家、政治哲学家，1974 年诺贝尔经济学奖得主，被广泛誉为 20 世纪最具影响力的经济学家及社会思想家之一。

作为古典自由主义的支持者，哈耶克崇尚“自由至上”的原则，而他的思想在 20 世纪中叶西方国家纷纷建设福利国家的过程中并算不上主流。直至 70 年代西方多个国家不堪福利国家建设过程中的重负开始反思未来发展道路时，哈耶克的经济学思想才再度引起人们的重视。

《通往奴役之路》一书于 1944 年首次出版，作为哈耶克学术思想里程碑式的著作，哈耶克在书中极力反对当时在西方国家盛行的福利国家建设。在他看来，这种计划经济的后果必然导致极权主义，社会的良性发展依靠的并不是政府所提供的法律框架，而是一套大多数公民都理解和认同的包含多种参考维度的框架结构。在阅读此书时应持客观态度加以解读，取其精华、去其糟粕。

【扩展阅读2】 弗里德曼与《资本主义与自由》

米尔顿·弗里德曼，美国著名经济学家，芝加哥大学教授、芝加哥经济学派领军人物、货币学派的代表人物，1976年诺贝尔经济学奖得主、1951年约翰·贝茨·克拉克奖得主。

《资本主义与自由》一书于1962年首次出版。作为当代西方自由主义的代表人物之一，弗里德曼在《资本主义与自由》一书中表明了其经济自由主义的思想，同时书中也涉及弗里德曼对于经济自由与政治自由两者之间联系的反思。书中反映了弗里德曼对于建设一个“小政府、大市场”的国家体制的设想。弗里德曼强调自由市场经济的优点，反对政府的干预。其思想被后来美国的里根政府所借鉴，制定了一系列经济政策。对于此书应用理性思维加以阅读，书中内容不乏学界批判的观点，但一方面我们可以学习弗里德曼思考问题的方式，另一方面也有利于我们了解资本主义市场经济条件下的一些现实。

【扩展阅读3】 吉登斯与《超越左与右：激进政治的未来》

安东尼·吉登斯是英国著名社会学家，他对当代社会学领域的发展做出了卓越的贡献，他被赞誉为继凯恩斯以来最有名的社会科学学者。

吉登斯在对社会学史上各个流派的思想进行学习、对比和考察后，提出了影响20世纪中后期西方多个国家领导人政治主张的“第三条道路”发展路线。

《超越左与右：激进政治的未来》首次出版于1994年，作为吉登斯的代表作之一，书中吉登斯首先就右派保守主义和左派社会主义进行了重新分类与定义；之后就当时所处的时代背景进行分析，说明传统的“左与右”的道路已不符合时代的发展要求；继而提出在“左与右”之间寻找“第三条道路”。吉登斯试图调和传统保守主义和激进主义、资本主义和社会主义之间的矛盾，他的思想也被多国领导人借鉴，影响了多个国家的社会福利制度建设。

【扩展阅读4】 布莱尔与《新英国：我对一个年轻国家的展望》

安东尼·查尔斯·林顿·布莱尔是英国工党历史上在任最长的英国首相，也是该党唯一一位带领工党连续三次赢得大选的首相。他曾在1997年大选完结时取得了英国历史上最高的支持率，也在2006年即将卸任时曝出仅剩26%支持率。布莱尔在任期间因支持英国派兵参与伊拉克战争而被本国民众口诛笔伐。而纵观他在任的十年间，却为英国社会福利制度的改革与建设引向一条较为新颖的发展道路。

《新英国：我对一个年轻国家的展望》一书是布莱尔于1996年撰写出版的用于表达其政治主张和展望英国未来发展的一部“政治宣言”。《新英国：我对一个年轻国家的展望》出版次年布莱尔成功入住唐宁街10号，也表明本书中布莱尔的主张是符合当时英国民众需求的。布莱尔是吉登斯“第三条道路”思想的信徒，书中包含不少布莱尔在“第三条道路”思想影响下所制定的英国社会福利制度建设设想。此书为我们了解当代西方政治家的国家发展思想提供了直观的参考价值。

【扩展阅读5】　阿比吉特·班纳吉和埃斯特·迪弗洛与《贫穷的本质》

阿比吉特·班纳吉和埃斯特·迪弗洛共同撰写的《贫穷的本质》一书出版于2011年，两人为查明导致贫穷的原因，历经15年，深入五大洲多个国家的穷人世界探访真相。书中作者以他们实地走访调查过程中所关注到的现象为出发点，分析导致不同地区的不同人群贫穷的原因有哪些，从中指出解决贫困问题的具体方式。书中内容以现实生活为原型，具有很强的代入感，对于解决当前世界很多国家存在的贫困问题具有十分重要的指导、实践作用。

展望：中国社会福利的未来走向

如果说人类社会在超越个体满足、走向社会福利的过程中经历了从低级到高级、从简单到复杂、从理想到现实的过程，那么，在历经一系列探索和努力之后，影响着人的幸福的社会福利终归还要回到人本身，也即社会福利必定回到人作为丰富性存在的人本主义本身。

一、回归人本身：中国社会福利的根本价值追寻和终极指向

中国未来的社会福利必将关照到人的丰富性权利本身。所谓丰富性权利是突破基本的生存权层面，而主张人应该充分享有发展、安全、自由、政治等诸多方面权利。社会福利自诞生之初就是在社会性救济层面，即以关系性帮扶手段满足人们的生存需求，当福利项目扩展到包括养老、医疗、工伤、生育、失业、优抚等诸多方面，福利内容从保障领域扩大到服务领域时，社会福利实际上已经从生存层面走入生活层面，人权的丰富性已经开始体现。虽然目前中国的保障与服务尚处于发展阶段，但是中国政府奉行以人民为中心的发展理念，在2020年全面扫除绝对贫困这一人权的最大障碍之后，必将迈入更高层次、更公平性、更可持续性的福利供给阶段，最终要满足人的丰富性权利要求，以达到促进人的自由全面发展的目的。因此，以往的任何思想与实践都是通往更高层次福利的重要准备，当前的各种福利制度建设也是满足人的丰富性权利的必经阶段，因为"人们为了能'创造历史'，必须能够生活，但是为了生活，首先就需要衣、食、住以及其他东西"。所以说，传统社会占主导地位的社会救助确保了公民的基本生存权，现代社会中的社会保险则体现公民权利的扩大和对等，而未来越来越完善的社会福利体系将全面体现人对生存、发展和安全、自由、政治等多方面权利。

中国未来的社会福利将充分考虑人的双重需求维度。人的需求具有两重维度。一方面，人具有本然属性。任何自然人都具有趋乐避苦、趋利避害、自我满足的本性。趋乐避苦、追求个体幸福体现着人的本然属性，也是人的一种向内本性，这种本性以"我是人，人的一切需求我无所不有"为前提，要求全方位考察并满足人们物质需求和精神需求抑或低层次需求和高层次需求，实现人的生存满足、生活改善和全面发展的目标。另一方面，人具有关系属性。人是社会关系的总和，在社会关系中，人会彰显出恻隐的善性。利他帮扶、福利共享体现着人的关系属性，也是人的一种向外本性，这种本性以利

他帮扶来体现人作为人而存在的价值或意义，是人的一种高级自我实现的需求。中国具有兼顾人的双重属性的历史文化传统和现实制度环境。中华民族自古以来就倡导人们既要努力满足自身生活需求，也要积极创造社会价值并体现共同利益。“推己及人”“君子成人之美”等思想都包含着要人们以人为本、与人为善、友好相待、乐于助人之意，这些充分体现着人的社会属性和人与人社会关系的应然状态。所以说，“个人是社会存在物，人本身的存在就是社会活动”。当福利进入全民共同体范围内的互帮互助，社会性福利便真正得以体现。

中国未来的社会福利必将更加突出人所特有的能动作用。如果说中世纪人文主义举起的“人要为了人而活着”的人性解放思潮体现了思想的能动性，那么，近现代时期各国的福利政策实践却在印证着满足人的需要的实践层面的能动性。甚至当西方的福利国家模式陷入困境，各国政府开始探讨福利社会模式，进而突出个人责任、强调社会行动中的公正性时，也是在突出人的主体责任和能动作用。

中国没有经历西方传统意义上的福利国家模式，但是中国政府一直致力于为人民谋幸福。“无论是1949年以来的历史还是目前改革开放的现状，政府都是在与公众的互动中发挥着作用。政府借助一定的制度安排和资源分配的力量，用改变政策、改变行为、改变规范的方式逐步影响和改变公众的行为。”[①] 中国政府和中国人民既发挥出自力更生、自我奋斗的巨大行动力，又学习、总结和提炼西方福利国家模式，既放眼长远与全局，又结合阶段性的具体国情，通过中国人超强的主观能动作用，探索出一套中国特色社会保障体系，创造出属于中国人民的幸福生活，打造出让世界刮目相看的中国福利模式。这一模式是始终以人民为中心的模式，是超越单纯政府责任或单纯社会责任的局限而共议、共建、共治、共担的模式，是必将充分发挥人的能动作用去创造属于人的幸福生活的模式。中国人民深知“幸福是创造出来的”“幸福永远在不断的征服之中，幸福总有同样的标记：行动、劳动、胜利”[②]。人们不仅要追求幸福，而且要追求积极的幸福。“积极地做出生活决定，把每一个消极的概念都置换成积极的，变匮乏为自主，变悲惨为幸福，变懒惰为创造。”[③] 中国福利实践业已表明，中国人民具有一种源源不断的能动力量，懂得用坚定不移的行动和胜利去领略幸福生活，能够用不忘初心的努力和坚守去实现幸福与共。

---

① 李汉林．关于社会景气研究［J］．社会发展研究，2016（2）．

② ［法］E C Alain．Propos［M］．Paris：Edition Gallimard Publication，1956：101-102．

③ ［英］安东尼·吉登斯．第三条道路：社会民主主义的复兴［M］．郑戈，译．北京：北京大学出版社，2000：132．

二、多元汇集：中国社会福利的话语体系交融与未来道路选择

社会福利曾经处在哲学的纯粹理念层面；自西方经济学兴起后，人们的福利观从善德正义进入现实利益领域，经济福利成为主要内容；当社会物质财富和人类文明程度进一步提高后，制度性福利便成为各国普遍关注的焦点。纵观这一变迁过程中的每一阶段，基本上都是某一学科或某一领域的话语体系发挥引领和导向作用。从目前的实践来看，未来的社会福利很难归属或体现在某个单一或具体的话语领域，它将是多学科话语体系和多维度福利供给并存的局面。目前西方从全方位高福利模式走向“第三条道路”的道路选择，实际也是在探讨政治、经济、社会各方面的合作与协调来确保全民福利保障的可持续性。

新中国的福利探索从理念上经历了“全心全意为人民服务——共同走向富裕——党代表人民群众的利益——共建和谐社会——一切为了人民的幸福美好生活”这一发展历程。“全心全意地为人民服务，一刻也不脱离群众；一切从人民的利益出发，而不是个人或小集团的利益出发；向人民负责和向党的领导机关负责的一致性；这些就是我们的出发点。”[①] 早在《论联合政府》中，毛泽东就提出中国共产党要“全心全意为人民服务”的宗旨，这奠定了“党的工作重心在人民”这一基础，至此，无论是解放人民、让人民当家做主的解放战争，还是新中国成立初期的经济制度改造，都是在为人民的幸福而营造环境，这也开启了历届政府的执政方向。如果说新中国成立之初，中国政府集中于在政治层面满足人们需求，那么改革开放以后，则是致力于通过经济手段改善人们的生活。“为人民谋利益是我们的根本指导思想，我们一切的经济发展，一切经济制度安排都要围绕人的实际需要而实施，这就是人本主义最基本的观点……各项工作都要以是否有助于人民的富裕幸福，作为衡量做得对与不对的标准。”[②]

随着经济社会的发展进步，人们对福利的要求也发生了变化，高质量全方位的福利供给成为人们新的目标，也就是说，中国特色社会主义进入新时代，我国社会主要矛盾已经转化为人民日益增长的美好生活需要和不平衡不充分的发展之间的矛盾。从人民当家做主的政治地位的改变到人民奔小康的经济水平的提高，再到社会基本矛盾的变化，新时期的思想主张和道路选择在强调了人在经济上发展的同时，还强调了人在政治上、思想上、个性上的全面发展和人在当下与未来的长期保障。可见，中国共产党自诞生之日起就把为人民谋幸福、为民族谋复兴、为人类谋发展作为奋斗目标，持续致力于提升

① 毛泽东．毛泽东选集（第三卷）[M]．北京：人民出版社，1991：1095.
② 邓小平．邓小平文选（第三卷）[M]．天津：天津人民出版社，1993：23.

人民生活水平、切实保障人民各项权利。

所以，在以人民幸福为导向而只争朝夕、不负韶华的快步前进进程中，在逐步建成中国特色高质量社会保障制度体系之后，中国的社会福利必将绘制出回归人本身的全方位高层次的世界图景。

对幸福的追求和对福利的探索是人类社会永恒的主题。人类共同体所追求的共享幸福该如何实现？社会福利会何去何从？这是一个全局性、根本性、长远性的话题。早期的福利在理念层面追求正义和善，而在实践方面却停留在低覆盖面、低水平、零星救济的补缺型层面；当经济效益成为社会主流价值观之后，功利主义原则和经济福利最大化成为关注焦点；随着经济水平的提高，广覆盖、高水平、制度化的普惠性社会福利成为追求的①目标。福利越向前发展，人们越发意识到，回归人本身，才是社会福利的终极指向。

展望中国未来的社会福利图景：福利供给会越来越充分，福利分配会越来越公正，福利机制会越来越完善，福利体系会越来越健全，人民对美好生活的向往终将会被落实好、维护好、发展好，人民的获得感、幸福感、安全感也会不断得到提升，人作为人的一切权利属性和合理需求都将得以体现和满足。

① 此部分作者发表于《社会科学辑刊》2020 年 3 期，被《中国社会科学文摘》2020 年 12 期全文转载。

参考文献

一、文中所涉及的国内文献

[1] 孔子. 论语 [M]. 沈阳：辽宁民族出版社，1996.

[2] 孔子. 礼记·王制 [M]. 北京：燕山出版社，1995.

[3] 老子. 道德经 [M]. 北京：中国华侨出版社，2018.

[4] 老聃. 老子·德经 [M]. 沈阳：辽宁民族出版社，1996.

[5] 司马迁. 史记 [M]. 北京：中华书局，1997.

[6] 李焘. 续资治通鉴长编·卷252 [M]. 北京：中华书局，2004.

[7] 董仲舒. 春秋繁露·王道 [M]. 周桂钿，译注. 北京：中华书局，2011.

[8] 杜佑. 通典·卷15·选举三·历代志下 [M]. 杭州：浙江古籍出版社，2000.

[9] 唐甄. 潜书 [M]. 北京：古籍出版社，1955.

[10] 毛泽东. 毛泽东选集（第四卷）[M]. 北京：人民出版社，1960.

[11] 毛泽东. 毛泽东选集（第五卷）[M]. 北京：人民出版社，1977.

[12] 邓小平. 邓小平文集（一九四九——一九七四年）[M]. 北京：人民出版社，2014.

[13] 江泽民. 江泽民文选 [M]. 北京：人民出版社，2006.

[14] 胡锦涛. 胡锦涛文选 [M]. 北京：人民出版社，2016.

[15] 习近平. 习近平谈治国理政（第一卷）[M]. 北京：外文出版社，2014.

[16] 习近平. 习近平谈治国理政（第二卷）[M]. 北京：外文出版社，2017.

[17] 习近平. 习近平谈治国理政（第三卷）[M]. 北京：外文出版社，2020.

[18] 徐特立. 徐特立教育文集 [M]. 北京：人民教育出版社，1979.

[19] 梁漱溟. 乡村建设理论 [M]. 北京：商务印书馆，2015.

[20] 冯友兰. 新原人 [M]. 北京：北京大学出版社，2014.

[21] 冯友兰. 新事论 [M]. 北京：北京大学出版社，2014.

[22] 费孝通. 乡土中国生育制度乡土重建 [M]. 北京：商务印书馆，2011.

[23] 陆学艺. 中国社会结构与社会建设 [M]. 北京：中国社会科学出版社，2013.

[24] 胡晓义. 新中国社会保障发展史 [M]. 北京：中国劳动社会保障出版社，2019.

[25] 知原. 人之初 [M]. 成都：四川教育出版社，1998.

［26］张维罴. 原始社会史［M］. 兰州：兰州大学出版社，1994.

［27］中共中央党史研究室. 中国共产党历史（第一卷）［M］. 北京：中共党史出版社，2010.

［28］丁建定. 社会福利思想［M］. 武汉：华中科技大学出版社，2019.

［29］郑功成. 社会保障学——理念、制度、实践与思辨［M］. 北京：商务印书馆，2003.

［30］穆怀中. 社会保障国际比较［M］. 3 版. 北京：中国劳动社会保障出版社，2014.

［31］裘援平. 当代社会民主主义与“第三条道路”［M］. 北京：当代世界出版社，2004.

［32］周辅成. 西方伦理学名著选辑（下卷）［M］. 北京：商务印书馆，1987.

［33］王海明. 新伦理学［M］. 北京：商务印书馆，2002.

［34］田毅鹏. 中国社会福利思想史［M］. 北京：中国人民大学出版社，2017.

［35］王处辉. 中国社会思想史［M］. 北京：中国人民大学出版社，2019.

［36］郑杭生. 中国社会思想史新编［M］. 北京：中国人民大学出版社，2017.

［37］毕天云. 论大福利视阈下我国社会福利体系的整合［J］. 学习与实践，2012.

［38］知行. 全球通史［M］. 北京：中国华侨出版社，2013.

［39］丁建定. 西方国家社会保障制度史［M］. 北京：高等教育出版社，2010.

［40］吴昭云. 中国管理思想史［M］. 北京：经济管理出版社，2012.

［41］唐庆增. 中国经济思想史［M］. 北京：商务印书馆，2011.

［42］孙中原. 墨者的智慧［M］. 北京：生活·读书·新知三联书店，1997.

［43］苏东水. 中国管理学术思想史［M］. 北京：经济管理出版社，2014.

［44］陈戍国. 礼记校注［M］. 长沙：岳麓书社，2004.

［45］周礼［M］. 崔高维，校点. 沈阳：辽宁教育出版社，1997.

［46］陈红霞. 社会福利思想［M］. 北京：社会科学文献出版社，2002.

［47］晁福林. 夏商西周社会史［M］. 北京：北京师范大学出版社，2010.

［48］吕思勉. 先秦史［M］. 天津：天津社会科学院出版社，2016.

［49］吴晓群. 希腊思想与文化［M］. 上海：上海社会科学出版社，2009.

［50］黄怀信. 逸周书校补注译［M］. 修订本. 西安：三秦出版社，2006.

［51］骈宇骞. 武经七书·吴子兵法·料敌第二［M］. 北京：中华书局，2007.

［52］王静峰. 论常平仓制度的起源及当代启示［J］. 曲靖师范学院学报，2017.

［53］牛铭实. 中国历代乡规民约［M］. 北京：中国社会出版社，2014.

［54］张文. 宋朝社会救济研究［M］. 重庆：西南师范大学出版社，2001.

［55］姚建平. 国与家的博弈——儿童福利制度发展史［M］. 上海：格致出版社，2015.

［56］张士昌，等. 社会福利思想［M］. 合肥：合肥工业大学出版社，2005.

［57］丁建定. 论 17 世纪英国的济贫法制度［J］. 社会工作（学术版），2011.

［58］彭迪先. 世界经济史纲［M］. 北京：生活·读书·新知三联书店，1949.

［59］金志霖. 英国行会史［M］. 上海：上海社会科学院出版社，1996.

［60］何勤华. 外国法制史［M］. 北京：法律出版社，2016.

［61］孙洁茹. 瑞典社会保障制度研究［D］. 沈阳：辽宁大学，2015.

［62］罗平飞. 建国前中国共产党军人抚恤优待及退役安置政策研究［J］. 中共党史研究，2005.

［63］夏东元. 郑观应集［M］. 北京：中华书局，2014.

［64］孟庆鹏. 孙中山文集［M］. 北京：团结出版社，2016.

［65］邹广文. 人类文化的流变与整合［M］. 长春：吉林人民出版社，1998.

［66］夏春涛. 中国近代思想家文库·洪秀全·洪仁卷［M］. 北京：中国人民大学出版社，2014.

［67］樊亢，宋则行. 外国经济史（第三册）［M］. 北京：人民出版社，1980.

［68］杨玲. 美国、瑞典社会保障制度比较研究［M］. 武汉：武汉大学出版社，2006.

［69］谢圣远. 社会保障发展史［M］. 北京：经济管理出版社，2007.

［70］张浩淼. 中国社会救助 70 年（1949—2019）：政策范式变迁与新趋势［J］. 社会保障评论，2019.

［71］索德钢. 单位福利的延续、断裂与对策［J］. 东岳论丛，2006.

［72］中华人民共和国退役军人保障法［N］. 解放军报，2020-11-12（6）.

［73］魏传光. 利益、正当与分配正义［J］. 武汉大学学报（哲学社会科学版），2019.

［74］王长江. 政党论［M］. 北京：人民出版社，2009.

［75］厉以宁，吴易风，李懿. 西方福利经济学述评［M］. 北京：商务印书馆，1984.

［76］张旭昆. 从亚当·斯密到凯恩斯西方经济思想史论［M］. 杭州：浙江大学出

版社，2016.

［77］黄安余．国外社会保障制度典例［M］．上海：上海人民出版社，2020.

［78］靳继东．瑞典全民福利国家的政治和道德逻辑［J］．宏观经济研究，2015.

［79］王伟．日本社会保障调节收入再分配的路径与效应分析——以社会保险为中心［J］．日本学刊，2020.

［80］王楠．美国社会保障制度的发展经验与启示［J］．中国国情国力，2017.

二、书中所涉及的国外文献

［81］［德］卡尔·马克思．政治经济学批判［M］//马克思恩格斯全集（第四十六卷下册）．中共中央马克思恩格斯列宁斯大林著作编译局，编译．北京：人民出版社，1980.

［82］［德］卡尔·马克思，弗里德里希·恩格斯．马克思恩格斯选集（第四卷）［M］．中共中央马克思恩格斯列宁斯大林著作编译局，编译．北京：人民出版社，1973.

［83］［德］卡尔·马克思，弗里德里希·恩格斯．马克思恩格斯全集（第三卷）［M］．中共中央马克思恩格斯列宁斯大林著作编译局，编译．北京：人民出版社，2002.

［84］［古希腊］柏拉图．理想国［M］．吴献书，译．南京：译林出版社，2014.

［85］［古希腊］亚里士多德．政治学［M］．吴寿彭，译．北京：商务印书馆，1965.

［86］［英］约翰·穆勒．功用主义［M］．唐钺，译．北京：商务印书馆，1957.

［87］［美］尼古拉斯·怀特．幸福简史［M］．杨百朋，译．北京：中央编译出版社，2011.

［88］［美］约翰·罗尔斯．正义论［M］．何怀宏，等译．北京：中国社会科学出版社，1988.

［89］［丹麦］考斯塔·艾斯平-安德森．福利资本主义的三个世界［M］．郑秉文，译．北京：法律出版社，2003.

［90］［芬兰］保利·杜基伦．重塑中国和北欧国家的福利制度［M］．上海：复旦大学出版社，2014.

［91］［英］威廉·贝弗里奇．贝弗里奇报告：社会保险和相关服务［M］．北京：中国劳动社会保障出版社，2008.

［92］［德］卡尔·马克思，弗里德里希·恩格斯．马克思恩格斯选集（第二卷）［M］．中共中央马克思恩格斯列宁斯大林著作编译局，编译．北京：人民出版社，1995.

［93］［德］卡尔·马克思．资本论［M］．曾令先，等译．南京：江苏人民出版社，2011.

［94］［美］J·H．博利斯坦德．走出蒙昧［M］．周作宇，洪成文，译．南京：江苏人民出版社，2010.

［95］［古希腊］柏拉图．理想国［M］．郭斌和，译．北京：商务印书馆，2015.

［96］［古希腊］亚里士多德．政治学［M］．吴寿彭，译．北京：商务印书馆，2014.

［97］［古罗马］马库斯·图留斯·西塞罗．论老年［M］．栾爽，译．昆明：云南教育出版社，2011.

［98］［古罗马］吕齐乌斯·安涅·塞涅卡．面包里的幸福人生［M］．赵又春，译．西安：陕西师范大学出版社，2003.

［99］［意］托马斯·阿奎纳．神学大全［M］．刘俊余，陈家华，高旭东，周克勤，胡安德，王守身，译．台北：碧岳学社，2008.

［100］［英］托马斯·莫尔．乌托邦［M］．北京：商务印书馆，2006.

［101］［德］卡尔·马克思，弗里德里希·恩格斯．共产党宣言［M］．陈望道，译．上海：上海教育出版社，2020.

［102］［英］乔治·柯尔．费边社会主义［M］．夏遇南，吴澜，译，柴金如，校．北京：商务印书馆，1984.

［103］［德］汉斯-维尔纳·格茨．欧洲中世纪生活［M］．王亚平，译．北京：东方出版社，2002.

［104］［英］亚当·斯密．道德情操论［M］．北京：商务印书馆，2010.

［105］［英］亚当·斯密．国民财富的性质和原因的研究［M］．郭大力，等译．北京：商务印书馆，2012.

［106］［英］彼罗·斯拉法．大卫·李嘉图全集（第一卷）：政治经济学及赋税原理［M］．郭大力，王亚南，译．北京：商务印书馆，2013.

［107］［法］西斯蒙第．政治经济学新原理：或论财富同人口的关系［M］．何钦，译．北京：商务印书馆，2020.

［108］［英］杰里米·边沁．道德与立法原理导论［M］．时殷弘，译．北京：商务印书馆，2000.

［109］［英］威廉·R．索利．英国哲学史［M］．段德智，译．北京：商务印书馆，2017.

［110］［英］托马斯·罗伯特·马尔萨斯．人口原理［M］．杨菊华，杜声红，译．北京：中国人民大学出版社，2018.

［111］［英］约翰·穆勒．政治经济学原理及其在社会哲学上的若干应用（下卷）［M］．赵荣潜，桑炳彦，朱泱，胡企林，译．北京：商务印书馆，2010.

［112］［德］弗里德里希·恩格斯．社会主义从空想到科学的发展［M］．中共中央马克思恩格斯列宁斯大林著作编译局，编译．北京：人民出版社，2018.

［113］［德］卡尔·马克思．马列主义经典作家文库：哥达纲领批判［M］．中共中央马克思恩格斯列宁斯大林著作编译局，编译．北京：人民出版社，2015.

［114］［德］弗里德里希·恩格斯．路德维希·费尔巴哈和德国古典哲学的终结［M］．中共中央马克思恩格斯列宁斯大林著作编译局，编译．北京：人民出版社，2014.

［115］［英］卡尔·波兰尼．大转型：我们时代的政治与经济起源［M］．冯刚，刘阳，译．杭州：浙江人民出版社，2007.

［116］［丹麦］艾斯平-安德森．福利资本主义的三个世界［M］．苗正民，滕玉英，译．北京：商务印书馆，2010.

［117］［德］卡尔·马克思，弗里德里希·恩格斯．马克思恩格斯全集（第三十一卷）［M］．中共中央马克思恩格斯列宁斯大林著作编译局，编译．北京：人民出版社，1998.

［118］［英］加雷斯·戴尔．卡尔·波兰尼：市场的限度［M］．焦兵，译．北京：中国社会科学出版社，2016.

［119］［英］玛格丽特·柯尔．费边社史［M］．杜安夏，杜小敬，等译．北京：商务印书馆，1984.

［120］［爱尔兰］肖伯纳．费边论丛［M］．袁绩藩，朱应庚，等译．北京：生活·读书·新知三联书店，1958.

［121］［英］庇古．福利经济学［M］．朱泱，张胜纪，吴良键，译．北京：商务印书馆，2006.

［122］［英］约翰·梅纳德·凯恩斯．就业、利息和货币通论［M］．南京：译林出版社，2014.

［123］［印度］阿马蒂亚·森．以自由看待发展［M］．任赜，于真，译．北京：中国人民大学出版社，2013.

［124］［印度］阿比吉特·班纳吉，［法］埃斯特·迪弗洛．贫穷的本质［M］．景芳，译．北京：中信出版社，2018.

［125］［英］安东尼·吉登斯．超越左与右：激进政治的未来［M］．李惠斌，杨雪，译．北京：社会科学文献出版社，2009.

［126］［英］格里高利·克拉克．告别施舍：世界经济简史［M］．洪世民，译．桂林：广西师范大学出版社，2020.

［127］［英］安东尼·克罗斯兰．社会主义的未来［M］．轩传树，译．上海：上海人民出版社，2011.

［128］［英］理查德·蒂特马斯．论社会责任的弱化［J］．柯洋华，译，社会工作，2018.

［129］［英］理查德·蒂特马斯．再分配在社会政策中扮演的角色［J］．徐明明，刘晓东，译．社会工作，2018.

［130］［英］理查德·蒂特马斯．社会福利和给予的艺术［J］．徐明明，译．中国社会福利，2015.

［131］［英］托尼·布莱尔．新英国：我对一个年轻国家的展望［M］．曹振寰，译．北京：世界知识出版社，1998.

［132］［英］弗里德里希·奥古斯特·冯·哈耶克．通往奴役之路［M］．北京：中国社会科学出版社，2020.

［133］［英］马克·布劳格．20世纪百名经济学巨匠［M］．吴亚杰，等译．北京：中国经济出版社，1992.

［134］［英］弗里德里希·奥古斯特·冯·哈耶克．自由宪章［M］．杨玉生，冯兴元，陈茅，译．北京：中国社会科学出版社，2012.

［135］［英］弗里德里希·奥古斯特·冯·哈耶克．论自由文明与保障［M］．石磊，编译．北京：中国商业出版社，2016.

［136］［英］伊恩·M．大卫·李特尔．福利经济学论述［M］．陈彪如，译．北京：商务印书馆，2014.

［137］［美］米尔顿·弗里德曼．资本主义与自由［M］．张瑞玉，译．北京：商务印书馆，1986.

［138］［英］安东尼·吉登斯．第三条道路：社会民主主义的复兴［M］．郑戈，译．北京：北京大学出版社，2000.

［139］［美］哈里·兰德雷斯；大卫·C．柯南德尔．经济思想史［M］．周文，译．北京：人民邮电出版社，2014.

[140] Tim Tilton. The political theory of Swedish social democracy: through the welfare state to socialism [M]. Oxford: Oxford University Press, 1990.

[141] North D C. Markets and other allocation systems in history [J]. Journal of European Economic History, 1977.

[142] Adam Smith. The Theory of Moral Sentiments [M]. Edited by D D Raphael and A L Macfie. Beijing: China Social Sciences Publishing House, 1999.